विवेकानन्द की जीवनी

मूल लेखक

रोमां रोलां

अनुवादक

डॉ. रघुराज गुप्त

अद्वैत आश्रम

(रामकृष्ण मठ का प्रकाशन केन्द्र)

५ डिही एण्टाली रोड • कोलकाता ७०००१४

Vivekananda Ki Jivani: Translation by
Raghuraj Gupta of *The Life of Swami Vivekananda*
by Romain Rolland

प्रकाशक
स्वामी शुद्धिदानन्द
अध्यक्ष, अद्वैत आश्रम
मायावती, चम्पावत, उत्तराखण्ड, भारत
कोलकाता स्थित प्रकाशन केन्द्र द्वारा प्रकाशित
Email: mail@advaitaashrama.org
Website: www.advaitaashrama.org

प्रथम संस्करण, अगस्त १९९८
इक्कीसवाँ पुनर्मुद्रण, अक्तूबर २०२५
3M3C

ISBN 978-81-7505-196-6

मुद्रक
ए. जी. प्रिन्टर्स
कोलकाता ७०० ००९

प्रकाशक की ओर से

रोमा रोलां की मूल पुस्तक *The Life of Vivekananda and the Universal Gospel* का प्रथम अंग्रेजी संस्करण 1931 में अद्वैत आश्रम द्वारा प्रकाशित किया गया था। तबसे आज तक इसके पन्द्रह संस्करण निकल चुके हैं, जिससे इस पुस्तक का देश एवम् विदेश में लोकप्रियता का अंदाज मिलता है। अतएव प्रस्तुत हिन्दी संस्करण प्रकाशित करते हुए हमें अपार हर्ष हो रहा है।

हिन्दी पाठकों में इस पुस्तक का अभाव वर्षों से खल रहा था जिसकी पूर्त्ति अब हो रही है। हमें आशा है कि जो पाठक स्वामी विवेकानन्द की जीवनी एवम् संदेश के बारे में विशेष रुचि रखते हैं एवम् इस विषय का गभीर अध्ययन करना चाहते हैं, उनके लिए यह पुस्तक विशेष लाभप्रद होगी।

यह देखते हुए कि हिन्दी पाठकवर्ग को मूल पुस्तक के दो परिशिष्टों में कोई रुचि नहीं होगी, हमने उन्हें इस अनुवाद में संकलित नहीं किया है।

हम अपना आभार डॉ० रघुराज गुप्त के प्रति व्यक्त करते हैं जिन्होंने इस पुस्तक का सुन्दर एवम् सहज अनुवाद स्वामीजी के प्रति अपनी श्रद्धा एवम् हिन्दी पाठकों की आवश्यकता को ध्यान में रखते हुए अत्यंत लगन एवम् प्रेम से किया है।

14 अगस्त 1998 प्रकाशक
(श्रीकृष्ण जन्माष्टमी)

अनुवादक की ओर से

फ्रेंच साहित्य में रोमां रोलां (1866-1944 ई०) का अद्वितीय स्थान है। वे युवा अवस्था में सारबौन विश्वविद्यालय में कला के इतिहास विषय के प्राध्यापक रहे। उन्होंने संगीत के इतिहास पर विस्तार से लिखा; कई नाटकों और उपन्यासों की रचना की। 1915 में उन्हें अपने आत्मकथात्मक उपन्यास जॉन क्रिस्तोफर पर नोबल पुरस्कार मिला। अन्तर-यात्रा (*The Inner Voyage*) तथा मैं विश्राम न लूंगा (*I will not rest*) उनकी अन्य गंभीर कृतियां हैं।

1914 के आसपास रोलां भारत की ओर आकर्षित हुए। उन्होंने आधुनिक भारत के तीन निर्माताओं के जीवन और विचारों का गहन अध्ययन किया और फिर उन पर तीन अनुपम जीवनियां लिखीं। उनमें सर्वप्रथम महात्मा गांधी की जीवनी 1924 में और श्री रामकृष्ण और विवेकानन्द की जीवनी 1928–29 में लिखी गईं और 1929–31 में प्रकाशित हुईं।

रोलां अपने जीवन के अंतिम क्षण तक मानव के सर्वोच्च आदर्शों – स्वाधीनता, समता और शांति के लिए संघर्ष करते रहे। इस महान संगीत मर्मज्ञ, मनीषी साहित्यकार ने पाश्चात्य जगत और भारत के बीच एक सुदृढ़ सेतु का कार्य किया। भारत आज रोलां का ऋणी है जिसने हिन्दू धर्म और भारतीय संस्कृति को समझा, सहारा और सबके लिए सुलभ बनाया। कदाचित पाश्चात्य जगत में अन्य कोई ऐसा लेखक नहीं जिसने भारतीय आत्मा को, उसकी परंपरा को इतनी सहजता और सुन्दरता से आत्मसात किया हो, उसके जीवन और आदर्शों की ऐसी संतुलित और हृदयग्राही व्याख्या प्रस्तुत की हो।

रोमां रचित रामकृष्ण की जीवनी का हिन्दी अनुवाद मेरे पुज्य पिता श्री धनराज विद्यालंकार ने तथा संपादन मैंने किया था। इसे अद्वैत आश्रम ने 1989 में प्रकाशित किया।

यह सर्वथा उचित था कि रोलां की पूरक रचना – *विवेकानन्द की जीवनी और सार्वभौम संदेश* का भी हिन्दी अनुवाद उपलब्ध हो। इसका एक अपूर्ण अनुवाद, जो मूल कृति का मात्र एक-तिहाई अंश था, हिन्दी के प्रसिद्ध लेखक श्री सच्चिदानन्द वात्स्यायन 'अज्ञेय' और श्री रघुपति सहाय द्वारा 1968 में किया गया। इस अनुवाद में जीवनी के कई अध्याय और सैकड़ों टिप्पणियां हटा दी गई थीं तथा सार्वभौम संदेश का सम्पूर्ण अंश जो लगभग 150 पृष्ठ का था, छोड़ ही दिया गया था। लगता है सब काम बहुत जल्दी में हुआ। फिर भी साहित्य अकादेमी के ओर से इसे इलाहाबाद के एक प्रकाशक ने छापा; इसके कई संस्करण भी निकले। अंततोगत्वा अद्वैत आश्रम ने इसके प्रकाशन का अधिकार उनसे वापस ले लिया।

अद्वैत आश्रम के अध्यक्ष की यह हार्दिक इच्छा थी कि रोलां की विवेकानन्द की जीवनी हिन्दी पाठकों को सम्पूर्ण रूप में उपलब्ध हो। यह काम उन्होंने मुझे सौंपा। मुझे संतोष है कि मैं इसे पूरा कर सका।

इस अनुवाद को प्रस्तुत करने में मुझे अद्वैत आश्रम के अध्यक्ष, स्वामी मुमुक्षानन्दजी, प्रबंधक स्वामी बोधसारानन्दजी तथा रामकृष्ण मिशन के स्वामी सिद्धिदानन्दजी तथा मित्र डॉ० सच्चिदानन्द धर से विशेष प्रोत्साहन और सहयोग मिला है। मैं इनका हृदय से कृतज्ञ हूँ।

रोलां की विवेकानन्द की जीवनी सभी सत्य पथ संधाताओं के लिए अजस्र प्रेरणा स्रोत है – जो हमें एक सच्चा और अच्छा मानव बनने का मार्ग दिखाती है।

अगस्त, 1994 रघुराज गुप्त

श्री रामकृष्ण कुटीर

अल्मोड़ा

अनुक्रम

प्रस्तावना

वह महान शिष्य जिसने रामकृष्ण की विरासत को पाया और उनके विचारों के बीजकणों को सारे संसार में बिखेरा, वह शारीरिक और नैतिक दोनों ही दृष्टियों से उनसे सर्वथा भिन्न था।

दिव्य गुरु ने अपना सारा जीवन देवी माँ भगवती के चरणों में बिताया था। वे शैशव से ही देवी को समर्पित थे। आत्म-चेतना जागृत होने से पहले ही उन्हें इसकी चेतना थी कि वे उसके प्रेमी हैं। उसे पुनः प्राप्त करने के लिए उन्हें एक वीर योद्धा की भाँति सालों कष्ट झेलने थे। इस परीक्षा का उद्देश्य उन्हें पवित्र और अपने दिव्य प्रेम के योग्य बनाना था। जंगल की असंख्य समस्त पगडंडियों का वह एकमात्र लक्ष्य थी — हजारों चेहरों और अनेक देवी देवताओं में उसी का ही एक चेहरा था। और जब वे उस तक पहुँचे, तब वे उन सब चेहरों को पहचान सके और वे उनसे प्रेम करने लगे, उसके माध्यम से उन्होंने समस्त विश्व को अपनी बाँहों में बाँध लिया। उनका शेष जीवन विश्वव्यापी आनन्द की इस शांत संपूर्णता में बीता। पश्चिम के लिये इस प्रकटन को बीथोवन और शीलर ने गाया है।

परमहंस ने इस आनन्द को हमारे नायकों से अधिक पूर्णता से अनुभव किया। बीथोवन के लिये आनन्द टकराते बादलों की घटा की एक नील चमक थी, जबकि परमहंस विक्षुब्ध परदे को पार कर चिरंतनत्व के नील सरोवर में अपने विशाल शुभ्र पंख फैला विश्राम कर रहे थे।

उनके महानतम शिष्यों में कोई ऐसा न था जो उनका मुकाबला कर सकता। उनमें सर्वश्रेष्ठ विवेकानन्द ही कभी-कभार तूफानों के बीच उड़ानें भर उस ऊँचाई तक पहुँच पाते थे जो मुझे बारम्बार बीथोवन का स्मरण कराते हैं। सरोवर के ऊपर विश्राम करते हुए भी उनकी नौका की पाल हर हवा से भरी रहती थी। धरती की चीखें, युगों के

कष्ट सागर के भूखे पक्षियों की तरह उनके सर पर मंडराते थे। वे मूर्तिमान ऊर्जा थे। मानव के लिये कर्म ही उनका संदेश था। उनके सिंह हृदय में शक्ति का तूफान (दुर्बलता कभी नहीं) हिलोरें मारता। बीथोवन की भांति उनके लिए भी यही अच्छाइयों का मूल था। उन्हें निष्क्रियता से, जिसके जुए का भार पूर्व के धैर्यवान बैलों के कंधों पर इतना भारी है, प्रबल घृणा थी। तभी उन्होंने कहा, "सबसे पहले बलवान और पुरुषार्थी बनो। मैं उस दुष्ट का भी सम्मान करता हूँ जो बलवान है और पुरुषार्थी, क्योंकि उसकी शक्ति उसे किसी दिन दुष्टता को, स्वार्थी कर्म को त्याग करने को बाध्य करेगी और अन्ततः उसे सत्य तक पहुँचा देगी।"

विवेकानन्द का बलिष्ठ शरीर रामकृष्ण के सुकुमार-कोमल यद्यपि गठे बदन से सर्वथा भिन्न था। लम्बा डील (पाँच फुट साढ़े आठ इंच), चौकोर कंधे, चौड़ी छाती, पुष्ट और कुछ भारी, उनकी भुजाएं सुडौल और व्यायाम की अभ्यस्त थीं। रंग गेहुआँ, चेहरा भरा हुआ, चौड़ा माथा और दृढ़ जबड़े थे ; बड़ी काली उभरी हुई भारी पलकों वाली भव्य आँखें थीं जो कमल की पंखुड़ी की उपमा की याद दिलाती थीं। उनकी नजर के जादू से कुछ नहीं छिपता। उसका दुर्निर्वार आकर्षण, उसकी बौद्धिकता, विनोदप्रियता या करुण आनन्द में खोजाने की क्षमता और चेतना की गहराई तक डूबना और आक्रोश से मुरझाना, उतना ही व्यापक था। विवेकानन्द का प्रमुख गुण उनका राजसी भाव था। वह जन्मजात राजा थे और भारत और अमरीका में जो भी व्यक्ति उनके सम्पर्क में आया उसने उनके सामने मस्तक नवाया। तीस वर्ष का यह नवयुवक जब सितम्बर 1893 में कार्डिनल गिबंस द्वारा उद्घाटित शिकागो में सर्वधर्म सम्मेलन में प्रकट हुआ तब उसके भव्य व्यक्तित्व के सामने अन्य सब प्रतिनिधि भुला दिए गए। अमरीकी ऐंग्लो-सैक्सन श्रोताओं का बृहत् समूह जो उनके रंग के कारण उनके प्रतिकूल था, उनके पुष्ट और सुन्दर शरीर, उनकी प्रभावशाली आकृति, उनकी भव्य भंगिमा, उनकी काली आँखों की चमक से उनके भाषण के शुरू होते ही उनकी गहरी समृद्ध आवाज के शानदार संगीत में बह गया। भारत के इस क्षत्रिय प्रवक्ता ने अमरीका की विचारधारा पर गहरी छाप छोड़ी।

उनके द्वितीय स्थान पर होने की कल्पना असंभव थी। जहां कहीं वे गए, उन्हें प्रथम स्थान मिलता। उनके गुरु रामकृष्ण ने स्वयं को एक स्वप्न में एक महान ऋषि के सम्मुख एक प्रिय शिशु की तरह देखा था। विवेकानन्द स्वयं इस सम्मान को स्वीकार नहीं करते थे, अपनी बड़ी आलोचना करते और अपने को अपमानित करते। फिर भी पहली नजर में ही प्रत्येक व्यक्ति उन्हें नेता, भगवान द्वारा अभिषिक्त, आदेश देने का अधिकारी मान लेता। हिमालय में एक अपरिचित यात्री उन्हें देखकर आश्चर्य से बोल उठा था,

"शिव" । ऐसा लगता था मानो उनके इष्ट देवता ने उनका नाम उनके मस्तक पर अंकित कर दिया हो ।

किन्तु यह मस्तक अंतरआत्मा के झंझावात के थपेड़ों से गढ़ी गई एक चट्टान थी । वे बहुत कम ही उस शांत वायु और स्पष्ट चिंतन को पाते जहाँ रामकृष्ण की मुस्कराहट मंडराती । उनका अति बलिष्ठ शरीर और विपुल मेधा, उनकी तूफानी आत्मा की पूर्व-निर्धारित युद्ध भूमि थे । वर्तमान और अतीत, पूर्व और पाश्चात्य, स्वप्न और कर्म के आधिपत्य के लिए संघर्ष कर रहे थे । वह जानते थे कि यदि वे अपने स्वभाव एवं सत्य के एक अंश को त्याग सकने में समर्थ होते तो वे बहुत कुछ समन्वय स्थापित कर सकते थे । इन महान विरोधी शक्तियों के बीच समन्वय स्थापित करने में उन्हें वर्षों लगे; इसीमें उनका साहस और जीवन आहुति बन गया । संग्राम और जीवन उनके लिये पर्यायवाची थे । उन्हें थोड़े ही दिन जीना था । रामकृष्ण और उनके महान शिष्य की मृत्यु के बीच सोलह वर्ष का अन्तराल है ... भीषण संघर्ष और ज्वालाओं में गुजरे वर्ष ... वे अभी चालीस वर्ष के भी न हुए थे कि वह बलिष्ठ शरीर चिता पर रख दिया गया । किंतु इस चिता की ज्वाला अभी भी धधक रही है । पौराणिक भृंगराज की भांति उसकी राख से भारत की नई चेतना का जन्म हुआ है — भारत का अपनी एकता और अपने महान संदेश में विश्वास जागा है, जिसका मनन चिन्तन इस प्राचीन जाति की स्वप्निल आत्मा वैदिक युग से करती आ रही है — यह वह संदेश है जो उसे शेष मानव जाति को सौंप देना है ।

भाग १
स्वामी विवेकानन्द की जीवनी

मनुष्यस्वभाव का महत्त्व कभी मत भूलना। भूत या भविष्य में, न कोई हमारी अपेक्षा श्रेष्ठ ईश्वर था, न होगा। मैं ही वह अनन्त महासमुद्र हूँ – ईसा, बुद्ध प्रभृति केवल उसकी तरंगें हैं।

– अमरीका में विवेकानन्द, 1895

1

परिव्राजक

1886 क्रिसमस की रात के बाद जिसमें रात्रि जागरण कर खोए गुरु की स्मृति में प्रेमाश्रु बहाकर शिष्यों ने प्रचारकों का एक नया समूह बनाने का निश्चय किया था, रामकृष्ण परमहंस के विचारों को कार्यान्वित करने में महीनों और वर्षों लग गए।

उन्हें एक पुल का निर्माण करना था और वे पहले इसके बनाने के विषय में अपना मन न बना सके। अकेला नरेन जिसमें अपेक्षित ऊर्जा और रचनात्मक प्रतिभा थी, झिझकता रहा। वे स्वप्न और कर्म के बीच द्विविधा में पड़े थे। पुल के दो किनारों को जोड़ने वाली मेहराब को उठाने के पूर्व दूसरे किनारें को जानना जरूरी था — वह था भारत का समकालीन यथार्थ संसार। किंतु अभी तक कुछ भी स्पष्ट नहीं था। उस तेईस वर्ष के जलते हृदय में अपने भावी लक्ष्य की एक धुंधली ज्योति टिमटिमा रही थी। यह कार्य अत्यंत दुष्कर, विपुल और जटिल था। क्या उसे मात्र भावना में ही पूरा किया जा सकता है ? उसे कहां और कैसे शुरू किया जाए ? इस उहापोह में वे निर्णायक क्षण को टालते रहे। किंतु क्या वे अपने अंतर की गहराई में इस तीव्र तर्क-वितर्क से बच सकते थे ? यह तर्क-वितर्क किशोरावस्था से ही चेतन रूप से नहीं, वरन् अचेतन रूप से उनके स्वभाव और उनकी इच्छाओं की परस्पर विरोधी प्रवृत्तियों के बीच चल रहा था। एक ओर इस धरती को जय कर उस पर प्रभुता की आकांक्षा, दूसरी ओर ईश्वर को पाने के लिए संसार के समस्त भौतिक सुखों का त्याग।

यह संघर्ष आजीवन चलता रहा। यह योद्धा और विजेता सब कुछ पाना चाहता था — ईश्वर को भी और संसार को भी ; हर एक पर हावी होना चाहता था, सभी का परित्याग करना चाहता था। उसके कसरती शरीर और राजसी मस्तिष्क में शक्तियों के अतिरेक प्रभुता पाने के लिए जूझते रहे। पर शक्ति का यह अतिरेक ही इस तूफानी नदी को ईश्वर के अतिरिक्त अन्य किसी पाट से बंध सकने तथा एकत्व के सम्मुख पूर्ण

आत्मसमर्पण कर सकने को असंभव बनाना था । अहंकार और राजसी प्रेम, इन दो प्रतिद्वंद्वी और सहोदर सत्ताओं की दो महान इच्छाओं के बीच कैसे संघर्ष सुलझाया जाये ?

यहाँ पाठकों को स्मरण करा दें कि उनका असली नाम नरेन्द्र नाथ दत्त था । 1893 में अमरीका जाने से पहले उन्होंने विवेकानन्द नाम नहीं अपनाया था ।

एक तीसरा तत्व भी था जिसकी नरेन ने कभी कल्पना भी न की थी पर जिसे रामकृष्ण की भविष्यद्रष्टा गुरु की आँख ने दूर से ही देख लिया था । उस समय जबकि अन्य साथियों ने इस युवक के प्रति, जिसमें ऐसी तूफानी शक्तियां कार्यरत थीं, चिन्ता और संदेह व्यक्त किया था, तब गुरु ने घोषणा की थी :

"जिस दिन नरेन दुःख और क्लेश के सम्पर्क में आयेगा, उसके चरित्र का अभिमान पिघल कर असीम करुणा के भाव में बदल जायेगा । तब उसका प्रबल आत्म-विश्वास हारी हुई आत्माओं में विश्वास और श्रद्धा जगायेगा और प्रबल आत्म संयम पर आधारित उसका उन्मुक्त आचरण दूसरों की आँखों में अहंकार से सच्ची मुक्ति के प्रकाश को चमका देगा ।"

मानवीय दुःख क्लेश का यही सम्पर्क जो अपनी प्रखरता एवं ज्वलन में भारत की समस्त जनता के दुःख दर्द का चकमक पत्थर था जिसकी टकराहट से वह चिंगारी निकली जिससे सारी आत्मा प्रज्वलित हो उठी, जिसमें उसका सारा अहंकार, महत्वाकांक्षा, प्रेम, विश्वास, विज्ञान और कर्म, उसकी समस्त शक्तियां और कामनाएं मानव सेवा के व्रत में आहुति हो गईं । उससे एक ऐसी ज्योति निकली, "एक ऐसा धर्म जो हमें आत्मविश्वास देगा, राष्ट्रीय-आत्मसम्मान देगा, अपने चारों ओर के दुख दैन्य को दूर करेगा, निर्धनों को पेट भरने और शिक्षा देने की शक्ति देगा — यदि तुम ईश्वर को खोजना चाहते हो, तो मनुष्य की सेवा करो ।"

किंतु अपने इस व्रत का बोध उन्हें वर्षों के प्रत्यक्ष अनुभव के बाद हुआ, जब उन्होंने मानवता के दीन और भव्य शरीर को अपनी आँखों से देखा, अपनी दीन निर्वसना भारत माँ को अपने हाथों से छुआ ।

उसकी इस भ्रमण कथा में हम उनके साथ चलें —

वराहनगर के पहले कुछ महीने, पहला वर्ष शिष्यों की परस्पर शिक्षा और आत्मिक उन्नति में लगा । अभी तक कोई भी दूसरों को उपदेश देने के लिए तैयार न था । वे रहस्यमय आत्मसिद्धि पर ध्यान केन्द्रित करना चाहते थे । आंतरिक जीवन का आनन्द उन्हें बाहरी जगत से विमुख किए हुए था । असीम की इस लालसा में नरेन भी साझीदार थे, लेकिन वह जानते थे कि निष्क्रिय आत्मा के लिए यह प्रारंभिक आकर्षण गिरते हुए

पत्थर पर प्रबल गुरुत्वाकर्षण जैसा खतरनाक है । नरेन, जिसके लिए स्वप्न देखना भी कर्म ही था, नहीं चाहते थे कि उनके साथी तंद्रिल ध्यान में डूबकर निष्क्रिय हो जायें । एकान्तवास की इस अवधि को उन्होंने कठोर शिक्षा, एक उच्च आध्यात्मिक विद्यालय का रूप दिया । उनकी प्रतिभा और ज्ञान की श्रेष्ठता ने शुरू से ही उन्हें अपने साथियों में एक पूर्व-स्वीकृत मार्गदर्शक का स्थान दे रखा था, यद्यपि उनमें से कई उनसे उम्र में बड़े थे । क्या गुरु ने नरेन से अंतिम विदा लेते समय ये शब्द नहीं कहे थे, "इन बच्चों की देखभाल करना ।"

नरेन ने दृढ़तापूर्वक इस युवा गुरुकुल का संचालन किया और ईश्वर में डूबे रहने की निष्क्रियता की अनुमति नहीं दी । सभी सदस्यों को वे बराबर सावधान रखते ; वे निर्मम हो उन्हें चेताते । वे उन्हें विश्वात्मा के विकास को समझाते, सभी महान दार्शनिक और धार्मिक समस्याओं पर वाद-विवाद करते, वे असीम सत्य को सभी संप्रदायों एवं जातियों की सीमा का अतिक्रमण करने वाले क्षितिज की ओर ले जाते जिसमें सब विशिष्ट सत्य एकाकार हो जाते हैं । यह आध्यात्मिक समन्वय रामकृष्ण के प्रेम-संदेश के वचन की पूर्ति थी । अदृश्य गुरु उनकी सभाओं का संचालन करते । वे भी अपने समस्त बौद्धिक प्रयासों को उनके विश्व हृदय की सेवा में अर्पित कर देते ।

यूरोप भले ही एशिया के लोगों को फ्रेंच बुर्जुआ की भाँति अपरिवर्तनशील समझता हो, पर धार्मिक भारतीय का यह स्वभाव नहीं कि वह अपने को एक स्थान पर बन्द कर ले । बल्कि ध्यान का अभ्यास करने वालों की धमनियों में बेघर, निर्बन्ध होकर स्वतंत्र अजनबी की तरह विचरते रहने की लौकिक प्रवृत्ति बनी रहती है । एक रमता साधु बनने की इस प्रवृत्ति को हिन्दू धार्मिक जीवन में परिव्राजक का नाम दिया गया है । वराहनगर के कुछ भाइयों में यह प्रवृत्ति जाग उठी । संघबद्ध होने के समय से पूरा समुदाय कभी इकट्ठा नहीं हुआ था । उसके ही प्रमुख सदस्य योगानन्द और लाटू 1886 की दीक्षा सभा में उपस्थित न थे । कुछ साथी रामकृष्ण की विधवा के साथ वृन्दावन चले गए थे । युवक सारदा जैसे अन्य, बिना यह बताए कि वे कहां जा रहे हैं, अचानक लापता हो गए। नरेन स्वयं अपनी भातृ-मंडली से संबंध बनाए रखने की चिन्ता के बावजूद स्वयं भागना चाहते थे । आत्मा की इस प्रवासी पुकार को पिंजरे में बन्द पक्षी की मुक्ताकाश में उड़ने और वायु के महासागर में अपने को खो देने की आकांक्षा को नए मठ की एक स्थान पर स्थिरता की आवश्यकता से कैसे मिलाया जाए ?

यह तय हुआ कि दल का एक अंश वराहनगर में बना रहेगा जबकि अन्य सदस्य घूमते फिरते रहेंगे । उनमें से मात्र शशी ने इस स्थान को कभी न छोड़ा । वह मठ की स्थित धुरी का एक निष्ठावान संरक्षक था, उस नीड़ का आधार जहां मुक्त पक्षी

बारम्बार लौटते थे ।[1] नरेन उड़ने के प्रलोभन को दो वर्ष तक रोके रहे । छोटी मोटी यात्राओं को छोड़ 1888 तक वे वराहनगर में ही बने रहे । फिर वे अचानक एक साथी को लेकर ढाई वर्ष के लिए निकल पड़े। परिव्रजन की तीव्र इच्छा के बावजूद, जब कभी उनका कोई साथी बुलाता और घटना घटती, वे लौट आते । फिर मुक्ति के पावन उन्माद ने उन्हें धर दबोचा । पाँच वर्षों से दमित इच्छा सारे बन्धन तोड़ फूट निकली । 1891 में अकेले और अनाम, अनजान भिखारी की भाँति दंड और कमंडल लेकर वे वर्षों तक भारत की असीमता में डूब गए ।

एक अदृश्य तर्क-संगति उनके विभ्रांत मार्ग का निर्देशन कर रही थी । "यदि तूने मुझे न पाया होता तो तू मुझे खोजने न जाता ।" पास्कल के ये शब्द किसी के लिए इतने सत्य न होंगे जितने उन आत्माओं के लिए जो अदृश्य ईश्वर में लीन हैं और उसके साथ संघर्ष कर अपने लक्ष्य के उस रहस्य को जान लेती हैं, जो उन्हें सौंपा गया है ।

नरेन को इस पर कोई संदेह न था कि एक लक्ष्य उनकी प्रतीक्षा में है । उनके अंतर में उनकी शक्ति, प्रतिभा बोल रही थी, और समय का उत्ताप और कष्ट, उत्पीड़ित भारत का मौन आर्तनाद, उसके प्राचीन गौरवमय अतीत की शक्ति और उसकी वर्तमान दीन संतान द्वारा व्यक्त मृत्यु और पुनरुद्धार, निराशा और प्रेम का दारुण संघर्ष उनके हृदय को विदीर्ण कर रहा था । लेकिन उनका यह लक्ष्य क्या होगा ? कौन उन्हें यह बताएगा ? पवित्र गुरु तो उन्हें यह बिना स्पष्ट बताए चले गऐ थे और जीवितों में क्या कोई[2] इतना समर्थ था जो उन्हें मार्ग दिखा सके ? केवल ईश्वर। तो उसे बोलने दो । वह क्यों चुप है ? क्यों वह उत्तर नहीं देता ?

नरेन उसे खोजने निकला । सन् 1888 में उन्होंने एकाएक कलकत्ता छोड़ दिया

---

1. मैं पहले बता चुका हूँ कि परमहंस रामकृष्ण अन्य गुरुओं से भिन्न थे । उन्होंने परंपरागत रीति से अपने शिष्यों को संन्यास की दीक्षा नहीं दी थी । नरेन और उसके साथियों ने इसको भी 1888 या 1889 में अपने आप विरजा होम द्वारा सम्पन्न किया । जिसे प्रबल वैराग्य हो वह स्वयं भी संन्यास ले सकता है। वराहनगर के मुक्त संन्यासियों पर यह बात लागू होती है ।

2. जिन्हें उस समय के प्रबुद्धतम व्यक्ति पूजते थे, वे थे गाजीपुर के पवहारी बाबा । वाराणसी के ब्राह्मण कुल में जन्मा यह व्यक्ति परम विद्वान था, अनेक भारतीय धर्मों और दर्शनों, द्रविड़ और प्राचीन बंगला भाषा का ज्ञाता था जो बहुत देशाटन करने के बाद, एकांत में तपस्या करता था । उनकी शांत निर्भीक आत्मा और विनम्रता ने उन्हें अत्यन्त भयंकर कष्ट में मुस्कराते पाया । काले नाग द्वारा काटे जाने पर, उसे उन्होंने प्रेमदूत कहा । उनसे तत्कालीन श्रेष्ठतम बुद्धिवादी आकर्षित हुए । केशवचन्द्र सेन उनसे मिले थे । रामकृष्ण के जीवन काल में ही विवेकानन्द भी उनसे मिले थे । पवहारी बाबा रामकृष्ण की पवित्रता को मानते थे । रामकृष्ण की

और वे बनारस, अयोध्या, लखनऊ, आगरा, वृन्दावन होते हुए हिमालय की ओर चल पड़े । इस और बाद की यात्राओं का, उनके साथियों के संस्मरणों के अलावा कोई विवरण नहीं मिलता ।[3]

नरेन ने अपने आध्यात्मिक अनुभवों के रहस्य को अपने तक ही सीमित रखा । अपनी पहली तीर्थयात्रा में वृन्दावन से हाथरस जाते हुए सन् 1888 में अनचाहे ही हाथरस स्टेशन पर अपना पहला शिष्य बना लिया । एक सर्वथा अपरिचित व्यक्ति उनकी दृष्टि से आकर्षित होकर सब कुछ छोड़ उनके साथ हो लिया और अन्त तक निष्ठापूर्वक उसने उनका साथ निभाया । इसका नाम शरतचन्द्र गुप्त था । इसने सदानन्द नाम ग्रहण किया ।[4]

मृत्यु के बाद, अनिश्चितता के दौर में विवेकानन्द उनसे मिले थे । वे उनसे दीक्षा लेने की सोच रहे थे। हफ्तों यह संघर्ष चला । वे दो महात्माओं — रामकृष्ण और पवहारी बाबा के आकर्षण के बीच तड़पते रहे । पवहारी बाबा उनकी उस दिव्य प्यास को बुझा देते, जहां व्यक्ति अपने अस्तित्व को त्यागकर बिना प्रतिफल की आशा के विराट में रमा रहता है और इस प्रकार वे अपनी उस ग्लानि से मुक्त हो जाते कि वे संसार और समाज सेवा से विरत हो गए हैं। वे ऐसा मानते थे कि आत्मा बिना शरीर की सहायता के दूसरों की सहायता कर सकती है । अति एकाग्रता ही तीव्र कर्म है । किस धर्मात्मा ने इस आवाज के इस घातक आकर्षण को अनुभव नहीं किया है ? इक्कीस दिनों तक नरेन समर्पण के कगार पर थे । लेकिन इक्कीस रात तक रामकृष्ण के दर्शन उन्हें पीछे खींचते रहे । अन्ततः अत्यन्त तीव्र संघर्ष के बाद, जिसके उतार-चढ़ाव को उन्होंने सदा बताने से इनकार किया, उन्होंने सदा के लिए अपना रास्ता चुन लिया । उन्होंने मनुष्य में ईश्वर की सेवा को चुना ।

3. ये थे सारदानन्द, ब्रह्मानन्द, प्रेमानन्द, योगानन्द, तुरीयानन्द, विशेष रूप से अखंडानन्द जो उनके साथ सबसे अधिक रहे ।

4. विवेकानन्द की महान अमरीकी शिष्या भगिनी क्रिस्तीन ने इस घटना और सदानन्द के आकर्षक व्यक्तित्व का मूल्यवान विवरण छोड़ा है जो उन्होंने विवेकानन्द से सुना था ।

सदानन्द हाथरस का युवक स्टेशन मास्टर था । उसने नरेन को भूख से तड़पते देखा । वह उसकी आँखों से मोहित हो गया । बाद में उसने बताया "मैं उसकी दो भयंकर आँखों का अनुसरण करने लगा ।" उसने नरेन को अपने घर बुलाया और फिर वह जीवन भर के लिये उनका अनुचर बन गया ।

दोनों ही युवक कलाकार और कवि थे । अपने गुरु से भिन्न, सदानन्द के जीवन में बुद्धि का गौण स्थान था, यद्यपि वह पर्याप्त पढ़ा-लिखा था । उसने फारसी का अध्ययन किया था और वह सूफी मत से प्रभावित हुआ था । नरेन की भाँति उसे तीव्र सौन्दर्य बोध था और वह प्रकृति और गाँवों में आनन्द लेता था । विवेकानन्द के प्रति वे सर्वाधिक निष्ठा रखते थे । वे गुरु

वे भिखारी के वेश में इधर उधर घूमते रहे । प्रायः अपमानित हुए, कई बार भूख प्यास से मरने तक की नौबत आ गई । उनके मन में जातिपाँति का कोई विचार न था, वे अछूतों के हाथ का हुक्का तक पी लेते । जब सदानन्द बीमार पड़े तो विवेकानन्द ने उन्हें कन्धे पर लाद कर बीहड़ वन पार कराया । बाद में विवेकानन्द स्वयं बीमार पड़ गए और दोनों को कलकत्ता लौटना पड़ा ।

इस प्रथम यात्रा ने उनकी आँखों के सामने शाश्वत प्राचीन वैदिक भारत का, उसके नायकों और देवताओं का जो कि इतिहास की गौरवपूर्ण गाथा में गुंथे थे, आर्य, मुगल, द्रविड़ की एकता का सजीव चित्र खींच दिया । पहले ही साक्षात् में उन्होंने भारत और एशिया की आध्यात्मिक एकता का अनुभव किया और इस खोज को अपने वराहनगर के बंधुओं तक पहुँचाया ।

सन् 1889 की दूसरी गाजीपुर यात्रा से ऐसा लगता है कि वे मानवता के अपने सन्देश की कुछ अंतर्दृष्टि लेकर लौटे जिसकी ओर पाश्चात्य लोकतंत्र अचेतन और अंधी गति से बढ़ रहे थे । उन्होंने अपने बन्धुओं को बताया कि किस प्रकार दिव्य अधिकार का प्राचीन आदर्श जो केवल एक व्यक्ति के लिए था, धीरे धीरे बिना वर्ग भेद के सबकी सम्पत्ति समझा जाने लगा और इस प्रकार मानवीय चेतना समस्त प्रकृति की एकता को पहचानने लगी है । उन्होंने देखा और घोषित किया कि अमरीका और योरोप में सुखद परिणाम दिए जाने वाले विचारों को भारत में भी लागू करना चाहिये । इस प्रकार उन्होंने शुरू से ही वह स्वतंत्रता और आत्मिक महानता प्रदर्शित की जो समस्त मानवों के प्रयास से मानव मात्र के सामान्य हित, और आध्यात्मिक प्रगति को सुनिश्चित करती है ।

में लीन थे। वे जैसे ही दो आँख बंद कर उनकी आकृति और हावभाव का ध्यान करते, तुरंत उनकी चिन्तन की गहराई से भर जाते । विवेकानन्द ने उन्हें "अपनी आत्मा की संतान" बताया । वह कुष्ठ रोगियों की सेवा करता, उन्हें ईश्वर की तरह पूजता, एक दिन सारी रात वह चेचक के तीव्र ज्वर से जलते हुए एक रोगी को अपने सीने से लगाए रहे ताकि उसे राहत मिले । वह पहले व्यक्ति थे जिन्होंने प्लेग की महामारी में भंगियों का काम किया और इस काम के लिये एक दल संगठित किया । वह अछूतों से प्यार करते थे और उनके कार्यकलाप में हाथ बँटाते थे । युवक उन्हें पूजते थे । उनकी अंतिम बीमारी में एक निष्ठावान सहकर्मी ने जो अपने को सदानन्द के कुत्ते कहते थे, उनकी सेवा की । गुरु और शिष्य के भेद उनके संबंधों में आड़े न आते थे ; वे उनके सखा थे । वह उनसे कहता "मैं सिर्फ एक काम कर सकता हूँ, वह यह कि तुम्हें स्वामीजी (विवेकानन्द) तक ले जा सकूँ" । यद्यपि कभी कभी वे कठोर भी हो जाते थे, फिर भी वे सदा आनंद से विभोर रहते — जैसा कि उनके नाम से प्रकट था — वे सदा आनन्द प्रदान करते । वे भी उन्हें प्रेमपूर्वक याद करते ।

सन् 1889 और 1890 की गाजीपुर और इलाहाबाद की संक्षिप्त यात्राओं ने उनकी इस सार्वभौमिक कल्पना को और भी अधिक परिष्कृत किया। गाजीपुर के उनके साक्षात्कारों में यह देखा जा सकता है कि किस प्रकार मानवीय दुर्बलताओं के लिए आवश्यक हिन्दू धर्म और आधुनिक विज्ञान, वेदांत के विचार और वर्तमान युग की सामाजिक जागृति, एक परमात्मा और सब धर्मों के निम्नतर विचारों पर आधारित असंख्य देवी देवताओं के बीच समन्वय स्थापित करता है। ये सभी ज्ञान के छायाभास हैं, मानवीय आत्मा के विकास के विभिन्न मार्ग और अवस्थाएं हैं, जो धीरे धीरे उच्चतर पूर्णता की ओर ले जाती हैं।

अभी तक ये मात्र प्रकाशित क्षण थे, भविष्य के कच्चे रेखाचित्र। पर ये सब संचित होकर उनके मस्तिष्क में खलबली मचा रहे थे। वराहनगर मठ की चारदीवारी में, दैनिक चर्या और मित्रों के साथ सत्संग के बीच इस युवक में अपार शक्ति का संचय हो रहा था। इसे बाँध रखना संभव न था। अपनी जीवन शैली, नाम, शरीर जो नरेन के साथ जुड़ा हुआ था, उन सब बंधनों एवं बेड़ियों को उतार, भिन्न प्रकार से नये व्यक्तित्व का निर्माण करने के लिये, नया जन्म लेने के लिए प्रेरित हुए। एक नई विराट आत्मा जिस शरीर में सांस ले सके, ऐसे एक नये व्यक्ति विवेकानन्द का पुनर्जन्म हुआ। उसने दम घोटने वाले सभी बंधन तोड़ फेंके। जो व्यक्ति नारायण का अनुसरण करने के लिए अपने मानव बंधुओं से ही विदा ले ले, इसे धर्म की पुकार पर तीर्थ यात्रा का आह्वान नहीं कहा जा सकता। मृत्यु के द्वार पर खड़ा यह पहलवान अपनी सहज अंतर प्रेरणा से दो टूक कड़ी बात कहने पर मजबूर हुआ, धर्म प्राण शिष्यों ने उसपर पर्दा सा डाल दिया है। बनारस में उन्होंने कहा, "मैं जा रहा हूँ। मैं तब तक नहीं लौटूंगा जब तक मैं समाज में बम की तरह न फट सकूँ और उसे कुत्ते की तरह मेरे पीछे चलने को बाध्य न कर सकूँ।"

हम जानते हैं किस प्रकार उन्होंने इन विकट असुरों पर विजय पायी और किस प्रकार अत्यंत विनीत भाव से अपने को दीनों की सेवा में लगाया। फिर भी हमें यह सोचकर प्रसन्नता होती है कि किस प्रकार उनके भीतर अभिमान और महत्वाकांक्षा की ताकतें उनका दम घोट रही थीं। वे सम्पूर्ण आधिपत्य चाहने वाली शक्ति के अतिरेक से पीड़ित थे।

जुलाई 1890 के शुरू में वर्षों के लिये अपने ही द्वारा स्थापित अपने प्रिय निवास वराहनगर के उस घोंसले से जिसे रामकृष्ण ने बसाया था, वे उड़ निकले। उनके पंख उन्हें उड़ा ले गये। पहले वे अपनी यात्रा के लिये माँ सारदा (रामकृष्ण की सहधर्मिणी) से आशीर्वाद लेने गए। वे अपने सब बंधन काट कर हिमालय में एकांतवास करना चाहते

थे। सब अच्छी वस्तुओं की भाँति सामाजिक आत्माओं के लिए एकांत निधि है और आतंक भी।

माता-पिता, मित्र सभी इसमें बाधक हैं। टालस्टाय यह जानता था और उसे भी वह अस्तापोवो में अपनी मृत्यु शैया पर ही मिल सका। सामाजिक जीवन के उन पर हजारों दावे होते हैं, जो उसे छोड़ कर भागना चाहते हैं। यदि भगोड़ा युवा कैदी हो, तो यह और भी दुसाध्य है। नरेन को शीघ्र ही इसका पता चल गया। उन्हें सबसे अधिक चाहने वाले बंधु संन्यासियों से निर्ममता से उन्होंने नाता तोड़ लिया।[5]

फिर भी दारुण संसार ने उनका पीछा नहीं छोड़ा। एकान्त में उन्हें अपनी बहन की मृत्यु का समाचार मिला। क्रूर समाज द्वारा उत्पीड़ित इस बहन ने उन्हें हिन्दू नारी की बलिदानी नियति का और सामान्य जन की समस्याओं का अहसास कराया कि एक निर्लिप्त दर्शक के रूप यह सब देखना अपराध है। पूर्व-निर्धारित सी लगने वाली, परिस्थितियों का घटनाचक्र उनके शांतिमय एकांत और एकांत भरी शांति को ठीक उसी समय छीन लेता था, जब उन्हें लगता कि वह उन्होंने प्राप्त कर लिए हैं। वह उन्हें हिमालय से उठाकर शोर और पीड़ा से भरे संसार में ला फेंकता। इस मानसिक द्वंद्व, थकान और कष्ट के कारण वे हिमालय के गंगा तट पर रुद्रप्रयाग और ऋषिकेश में दो बार बहुत बीमार पड़े। डिप्थीरिया से मरते-मरते बचे। इतने कमजोर हो गये कि उनके लिए अकेले चलना कठिन हो गया।

फिर भी यह यात्रा पूरी हुई। यदि उन्हें मरना ही होगा, तो वह पथ पर मरेंगे, अपने ही पथ पर, जिसे परमात्मा ने उन्हें दिखाया है। फरवरी 1891 में मित्रों के मना करने पर भी वे दिल्ली से अकेले चल दिए। यह उनका महा अभिष्क्रमण था। एक गोताखोर की तरह वह भारत रूपी महासागर में कूद पड़े ; भारत के महासागर ने उन्हें अपनी गहराई में छिपा लिया। उस पर तिरते कबाड़ की तरह — हजारों गेरुआधारी नामहीन संन्यासियों में वे भी लुप्त हो गए। पर प्रतिभा की आग उनकी आँखों में जलती रही। किसी भी छद्म भेष में वे राजकुमार ही थे।

---

5. अखंडानन्द उनके साथ हिमालय गए, वहाँ वे बीमार पड़ गए। अल्मोड़ा में नरेन को सारदानन्द, कृपानन्द और बाद में तुरीयानंद मिले। वे उनके साथ हो लिए। पर 1891 की जनवरी के अंत में उन्होंने उन्हें मेरठ में छोड़ दिया। उनका स्नेह उन्हें दिल्ली तक ले गया। वहाँ उनका गुस्सा भड़का और उन्होंने साथियों को चले जाने का आदेश दिया।

2
भारत के तीर्थयात्री

दो वर्ष भारत में और उसके बाद तीन वर्ष (क्या यह उनकी मूल योजना का अंश था ?) विश्व भर का परिभ्रमण उनके स्वभाव की दो सहज प्रवृत्तियों — स्वतंत्रता और सेवा भावना का संतोषजनक समाधान था। वे परिवार, जाति बंधन से मुक्त, बिना पूर्व-योजना के ईश्वर के साथ अकेले घूमते रहे। उनके जीवन का कोई क्षण ऐसा न था जब वे गाँवों और नगरों में गरीब और अमीर के कष्टों, इच्छाओं, बुराइयों और दैन्य के सम्पर्क में न आए हों। वे उनके जीवन से एकाकार हो गए। जीवन की पुस्तक में उन्हें वह मिला जो उन्हें पुस्तकालय के सारे ग्रंथों में न मिलता, (क्योंकि अन्ततः वही संकलित होती हैं) वर्तमान का दुःखी चेहरा, मानवता में संघर्षरत ईश्वर, भारत और विश्व के आर्तजनों की चीखें जिसे रामकृष्ण के उत्कट प्रेम ने भी अस्पष्ट ही देखा था — वीरोचित दायित्व जिसे थीबेस को सिंहासुर के पंजों से मुक्त कराना था या स्वयं भी उसी के साथ नष्ट हो जाना था।

वर्षों यात्रा, वर्षों शिक्षाटन, कैसी अनुपम शिक्षा। वे मात्र गोशाला या भिखारियों की तृणशय्या पर सोनेवाले विनम्र बन्धु न थे, वे प्रत्येक मनुष्य के समकक्ष थे। आज अछूतों की शरण में पड़े दीन भिखारी, तो कल राजकुमारों के अतिथि और बराबरी से मंत्रियों और महाराजाओं से बात करने वाले हैं, कभी उत्पीड़ित बंधुओं के कष्टों को समर्पित हैं। कभी धनिकों के ऐश्वर्य की जांच कर रहे है, उनके सुप्त हृदयों में लोक कल्याण की लौ जला रहे हैं। वे जहाँ पंडितों के ज्ञान से परिचित थे, वहीं औद्योगिक और ग्रामीण अर्थ-व्यवस्था से भी अवगत थे जिससे जनसाधारण का जीवन नियंत्रित होता है। वे सदा सिखाते रहे, सीखते रहे और धीरे धीरे अपने को भारत की आत्मा, एकता और नियति के रूप में ढाल रहे थे। ये सभी तत्व उनमें मूर्त हुए और संसार ने विवेकानन्द में इनके दर्शन किए।

उनकी यात्रा उन्हें राजपूताना में अलवर (फरवरी-मार्च 1891) जयपुर, अजमेर,

खेतड़ी, फिर गुजरात में अहमदाबाद और काठियावाड़, (दिसम्बर के अंत में) जूनागढ़, पोरबंदर (आठ से नौ महीने का प्रवास), द्वारका, खम्बात के पास की मन्दिर नगरी पालिताना, बड़ौदा, खंडवा, बम्बई, पूना, बेलगांव (अक्तूबर 1892), मैसूर में बंगलोर, कोचीन, मलाबार, त्रावणकोर रियासत, त्रिवेन्द्रम और मदुरा ले गई। वे भारतीय प्रायद्वीप के अंतिम छोर, दक्षिण की वाराणसी, रामायण की पुण्यभूमि रामेश्वरम, और उसके आगे महादेवी के मन्दिर कन्याकुमारी (1892 के अंत में) पहुँचे।

उत्तर से दक्षिण तक प्राचीन भारतभूमि देवी-देवताओं से भरी हुई थी, पर इनकी असंख्य भुजाओं की अटूट श्रृंखला एक ही ईश्वर को बांधे हुए थी। विवेकानन्द ने उनके शरीर और आत्मा की एकता को अनुभव किया। उन्होंने सवर्ण और अछूतों से घुल-मिलकर भी इस एकता को अनुभव किया और उन्हें बताया कि वे इसे अनुभव करें। उन्होंने एक से दूसरे तक सद्भाव का संदेश पहुँचाया—अमूर्त में लीन बुद्धिवादी बलवान आत्माओं को मूर्तियों और देवी- देवताओं का आदर करना सिखाया, युवकों को अतीत के महान प्राचीन ग्रंथ वेद-पुराणों और उससे भी अधिक आज के मनुष्यों के अध्ययन का कर्तव्य बोध कराया, सबको भारत से श्रद्धायुक्त प्यार और उसके उद्धार के लिए आत्म-समर्पण का आह्वान किया।

उन्होंने जितना दिया, उससे कम नहीं मिला। उनकी महान आत्मा अपने ज्ञान[1] और अनुभव का विस्तार करने में एक दिन भी नहीं रुकी, और उसने भारत की मिट्टी में दबी और बिखरी सब विचारधाराओं को आत्मसात किया, क्योंकि उन्हें उनका उद्‌गम एक ही दीखता था। एक ओर खड़े पानी की दुर्गंध से घिरे पुरातनपंथियों की अंध श्रद्धा, और दूसरी ओर शक्ति के रहस्यमय झरने को सुखाने के लिये तत्पर ब्रह्मसमाजी सुधारकों की पथभ्रष्ट बौद्धिकता से दूर रहकर, वे सबको संरक्षित कर भारतीय महाद्वीप की गंभीर धार्मिक आत्मा के अवरुद्ध जलाशयों को प्रवाहित कर उनके बीच समन्वय स्थापित करना चाहते थे।

वे इससे भी अधिक चाहते थे। कोई भी व्यक्ति बिना खतरे के उन महान इंजीनियरों का समकालीन नहीं हो सकता जिन्होंने महासागरों के मार्गों को काट महाद्वीपों

---

1. खेतड़ी में वे उस समय के अग्र वैयाकरण के शिष्य बने। अहमदाबाद में उन्होंने इस्लाम और जैन धर्म का ज्ञान पूरा किया। पोरबंदर में वे पौन वर्ष रुके। वहाँ उन्होंने दर्शन और संस्कृत अध्ययन को पुख्ता किया और राजपंडित जो वेदों का अनुवाद कर रहे थे उनके साथ कार्य किया। किंतु मिशनरियों की असहिष्णुता के प्रति वे निर्मम थे। वे जिस ईसा की शिक्षा देते थे, उसके द्वार हर एक के लिये खुले थे।

की भुजाओं को जोड़ दिया। वे जहां जाते 'इमीटेशन आफ क्राइस्ट' और भगवत्‌गीता अपने साथ रखते। वे युवकों को प्रेरित करते कि वे पाश्चात्य विज्ञान का अध्ययन करें।[2]

उनका मानसिक विस्तार केवल विचार-जगत तक ही सीमित न रहा। अन्य मनुष्यों और उनके आपसी संबंधों की नैतिक दृष्टि में क्रांतिकारी परिवर्तन हुआ। युवक नरेन में अहंकार था, बौद्धिक असहिष्णुता थी, पवित्रता के अपने उच्च आदर्श से जरा भी कम उतरने पर कुलीनों जैसा तिरस्कार भाव था।

"जब मैं बीस वर्ष का था (उन्हीं के शब्दों में) तब घोर निर्मम अनुदार कट्टरपंथी था। कलकत्ते की उस सड़क पर जिस पर थिएटर हो उसकी पटरी पर नहीं चलता था।"[3]

अपनी यात्रा के प्रारंभिक दिनों में जब वे खेतड़ी के राजा के अतिथि थे (अप्रैल 1891) एक सामान्य नर्तकी ने अनजाने ही उन्हें विनम्रता का पाठ पढ़ा दिया। उसके आते ही, तिरस्कार जताते हुए संन्यासी उठ कर जाने लगा। राजकुमार ने उन्हें रुकने के लिए मिन्नत की। उस नर्तकी ने गाया :

"प्रभु मेरे अवगुण चित न धरो
समदरसी है नाम तिहारो ..."

नरेन पूर्णतः पराजित हो गये। भजन में व्यक्त आस्था ने उन्हें जीवन भर प्रभावित किया। अनेक वर्षों बाद उन्होंने इस घटना को भाव विभोर होकर स्मरण किया।

एक के बाद अनेक पूर्वाग्रह तिरोहित हो गये — वे भी न बचे जिनकी जड़ें वे बहुत गहरी समझते थे। हिमालय में वे कुछ समय तिब्बती प्रचलित लोगों के बीच रहे जिनमें बहु-पति प्रथा व्याप्त है। वे जिस परिवार के अतिथि थे उनके छह भाइयों की एक पत्नी थी। अपने नव-दीक्षित जोश में उन्होंने इनको यह अनैतिकता दर्शानी चाही। वे उनके उपदेश से आहत हुए। उन्होंने कहा "कैसी स्वार्थपरता है, एक स्त्री पर अकेले एक पुरुष

---

2. अपनी महान यात्रा के प्रारंभ में राजपूताना के अलवर में (फरवरी-मार्च 1891) वे भारतीय इतिहास में निश्चितता और वैज्ञानिक आलोचना के अभाव से बहुत आहत हुए। उन्होंने इसके विरुद्ध पाश्चात्य देशों का उदाहरण दिया। वे चाहते थे कि इनकी पद्धतियों को स्वीकार करें। इस प्रकार हिन्दू इतिहासकारों का एक नया स्कूल राष्ट्रीय पुनरुत्थान में अपना योगदान कर सकता है। "यह सच्ची राष्ट्रीय शिक्षा होगी, और इस प्रकार सच्ची राष्ट्रीय भावना जागेगी"।

3. वही अपने जुलाई 6, 1896 के पत्र में लिखंते हैं : "तैंतीस वर्ष की आयु में मैं वेश्याओं के साथ उनके घर में रह सकता हूँ।"

अपना अधिकार जमाए रहे ।" ... पहाड़ की चोटी पर मिथ्या और तली में सत्य ... तब विवेकानन्द ने सदाचार की सापेक्षता को समझा — कम से कम उन आचारों की जिन्हें परंपरा ने सबसे अधिक स्वीकार किया है । उन्होंने जाना कि किसी जाति और युग की अच्छाइयों और बुराइयों पर विचार करते हुए हमें उस जाति और युग के अपने नैतिक मानदंडों के अनुरूप उदार बना लेना चाहिये ।

उन्होंने निकृष्टतम जाति के चोर-उच्चकों की संगत की और बटमारों तक में "भावी संतों के दर्शन किए"।[4] सर्वप्रथम उन्होंने उत्पीड़ित वर्गों के कष्ट और अपमान में हिस्सा बटाया । मध्य प्रदेश में एक अछूत भंगी परिवार के साथ रहे, ऐसे दीन-हीन लोगों में जो समाज के पैरों तले कुचले जाते हैं । उन्हें उनमें आध्यात्मिक खजाना मिला, पर उनके भौतिक कष्टों को देख उनका दम घुटता था । कलकत्ते में एक आदमी भूख से मर गया, यह समाचार पढ़कर उन्होंने सिसकते हुआ पुकारा था "हे मेरे देश ! हे मेरे देश ।..." अपनी छाती पीटते हुए उन्होंने अपने से प्रश्न किया था, "हम तथाकथित ईश्वर के भक्त कहे जाने वाले संन्यासियों ने जनसाधारण के लिए क्या किया ?"

उन्होंने रामकृष्ण के कटु शब्दों का स्मरण किया : "धर्म खाली पेट लोगों के लिए नहीं है ।" अहंवादी धर्म की बौद्धिक उड़ानों से असंतुष्ट हो उन्होंने धर्म का पहला कर्तव्य निश्चित किया — "दरिद्रजन की सेवा और उनका उत्थान । वेदान्त का अध्ययन और ध्यान-पूजा अगले जन्म के लिए छोड़ दो । इस शरीर को दूसरों की सेवा के लिए समर्पित कर दो और तब मैं समझूँगा कि तुम्हारा मेरे पास आना व्यर्थ नहीं गया ।"

बाद में एक दिन उनके करुण कंठ से ये उदात्त शब्द उच्चरित हुए : "यदि मैं उस परमात्मा की पूजा कर सकूँ जिसे मैं मानता हूँ जो सब आत्माओं में, दुष्टों में, दीनों में, रोगियों में व्याप्त है तो उनके कष्टों का भागीदार बनने के लिए मैं सहस्त्र बार जन्म लेना चाहूँगा ।"

इस समय 1892 में भारत का दुःख दैन्य उनके सामने था । मात्र यही दुःख क्लेश, यही चिंता सर्वत्र उत्तर से दक्षिण उनकी यात्रा में निरंतर उनका पीछा कर रही थी । इसने उनकी नींद छीन ली थी । कन्याकुमारी में उसने इन्हें अपने जबड़े में पूरी तरह जकड़ लिया था । इस क्षण से उन्होंने अपने तन मन को दुःखी जन समुदाय की सेवा के लिए अर्पित कर दिया था । वे कैसे उनकी सहायता करते ? उनके पास धन नहीं था, समय बीता जा रहा था। एक दो महाराजाओं से दान लेकर या कुछ हितैषियों के

---

4. वे एक ऐसे चोर से मिले जिसने पवहारी बाबा को लूटा था और बाद में अनुताप से पीड़ित होकर वह साधु बन गया ।

कुछ समूहों से थोड़ी सहायता पाकर भी जितना मिलता वह अभीष्ट राशि का सहस्रांश ही होता। भारत की अपनी उदासीनता को त्याग कर जागने और अपने को सर्व कल्याण के लिए संगठित करने तक तो उसका सर्वनाश हो चुका होगा। यह सोचकर उन्होंने समुद्र के पार अपनी दृष्टि दौड़ाई। उन्हें सम्पूर्ण विश्व से अनुरोध करना होगा। सारे विश्व को भारत की जरूरत है। भारत के स्वास्थ्य, भारत की मृत्यु से उसका भी सरोकार है। क्या उसकी अक्षय आध्यात्मिक सम्पदा भी वैसे ही नष्ट होने दी जाय जैसे मिश्र और केल्डिया की, जिन्हें मनुष्य ने मेहनत कर बाहर निकाला, पर उसमें बचा ही क्या था ? केवल खंडहर, आत्मा मर चुकी थी। हमारे एकाकी विचारक के मन में योरोप और अमरीका के लिए भारत के संदेश की रूपरेखा बनने लगी।

ऐसा लगता है 1891 के अंत में जूनागढ़ और पोरबंदर के बीच उनके मन में पहली बार यह विचार उदित हुआ। पोरबंदर में जहां उन्होंने फ्रांसीसी भाषा का अध्ययन आरंभ किया, वहां एक पंडित ने उन्हें सलाह दी कि वे पश्चिमी देशों में जायें, वहां उनके विचार भारत से अधिक समझे जायेंगे। "जाओ और उसपर धावा बोलो और फिर जीत कर लौटो।" 1892 के शिशिर में खंडवा में उन्होंने सुना कि अगले वर्ष शिकागो में एक सर्वधर्म सम्मेलन होने जा रहा है और उनके मन में इच्छा जगी कि वे उसमें सम्मिलित हों। इस योजना को पूरा करने के लिए वे स्वयं कोई कदम नहीं उठाना चाहते थे और उन्होंने इसके लिए चन्दा स्वीकार करने से भी इनकार कर दिया, जब तक कि सम्पूर्ण भारत की महान यात्रा का उनका व्रत पूरा नहीं हो जाता। अक्तूबर के अंत में बंगलोर के महाराजा के सामने "भारत की भौतिक स्थिति सुधारने के लिए साधन जुटाने के लिए" पश्चिम जाने और उसके बदले में वेदांत की शिक्षा देने की घोषणा की। 1892 के अंत तक उनका मन बन चुका था।

इस क्षण वे भारत के धुर दक्षिण में उस स्थल पर थे जहां से हनुमान ने समुद्र लंघन किया था। लेकिन विवेकानन्द हमारे जैसे मानव प्राणी थे, अतः वे देवताओं की नकल नहीं कर सकते थे। उन्होंने भारत की विशाल भूमि को अपने पैरों से नापा था। दो वर्ष तक उनकी देह अपनी मातृभूमि की विराट काया के घनिष्ट सम्पर्क में रही थी। उन्होंने भूख प्यास, हिंसक प्रकृति, असभ्य मनुष्यों, सभी को सहा था। जब वे कन्याकुमारी पहुँचे तब वे थक चुके थे, उनके पास नाव तक का किराया न था जिससे वे अपनी यात्रा के अंतिम चरण तक पहुंच सकते। वे शार्कों से भरे समुद्र में कूद पड़े और जल डमरु मध्य के पार लग गए। उनकी यात्रा पूरी हो रही थी। पीछे मुड़कर ऐसे देखा जैसे पहाड़ की चोटी से देख रहे हों और मानो उन्होंने सारे भारतवर्ष को, अपनी यात्रा के समस्त चिंतन को अपनी बाहों सें समेट लिया हो। दो वर्ष तक मानो वे एक उबलते

कड़ाह में तपते रहे । उनकी "आत्मा धधक रही थी"; वे एक तूफान और दावानल थे।[5] पानी में डुबाकर दण्ड पानेवाले अपराधी की तरह वह अपनी संचित शक्ति के वेग से डूबे जा रहे थे, उनका सारा अस्तित्व इस बाढ़ के नीचे चूर चूर हो रहा था[6] । और वे पृथ्वी के घर पर, मीनार की छत पर चढ़कर अपनी आंखों के सामने सारे विश्व के परिदृश्य को निहार रहे थे । पैर पखारते समुद्र की लहरों के कोलाहल की भाँति उनकी धमनियों में रक्त का भीषण संचार हो रहा था । उनके लिए खड़ा रहना कठिन था । देवताओं की अपार शक्ति उन्हें आंदोलित कर रही थी । जब संघर्ष समाप्त हुआ, वे पहली लड़ाई जीत चुके थे । उन्होंने अपना वह पथ पा लिया था जिसका उन्हें अनुसरण करना था । वे अपने लक्ष्य को चुन सके थे ।

तैरकर वे पुनः भारतीय महाद्वीप पर लौट आए । फिर उल्टे उत्तर की ओर चल पड़े । रामनाडु और पांडिचेरी से पैदल चल कर वे मद्रास पहुँचे । और यहीं 1893 के पहले सप्ताहों में उन्होंने सार्वजनिक रूप से पश्चिमी देशों में अपना संदेश पहुँचाने की इच्छा व्यक्त की । न चाहते हुए भी उनकी ख्याति दूर तक पहुँच चुकी थी । वे इस बौद्धिक और ओजस्वी नगर में दो बार ठहरे थे और वहां वे दर्शनार्थियों से घिर गए । मद्रास में ही उन्होंने शिष्यों की अपनी पहली मंडली संगठित की जो उनके प्रति समर्पित थी और जिसने कभी उनका साथ नहीं छोड़ा । उनके प्रस्थान के बाद वे पत्रों से श्रद्धापूर्वक उनका समर्थन करते रहे और विवेकानन्द भी विदेशों से उनका मार्गदर्शन करते रहे । गुरु के ज्वलंत देश प्रेम की प्रतिध्वनि उनके हृदयों में गूँजी । शिष्यों के उत्साह ने उनके विश्वास की शक्ति को दस गुना बढ़ा दिया। वे सब प्रकार की आत्म-मुक्ति के विरुद्ध प्रचार करते रहे । वे सार्वजनिक मुक्ति, मातृभूमि का पुनरुद्धार, भारत की आध्यात्मिक शक्ति का संजीवन और समस्त विश्व में उसकी शिक्षा का प्रसार चाहते थे ।

"सही समय आ गया है । ऋषियों के धर्म को गतिशील बनना चाहिए । उसे अपने खोल से बाहर आना होगा ।" राजाओं और धनिकों ने विदेश यात्रा के लिए उन्हें धन देना चाहा, पर उन्होंने इसे अस्वीकार कर दिया । उन्होंने अपने शिष्यों से जो चन्दा जमा कर रहे थे, कहा, "मैं जनता और निर्धनों का प्रतिनिधि बन कर जा रहा हूँ", अतः बेहतर होगा वे मध्यवित्त लोगों से सहायता लें ।

---

5. अक्तूबर 1892 में अभेदानन्द उनसे मिले थे और उन्होंने उनकी इस अवस्था का वर्णन इस प्रकार किया था ।

6. "मुझे अदम्य शक्ति का अहसास हो रहा है । मानो मैं जल जाऊँगा, मेरे भीतर इतनी शक्तियां हैं । मुझे लगता है मैं संसार में क्रांति उत्पन्न कर सकता हूँ" ।

जैसा कि उन्होंने अपनी इस तीर्थ यात्रा के प्रारंभ में किया था, इस सुदूर यात्रा के लिए भी रामकृष्ण की पत्नी, श्री माँ से आशीर्वाद माँगा । श्री माँ ने अपना ही नहीं, रामकृष्ण का भी आशीर्वाद जो स्वप्न में वे उन्हें अपने प्रिय शिष्य के लिए दे गए थे, विवेकानन्द को भेजा ।

ऐसा नहीं लगता कि उन्होंने वराहनगर के आध्यात्मिक बंधुओं को इस विषय में कुछ लिखा । अवश्य ही उन्होंने सोचा होगा, नीड़ की उष्मा की अभ्यस्त उनकी ध्यानमग्न आत्माएं समाज सेवा और विदेश के मलेच्छों में धर्मप्रचार के नाम से ही भयभीत हो उठेंगी, दूसरों की नहीं अपनी ही मुक्ति के प्रयास में लगे लोगों की आत्मा की पवित्र निस्तब्धता को भंग कर देगी । संयोग की बात है प्रस्थान से एक दिन पहले बम्बई के निकट आबू रोड स्टेशन पर उनकी भेंट अचानक ब्रह्मानन्द और तुरीयानन्द से हो गई। उन्होंने विह्वल भावावेश में दुःखी भारत की आर्त पुकार को सुनाया, उसकी प्रतिक्रिया वराहनगर में भी पहुँची ।[7]

"मैं सारे भारत में घूम चुका हूँ ... पर हे बन्धुओ यह मेरे लिए दारुण कष्ट था, मैंने जनसाधारण की भयंकर निर्धनता और पीड़ा को अपनी आंखों से देखा और मैं अपने आंसू न रोक सका । अब मेरा यह दृढ़ विश्वास है कि बिना पहले उनकी गरीबी और कष्ट दूर किए, उनमें धर्म का प्रचार करना व्यर्थ है । इसी कारण दरिद्र भारत की मुक्ति के साधन जुटाने के लिए मैं अब अमरीका जा रहा हूँ ।"[8]

---

7. ऐसा नहीं लगता कि वराहनगर के संन्यासी उनके उदाहरण का अनुसरण करने को प्रलुब्ध नहीं हुए । अमरीका की विजययात्रा से उनके प्रत्यागमन के बाद भी ईश्वर ध्यान को गौण स्थान देना और यदि जरूरी हो तो समाज सेवा के लिए उसका भी त्याग उनके लिये कठिन था । ब्रह्मानन्द और तुरीयानन्द के शब्दों से द्रवित होकर अकेले अखंडानन्द (गंगाधर) 1894 में खेतड़ी में स्कूल खोलने और जन शिक्षा के प्रसार के लिए गए ।

8. ये शब्द स्वामी ज्ञानेश्वरानन्द द्वारा लिपिबद्ध किए गये तुरीयानन्द के संस्मरण से लिए गए हैं, जो 31 जनवरी 1926 *Morning Star* में प्रकाशित हुए : ब्रह्मानन्द और तुरीयानन्द एकांत में माउंट आबू में कठोर तपस्या कर रहे थे । उन्हें नरेन से मिलने की आशा न थी । उन्होंने उसे जाने से कई सप्ताह पहले देखा । नरेन ने उन्हें अपनी योजनाएं और संशय बताए और विश्वास व्यक्त किया कि सर्वधर्म सम्मेलन को ईश्वर ने उन्हें सफलता देने का निमित्त बनाया है । तुरीयानन्द ने उनके प्रत्येक शब्द और उसकी आवाज के उतार-चढ़ाव को दोहराया । नरेन चिल्लाया । उसका चेहरा लाल था "हरि भाई, मैं तुम्हारे तथाकथित धर्म को नहीं समझता ।" ... अत्यंत उदास भाव और अत्यंत आवेग में उसने अपने कांपते हाथों को अपने हृदय पर रख

वे खेतड़ी गए । वहाँ उनके मित्र महाराजा ने अपने दीवान को उनके साथ बम्बई भेजा । वहां उन्हें जहाज पर सवार होना था । प्रस्थान के समय उन्होंने लाल सिल्क का अंगरखा और गेरुई पगड़ी पहनी हुई थी और विवेकानन्द का नाम भी धारण किया । इसी नाम से उन्हें संसार में प्रसिद्ध होना था ।

कर कहा, ''मेरा हृदय बहुत विशाल, बहुत विशाल हो गया है। मैंने दूसरों के दुःख को अनुभव करना सीख लिया है । मेरे पर विश्वास करो । मैं बड़े दुःख से यह अनुभव कर रहा हूँ ।''

उसकी आवाज उद्वेग से रूध गई थी । वह चुप हो गया । उसकी आंखो से आंसू झरने लगे । तुरीयानन्द यह बताते हुए स्वयं अत्यंत भावुक हो उठे, उनकी आंखों में आंसू झलक आये । उन्होंने कहा, ''जब मैंने वह करुण क्रन्दन सुना और स्वामीजी की यह राजसी उदासी देखी तुम सोच सकते हो मुझ पर क्या गुजरी ?'' मैंने सोचा ''क्या ये ही बुद्ध के शब्द और भाव नहीं हैं ? जब विवेकानन्द बोधिवृक्ष के नीचे बोधगया में ध्यान कर रहे थे तब उन्हें बुद्ध भगवान का दर्शन हुआ था, वे उनके शरीर में प्रवेश कर गए थे । मैं स्पष्ट देख सका कि सारी मानवता का कष्ट उनके धड़कते दिल में समा गया है ।'' तुरीयानन्द भावविभोर हो सुनाते रहे, ''कोई भी विवेकानन्द को नहीं समझ सकता जब तक कि उसने उनकी विस्फोटक अनुभूतियों का अंश मात्र भी न देखा हो ।''

तुरीयानन्द ने इसी प्रकार के एक अन्य दृश्य का विवरण दिया, वहां वे विवेकानन्द के अमरीका से लौटने के बाद उपस्थित थे — संभवतः यह बागबाजार, कलकत्ता में बलराम के घर का है :

''मैं उन्हें देखने गया । मैंने उन्हें बरामदे में टहलते देखा, मानो शेर पिंजरे में घूम रहा हो । वे ध्यानमग्न थे, उन्हें मेरे आने का भान न था । ... वे मीराबाई का एक भजन गुनगुनाने लगे । उनकी आंखों में आंसू आ गए। वे रुके, जंगले का सहारा लिया और अपने चेहरे को दोनों हाथों में छिपा लिया । उनकी आवाज अधिक स्पष्ट हुई और वे बारम्बार उस भजन को दोहराने लगे ।

''मीरा की गति मीरा जाने और न जाने कोय
घायल की गति घायल जाने और न जाने कोय''

उनकी आवाज मेरे अन्तर को तीर की तरह भेद गई । मैं उनके कष्ट का कारण न समझ सका । ... फिर यकायक समझ गया । यह उनकी हृदयद्रावक सहानुभूति थी जो अक्सर उन्हें खून के आंसू बहाने को बाध्य करती । ... और संसार इसे कभी नहीं जान पाता ।''

तुरीयानन्द ने अपने श्रोताओं को संबोधित कर कहा : ''क्या तुम सोचते हो कि उनके ये खून के आंसू व्यर्थ गिरे थे ? नहीं ! उनमें से प्रत्येक आंसू अपनी मातृभूमि के लिए गिरा था । उनके विशाल हृदय की प्रत्येक धड़कन नायकों के दलों को जन्म देगी जो अपने विचारों और कर्म से दुनिया को हिला कर रख देंगे ।''

3

एक महान पश्चिम यात्रा और सर्वधर्म सम्मेलन

यह यात्रा वस्तुतः आश्चर्यजनक थी। युवा स्वामी एक अनजान पथ पर बे-झिझक आंख मूंद कर चल पड़े थे। उन्होंने सिर्फ इतना ही सुना था कि अमरीका में किसी दिन, किसी स्थान पर सर्वधर्म सम्मेलन होने जा रहा है और उन्होंने वहां जाने का निश्चय किया। न उन्होंने, न ही भारतीय मित्रों, विद्यार्थियों, पंडितों, मंत्रियों और महाराजाओं ने इसके बारे में जानने का कष्ट उठाया। न उन्हें सही तारीख का पता, न उसमें सम्मिलित होने की शर्तों का। वे अपने साथ एक प्रमाणपत्र तक न ले गये थे। वे सीधे इस विश्वास के साथ चल दिए कि सही समय पर उनका वहां उपस्थित होना ही काफी था। खेतड़ी के राजा ने उन्हें जहाज का टिकट ले दिया था और बहुत मना करने पर भी उन्हें एक सुन्दर अंगरखा दिलवा दिया था जिसने अमरीकी ठलुओं को उनकी वाक् शक्ति से कम मुग्ध नहीं किया। पर उन्हें और उनके किसी हितैषी को वहां की जलवायु और रीतिरिवाज का तनिक भी ज्ञान न था। वे अपनी भव्य भारतीय पोशाक में जब तक कनाडा पहुंचे, ठंड के मारे जहाज में बर्फ की तरह जम गए थे।

उन्होंने 31 मई 1893 को बम्बई छोड़ा। श्रीलंका, पेनांग, सिंगापुर, हांगकांग, फिर कैंटन होते हुए नागासाकी पहुंचे। यहाँ से वे भूमि मार्ग से योकोहामा, ओसाका देखते हुए क्योटो और टोकियो गए। सर्वत्र उनका ध्यान सदा ही उन बातों की ओर खिंच गया था जो उनकी इस कल्पना एवं मान्यताओं को पुष्ट करता था कि सुदूर पूर्व के सब धर्मों पर भारतीय प्रभाव है और वह एशिया की धार्मिक एकता का द्योतक है।[1] साथ में जिन बुराइयों से उनका देश त्रस्त था उसका विचार उनके मन से नहीं निकला, और जापान द्वारा की गई प्रगति ने उनके घावों को हरा कर दिया।

वे योकोहामा से वेंकूवर गए और वहां से रेल द्वारा जुलाई के मध्य में बदहवास

---

1. उनका माथा ठनका जब बौद्ध सम्राट की स्मृति में बने चीनी मन्दिरों में प्राचीन बंगला

हालत में शिकागो पहुंचे। सारे रास्ते में लुटेरों द्वारा छिन्न-भिन्न उनके पंख बिखरे थे, क्योंकि वे शिकार थे। उन्हें दूर से पहचाना जा सकता था।

पहले तो वह बच्चे की तरह आंखे फाड़े, मुंह बाए शिकागो की औद्योगिक विश्व प्रदर्शनी में चक्कर काटते रहे। हर वस्तु उन्हें आश्चर्य में डालनेवाली, विस्मयकारी थी। उन्होंने पाश्चात्य जगत की शक्ति, समृद्धि और अविष्कारक्षमता की ऐसी कल्पना कभी न की थी। रवीन्द्रनाथ ठाकुर और महात्मा गांधी की तुलना में, जो योरोपीय-अमरीकी, विशेष रूप से अमरीका की विक्षिप्त गति और शोर शराबे से त्रस्त थे अधिक बलवान विवेकानन्द शक्ति के प्रति अधिक आकर्षित थे। इसलिए कम से कम प्रारंभ में तो उन्हें यह सहज लगा। वे एक किशोर की भाँति उसके उत्तेजक नशे के प्रभाव में आ गए और उनके प्रशंसात्मक भाव की कोई सीमा न थी। बारह दिनों तक उनकी आंखें इस नयी दुनिया को सराहती रहीं। शिकागो पहुंचने के कुछ दिन बाद उन्हें सूझा कि वे विश्व प्रदर्शनी के सूचना केन्द्र से सर्वधर्म सम्मेलन की तारीख के बारे में पता करें। ... जब उन्हें मालूम हुआ कि वह सितम्बर के प्रथम सप्ताह से पहले न होगा और प्रतिनिधियों के पंजीकरण की तारीख निकल चुकी है और बिना औपचारिक परिचय के यह न हो सकेगा, तब उन्हें एक आघात लगा। उनके पास कोई परिचयपत्र न था। वे अजनबी थे। किसी मान्यताप्राप्त दल ने उन्हें परिचयपत्र नहीं दिया था। उनकी जेब खाली थी। सम्मेलन के उद्घाटन तक उनका गुजारा चलना कठिन था ... वे घबरा उठे। उन्होंने अपने मद्रास के मित्रों को तार दिया और एक मान्य धार्मिक संस्था को आवेदनपत्र भेजा कि वह अनुदान दे। पर मान्य संस्थाएं स्वाधीनता सहन नहीं करतीं। संस्था के प्रमुख ने उत्तर दिया : "शैतान को ठंड खाकर मरने दो।" शैतान न तो मरा, न ही उसने हिम्मत हारी। उसने अपने को भाग्य के हवाले कर दिया। बचेखुचे डालरों को बेकार रखने के बजाय उसने उन्हें भी बोस्टन जाने में खर्च कर दिया। भाग्य भी उन्हीं की सहायता करता है जो अपनी सहायता करना जानते हैं। विवेकानन्द कहीं भी अलक्षित नहीं रहे। अनजान होते हुए भी उन्होंने लोगों को आकर्षित किया। बोस्टन की रेलगाड़ी में मैसाचुसेट की एक धनी सहयात्री महिला उनकी बातचीत से प्रभावित हुई, उसने उनसे प्रश्न पूछे। उसे उनमें दिलचस्पी हुई। उसने उन्हें अपने घर आमंत्रित किया और ग्रीक सभ्यता के विद्वान, हार्वर्ड विश्वविद्यालय के प्रोफेसर जे॰ ऐच॰ राइट से उनका परिचय कराया। राइट इस हिन्दू युवा की प्रतिभा से

लिपि में लिखी पांडुलिपियां देखी। इसी प्रकार जापान में भी उन्होंने प्राचीन बंगला लिपि में संस्कृत मंत्र लिखे देखे।

अभिभूत हो उसकी सेवा के लिए तत्पर हुए । उनका आग्रह था कि विवेकानन्द सर्वधर्म सम्मेलन में हिन्दू धर्म का प्रतिनिधित्व करें और उन्होंने इस आशय का एक पत्र सम्मेलन के अध्यक्ष को लिखा । उन्होंने इस कंगाल तीर्थयात्री के लिए शिकागो का टिकट कटा दिया और सम्मेलन की समिति को विवेकानन्द के रहने की व्यवस्था करने के लिए लिखा । संक्षेप में, उनकी सारी कठिनाइयां दूर हो गईं ।

विवेकानन्द शिकागो लौट आए । ट्रेन देर से पहुंची । समिति का पता खोकर वह हैरान युवक नहीं जानता था कि कहां जाए ।

काले मनुष्य को कौन राह दिखाता । उसने स्टेशन के कोने में एक खाली बक्सा पड़ा देखा और वह उसी में सो गया । अगले दिन वह रास्ता खोजने निकला । संन्यासी की तरह दरदर भिक्षा मांगी पर वह ऐसे नगर में था, जहां एक व्यक्ति जो संत फ्रांसिस की तरह भगवान भरोसे भटकना जानता था, लोग पैसा कमाने के हजारों तरीके जानते थे ! कई घरों से उन्हें अपमानित होकर लौटना पड़ा, कई स्थानों पर नौकरों ने उन्हें झिड़का । कइयों ने दरवाजे ही बन्द कर दिए । काफी देर भटकने के बाद, हारा-थका वह तरुण संन्यासी एक गली में बैठ गया । ऊपर की खिड़की से किसी ने देखा और पूछा कि वह सर्वधर्म सम्मेलन का प्रतिनिधि तो नहीं है । उन्हें अन्दर बुलाया गया और भाग्य ने उन्हें एक ऐसा अनुयायी दिया जो उनके अमरीकी शिष्यों में सबसे निष्ठावान सिद्ध हुआ । विश्राम के बाद उन्हें सम्मेलन में ले जाया गया । वहां उन्हें सहर्ष प्रतिनिधि के रूप में स्वीकार किया गया और उन्हें अन्य प्राच्य प्रतिनिधियों के साथ ठहरा दिया गया ।

उनकी साहसिक यात्रा का दुखमय अंत होते होते बचा । उन्हें कुछ राहत मिली, किंतु आराम नहीं । दुर्भाग्य अपना पूरा खेल दिखा चुका था; अब कर्म और दृढ़ संकल्प का समय आ गया था। कल का अजनबी भिखारी जिसके काले रंग के कारण संसार की दर्जनों जातियों के रक्त से बनी भीड़ उससे घृणा कर रही थी, आज वह प्रथम दृष्टि में अपनी सर्वोच्चतम प्रतिभा की धाक जमाना चाहता था ।

☆ ☆ ☆

सोमवार, 11 सितम्बर 1893 को सम्मेलन का पहला सत्र आरंभ हुआ । बीच में कार्डिनल गिबंस बैठे थे । उनके दायें-बायें प्राच्य प्रतिनिधि, ब्रह्म समाज के प्रमुख और विवेकानन्द के पुराने मित्र प्रतापचन्द्र मजुमदार, ईश्वरवादियों के साथ बम्बई के नागरकर, श्रीलंका के बौद्ध प्रतिनिधि धर्मपाल, जैन धर्मी गांधी और ऐनी बेसेंट की थियोसफिकल सोसायटी के चक्रवर्ती थे । इन सब के बीच एक युवक बैठा था जो किसी का प्रतिनिधि नहीं था किंतु एक दृष्टि से जो सब का था, वह किसी संप्रदाय का न था । सम्पूर्ण भारत

का था जिसने हजारों दर्शकों को आकर्षित किया। उसका मनोहारी चेहरा, कुलीन चालढाल, और भव्य वेश ने रहस्यमय जगत से अवतरित इस दिव्य व्यक्ति के प्रभाव को और अधिक बढ़ा दिया था तथा उसके अपने भावों को छिपा दिया था। उसने इसे छिपाया नहीं। उसे पहली बार इस प्रकार की सभा को संबोधित करना था। एक के बाद एक प्रतिनिधि का परिचय कराया गया। वे अपनी बारी पर संक्षिप्त वक्तृता देते। विवेकानन्द की बारी घंटों बाद, अंत में आई।

पर जब वे बोले तो उनकी वाणी एक ज्वलंत मशाल की तरह थी। शुष्क निबंध पाठों के बाद इसने श्रोताओं को झकझोर कर रख दिया। "अमरीका के बहनो और भाइयो" मुश्किल से वे ये सरल प्रारंभिक शब्द कह पाये थे कि सैकड़ों लोग अपने स्थानों पर खड़े होकर करतल ध्वनि करने लगे। उन्हें आश्चर्य हुआ, क्या वे वास्तव में उनका अभिनन्दन कर रहे हैं? वे सचमुच पहले व्यक्ति थे जिसने सम्मेलन की औपचारिकता तोड़ फेंकी और जनता से उनकी भाषा में बात की जिसकी वह प्रतीक्षा कर रही थी। फिर मौन छा गया। उन्होंने धर्मों में सबसे पुरातन वैदिक संन्यासी धर्म की ओर से राष्ट्रों में तरुणतम राष्ट्र का अभिनन्दन किया। उन्होंने हिन्दू धर्म को सब धर्मों की जननी के रूप में प्रस्तुत किया जिसकी शिक्षा थी, "एक दूसरे को समझो और स्वीकार करो।" उन्होंने पवित्र धर्म ग्रंथों से दो उद्धरण दिए :

"किसी भी रूप में जो मेरे पास आयेगा, उसको मिलूंगा।" "सब मनुष्य विभिन्न मार्गों से मुझ तक पहुँचने के लिए संघर्ष कर रहे हैं, सब अंत में मेरे ही पास पहुँचेंगे।"

अन्य सभी वक्ताओं ने अपने ईश्वर और अपने ही संप्रदाय की बात की थी। सिर्फ वे ही अकेले थे जिन्होंने उन सबके ईश्वर की चर्चा की और उन सबको एक सार्वभौम सत्ता में आबद्ध कर दिया। यह रामकृष्ण की वाणी थी जो उनके महान शिष्य के मुंह से निःसृत हो समस्त बाधाएं तोड़ रही थी। सर्व धर्म सम्मेलन ने युवक वक्ता की जयजयकार की।

अगले दिनों में वे दस बारह बार बोले[2]। प्रत्येक बार नई युक्तियों और उसी

---

2. सम्मेलन के खुले अधिवेशन और विभागीय सत्रों में वह मुख्यतः निम्न विषयों पर बोले :

(१) सितम्बर 15 : हमारे मतभेद क्यों हैं ? यहां उन्होंने विभिन्न धार्मिक दृष्टिकोणों की एकपक्षीयता और असहिष्णुता की निन्दा की।

(२) सितम्बर 20 : धर्म भारत की मुख्य आवश्यकता नहीं है — रोटी है। अपने देशवासियों के लिए सहायता की अपील।

विश्वास से उन्होंने सार्वभौम धर्म के जाति, देश कालातीत सिद्धान्त का निरूपण किया जो अंध विश्वासी आदिवासियों की जड़ वस्तुओं की पूजा से लेकर आधुनिक विज्ञान की सृजनात्मक उपलब्धियों को सम्पूर्ण मानवीय आत्मा के साथ जोड़ता है । उन्होंने इनका भव्य समन्वय किया जिसने किसी एक भी आशा दीप को न बुझाकर, समस्त आशाओं को अपने सहज स्वभाव के अनुरूप बढ़ने का अवसर दिया ।

मनुष्य में अंतर्निहित दिव्यता और उसकी विकसित होने की अपार क्षमता के अतिरिक्त अन्य कोई सिद्धांत न था ।

इस प्रकार का धर्म हो तो समस्त राष्ट्र तुम्हारा अनुसरण करेंगे । अशोक की परिषद् बौद्ध धर्म की परिषद् थी । अकबर की दीनेइलाही उद्देश्यपूर्ण होते हुए भी कुलीन गोष्ठी थी । अमरीका के लिए यह सौभाग्य सुरक्षित था कि वह समस्त विश्व को सब धर्मों में ईश्वर की एकता का सन्देश दे ।

"हिन्दुओं का ब्रह्म, जोरस्तरों का अहुरमजदा, बौद्धों के बुद्ध, ईसाइयों के स्वर्गवासी पिता आपको शक्ति दें ... । ईसाई को हिन्दू या बौद्ध तथा हिन्दू या बौद्ध को ईसाई बनने की कोई आवश्यकता नहीं । प्रत्येक को दूसरों की भावना आत्मसात करनी है और अपनी विशिष्टता को अक्षुण्ण रखते हुए अपने नियमों के अनुसार विकास करना है ... । सर्वधर्म सम्मेलन ने सिद्ध कर दिया है कि धार्मिकता, पवित्रता और उदारता किसी एक पंथ का विशेषाधिकार नहीं हैं और प्रत्येक व्यवस्था ने श्रेष्ठ चरित्र के महान नर नारी उत्पन्न किए हैं । ... प्रतिरोध के बावजूद अब प्रत्येक धर्म पताका पर अंकित होगा, "सहायता दो, लड़ो नहीं; विनाश नहीं, सम्मिलन," 'विग्रह नहीं, मैत्री और शांति' ।

इन ओजस्वी शब्दों का आश्चर्यजनक प्रभाव पड़ा । सम्मेलन के अधिकृत प्रतिनिधियों को छोड़कर ये शब्द सर्व साधारण को संबोधित किए गए थे और बाह्य जगत उनसे आकृष्ट हुआ । विवेकानन्द की ख्याति देश-देशांतर में फैली और उससे भारत का भला हुआ । अमरीकी समाचारपत्रों ने उन्हें सर्वधर्म सम्मेलन में महानतम व्यक्ति के रूप में स्वीकार किया । "उन्हें सुनने के बाद हम यह अनुभव करते हैं कि भारत जैसे ज्ञानी राष्ट्र को मिशनरी भेजना कितनी मूर्खता है ।"[3]

---

(३)-(४) सितम्बर 22 : कट्टरपंथी हिन्दू धर्म और वेदान्त दर्शन — भारत के आधुनिक धर्म ।

(५) सितम्बर 25 : हिन्दू धर्म का सार ।

(६) सितम्बर 26 : बौद्ध धर्मः हिन्दू धर्म का परिष्कृत रूप और अन्य चार भाषण ।

3. The New York Herald और The Boston Evening Transcript ने लिखा, "सर्वधर्म सम्मेलन के वे सार्वधिक प्रिय व्यक्ति थे" । वे जैसे ही मंच

यह सहज ही कल्पना की जा सकती है कि उक्त स्वीकारोक्ति ईसाई मिशनरियों के कानों को नहीं सुहाई और विवेकानन्द की सफलता ने उनमें कटु विद्वेष जगा दिया जिसके कारण वे अत्यंत घृणित लांछनों का सहारा लेने से भी न चूके । जिन्होंने देखा कि किस प्रकार वे उपाधिहीन स्वतंत्र "यायावर संन्यासी" के सामने निस्तेज हो गए उन हिन्दू प्रतिनिधियों की ईर्ष्या भी कम नहीं थी । थियोसफी मत को विवेकानन्द ने नहीं बख्शा था, उसने भी उन्हें कभी क्षमा नहीं किया ।

उषाकालीन ख्याति की प्रथम बेला में उगते सूर्य के प्रकाश आलोक ने धूमिल परछाइयों को लुप्त कर दिया। विवेकानन्द युग-पुरुष बन गए।

उन्हें अपनी यह जीत कैसी लगी ? वे रोये । यायावर संन्यासी ने देखा कि ईश्वर के सान्निध्य में उसका एकांत जीवन अब समाप्ति पर है । क्या कोई ऐसी सच्ची धार्मिक आत्मा है जिसे उनके क्षोभ से सहानुभूति न हो ? स्वयं उन्होंने यही चाहा था ... या उस अज्ञात शक्ति ने जो उनके लक्ष्य को निर्धारित कर रही थी, उन्हें यह चाहने के लिए बाध्य किया था ... किंतु अंतरआत्मा की एक और आवाज भी थी जो उनसे कहती, "त्यागो ! ईश्वर में रमो ।" वे एक को असंतुष्ट किए बिना दूसरे को संतुष्ट न कर सकते थे ।

अतएव इस तूफानी प्रतिभा को समय-समय पर जिस संकट और पीड़ा से गुजरना होता था जो प्रत्यक्षतः परस्पर विरोधी तथा तर्कसंगत थी, उसे एक लीक पर एक विचार क़ो लेकर चलने वाले नहीं समझ सकते । वे अपनी वैचारिक दीनता को भी अनिवार्य गुण मान लेते हैं और उन अति समृद्ध बलवान आत्माओं को जो आत्मिक शांति के लिए करुण संघर्ष कर रही हैं, भ्रांति या प्रवंचना का दोषी ठहराते हैं । इस प्रकार की दुर्भावनापूर्ण प्रवंचनाओं ने विवेकानन्द को छोड़ा नहीं और उनके स्वाभिमान ने इसके लिए उन्हें कोई कैफियत नहीं देने दी ।

इस समय की उलझनें मात्र मानसिक न थीं । वे स्वयं तत्कालीन परिस्थितियों की उपज थीं । सफलता के बाद, पहले की भाँति उनका कार्य कहीं अधिक कठिन था । उस समय वह गरीबी से पराजित हुए थे, आज उनपर अमीरी के हावी होने का खतरा था । अमरीका की दंभपूर्ण शानोशौकत ने उन्हें आक्रान्त किया और उसके पहले दौर में ऐसा लगा कि विलासिता और आडम्बर उनका दम घोट देंगे । धन की अधिकता से वे शरीर से प्रायः रुग्ण हो गए। रात को शयन कक्ष में लेटे हुए यह ध्यान आने पर कि उनके देशवासी भूख से मर रहे हैं वे निराश हो भूमि पर लोटने लगते और करुण क्रन्दन करते ।

पर आते उनकी तुमुल जयजयकार होती । जनता को रोके रखने का एकमात्र यही उपाय था कि यह घोषणा की जाये कि विवेकानन्द सब से अंत में बोलेंगे ।

वे कराहते "हे माँ, मैं इस प्रसिद्धि का क्या करूं जब मेरे देशवासी गरीबी और कष्टों में पड़े हैं ?"

अपने अभागे भारत की सेवा करने और अपने को धनिकों के संरक्षण से मुक्त करने के लिए उन्होंने एक भाषण समिति का यह प्रस्ताव मान लिया कि वे अमरीका का दौरा करें । पूर्व और मध्य-पश्चिम, शिकागो, इयोवा, दे मानिस, मिनेपोलिस, डेट्रायट, बोस्टन, कैम्बरिज, बाल्टीमोर, वाशिंगटन और न्यूयार्क आदि स्थानों पर भाषण दें । यह विधि जोखिमभरी सिद्ध हुई । यह समझना भूल थी कि विवेकानन्द अन्य वक्ताओं की भाँति प्रशंसा और डालर कमाने के लिए अमरीकी श्रोताओं के सामने धूपदीप जलाकर उन्हें रिझाएंगे ।...

तरुण गणतंत्र की अपार शक्ति के प्रति उनका प्रथम आकर्षण और प्रशंसा भाव मुरझा गया था । उसकी क्रूरता, अमानुषिकता, लघुता, संकीर्ण मदांधता, असीम अज्ञान के प्रति उनके मन में अचानक घृणा जाग उठी कि मानव जाति में अपने को आदर्श समझनेवाला यह राष्ट्र दूसरों के विचारों और विश्वासों का आदर करने में असमर्थ है और अपने को ही सदा सही समझता है ... । उनका धैर्य चुक गया । उन्होंने कुछ नहीं छिपाया । वे पाश्चात्य सभ्यता की बुराइयों और अपराधों, हिंसा, लूटपाट और विनाश की निन्दा करने लगे । एक बार उन्हें बोस्टन में अपने विशेष प्रिय धार्मिक विषय रामकृष्ण पर बोलना था, पर वहाँ के कृत्रिम, क्रूर, संसारी श्रोतावर्ग को देख कर उन्हें इतनी वितृष्णा हुई कि उन्होंने उनको अपनी आत्मा का रहस्य बताने से इनकार कर दिया और अचानक उस सभ्यता पर टूट पड़े जिसने ऐसे गीदड़ों और भेड़ियों को जन्म दिया था । भयंकर बदनामी हुई । सैकड़ों श्रोता सभा भवन छोड़ कर चल दिए और समाचारपत्र खूब बिगड़े ।

वह झूठी ईसाइयत और धार्मिक पाखंड से विशेषकर क्रुद्ध थे । "आप कितनी ही डींग हाँके, क्या बिना तलवार के कहीं आपकी ईसाइयत सफल हुई ? आपका धर्म विलासिता का लोभ दिखाकर प्रसारित किया जाता है । इस देश में मैंने पाखंड ही देखा-सुना है । यह सब अय्याशी, ईसा के नाम पर । जो ईसा की शरण का ढोंग करते हैं, वे सिर्फ पैसा बटोरते हैं । ईसा को यहां एक ऐसा पत्थर भी न मिलेगा जिसका तकिया बना वह लेट सके ... तुम ईसाई नहीं हो । ईसा की शरण में लौटो ।"

इस तिरस्कारपूर्ण वक्तव्य के विरोध में क्रोध का विस्फोट हुआ । इसी क्षण से पादरियों की एक टोली उनके पीछे पड़ गई । वे जहाँ जाते, उनके पीछे पहुँचकर वे उनके विरुद्ध अपशब्दों की बौछार करते, आक्षेप लगाते, यहाँ तक कि अमरीका और भारत में उनके आचार के विरुद्ध कलंकपूर्ण मनगढ़ंत किस्से प्रचारित करते । कुछ प्रतिद्वंद्वी हिन्दू संगठनों के प्रतिनिधियों के कारनामे कम शर्मनाक न थे । वे विवेकानन्द की ख्याति से

चिढ़े हुए थे और उन्हें द्वेषी पादरियों के निकृष्ट आक्षेपों को दोहराने में कोई झिझक न थी। स्वयं ईसाई पादरियों ने इर्ष्यालु हिन्दुओं के आरोपों का उपयोग किया और भारत में इस संन्यासी की हास्यास्पद रीति से निन्दा की कि वह अमरीका में कट्टर हिन्दू धर्म द्वारा निर्धारित नियमों का पालन नहीं कर रहे हैं। विवेकानन्द ने लहरों पर तैरती इस कुत्सित कीच को तिरस्कारपूर्वक देखा जो भारत से उनके शिष्यों और भक्तों के पत्रों के माध्यम से उनके पास पहुँच रही थी। उन्होंने क्रोध से उसे उन्हीं पर दे मारा जिन्होंने उसे उन पर फेंका था।[4]

कृपानंद नामधारी एक अमरीकी शिष्य ल्योन लेंड्सबर्ग, ने उस समय अमरीका में विवेकानन्द के मानसिक क्लेश को इस प्रकार चित्रित किया :

"छद्म-धार्मिक विकृतियों का अड्डा, असामान्य, रहस्यपूर्ण और असाधारण के लिए पगलाया हुया देश, जिसके फलस्वरूप मूर्खतापूर्ण सहज विश्वास वहां सैकड़ों सभा-सोसायटियों को भूत-प्रेत, महात्माओं और कपटी पैगम्बरों को पालता है। सब रंगों के अजनबियों का यह आश्रय स्थल विवेकानन्द के लिए असह्य था। उन्होंने आरंभ में ही वहां का कूड़ा-कचरा साफ करने की ठानी।"

उन्होंने अपने प्रारंभिक भाषणों में भीड़ लगानेवाले उल्लुओं, मसखरों और स्वार्थी बगुलों पर शैतान की फटकार लगाई। तुरंत उनके पास फालतू लोगों, धूर्तों और धार्मिक प्रपंचियों से धमकीभरे या प्रशंसापूर्ण पत्र आने लगे जिसमें सहयोग का प्रस्ताव लिखा जाता था। उनका विवेकानन्द जैसे व्यक्ति पर क्या प्रभाव पड़ा, यह सहज ही समझा जा सकता है। उन्होंने किसी भी संप्रदाय का विरोध करने के लिए दूसरे से गठबंधन करना अस्वीकार किया। अपने स्वार्थ के लिए इस्तेमाल करने के इच्छुक सभी गठबंधनों के विरुद्ध वे खुलेआम उनके सामने आए।

---

4. भारतीय भक्तों की इन बदनाम शिकायतों पर कि वे मलेच्छों के साथ अपवित्र भोजन कर रहे हैं उनका उत्तर था :

"क्या तुम कहना चाहते हो कि मैं जातिपांति की भावना से ग्रसित, अंध विश्वासी, क्रूर प्रवंचक, नास्तिक कायरों की भाँति जीउँ और मरूँ जो तुम्हें सिर्फ शिक्षित हिन्दुओं में मिलेंगे ? मुझे कायरता से घृणा है। मुझे कायरों से कुछ लेना देना नहीं।... मैं जितना भारत का हूँ उतना ही विश्व का, उसके बारे में कोई भ्रम नहीं ... मेरे ऊपर किसी देश का विशेष दावा नहीं है। क्या मैं किसी राष्ट्र का गुलाम हूँ ? मैं अपने साथ मनुष्य, या ईश्वर या शैतान से अधिक बड़ी शक्ति देखता हूँ। मुझे किसी की सहायता नहीं चाहिये। मैं सारा जीवन दूसरों की सहायता करता रहा हूँ ...।" पेरिस से 9 सितम्बर, 1895 को भारतीय शिष्यों को लिखे गए पत्र से।

फिर भी अमरीका को यह श्रेय और सम्मान देना पड़ेगा कि विवेकानन्द की नैतिक स्वाधीनता, तेजस्वी आदर्शवाद, निर्भय निष्ठा ने चारों ओर उनके समर्थकों और प्रशंसकों की एक टोली खड़ी कर दी । इन्हीं में से उनके प्रथम पाश्चात्य शिष्य बने जो मानवीय पुनरुत्थान के कार्य में उनके सक्रिय सहयोगी सिद्ध हुए ।

4

विवेकानन्द के प्रथम प्रवास के समय अमरीका

एशिया के मनोभाव के एंग्लो-सैक्सन अग्रदूत थोरो, वाल्ट व्हिटमेन

यह जानना गभीर दिलचस्पी का विषय होगा कि उन्नसवीं शती के दौरान निश्चित रूप से किस हद तक प्रत्यक्ष और परोक्ष रूप में हिन्दू विचारधारा का अमरीकी मनोभाव में बीजारोपण हुआ। इसमें संदेह नहीं कि इसने आधुनिक संयुक्त राज्य अमरीका की विचित्र नैतिक और धार्मिक मनोवृत्ति के निर्माण में अपना योगदान किया, जिसे योरोप को समझने में इतनी अधिक कठिनाई हुई, जिसमें एंग्लो-सैक्सन प्युरिटनवाद, कर्म की अमरीकी आशावादिता, व्यवहारिकता, वैज्ञानिकता और छद्म-वेदान्त का अद्‌भुत मिश्रण था। मैं नहीं जानता कि क्या किसी इतिहासकार ने इस प्रश्न पर अभी तक विचार किया है। यह प्रथम श्रेणी की मनोवैज्ञानिक समस्या है जिसका हमारी सभ्यता के इतिहास से घनिष्ठ संबंध है। मेरे पास इसके समाधान के साधन नहीं हैं, फिर भी मैं इसके कुछ मुद्‌दों की ओर इशारा कर सकूँगा।

ऐसा लगता है कि अमरीका में हिन्दू विचारधारा का एक प्रमुख वाहक इमरसन था और इस कार्य को करने में वह थोरो से अत्यंत प्रभावित था।[1]

ऐसे प्रभावों की तरफ उसका रुझान था। 1830 से वे उसकी डायरी में प्रकट होने लगे जिसमें वह हिन्दू धर्म ग्रंथों के सन्दर्भ नोट करता रहता था। 1838 में उसके द्वारा हार्वर्ड विश्वविद्यालय में दिए प्रसिद्ध भाषण ने उस समय बड़ी सनसनी पैदा की

---

1. इस संबंध में मुझसे हेरम्ब चन्द्र मित्र के *Harvard Theological Review*, 1911 में प्रकाशित *Emerson from an Indian Point of View* का जिक्र किया गया। पर मैं इसका अध्ययन न कर सका।

जिसमें मनुष्य में निहित दिव्यता के विश्वास को आत्मा-ब्रह्म की कल्पना जैसा प्रस्तुत किया गया था । यह सच है कि उसने इसकी एकांततः नैतिक व्याख्या की, जिस पर उसकी और उसकी जाति की छाप थी । उसकी पूर्ति "सत्य" के वास्तविक योग का समाधिगत अनुभव था, जिसे नैतिक कल्याण और ब्रह्मांड संतुलन के दोहरे अर्थ में कल्पित किया गया था; इसमें एक साथ कर्म, भक्ति और ज्ञान का ऐक्य था ।[2] इमरसन के पढ़ने या लिखने में थोड़ी भी क्रमबद्धता न थी । कैवट ने अपने संस्मरणों मे उसके बारे में बताया है कि वह सारांश और उद्धरणों से ही संतुष्ट हो जाता था और वह पूर्ण रूप से मूल ग्रंथों को न देखता था । किंतु थोरो महान पाठक था । 1837 और 1862 के बीच वह इमरसन का पड़ोसी था । इमरसन ने लिखा है कि जुलाई 1846 में थोरो उसे अपनी *A Week on the Concord and Merrimack Rivers* के अंश सुनाता रहा । इस कृति के (सोमवार खंड में) गीता, भारत के महान काव्यों और दर्शनों की प्रशस्ति है । थोरो ने चीनी, हिन्दू, पारसी, हिब्रू धर्म ग्रंथों की एक "संयुक्त बाइबिल" का सुझाव दिया जिसे पृथ्वी के कोने कोने तक पहुंचाया जा सके। "पूर्व प्रकाश" को उसने अपना मूलमंत्र बनाया ।[3]

---

2. यदि मनुष्य हृदय से सच्चा है, उस सीमा में वह ईश्वर ही है : सच्चाई के साथ ही उस मनुष्य में ईश्वर की सुरक्षा, ईश्वर की अमरता और ईश्वर की भव्यता का प्रवेश होता है... समस्त प्राणी उसी आत्मा से प्रसूत हैं जिसे भिन्न अभिव्यक्तियों में प्रेम, सच्चाई, संयम के भिन्न नाम दिए गए हैं, जैसे महासागर को उसके विभिन्न तटों पर भिन्न नाम दिए जाते हैं... इस नियमों के नियम की यह प्रतीति मन में एक भावना पैदा करती है जिसे हम धार्मिक भावना कह सकते हैं और जो हमें सर्वाधिक सुख देती है । उसके सम्मोहन और आदेश की शक्ति अद्‌भुत है । यह पर्वतीय पवन है... यह आकाश और पहाड़ियों को भव्य बनाती है; यह सितारों का मौन संगीत है । (जुलाई 15, 1838 डिविनिटी कालेज, कैम्बिज के भाषण से) ।

3. थोरो ने अपने आधार ग्रंथ बताए । ये थे : गीता का फ्रेंच अनुवाद जिसका लेखक बरनफ होगा, वह उसका उल्लेख नहीं करता; यह 1840 में प्रकाशित हुआ था । इससे भी महत्वपूर्ण था चार्ल्स विल्किंस का 1846 में हाल ही में प्रकाशित अंग्रेजी अनुवाद जिसकी भूमिका वारन हेस्टिंग्ज ने लिखी थी । इस प्रसिद्ध विजेता शासक ने सार्वजनिक रूप से वेदों की भूमि की आध्यात्मिक प्रभुता को स्वीकार किया । 1786 में उसने ईस्ट इंडिया कम्पनी के प्रेसीडेंट से भगवत् गीता के अनुवाद कराने की सिफारिश की । उसकी भूमिका में उसने घोषणा की, "जब भारत में ब्रिटिश प्रभुता का अंत हो जायेगा, तब उसकी सम्पत्ति और शक्ति की केवल यादगार रह जायेगी, तब भी भारतीय दर्शनों के लेखक जीवित रहेंगे ।" थोरो ने अन्य हिन्दू

यह उस समय की बात है जब उसके द्वारा स्थापित Transcendental Club अनुभवातीत सभा जोरों पर थी और 1840 के बाद उसकी त्रैमासिक पत्रिका The Dial में, जिसका संपादन वह मार्गरेट फुलर के साथ कर रहे थे, प्राच्य पूर्व की भाषाओं से अनुवाद प्रकाशित कर रहे थे। भारतीय विचारधारा ने निश्चय ही उनमें प्रबल भावावेश उत्पन्न किया होगा जिसने उन्हें 1856 में गंभीर वेदांती, सुन्दर कविता *ब्रह्म* लिखने की प्रेरणा दी।[4]

ग्रन्थों का भी उल्लेख किया है, जैसे कालिदास का *शकुन्तला*; उसने *मनुस्मृति* का भी उत्साहपूर्वक बखान किया है, जिससे उसका परिचय विलियम जोन्स के अनुवाद से हुआ था। 1839 में लिखित उसकी Wheel's Journey 1849 में प्रकाशित हुई थी।

मुझे उक्त ब्योरा कु० ईथल सिजविक से प्राप्त हुआ और स्वार्थमोर कालेज (पेंसलवानिया) के प्रो० गोडार्ड से भी सहायता मिली। मैं इनका कृतज्ञ हूँ।

4 यदि खूनी बधिक सोचता है, उसने बध किया,
और यदि जिसका बध हुआ वह सोचे कि उसका बध हुआ,
तब वे नहीं जानते गूढ़ रहस्य को
मैं रहता हूँ, जाता हूँ, पुनः लौट आता हूँ।
सुदूर या मुझसे भूला निकट;
छाया और सूर्यालोक हैं समान;
अंतर्धान देवता दीखते मुझे;
लज्जा और ख्याति हैं मेरे लिए एक।
वे करते हैं भूल, जो देते हैं छोड़ मुझे;
जब वे उड़ाते हैं मुझे, मैं हूँ पंख;
मैं हूँ संदेही और मैं ही संदेह,
मैं हूँ मंत्र जिसे गाते हैं ब्राह्मण।
बलशाली देवता हैं ललायित मेरे धाम के,
और व्यर्थ हैं ललायित पुनीत सान
किंतु तुम, सच्चाई के विनम्र प्रेमी !
मुझे खोजो और स्वर्ग से पीठ मोड़ो।

मेरे मित्र वाल्डो फ्रैंक और वान् व्रिक ब्रुक्स ने मुझे कुछ महत्वपूर्ण ब्योरा दिया। 1854 में महान अंग्रेज बिशप रेजिनाल्ड हेंबर के भतीजे टामस कौलमंडली कौन्कार्ड गए और समस्त बौद्धिक समुदाय के मित्र बन गये। इंग्लैंड लौटकर उन्होंने थोरो को प्राच्य ग्रंथों की 44 जिल्दें भेजीं। थोरो ने कहा कि अमरीका में इन ग्रंथों को प्राप्त करना प्रायः असंभव

यह विचारणीय है कि उस समय न्यू इंग्लैंड एक आध्यात्मिक पुनर्जागरण और उन्मत्त आदर्शवाद के दौर से गुज़र रहा था, जो 1848 से पहले के योरोप की आदर्शवादी ज्योति के समान था (यद्यपि यह अत्यंत भिन्न तत्वों से बना था, जो अल्प संस्कृत, अधिक मुखर और प्रकृति के अत्यंत निकट था) ।[5] जार्ज रिपले का अराजकतावादी ब्रुकफार्म (1840 और 1847 के बीच), 1840 में बोस्टन की Friends of Universal Progress नाम की उत्साही सभा ने विभिन्न मतों और पेशों के स्त्री-पुरुषों को आपस में एक समूह में मिला दिया । ये सब आदिम ऊर्जा से प्रज्वलित थे, भूतकाल की जंजीरों को तोड़ फेंकने को आतुर थे; इन्हें यह पता न था कि किस सत्य को अपनाएं; क्योंकि कोई भी समाज इस विश्वास के बिना जीवित नहीं रह सकता कि उसके पास सत्य है ।[6] हन्त, परवर्ती अर्धशती में अमरीका द्वारा अपनाए सत्य और तद्जनित मधुमास की उदार आशा के बीच कोई मेल नज़र नहीं आता । सत्य पक

था । ऐसा मानना उचित ही होगा कि इमरसन की कविता *ब्रह्म* इसी भारतीय विचारधारा के प्लावन से सिंचे पेड़ का पुष्प थी ।

5. मानव आत्मा की सर्वदा भिन्न जातीय अभिव्यक्तियों की समकालिकता के हजारों उदाहरणों में से यह एक है, जिसने मुझे यह सोचने पर मजबूर किया है कि, जैसे-जैसे मैंने एक ही पेड़ की विभिन्न शाखाओं का अध्ययन किया, वे परस्पर मिल कर बदलते ऋतु क्रम का आस्वाद ले रही हैं । मेरे मन में धीरे धीरे यह विश्वास बनता जा रहा है, जो अब दृढ़ विश्वास का रूप ले चुका है कि लोगों, राष्ट्रों, वर्गों और उनके संघर्षों के विशिष्ट विकासवाद को नियंत्रित करने वाले समस्त नियम समस्त मानवता को नियंत्रित करने वाले बृहत्तर विकासवाद के महत् विश्वव्यापी नियमों के अधीन हैं ।

6. जान मोर्ले ने इमरसन पर अपने आलोचनात्मक निबंध में बौद्धिक उन्मादन के इस क्षण का आकर्षक चित्र खींचा है । शौफ्ट्सबरी ने इसे "उत्साह का पागलपन" कहा । 1820 से 1848 तक इसने न्यु इंग्लैंड की बुद्धि को चकरा दिया ।

हैरल्ड डी० केरी ने *The Bookman* (फरवरी, 1929) के अपने लेख में मुख्यतः विचित्र ब्रुकफार्म के आध्यात्मिक और सामाजिक आंदोलन के क्रान्तिकारी चरित्र और साम्यवाही छाप जो उसने शासक वर्गों और मध्यमवर्गीय जनमत पर छोड़ी, उसे दर्शाया है । यह भयंकर और प्रचंड आक्रोश की जंजीरों का टूटना था । वे विशेषकर इमरसन पर क्रुद्ध हुए और उन्होंने उस पर विद्रोह की भावना का आरोप लगाया । हमारी पीढ़ी शीघ्र ही इमरसन और थोरो की वीरोचित भूमिका को भूल गई है । थोरो और थ्योडोर पार्कर ने उसी समय कानूनी झूठों की बखिया उधेड़ी और साम्राज्यवाद के नवजात दैत्य का विरोध किया । (अमरीकी सरकार द्वारा मेक्सिको के विरूद्ध उकसाए गये युद्ध के समय) ।

न पाया था और उनके लिए तो और भी नहीं, जो उसे पाना चाहते थे। इसकी असफलता का कारण उच्च आदर्शों और महान विचारों का अभाव न था, प्रत्युत वे अत्यंत खिचड़ी और जल्दी में निगले गये थे; वे स्वास्थ्यकर रीति से पच नहीं पाये थे। ब्रिटेन से पृथक्ककरण के युद्ध के बाद गंभीर राजनैतिक और सामाजिक उलटफेर से उत्पन्न स्नायुक झटकों, आधुनिक सभ्यता की उन्मत्त ताल की रोगी द्रुतता ने दीर्घ समय तक अमरीकी आत्मा के संतुलन को विस्थापित कर दिया था। फिर भी शती के उत्तरार्द्ध में कौंकर्ड के स्वतंत्र पथप्रदर्शकों – इमरसन और थोरो ने जो बीज बोये थे उन्हें ढूंढ़ा जा सकता है। उनके अनाज से "मन-चिकित्सा" और श्रीमती बेकर ऐडी के अनुयायियों ने आटा मांड कर विचित्र रोटी तैयार की। दोनों ने जाने-अनजाने इमरसन के आदर्शवाद से छने तत्वों का प्रयोग किया,[7] पर उन्होंने उसे उपयोगितावाद के जड़ स्तर पर उतार दिया जिसे तात्कालिक लाभ की फिक्र है, जो एक प्रकार का रहस्यवादी स्वास्थ्य-विज्ञान है, आशुविश्वसनीयता पर आधारित है जो

---

7. "मन-चिकित्सा" के बारे में विलियम जेम्स ने कहा: "यह निम्न तत्वों से बनी है: चार गॉस्पलें, बर्क्ले और इमरसन का आदर्शवाद, आत्मावाद जिसका नियम है पुनर्जन्म द्वारा आत्माओं का बुनियादी विकासवाद, आशावादी और भोंडा उद्विकासवाद तथा भारत के धर्म।"

चार्ल्स बूद्यून ने इसमें जोड़ा कि 1875 के बाद इस पर फ्रांस के सम्मोहन पंथों का प्रभाव चढ़ाया गया। वह लिखता है, इससे कूए को भी लाभ हुआ; उसने अमरीका के भोंडे रहस्यवाद को सीखने के लिए अंग्रजी सीखी और उससे अति सरल, अति तर्कसंगत और वस्तुवादी दृष्टि विकसित की।

समान स्रोत की खोज में अठारहवीं शती के प्रारंभ में मेस्मर के आकर्षण और उन तत्वों पर जाना होगा जिससे इस विचित्र व्यक्तित्व का निर्माण हुआ। (मिलाइए Pierre Janet, *Medications Psychologiques*, Vol. I, Alcan, 1919)

जहां तक क्रिश्चियन विज्ञान का संबंध है, इतना बताना काफी है कि श्रीमती ऐडी की अपनी बाइबल *Science and Health* में दार्शनिक और धार्मिक शब्दों का एक कोश है जिसमें हिन्दू वेदांत के कुछ विचारों से उसका साम्य देखा जा सकता है...।

अहं या मैं। दिव्य सिद्धांत, आत्मा, अनश्वर आत्मा, मन। मात्र मैं या हम हैं। एक सिद्धांत या मन सबको नियंत्रित करता है। प्रत्येक वस्तु ईश्वर की अनुपम सृष्टि, मन को प्रतिबिंबित करती या उस ओर मुड़ती है। और जो कुछ इस अनुपम मन को प्रतिबिंबित नहीं करता वह मिथ्या है...।

ऐसा लगता है कि श्रीमती ऐडी इनके मूल स्रोत को स्वीकार करना नहीं चाहती थीं। नये संस्करणों में वह इस पर मौन साधे रहीं। किन्तु प्रथम संस्करण में उन्होंने वेदान्त दर्शन

क्रिश्चियन विज्ञान[8] को एक अहंकारी छद्म-वैज्ञानिक स्वरूप और छद्म-ईसाइयत देता है ।

इन सिद्धांतों का एक सामान्य गुण उनकी भोंडी आशावादिता है जो पाप या अशुभ की समस्या को एक दम नकार कर या त्याग कर समाधान करती है । "बुराई है ही नहीं । अतः हम उससे आखें फेर लें ।"... अपनी बचकानी सरलता में प्रायः ऐसा रूख इमरसन का था । उसने जहाँ तक हो सका रोग और मृत्यु जैसे विषयों को छोड़ दिया । उसे छाया से घृणा थी: "प्रकाश का सम्मान करो ।" पर यह भय का सम्मान था । उसकी आँखें कमजोर थीं; इसलिए वह सूर्य को साये से नीचे रखने लगा । इसमें उसके देशवासियों ने उसका पूरा अनुसरण किया । यह कहना अतिशयोक्ति न होगा कि कदाचित् यह आशावाद कर्म के लिए आवश्यक था । किंतु मेरी मनुष्य या लोगों की ऊर्जा में वहुत आस्था नहीं है जो प्रकृति के नियमों के विरुद्ध अवस्थाओं पर आश्रित है । मुझे मार्गरिट फुलर का कथन पसंद है: "मैं ब्रह्मांड को स्वीकार करता हूँ ।" पर चाहे कोई इसे माने या न माने, पहली अनिवार्य शर्त है देखना और समग्र

के उद्धरण दिए थे । रामकृष्ण के शिष्य अभेदानन्द ने बताया कि *Science and Health* के 24वें संस्करण में एक अध्याय था जो वेदांत के चार उद्धरणों से प्रारंभ होता था, जो बाद में दबा दिया गया । श्रीमती ऐडी ने भगवत् गीता के चार्ल्स विल्किंस के 1785 में लंदन तथा 1867 में न्यूयार्क से प्रकाशित अनुवाद से उद्धृत किया । बाद में पुस्तक से उद्धरण निकाल दिए गए; भारतीय विचारधारा से सम्बद्ध मात्र एक-दो प्रच्छन्न हवाले दिए हैं । असावधान पाठक के प्रति यह कपटाचार इसके महत्व की भोंडी स्वीकृति है । (मिलाइए मैडलिन आर० हार्डिंज का लेख: *Prabuddha Bharata*, March 1928.)।

मन-चिकित्सा पर होरेसियो डब्लू० ड्रेसर, हेनरी गुड और आर० डब्लू० ट्राइन के महत्वपूर्ण ग्रंथों में भारतीय विचारों से सादृश्य असाधारण रूप से स्पष्ट है । चूंकि वे शती के अंत से लिखी गई हैं, अर्थात् विवेकानन्द की मृत्यु के बाद उन्होंने विवेकानन्द की शिक्षाओं से बहुत कुछ लिया होगा । वे योगियों के ध्यान के नियमों और उनकी आस्था से सहमत थे । विलियम जेम्स की *Varieties of Religious Experience* में ऐसे अनेक उद्धरण मिलेंगे ।

8. यह दृष्टव्य है कि क्रिश्चियन विज्ञान शब्द का प्रयोग श्रीमती ऐडी से पहले डा० क्यूम्बी ने कई वर्ष पूर्व (लगभग 1863 में) किया था और उसने इसी प्रकार के सिद्धांत को क्राइस्ट विज्ञान, क्रिश्चियन विज्ञान, दिव्य विज्ञान, स्वास्थ्य के विज्ञान का नाम दिया था । हाल में प्रकाशित क्यूम्बी की पांडुलिपियों से श्रीमती ऐडी पर उसका प्रभाव सिद्ध होता है ।

रूप में देखना ! हम शीघ्र ही विवेकानन्द को अपने अंग्रेज़ शिष्यों से कहते हुए सुनेंगे, "माँ को पाप, भय, दुःख, निराशा और साथ ही माधुर्य और आनन्द में पहचानना सीखो । इसी प्रकार अपने प्रेम और परमानन्द के स्वप्न की गहराइयों से मुस्कराता रामकृष्ण देख "अच्छे ईश्वर" के शिष्ट प्रचारकों को स्मरण करा सकता था कि उस शक्ति की परिभाषा के लिए जो रोज हजारों निरीह लोगों की बलि लेती है, मात्र अच्छाई पर्याप्त नहीं है । यही मुख्य भेद भारत और वीर ग्रीस को ऐंग्लो-सैक्सन आशावाद से पृथक करता है । उन्होंने यथार्थ वास्तविकता की आँख में आँख डालकर देखा, चाहे वे भारत की भाँति उसका आलिंगन करें या ग्रीस की भाँति उससे संघर्ष करें या उसे विजित करने का प्रयास । किंतु उनमें अमरीका की भाँति ध्यान का क्षेत्र कर्म से नहीं टकराता, जहां ज्ञान को कर्म की सेवा में पालतू बना लिया गया और उसे स्वर्णजटित मुकुटवाली वर्दी पहना दी गई, जिस पर उपयोगितावाद नाम टंका है ।[9] यह सरलता से समझा जा सकता है कि विवेकानन्द को तामझाम पसंद न था जिसमें उसके भारत के भव्य, मुक्त और सर्वश्रेष्ठ वेदांत को बौने, पतित जारजों ने छिपा दिया था ।[10]

---

9. जर्जर युद्धोत्तर योरोप में दुर्भाग्य से ऐसी ही नैतिक प्रवृत्तियां पनप रही हैं और इस नैतिक शैथिल्य का सबसे बुरा लक्षण है, मिथ्या डींग हांकना जो अपनी यथार्थवादिता और पौरुष की दुहाई देती है ।

10. संयुक्त राज्य अमरीका में उनके प्रथम प्रवास के समय श्रीमती ऐडी द्वारा बोस्टन में स्थापित मेटाफिजिकल कालेज आफ मैसाचुसेट्स में जहां उन्होंने सात वर्षों में चार हजार से अधिक छात्रों को पढ़ाया, वह अस्थाई रूप से अक्टूबर 1889 में बंद हो गया था, ताकि क्राइस्ट साइंटिस्ट के प्रथम चर्च की संस्थापक अपनी नई Science and Health पुस्तक लिख सकें जो 1891 में प्रकाशित हुई । उनकी अध्यक्षता में कालेज पुनः 1899 में खुला ।

मन-चिकित्सा पनप रही थी और उसने नये विचार को जन्म दिया जो क्रिश्चियन विज्ञान के लिए वैसा ही था जैसे कि कट्टर कैथलिकवाद के लिए बुद्धिवादी प्रोटेस्टेंटवाद ।

थियोसिफिकल सोसायटी, जिसका एक संस्थापक एक अमरीकन कर्नल अल्काट था, 1875 में भारत और अन्यत्र कार्य कर रही थी । उसका कार्य जब-तब जैसा कि मैं बता चुका हूं विवेकानन्द से टकरा रहा था ।

यहां पर मैंने उस समय अमरीका की धार्मिक चेतना को संचारित करने वाली तीन मुख्य धाराओं का जिक्र किया है, जो पुनरूत्थानवाद (धार्मिक पुनरुत्थानों) के साथ अर्ध-चेतन शक्तियों को त्यागने की ओर प्रेरित हो रही थीं, जब कि 1886 और 1905 के बीच

जीवित मनुष्यों के इस झुंड के ऊपर एक मृत असाधारण गुण-सम्पन्न व्यक्ति आसीन था;[11] उसका साया हजार गुणा सुखकर था, बनिस्बत सत्ता के सूर्य के धुंधले अक्स के जो ठंडे मैथोडिस्ट चर्च की खिड़कियों से छनकर पड़ रहा था। वह था वाल्ट व्हिटमैन जो विवेकानन्द से पहले खड़ा था और अपने महान हाथ को आगे बढ़ा रहा था... यह कैसे हुआ कि उसने उसे नहीं थामा?... या उससे उलटे, क्यों कि हम जानते हैं बाद में विवेकानन्द ने भारत में उसकी रचना Leaves of Grass पढ़ी। यह कैसे हुआ कि विवेकानन्द के इतिहासकार, चाहे वे कितने भी लापरवाह और अल्प जानकार क्यों न रहे हों, कैसे अपनी कहानी से इतनी महान घटना का विवरण छोड़ बैठे – वह मिलन जो आत्मा-ब्रह्म के भारतीय राजदूत और मैं स्वयं (Myself) के महान गायक वाल्ट व्हिटमैन के साथ हुआ था ?

हाल ही में 26 मार्च 1892 को विवेकानन्द के प्रवास के एक वर्ष पहले ही फिलेडलफिया की मजदूर बस्ती कैम्डन में उसका देहांत हुआ था। उसके अंत्यष्टि संस्कार की प्रफुल्ल यादें – जो विधर्मी तो न थीं जैसा कि कहा गया, किंतु पूर्णतः भारतीय सार्वभौम भावना के अनुरूप थीं[12] – अभी भी गूंज रही थीं। एक से अधिक

मायर्स ज्ञान की वैज्ञानिक भावना के सिद्धांत और अर्ध-चेतन जीवन को विकसित कर रहा था।

फटता हुआ ज्वालामुखी। कीच और आग।

11. व्हिटमैन के अलावा, जो तब मर चुका था, एक अन्य महान व्यक्ति जिसे भारत की आत्मा से समान अनुराग था, मौजूद था, वह था एड्गर एलन पो। 1848 में प्रकाशित उसकी *Eureka* के विचार उपनिषदों से मेल खाते थे। वाल्डो फ्रैंक जैसे कुछ लोगों का खयाल है कि अपने युवाकाल में रूस का भ्रमण करते हुए वह निश्चित रूप से भारतीय रहस्यवाद के सम्पर्क में आया था। किंतु *यूरेका* ने समकालीन चिंतन को प्रभावित नहीं किया। यद्यपि व्हिटमैन ने उसके साथ कुछ समय तक *Broadway Journal* तक में मिलकर कार्य किया, किंतु यह निश्चित है कि वह पो के साथ घनिष्ट न था। उसने उसके विचारों को नहीं मापा, उसकी महानता स्वीकार कर सका। 1875 में 56 वर्ष की आयु में वह पो के स्मारक के उद्घाटन के अवसर पर बाल्टीमोर गया था। पो अपने जीवन काल में अकेला ही रहा।

12. प्रत्येक प्रवचन के बीच "मानवता की बाइबिल" से कुछ महान उक्तियां पढ़ी जाती थीं: "यहां कनफूसियश, बुद्ध, ईसा, कुरान, ईसिया, जान, जेंदावस्ता, प्लेटो के वचन हैं।"

व्यक्ति जो व्हिटमैन के घनिष्ट रहे थे विवेकानन्द से मिले थे; वह मनुष्य जिसने उस कवि को अंतिम विदा दी थी, प्रसिद्ध अज्ञेयवादी और जड़वादी लेखक राबर्ट इंगरसोल[13] उनका मित्र बना। उसने एकाधिक बार विवेकानन्द से मैत्रीपूर्ण तर्क-वितर्क किया,[14] अतः यह असंभव है कि उन्होंने व्हिटमैन का नाम न सुना हो। यह मनुष्य कितना भी प्रसिद्ध रहा हो, इस कारण कि अनेक देशों में उसके बारे में लिखा गया, मेरे लिए उसके धार्मिक विचारों का संक्षिप्त विवरण देना आवश्यक है। इसलिए भी कि इस पक्ष पर सबसे कम प्रकाश पड़ा है, और यही वस्तुतः उसका सार-तत्व है।

इसके अर्थ में कोई चीज़ छिपी नहीं है। भला व्हिटमैन अपनी नग्नता को नहीं ढँकता। उसकी श्रद्धा सर्वश्रेष्ठ रूप में Leaves of Grass में उतरती है और एक महान कविता में केंद्रित है जिसे उसके Song of Myself ने पीछे धकेल दिया है, किंतु जिसे सबसे आगे रखने की ज़रुरत है, जहां इसे उसने अंतिम संस्करण में सबसे ऊपर रखा, Inscriptions, अर्थात् Starting from Paumanok के तुरंत बाद।[15]

---

13. इस अंत्येष्टि संस्कार के समय दी गई वक्तृता में उस कवि का अभिनन्दन किया जिसने "जीवन का भजन" गाया था और "मां के चुम्बन और आलिंगन के प्रति" अपनी कृतज्ञता व्यक्त की थी। इंगरसोल प्रकृति को मातृ रूप में मानता था। व्हिटमैन की कविताएं उससे भरपूर हैं और वहां कहीं वह प्रकृति है, "महान, क्रोधान्मत्त, मौन मां जो सब कुछ स्वीकार करती है।" कई बार वह अमरीका है, "विकट मां, महान मां, बच्चों में समदृष्टि रखनेवाली मां।" चाहे किसी भी विशाल अस्तित्व के साथ यह शब्द प्रयुक्त हुआ हो, उसकी सर्वोच्च सत्ता की कल्पना सदा गभींर भाव से भारतीय कल्पना को ही दर्शाती है। वह सर्वत्र दृश्य ईश्वर से संयुक्त हैं और जिस पर समस्त जीवित प्राणी आश्रित हैं।

14. उनके शिष्यों द्वारा प्रकाशित Life of Swami Vivekananda में अति संक्षेप में इन साक्षात्कारों का जिक्र है, मात्र यह दर्शाने के लिए कि विवेकानन्द का अमरीकी चिंतन के मुक्ततम और सर्वाधिक प्रगतिशील दायरे में प्रवेश था। इंगरसोल ने एक बार मैत्रीपूर्ण विचार विनिमय के दौरान विवेकानन्द को समझदारी से काम लेने के लिए सतर्क किया था। उसने अमरीका की छिपी कट्टरता प्रकट की थी जो अभी तक निर्मूल नहीं हुई थी। उसने कहा कि आज से चालीस साल पहले भारतीय वेदांती के लिए यहां जलाए जाने का खतरा था और कुछ साल पहले भी उस पर पत्थर पड़ सकते थे।

15. Paumanok 1855, 1856 और 1860-61 के प्रथम तीन संस्करणों में नहीं है। वह 1867 के संस्करण में सम्मिलित हुई, जहां इसे सर्व प्रथम रखा गया। किंतु Leaves of Grass के प्रथम संस्करण में, जैसा मेरे मित्र लुसियन प्राइस ने बताया, Song of Myself

वह इसमें क्या कहता है?

"मैं एक धर्म उद्घाटित करता हूँ...

...मैं कहता हूँ कि सम्पूर्ण पृथ्वी और आकाश के तारे धर्म के लिए हैं...

जानो तुम, सिर्फ पृथ्वी में डालना महान धर्म के बीजाणु...

मैं गाता हूँ...

दो महानताओं में मेरे सहभागी बनो और तीसरी है उठ रही अन्तर्वेष्टित और अधिक देदीप्यमान। प्रेम और लोकतंत्र की महानता, और धर्म की महानता...।" (फिर प्रथम दो "महानताओं" ने जो कि निम्न श्रेणी की हैं, प्रायः तीसरी को, जो कि उक्त दोनों को सम्मिलित और उनपर शासन करती हैं, व्हिटमैन के टीकाकारों ने क्यों श्रीहीन कर दिया?)

यह कौन सा धर्म था जो उसके हृदय पर छाया हुआ था जिसे वह भाषणों द्वारा सब देशों में फैलाना चाहता था, जबकी उसे सभाओं में बोलने का थोड़ा भी शौक न था?[16] उसे एक शब्द में कहा जा सकता है, जो आश्चर्यजनक रूप से भारतीय संगीत की भांति हमारे कानों में गूंजता है: वह शब्द है – तादात्म्य (*Identity*)। यह उसकी सम्पूर्ण कृतियों में भरा है। यह प्रायः उसकी सभी कविताओं में मौजूद है।[17]

जीवन के सभी रूपों से प्रत्येक क्षण तादात्म्य; अनुभूत एकता से सन्निकटता और प्रत्येक क्षण अस्तित्व के प्रत्येक अणु में शाश्वतता की निश्चितता।

व्हिटमैन को यह श्रद्धा कहां से मिली?

पृष्ठ 2 पर है; और अपने मूल और अधिक नितांत और वीर्यवान रूप में यह प्रबल प्रभाव छोड़ती है। प्रत्येक बात जो इस महान संदेश में महत्वपूर्ण और वीरोचित है ज्वलंत स्पष्टता से घनीभूत है। (मिलाइए William Slone Kennedy, *The Fight of a Book in the World.*)

16. वहीं, पृ. 140-171। इस कविता के प्रकाशन के पूर्व और पश्चात् उसने ऐसा सोचा।

17. *Starting from Paumanok, Song of Myself, Calamus, Crossing Brooklyn Ferry, A Song of Joys, Drum-Taps, To Think of Time* इत्यादि।

इस शब्द का प्रयोग दो सर्वथा भिन्न अर्थों में किया जा सकता है: (1) प्रायः एकात्मता के तात्कालिक बोध में; (2) अनन्त यात्रा में अहं का स्थायीत्व और उसका रूपांतरण। मुझे ऐसा लगता है कि उसकी रुग्णावस्था और बुढ़ापे में दूसरे अर्थ का ही प्राधान्य रहा।

निश्चय ही प्रबोधन से, किसी प्रबल आघात से, किसी प्रदीपन से जो संभवतः किसी आध्यात्मिक संकट से उपजा, उसके तीस वर्ष के होने के कुछ बाद न्यू औरलियंस की यात्रा में[18] उसमें यह भावावेश उठा। इसके बारे में बहुत कम पता है।

यह संभव नहीं लगता कि भारतीय विचारों के किसी अध्ययन ने उसे छुआ हो। जब नवम्बर 1856 में *Leaves of Grass* का द्वितीय संस्करण प्रकाशित हुआ (प्रथम जुलाई 1855 में) तब थोरो को प्राच्य की महान कविताओं का खयाल आया और उसने व्हिटमैन से पूछा कि क्या वह उनसे परिचित था। तब उसने स्पष्ट उत्तर दिया, "नहीं"। इस पर संदेह करने की जरुरत नहीं। उसने बहुत कम किताबें पढ़ी थीं; वह पुस्तकालयों और उन पर पले लोगों को पसंद न करता था। जीवन के अंत तक उसे अपने और एशिया के विचार की समानता को जांचने की कोई उत्सुकता नहीं हुई, जब कि कौंकर्ड की छोटी सी मंडली को यह स्पष्ट था। अपनी होमर-सम

यदि मैं यहां व्हिटमैन का पूर्ण अध्ययन करता तो मैं जिन्दगी की टोकरों की बनिस्बत सार्वजनिक रूप से स्वीकार्य आशावाद में उसके विचारों के विकाश को ढूंढता। मिलाइए, संग्रह में: *Whispers of Heavenly Death*; *Hours of Despair*। तब जीवन से अपर्याप्त पुष्ट अजेय आत्मा, मृत्यु द्वारा पुनर्जीवित होती है। तब "ज्ञान" जीवन, "अज्ञात" से पूर्ण होता है। तब "दिन" "अदिन" को नया प्रकाश देता है। (मिलाइए *To Think of Time: Night on the Prairies*) उसके कान दूसरे "संगीत" के लिए खुले हैं, जिसे पहले वह न जानता था अन्ततः मृत जीवित से भी अधिक सजीव हैं, "हठात् एकमात्र जीवित, एकमात्र वास्तविक।" (*Pensive and Faltering*) "मैं नहीं सोचता की जीवन सब का पोषण करता है... किंतु मेरा विश्वास है स्वर्गीय मृत्यु सबका पोषण करती है।" (*Assurances*)।

"मैं तब तक सर्वाधिक भव्य दिन की सोच रहा था जब तक कि मैंने अदिन न देखा था... जैसे जीवन वैसे ही दिन मुझे सब कुछ नहीं दर्शा सकता – मुझे उसकी प्रतीक्षा करनी है जो मुझे मृत्यु दर्शाएगी।" (*Night on the Prairies*)। श्रद्धा की नींव – *तादात्म्य* एकमात्र विद्यमान अनादि-अनन्त कभी नहीं बदला।

18. मिलाइए Buckle: *Walt Whitman.*

किंतु उसने Leaves of Grass लिखने से पहले "प्राचीन हिन्दू कविताएं" पढ़ी थीं। उसकी *A Backward Glance o'er Travel'd Roads* में अपनी ही स्वीकारोक्ति देखें। *Prabuddha Bharata* के पृ. 513-14. – प्रकाशक।

गणनाओं में जब भी उसने भारत की झलक दी वह अत्यंत अस्पष्ट थी। यह उसकी अज्ञानता की पुष्टि करती है।[19]

ऐसी स्थिति में यह जानना और भी महत्व रखता है कि बिना अपने से बाहर गये, शत प्रतिशत अमरीकन, वह अपने को अनजाने में वेदांती विचारधारा के साथ जोड़ सका। उसकी यह नातेदारी इमरसन की मंडली से न छिपी, जिसका सूत्रधार स्वयं इमरसन था जिसके इस सुखद कटाक्ष से अधिक लोग परिचित नहीं हैं: *Leaves of Grass* भगवत् गीता और *न्यूयार्क हेरल्ड* की खिचड़ी लगती है।"

व्हिटमैन का प्रारंभ उसकी अपनी जाति की गंभीरता और अपने धार्मिक जीवन में था, जो यद्यपि विरोधाभासी लग सकता है। उसका पितृकुल वामपक्षी कवेकर था जो स्वतंत्र विचारक इलयिस हिम्स से जुड़ा हुआ था, जिन्हें अपने जीवन के अंतिम समय उसने एक पुस्तिका समर्पित की। वह एक महान धार्मिक व्यक्तिवादी था, जो सब चर्चों और मत-मतांतरों से मुक्त था: उसका धर्म एकांततः आंतरिक प्रबोधन था, "गोपनीय मौन भाव-समाधि था।"

ऐसे नैतिक स्वभाव ने बचपन से ही व्हिटमैन में रहस्यवादी एकाग्रता की आदत डाल दी थी, जिसका कोई निश्चित उद्देश्य न था, फिर भी जो जीवन के सब मनोभावों में छनती रहती थी। युवक की प्रतिभा ने बाकी काम पूरा किया। उसके स्वाभाव में एक अतृप्य ग्रहणशीलता थी, जो उसे विश्व के अंगुर के बगीचे से सामान्य मनुष्य की भांति सुख और दुःख के कुछ दाने बटोरने को ही प्रेरित न करती, बल्कि तुरंत ही वह समस्त वस्तुओं को जिन्हें वह देखता अपने भीतर तुरंत आत्मासात कर लेती। उसने इस विरल स्वभाव को अपनी प्रसिद्ध कविता, *Autumn Rivulets* में बताया है:

---

19. *Calamus*: "The Basis of all Metaphysics" में उसने एक-दो बार माया का; *Sands at Seventy*: "Twilight" में *निर्वाण* का; *Song of Farewell* में *अवतार* का, एकदम अनपढ़ की भांतिः "कोहरा, निर्वाण, शांति और विस्मृति।"

Passage to India जिसके शीर्षक प्रतीकात्मक और अप्रत्याक्षित अर्थ हैं, उसे सामान्य तुकबंदी के अलावा भारतीय चिंतन कोई निश्चितता नहीं देता:

"प्राचीन गूढ़ ब्रह्म, अनंत पीछे, कोमल, कनिष्ठ बुद्ध... ।" *Greeting to the Wrold* में उसने हिन्दू और भारत के विषय में जो कहा वह और भी तुच्छ है।

मात्र एक रचना जिसकी प्रेरणा का स्रोत एशिया है, वह उसके बहत्तर वर्षीय अंतिम संग्रह *Good-Bye my Fancy*, 1891 की *The Persian Lesson* कविता में थी, जिसमें सूफी का उल्लेख है। इन घिसीपिटी बातों को सुनने के लिए उसे पर्सिया जाने की जरूरत न थी।

"एक बालक आगे बढ़ा...
उसे जो पहली वस्तु दिखी, वह वस्तु ही वह बन गया।
और वह वस्तु उस दिन या दिन के एक अंश के लिए उसका अंश बन गई।
या फिर अनेक वर्षों के लिए या मन्वंतर के लिए... ।"

चिंतन की अपेक्षा सहज प्रवृत्ति से वह इस निष्कर्ष पर पहुंचा था कि सम्पूर्ण विश्व उसके लिए कर्म न होकर कर्त्ता है – और यह स्वयं था। जब अचानक अपने तीसवें वर्ष में (संभवतः 1851-52 में) उसने वह विवरण लिखा जब उसे लगा था कि उसका सच्चा जन्म हुआ, वह एक चौंधियानेवाली बिजली सी चमक, एक हर्षोन्माद का आघात था।

"ओह ! आनन्द मेरी आत्मा का जो खड़ी है सहारे अपने ही, पा रही है तादात्म्य उपकरणों से... मेरी आत्मा पुलक उठी पुनः उनसे... ।"[20]

उसे ऐसा लगा कि वह "पहली बार जगा और उससे पहले जो कुछ गुजरा वह घृणित निद्रा थी।"[21]

अंत में उसने इमरसन के[22] कुछ भाषण और वार्तालाप सुने, जिसने उसकी अंतर्दृष्टि को बौद्धिकता प्रदान की वह जो विचारों में फलित हुई, चाहे वे कितनी ही अपूर्णता से निर्धारित और संबंधित थे; क्योंकि यह व्यक्ति सदा ही तर्क और तत्वमीमांसक संरचना के प्रति उदासीन था।[23] उसकी समस्त विचार श्रृंखला उसे अनिवार्यतः वर्तमान क्षण और प्रबोधन को एक ऐसी स्थिति तक ला देती थी जिससे

---

20. A Song of Joys.

21. Camden Edition, III, 287.

22. 1887 में व्हिटमैन ने इससे इनकार किया था कि उसने १८५५ से पहले इमरसन को पढ़ा था। किंतु 1856 में उसने इमरसन को उदारता से लिखा कि वह आत्मा के नये महाद्वीप का कोलम्बस था और व्हिटमैन उसके द्वारा प्रेरित अन्वेषकः "तुम्हीं ने इन तटों को खोजा है... ।" किंतु एक दूसरे को नहीं काटता। यह कहा जा सकता है कि कोलम्बस की भांति इमरसन के लिए यह नयी दुनिया की तर्क संगत खोज थी, जबकि वस्तुतः नार्थमैन के जहाज सदियों पहले चले थे, युवा व्हिटमैन की भांति जिसने नाविक नोटबुक में अपनी स्थिति दर्ज नहीं की।

23. "पुस्तकों की तत्वमीमांसा की तुलना में अपनी खिड़की पर उषा की भव्यता मुझे ज्यादा भाती है।" (*Song of Myself*)

दिक् काल की अनन्तता उठती थी । इस तरह वह प्रत्येक पृथक विषय से तुरंत एकरस हो जाता था और साथ ही उनकी विशाल समग्रता से भी, पूर्ण विश्व में हो रहे प्रत्येक अणु और जीवन के विघटन और विलय को देख लेता था । और यह कैसे भक्ति योगी की भाव-समाधि से भिन्न है, जो चुटकी में सिद्धि के शिखर पर पहुंच जाती है, और उस पर पूर्ण अधिकार प्राप्त कर दैनिक जीवन के कर्मों और चिंतन में उसके प्रयोग के लिए पुनः नीचे उतर आती है ।[24]

यह इस बात का विशिष्ट उदाहरण है कि विवेकानन्द के आगमन से बहुत पहले ही अमरीका में वेदांत के लिए पूर्वानुकूलता मौजूद थी । वस्तुतः सभी देशों और सभी युगों की मानव आत्मा की यह सार्वभौम प्रवृत्ति है, और जैसे कि प्रायः भारतीय वेदांती मानते हैं, वह ऐसा सिद्धांत नहीं है जो मात्र एक देश की ही सम्पत्ति हो । इसके विपरीत, वह विभिन्न जन समूहों, धर्मों और रीति रिवाजों के विकासवाद से प्रोत्साहित या अवरुद्ध होती है, जिससे उनकी अपनी सभ्यता का निर्माण होता है । ऐसा कहा जा सकता है कि मन की यह अभिवृत्ति उन व्यक्तियों में निहित रहती है जिनके भीतर सृजनात्मक अग्नि की चिनगारी होती है, और महान कलाकारों पर यह खरी उतरती है, जिनमें कि ब्रह्मांड प्रतिबिंबित ही नहीं होता (जैसे कि माध्यम के शीतल शीशे में), बल्कि अवतरित होता है । मैं बीथोवन के संदर्भ में मां के साथ डायोनिसी सम्मिलन के संकट के बारे में बता चुका हूँ, जहां रहस्यमय परमात्मा की अनुभूति वह हृदय की प्रत्येक धड़कन में करता है । फिर उन्नीसवीं शती की महान योरोपीय कविता में, विशेषकर अंग्रेजी कवियों वर्डस्वर्थ और शेली ऐसी आकस्मिक चमक से भरपूर हैं । किंतु किसी अन्य पाश्चात्य कवि ने इसे इतने जोर से और जानबूझकर नहीं पकड़ा; उसने सब बिखरी हुई लपटों को एक अग्निकुंड में इकट्ठा कर लिया; अपनी अंतर्दृष्टि को श्रद्धा में, अपने देशवासियों के प्रति श्रद्धा में, विश्व के प्रति श्रद्धा में, सम्पूर्ण मानवता के प्रति श्रद्धा में संक्रमित किया ।

भचनचसेज का सुन्दर अंशः "प्रतीतियों का भयंकर संदेह ।" इस भयंकर संदेह में जहां प्रत्येक चीज़ लड़खड़ाती है, जहां कोई विचार, कोई तर्क बेमाने है या कुछ सिद्ध नहीं करता, वहां एक मित्र के हाथ का छू भर जाना पूर्ण निश्चिंतता संप्रेषित करता हैः

"मेरे हाथ की पकड़ ने मुझे पूर्णतः संतुष्ट कर दिया ।"

24. बक द्वारा उद्धृत हेलन प्राइस के संस्मरण पृ. 26-31 जिसमें उस भाव-समाधि का आखों देखा हाल बताया गया है, जिसमें उसने कुछ कविताएं रचीं ।

यह कैसी विचित्र बात है कि इस श्रद्धा का विवेकानन्द से आमना-सामना नहीं हुआ। क्या वह इन अप्रत्याशित समानताओं से प्रभावित न होते – उस भावना से जो व्हिटमैन के अहं की अरबों वर्ष की निरंतर अवतारों की[25] यात्रा में इतनी प्रबल, आग्रही और स्थाई रही – उसके समस्त पूर्ण जन्मों के आत्मा – ब्रह्म के लाभ हानि का हिसाब रखती रही, द्वैत अहं जहां कोई एक, अपने को दूसरे के सामने छोटा नहीं

---

25. "सच्चा शरीर कैसे मर सकता और दफनाया जा सकता है ? तुम्हार सच्चा शरीर... वह भावी ग्रहों में चला जायेगा, उसे जोड़ कर अपने साथ ले जाएंगे, जो उन्होंने जन्म से मृत्यु के क्षण तक कमाया।" (Starting from Paumanok).

"मात्र जीवन की नहीं, मृत्यु की भी, अनेक मृत्युओं की आत्मा की यात्रा का मैं गान करना चाहता हूँ... ।" (*Debris on the Shore*).

Song of Myself में एक दृश्यपटल उद्‌घाटित हुआ है; "सीढ़ी की चोटियों की चोटी पर" – "तली से बहुत दूर विपुल मौलिक नकारात्मकता" फिर अहं का अभियान, फिर "कल्पों के चक्र" जो उसे "एक तट से दूसरे तट पर प्रफुल्ल नाविक के तरह ले जाते हैं" इस निश्चितता के साथ कि चाहे जो कुछ भी हो जाए वह उसे मंजिल पर पहुंचा देंगे। "चाहे मैं आज दिन की समाप्ति पर वहां पहुँचूं, चाहे लाख साल या करोड़ साल बाद।"

To Think of Time कविता से:

"कुछ दीर्घकाल से तैयार हो रही अरूप तुम में आ गई है
और रूप धारण कर रही है।
कुछ भी आये-जाये अब तुम सुरक्षित हो,
पदोन्नति और रूपांतरण के नियम से नहीं बचा जा सकता।"

Autumn Rivulets में Song of Prudence में हिन्दू कर्म सिद्धांत के अनुसार यह सिद्ध किया गया है "प्रत्येक गतिविधि भावी जन्मों को प्रभावित करती है," किंतु दुर्भाग्य से इसमें "व्यवसाय" और "भविष्य के लिए धन लगाने" जैसे शब्द का प्रयोग किया गया है। अच्छे निवेश हैं दान और आत्म-शक्ति।

इनमें से सबसे उल्लेखनीय गीत *From Noon to the Starry Night* का *Faces* है, जिसमें एक क्षण में थूथन जैसे घृणित चेहरे उभारे गये हैं, जिनकी परत दर परत उतर जाती है जबतक कि भव्य चेहरा निकल कर नहीं आ जाता:

"क्या तुम सोचते हो कि मैं उन सब से संतुष्ट हो जाता, यदि मैं उन्हें ही उनका अंत मान लेता।"

अन्ततः जब उसकी मृत्यु सन्निकट थी, उसने कहा, "मैं अब पुनः प्राप्त कर रहा हूँ अपने चढ़ते हुए अवतारों से अनेक अनुवाद, जबकी अन्य निस्संदेह मेरी प्रतीक्षा में है। (*Song of Parting* से *Farewell*).

करता ।[26] माया के जिस जाल को वह काट फेंकता है[27] ताकि चौड़े छिद्रों में परमात्मा का चेहरा प्रदीप्त हो सके: "तू अनेक वृत्तों का वृत्त है, तू उबलता सिद्धांत है, तू सुरक्षित अंतर्निहित जीवाणु है, तू केन्द्र है[28] – शानदार "सार्वभौम का संगीत,"[29] जहां विभिन्न धर्मों, मतमतांतरों, विश्वासों, अविश्वासों, विश्व की समस्त आत्माओं के संदेहों तक के परस्पर विरोधी तत्वों को मिलाकर एकरूप संगति स्थापित की जाती है, जो कि भारत में रामकृष्ण के शिष्यों का मुख्य मिशन था[30] – उसका अपना संदेश,

---

26. "मैं स्वयं... तुममें विश्वास करता हूँ मेरी आत्मा, अपने अन्य को मैं तुम्हारे सामने नहीं गिराऊंगा... और न ही तुम अन्य के सामने गिरो... ।" (*Song of Myself*).

27. उसके निष्ठावान मित्र ओकोनूर ने उसके बारे में कहा, "वह मनुष्य जिसने छद्मवेश और मोहभ्रम काट फेंके और सामान्य चीजों को उनका दिव्य महत्व दिया (मिलाइए Bucke: *Whitman*, pp. 124–25).

28. *Inscriptions* (*To Thee Old Cause*) क्या यह किसी वैदिक ऋचा से संग्रहीत नहीं लगता ?

29. *Birds of Passage*.

30. सब समय, सारे संसार के पुरोहितो मैं तुमसे घृणा नहीं करता ।
मेरा धर्म महानतम धर्म है और अंल्पतम धर्म भी ।
आवृत्त हैं इसमें प्राचीन और आधुनिक मत, और सब कुछ
प्राचीन और आधुनिक के बीच...
तुम संदेहवादियों, निराश छायाओं को शांति प्राप्त हो...
तुम्हारे बीच मैं अपना स्थान ले सकता हूँ वैसे ही जैसे औरों के बीच..."
(*Song of Myself*)

"मेरा विश्वास है कि भौतिकवाद सच्चा है और अध्यात्मवाद भी सच्चा है..."
(*With Antecedents in Birds of Passage*)

इसी संग्रह में वह रामकृष्ण की भांति इस बात का विरोध करता है कि उसके नाम पर कोई सिद्धांत या संप्रदाय खड़ा किया जाय:

"मैं तुम्हें आदेश देता हूँ कि मेरे नाम पर कोई सिद्धांत या संप्रदाय न स्थापित हो ।
मै आदेश करता हूँ कि तुम सबको स्वतंत्र छोड़ दो, जैसे मैंने सबको स्वतंत्र छोड़ा है ।"
(*Myself and Mine*)

अन्ततः, रामकृष्ण और विवेकानन्द की भाँति उसने स्पष्टतः राजनीति में भाग लेने से इनकार किया और बाह्य साधनों से सब प्रकार की सामाजिक क्रियाओं से विरुचि दिखाई (मिलाइए Traubel: *With Walt Whitman in Camaden* के वार्तालाप पृ. 103 एवं 216)

"सब कुछ सत्य है ।"[31]

और क्या यह सत्य नहीं है कि दोनों कुछ व्यक्तिगत गुणों में भी समान न थे, जैसे कि महान अभिमान, अपनी तुलना परमात्मा तक से भी कर डाली[32] – महान क्षत्रिय की योद्धा प्रवृत्ति, "शांति का शत्रु", युद्ध का मित्र, खतरे और मृत्यु से निर्भय, उलटे उन्हें बुला रहा हो[33] – रुद्र का उपासक, जो भगिनी निवेदिता के साथ विवेकानन्द की हिमालय की स्वप्नवत तीर्थयात्रा में हुए अंधकारमय किंतु भव्य

वह मात्र आंतरिक सुधार का आकांक्षी था: प्रत्येक मनुष्य को, चाहे वह किसी वर्ग या स्थिति का हो, उसे अपने में मानवता विकसित और समृद्ध करनी चाहिए ।"

31. *From Noon to Starry Night* संग्रह में:

सब सत्य है...
मैं कि वास्तव में... कुछ भी मिथ्या नहीं है...
और प्रत्येक चीज़ अपने को वैसा ही दर्शाती है जो वह पहले थी ।"

32. व्यक्ति के लिए स्व-आत्मा की तुलना में कुछ भी बड़ा नहीं है,
ईश्वर भी नहीं...
मैं जो कुतुहली हूँ प्रत्येक चीज़ के लिए, नहीं हूँ कुतुहली ईश्वर के लिए...
नहीं मेरी समझ में कौन हो सकता है आश्चर्यजनक मेरे से अधिक...
मैं इस दिन की तुलना में क्यों ईश्वर को देखूँ ?
स्त्री-पुरुषों के चेहरों में मैं देखता हूं ईश्वर को,
और अपने ही चेहरे में दर्पण में ।"

(*Song of Myself*)

"यह पृथ्वी नहीं, यह अमरीका नहीं जो है महान !
यह मैं हूँ जो हूँ महान, या महान हूँगा...
ब्रह्मांड का समग्र सिद्धांत एक एकाकी व्यक्ति-अर्थात् तुम्हारी ओर
निश्चित अभिमुख हो ।"

(*By Blue Ontario's Shore*)

33. मैं शांति का शत्रु हूँ और जैसे को तैसा हूँ,
मेरे शब्द भीषण हथियारों से बने हैं, मौत से मरे ।
मैं उन्हीं तत्वों से बना हूँ जिनसे जन्मा है युद्ध ।"

(*Drum Taps*)

गोपनीय वार्तालाप की याद दिलाता है ?[34]

साथ ही मैं भी यह स्पष्ट देख सकता हूँ व्हिटमैन में न्यूयार्क हेरल्ड और गीता का हास्यास्पद मिलावट, जिसने इमरसन को मुस्कराने पर मजबूर किया; इसे विवेकानन्द नापसंद करते। उसकी तत्वमीमांसक पत्रकारिता, उसकी छोटे व्यापारी की समझदारी, जो उसने कोशों से सीखी थी, दढ़ियल आत्मरति का सनकी झुकाव, अपने और अपने लोगों, अपने लोकतांत्रिक अमरीकनवाद से महान आत्म-संतुष्टि, बचकाना अहंकार, प्रचुर गंवारुपन, सदा वाहवाही लूटने की लालसा, महान भारतीय की अवज्ञा का कारण ही बनते। विवेकानन्द विशेषरूप से उसके चोंचलेभरे आदर्शवाद के साथ तत्वमीमांसा, अध्यात्म के निषिद्ध आनन्द में प्रेतात्माओं आदि...[35] के साथ

---

34. "मैं तुम्हें खास अपना समझता हूँ, तुम्हारी भयंकर क्रूर रूपों को।
(माँ, झुक जाओ, अपना चेहरा मेरे निकट ले आओ)
मैं नहीं जानता कि ये साजिशें, युद्ध और भयजनित निवारण है किसलिए?
मै नहीं जानता सफलता का परिणाम, पर मैं जानता हूँ इतना
कि युद्ध और अपराध में भी होता रहता है तेरा काम।"

(*By Blue Ontario's Shore*)

मिलाइए इससे विवेकानन्द की *माँ काली* कविता जो उन्होंने हिमालय में लिखी।

35. उसकी अंतिम कविताओं में से एक: *Sands at Seventy* संग्रह की *Continuities* के अनुसार प्रेतात्मा से एक वार्तालाप से अनुप्रेरित थी। उसे मृतों के पुनः शीघ्र लौटने में दृढ़ विश्वास था:

"जीवित लोग शवों को देखते हैं अपनी दृष्टि से।
किंतु बिना दृष्टि के अटका रहता है एक भिन्न जीवन
और देखता है शव को उत्सुकता से।" (*To Think of Time*)
"जीवित प्राणी, व्यक्तित्व, निस्संदेह हमारे निकट हवा में
जिन्हें हम जानते नहीं।" (*Starting from Paumanok*)

उसे इस पर पूरा विश्वास था कि "सच्चा शरीर" और "उत्सर्जक शरीर" भिन्न हैं।

"शव जिसे तुम छोड़ोगे वह है मलोत्सर्गक
(किंतु) तुम अध्यात्म शरीर, वह है अमर... निश्चय ही भागेगा।"

मिलाइए *To One Shortly to Die* को *Whispers of Heavenly Death* संग्रह से।

"मैं छोड़ रहा हूँ अपने मलोत्सर्गक शरीर को, जलाये जाने,
या चूर्ण बनाये जाने या दफनाने के लिए।
मेरा सच्चा शरीर निस्संदेह चला गया है दूसरे ग्रहों को।"

(*A Song of Joys*)

समझौते को सहन न कर पाते। किंतु यह भिन्नताएं भी इस प्रबल प्रेम को विवेकानन्द की सम्मोहक आत्मा की ओर आकृष्ट होने से न रोक पातीं। तथ्य यह है कि यह सम्पर्क बाद में हुआ, क्योंकि हमारे पास प्रमाण है कि विवेकानन्द ने भारत में Leaves of Grass को पढ़ा और उन्होंने व्हिटमैन को "अमरीका का संन्यासी"[36] कहा और इस प्रकार अपनी समान जनकता को स्वीकार किया। क्या यह मान लिया जाय कि अपने अमरीका प्रवास के अंत तक वह इस खोज को न कर सके, क्योंकि इस दौरान उनके शिष्यों द्वारा इस संबंध के ब्यौरे का कोई जिक्र नहीं मिलता?

सच कुछ भी रहा हो, व्हिटमैन की आत्मा वहां विद्यमान थी जो इस बात की पुष्टि करती है कि अमरीका भारतीय चिंतन को सुनने के लिए तैयार था। उस आत्मा ने अग्रगामी पथप्रदर्शक का कार्य किया। कैम्डन के पैगम्बर ने विधिवत भारत के आगमन की घोषणा कर दी थी:

> "हमारे पास, मेरे शहर में...
> आ रही है मूल जन्मदात्री,
> भावनाओं का नीड़, कविताओं की दाता,
> प्राच्यजाति
> ब्रह्म की जाति है आ रही।"[37]

भारत के तीर्थयात्री के आलिंगन के लिए उसने अपनी बाहें आगे बढ़ाईं और उसे अमरीका को "लोकतंत्र की नाभि" को सौंप दिया:

> अतीत तेरे में संगृहीत है...
> तू ले जा रही है महान साथियों को
> पुज्य पुरोहितो एशिया है आज तेरे साथ तिर रहा।"[38]

---

36. मिलाइए *Life of Swami Vivekananda* by his Disciples, Vol. III, 199 अमरीका से लौटने के कुछ समय बाद 1897 के अंत में लाहौर में विवेकानन्द को अपने मेज़बान तीर्थराम गोस्वामी (जो उस समय गवर्न्मेंट कालेज में गणित के प्रध्यापक थे और बाद में रामतीर्थ के नाम से अमरीका गये) के पुस्तकालय में *Leaves of Grass* देखी। उन्होंने उसे पढ़ने या दोबारा पढ़ने के लिए (यह निर्णय करना संभव नहीं कि क्या यही है) उसे मांगा, और फिर लिखा कि 'वह व्हिटमैन को अमरीका का संन्यासी कहते थे।' किन्तु यह निर्णय पहले का है या बाद का, यह बताना असंभव है।

37. *A Broadway Pageant.*

38. *Though Mother with Thy Equal Brood.*

विवेकानन्द के निकट उसे उसके उचित स्थान पर रख, हमें यह सावधानी बरतनी होगी कि हम अमरीका पर व्हिटमैन के प्रभाव को बढ़ाचढ़ा कर न बताएं। "सामूहिक रूप"[39] का यह महाकवि जनसमूह को जीतने में सफल न हुआ। अमरीका में लोकतंत्र की महान नियति का यह उद्‌घोषक नयी दुनिया के लोकतंत्र समर्थकों द्वारा गलत समझा गया और प्रायः अज्ञात ही मर गया। "दिव्य औसत"[40] के इस गायक को चुने कलाकारों और कुछ प्रतिभाशाली व्यक्तियों का प्रेम और आदर मिला – और वह भी कदाचित इंग्लैंड में ज्यादा और अमरीका में कम।

पर यह प्रायः सभी सच्चे अग्रगामियों के विषय में कहा जा सकता है। और यह उन्हें अपने लोगों के प्रतिनिधि होने का कम अधिकारी नहीं बनाता, इसलिए कि उनके लोगों ने उनकी उपेक्षा की थी। उनके माध्यम से उचित समय पर मानव जनसमूहों में छिपी और दमित गंभीर ऊर्जा मुक्त होती है। वे उसकी घोषणा करते हैं; देर सबेर वे प्रकाश में आते हैं। व्हिटमैन की प्रतिमा छिपी और सोई (जो अभी भी ठीक से नहीं जागी है) आत्मा का सूचक थी – उसके अमरीका के जनसमूह के महासागर की गहराइयों की।

---

39. "अपने आत्मन् को, सरल पृथक व्यक्ति को मैं गाता हूँ।
उच्चारित करता हूँ शब्द लोकतांत्रिक, शब्द सामूहिक रूप से।"

Inscriptions पुस्तक के प्रारंभ में ये प्रथम शब्द हैं।

"और मेरा (मेरा शब्द), आधुनिक एक शब्द
सामूहिक रूप में।
श्रद्धा का शब्द जो कभी नहीं रुकता..." (*Song of Myself*)

40. "ओह, ये प्रकरण – समताएँ, ओह दिव्य औसत।"
(*Starting from Paumanok*)

भविष्य के लिए वह घोषणा करता है "स्वतंत्रता और दिव्य औसत" की।

(*And Walk These Broad Majestic Days of Peace, From Noon to Starry Night* संग्रह से)

और उसके अंतिम शब्द, उसकी अंतिम कविता *Good Bye my Fancy* पुनः घोषित करती है:

"मैं सामान्य अम्बार को, आम औसत जन समूह की स्तुति करता हूँ।"

5
अमरीका में प्रवचन

अन्य किसी पाश्चात्य देश की तुलना में अमरीका विवेकानन्द का संदेश ग्रहण करने के लिए कहीं अधिक तत्पर था। उन्होंने प्रवचन देना शुरू ही किया था कि उनके संदेश के प्यासे नर नारियों की भीड़ आने लगी। अभिजात गोष्ठियों और विश्वविद्यालयों से, पवित्रात्मा ईसाई, सच्चे स्वतंत्र विचारक और अज्ञेयवादी सभी वर्गों से वे आये। उस तरुण और प्राचीन भूखंड में भविष्य की आशा और भय, श्रेष्ठतम और निकृष्टतम शक्तियों का खेल, सत्य एवं असत्य दोनों के लिये अदम्य पिपासा थी। उसने विवेकानन्द को सबसे अधिक प्रभावित किया वह आज भी हमें उतना ही प्रभावित करता है और अभी तक एक रहस्य बना हुआ है। उसमें संपूर्ण असंपृक्ति और स्वर्ण की कुत्सित पूजा दोनों हैं—एक ओर बाल-सुलभ सरलता है तो दूसरी ओर सुन्दरियों जैसी कपटता भी। अपने उग्र स्वभाव के कारण अनेक बार बिगड़ पड़ने के बावजूद, विवेकानन्द में यह महानता थी कि वे सहानुभूति और विरक्ति के बीच पर्याप्त संतुलन रख सके और उन्होंने एंग्लो-सैक्सन अमरीका के सद्गुणों और यथार्थ शक्ति का सर्वदा सम्मान किया।

यद्यपि इस धरती पर उनके द्वारा शुरू किए गए कार्य योरोप के अन्य स्थानों की तुलना में अधिक स्थाई सिद्ध हुए, फिर भी उन्हें यहाँ की भूमि इतनी ठोस न लगी जितनी कि बाद में इंग्लैंड की लगी। अमरीका की हर एक श्रेष्ठता का उन्होंने आदर किया, उसे समझने का पूरा प्रयास किया और एक अनुकरणीय उदाहरण के रूप में उनकी आर्थिक नीति, औद्योगिक संगठन, सार्वजनिक शिक्षा, संग्रहालय और कला वीथियां, विज्ञान की प्रगति, स्वास्थ्य रक्षा की संस्थाओं और समाज कल्याण के कार्यों को अपने देशवासियों के सम्मुख रखा। अपने देश में व्याप्त समाज सेवा के प्रति उपेक्षा से जब वे अमरीका में सार्वजनिक कल्याण के लिए हो रहे उदार सार्वजनिक व्यय की तुलना करते, तब उनका चेहरा तमतमा जाता। यद्यपि वे पाश्चात्य देशों के अहंकार पर सदा चोट करने को तत्पर रहते, किंतु पाश्चात्य समाज सेवा के उज्जवल उदाहरण के सामने वे भारत के

अहंकार पर प्रहार करने से नहीं चूकते ।

जब वे अमरीका में एक आदर्श स्त्री कारागृह से बाहर आये जहाँ अपराधियों के साथ मानवीय व्यवहार हो रहा था एवं इसकी तुलना में भारतीयों की निर्धनों और निर्बलों के प्रति क्रूर निष्ठुरता से व्यथित हो वे कराह उठे, "ओ हत्यारो ! किसी अन्य धर्म ने हिन्दू धर्म की भाँति मानव को इतनी प्रतिष्ठा भी नहीं दी और न ही कोई अन्य धर्म अपने निर्धनों और दुर्बलों की गर्दन इस तरह मरोड़ता है जैसा कि हिन्दू धर्म । इसमें धर्म का नहीं, उसके पाखंडियों और ठेकेदारों का दोष है ।"

इस प्रकार भारत के युवाओं को वे निरंतर विनम्रतापूर्वक समझाते, प्रेरित और हैरान करते रहे, "मेरे बच्चो, कमर कस कर तैयार हो जाओ । मुझे ईश्वर का आदेश है ... तुम्हारे में ही दीन, हीन और निष्ठावानों में मेरी आशाएं निहित हैं । दुःखी का दर्द महसूस करो और ईश्वर से सहायता की याचना करो — वह अवश्य मिलेगी । मैं दिल पर यह बोझ लेकर, मन में यह विचार लेकर बारह वर्ष भटका हूँ । मैंने तथाकथित धनिकों और महान व्यक्तियों के प्रत्येक दरवाजे को खटखटाया है । आहत और दुःखी मैं आधी दुनिया पार कर सहायता के लिए इस अपरिचित देश में आया हूँ ... ईश्वर मेरी सहायता करेगा । मैं भूख और ठंड से इस देश में मर सकता हूँ । नौजवानो, मैं यह सहानुभूति, निर्धनों, अज्ञानियों और उत्पीड़ितों के संघर्ष की विरासत तुम्हारे लिए छोड़ता हूँ ... घुटने टेककर उनके सामने जाओ और बड़ी कुरबानी करो, समस्त जीवन उनके लिए अर्पित करो ... ये तीस करोड़ जन दिन पर दिन गिरते जा रहे हैं ... ईश्वर की जय हो ... हम सफल होंगे । सैकड़ों इस संघर्ष में गिरेंगे, सैकड़ों उनका स्थान लेंगे — निष्ठा, सहानुभूति बनाये रखो । जीवन कुछ नहीं, मृत्यु कुछ नहीं ... ईश्वर की जय हो — आगे बढ़ते चलो, ईश्वर हमारा सेनापति है । पीछे मुड़कर न देखो कि कौन गिर गया — आगे बढ़ो, आगे बढ़ो ... ।"

यह शानदार पत्र जो अमरीका की श्रेष्ठ समाज सेवा को देखकर, उससे प्रेरित होकर लिखा गया, आशा के स्वर से समाप्त होता है । यह इसे भी दर्शाता है कि जहाँ उन्होंने ईसाई धर्म के पाखंडियों पर निर्मम वार किए वहीं उसके दिव्य प्रेम की यथार्थता को भी सर्वाधिक अनुभव किया । "मैं यहाँ मरियम के पुत्र की संतान के बीच हूँ, मेरे प्रभु ईसा मसीह मेरी सहायता करेंगे ।" वे ऐसे आदमी न थे जो धर्म की दीवारों की परवाह करते । उन्हें यह महान सत्य उच्चारित करना था : "किसी पंथ में जन्म लेना भले ही अच्छा हो, पर उसमें ही बंधकर मर जाना बड़ा भयंकर है ।"

ऐसे धर्मांध कट्टरपंथी ईसाई और हिन्दुओं को जो विधर्मियों के पास आने के भय से अपने दरवाजे बंद कर लेते हैं, उनका कहना था, "मुझे परवाह नहीं कि वे हिन्दू हैं या

मुसलमान या ईसाई, किंतु जो ईश्वर के प्रेमी हैं, मैं सदा उनकी सेवा में तत्पर हूँ । सब कुछ होम कर दो, मेरे बच्चो ... यदि तुममें श्रद्धा है, तुम्हें सब कुछ मिलेगा । हम लोग भारत के उन करोड़ों दलितों के लिए दिन रात प्रार्थना करें जो दरिद्रता, अंध विश्वास और अत्याचार के पाश में बंधे हुए हैं । ... मैं कोई तत्वमीमांसक और दार्शनिक नहीं, न मैं कोई संत हूँ । मैं एक निर्धन प्राणी हूँ, निर्धनों से प्यार करता हूँ । निर्धनता और अज्ञान में डूबे बीस करोड़ भारतवासियों के लिए किसके दिल में दर्द है ? इससे निकलने का क्या रास्ता है ? ... उन्हें कौन प्रकाश दिखाएगा ? ... इन प्राणियों को अपना ईश्वर मानो ... महात्मा तो मैं उसे कहूँगा जिसका हृदय गरीब के लिए द्रवित होता है ... जब तक करोड़ों लोग गरीबी और अज्ञान में डूबे हैं, मैं उस प्रत्येक मनुष्य को देशद्रोही कहूँगा जो उनके ही पैसे से शिक्षा पाकर, उन्हीं की ओर नहीं देखता ।''

इस प्रकार वे अपने जीवन लक्ष्य का मूल उद्देश्य एक क्षण को भी नहीं भूले । उन्हें भारत में उत्तर से दक्षिण और दक्षिण से उत्तर, हिमालय से कन्याकुमारी तक की यात्राओं में अपने प्रबल पंजों में जकड़ने वाला लक्ष्य यही था कि देशवासियों के शरीर और आत्मा की रक्षा करना है ; पहले शरीर : रोटी पहले । अपनी आवाज को बुलंद कर सम्पूर्ण विश्व को इसके लिए संगठित करना कि वह गरीबों और उत्पीड़ितों की सेवा के लिए तत्पर हो । दो और लो भी । इस आशा से कि ऊपर से दया टपकेगी ; भिक्षा के लिए हाथ पसारने की बात मत करो । समता स्थापित करो । जो पाता है, वह देता है । जो देता है, वह न्युनाधिक अवश्य पाता है । वह जीवन पाता है । जीवन देता है, ईश्वर देता है । चिथड़ों में लिपटे भारत के मृतप्राय दरिद्र ही नारायण हैं । युग युग में कष्टों और अत्याचारों के बोझ से पिसी हुई जनता में आत्मा की संचित सुधा धाराएं फलती फूलती बह रही हैं। अंजुलि भरो और पी लो। वे भी ईसा की पवित्र दीक्षा के इन शब्दों का प्रयोग कर सकते हैं : ''यह मेरा शोणित है ।'' वे राष्ट्रों के ईसा मसीह हैं ।

इस प्रकार विवेकानन्द की दृष्टि तथा उनका दायित्व दोतरफा था : पाश्चात्य सभ्यता द्वारा प्राप्त धन और वस्तुओं को भारत ले जाना और भारत की आध्यात्मिक निधि को पाश्चात्य देशों में पहुँचाना । एक निष्ठावान आदान-प्रदान, भाईचारा और परस्पर सहयोग । उनकी दृष्टि में पश्चिमी देशों की भौतिक ही नहीं, बल्कि सामाजिक और नैतिक उपलब्धियों का भी महत्व था । हमने मानवीय भावना से अनुप्रेरित इस हृदय-विदारक उस संबोधन को पढ़ा, जो एक स्वाभिमानी राष्ट्र उनके लिए भी महसूस करता है जिनकी वह निन्दा करता है । वह लोकतंत्र में अंतर्निहित उस समता की प्रशंसा से मुग्ध थे जिसमें एक ट्रामगाड़ी में एक लखपति और साधारण मजदूरिन साथ साथ धक्कामुक्की करते हैं । उसे उन्होंने जरूरत से ज्यादा महत्व दिया । अभी तक उन्होंने मशीन की उस

निर्ममता को नहीं समझा था जो गिर जाने वालों को कुचल देती है। इसलिये भारत की जातियों और अछूतों की क्रूर विषमता से उन्हें अधिक तीखी पीड़ा हुई[1] भारत का दुर्भाग्य उसी दिन निश्चित हो गया था जिस दिन उसने म्लेच्छ शब्द का आविष्कार किया और गैरों से सम्पर्क बन्द कर दिया।

उन्होंने एक ऐसे संगठन की मूल आवश्यकता भी बताई जो पाश्चात्य लोकतंत्रों की तरह परस्पर सहयोग और सद्भाव की शिक्षा दे सके।

इसके अतिरिक्त उन्होंने अनेकानेक अमरीकी स्त्रियों की उच्च बौद्धिक उपलब्धियों और उनकी स्वतंत्रता के सदुपयोग की प्रशंसा की। उन्होंने उनकी स्वाधीनता की तुलना घर की चारदीवारी में बंद रहने वाली भारतीय स्त्रियों से की और अपनी मृत बहन के कष्टों की छिपी याद ने उन्हें इस बात की प्रेरणा दी कि वे स्त्रियों की मुक्ति के लिए निस्वार्थ भाव से कार्य करें।[2]

उन्होंने विविध प्रकार से पश्चिम की सामाजिक श्रेष्ठता को स्वीकार किया, क्योंकि वे चाहते थे कि उनके देशवासी उससे लाभ उठाएं। इसमें कहीं भी उनका जातीय स्वाभिमान आड़े नहीं आया।[3]

पर उनका स्वाभिमान तभी कुछ लेने को तैयार था जब कि बराबरी के स्तर पर वह

---

1. बाद में उनकी आंखें खुलीं। अमरीका की दूसरी यात्रा में उन्होंने मुखौटा उतार फेंका। नस्ल, धर्म और रंग के दंभ की बुराइयां अपनी नग्नता में स्पष्ट हुई और उनका दम घोटने लगीं। सितम्बर 19, 1893 के सर्वधर्म सम्मेलन के जिस सुन्दर प्रवचन में उन्होंने कहा था "कोलम्बिया स्वाधीनता की जननी तुम्हारी जय हो। यह तुम्हें मिली। तुमने पड़ोसी के रक्त में अपने हाथ को कभी न साना!" बाद में उन्होंने डालर के सर्वभक्षी साम्राज्यवाद को पहचाना। बाद मे कु० मैकलाउड ने मुझे स्वामीजी के उद्‌गारों को बताया, "अमरीका भी वैसा ही है। अतः वह कार्यसिद्धि का साधन न बन सकेगा, किंतु चीन या रूस यह कर सकेंगे।" (कुछ अर्थों में विवेकानन्द की यह भविष्यवाणी सत्य भी सिद्ध हुई। चीन और रूस दोनों देशों मे क्रांतियां हुईं। सदियों से दबा श्रमिक शत्रु वर्ग पहली बार सत्ता में आया। इसमें भी विकृतियां आईं और रूस की कम्युनिस्ट व्यवस्था का इस शती के अंतिम दशक में विघटन ही हो गया — अनुवादक)

2. प्रथम यात्रा में भाषणों द्वारा कमाए धन में से कुछ राशि उन्होंने वराहनगर के एक विधवाश्रम के लिए भेजी थी। इसके शीघ्र बाद उनके मन में यह विचार आया कि भारत में वे पश्चिम से अध्यापकों को भेजें जो भारत की स्त्रियों की नई बुद्धिवादी पीढ़ी के निर्माता बनें।

3. "आध्यात्मिकता में अमरीकन हमसे बहुत निम्नतर हैं। किंतु उनका समाज हमसे बहुत अधिक श्रेष्ठ है।"

भी उन्हें कुछ दे सकें । उन्हें इस बात का अहसास था कि कर्म और व्यावहारिकता के अपने जाल (जिसे वे शारीरिकता कहते) में फंसे पश्चिम को वे आत्मा की मुक्ति का वह संदेश जो दीनतम भारतीय के पास है, दे सकेंगे । तरुण अमरीका द्वारा सुविकसित मानव में आस्था, उनके लिए मात्र पहला कदम थी । इसके महत्व को कुछ ईसाई समुदायों की तरह कम न करते हुए, उनकी शक्ति ने इसे एक ऐसी कुलीन छोटी बहन के रूप में देखा जो नये सूर्य की रोशनी से चकाचौंध हो गहरी खाई के किनारे उल्टे-सीधे तेज कदम बढ़ा रही हो । उनका विश्वास था कि उसका मार्गदर्शन करना, उसे अनंत जीवन की उस वेदिका की ओर ले जाना उनका कर्तव्य है, जहां वह ईश्वर का दर्शन कर सके ।

इसलिए अमरीका की विशाल ऊसर आध्यात्मिक धरती पर वेदांत का बीज बिखेरने और उसे रामकृष्ण की प्रेम वर्षा से सींचने के उद्देश्य से उन्होंने एक के बाद एक धर्म प्रचार अभियान चलाये । उन्हें अमरीकन जनता की तर्क बुद्धि को ध्यान में रखते हुए उन विषयों को चुनना था जो उनकी समझ में आ सकें । पहले अभियानों में उन्होंने अपने गुरु के उल्लेख को पूर्णतः बचाया, यद्यपि वे उनका संदेश देते रहे । इस छूट का कारणं उनका संकोच और रामकृष्ण से उनका उत्कट प्रेम था । और जब कभी उन्होंने अपने अत्यंत धनिष्ट शिष्यों से इसकी चर्चा भी की तो भी उन्होंने इस बात का निषेध किया कि उनकी इस मार्मिक श्रद्धांजलि को सार्वजनिक रूप से प्रकट न करें ।[4]

अमरीकी व्याख्यान समितियों से उन्होंने शीघ्र ही अपना पिंड छुड़ा लिया । उनके व्यवस्थापकों के निश्चित कार्यक्रम थे । वे एक सरकस के तमाशे की तरह ढोल पीट कर उनका शोषण करना चाहते थे और उन्हें व्याकुल और लज्जित कर रहे थे[5] ।

---

4. ऐसा लगता है कि जून 1895 में सेंट लारेंस नदी के तट पर थाउसेंड आइलैंड पार्क में पहली बार कुछ चुने हुए शिष्यों के बीच उन्होंने रामकृष्ण की चर्चा की । 24 फरवरी 1896 को न्युयार्क में उन्होंने अपनी भाषण-माला का समापन My Master प्रवचन से किया । तब भी उन्होंने उसे प्रकाशित करने की अनुमति नहीं दी । उनके भारत लौटने पर जब उनसे पूछा गया कि उन्होंने ऐसा क्यों किया, तब उन्होंने अत्यंत विनम्रता से उत्तर दिया, "मैंने उसे प्रकाशित करने की अनुमति इसलिए नहीं दी कि मैंने अपने गुरु के साथ अन्याय किया था । मेरे गुरु ने किसी भी विचार या व्यक्ति की निन्दा नहीं की, जबकि मैं उनपर बोलते हुए अमरीकनों की डालर-पूजा प्रवृत्ति की आलोचना कर रहा था । उस दिन मैंने अनुभव किया कि मैं अभी रामकृष्ण पर प्रवचन देने योग्य नही हूँ।" जनवरी-फरवरी के *वेदांत केसरी* में प्रकाशित एक शिष्य का संस्मरण ।

5. मेरे हाथ में एक ऐसा विज्ञापन है जिसमें बड़े बड़े अक्षरों में घोषित किया गया है : मंच का दिग्गज। उनके चित्र के चार कोनों पर छपा है, "दैवी अधिकार प्राप्त वक्ता, अपनी जाति का

1894 में डेट्रायट में जहाँ वे ठहरे थे इन्होंने इन असह्य कार्यक्रमों का बोझ उतार फेंका । पर्याप्त आर्थिक घाटा सह कर भी अपने मित्रों की सहायता से उन्होंने व्याख्यानों का अनुबंध रद्द करवा दिया ।[6] इसी डेट्रायट में ही उनकी भेंट उनसे हुई जो भगिनी निवेदिता (कुमारी मार्गरेट नोबिल) के साथ उनके पाश्चात्य शिष्यों की टोली में अपने विचारों में उनके सर्वाधिक निकट थीं । इन्होंने सिस्टर क्रिस्टीन (कुमारी ग्रीनस्टडेल) का नाम ग्रहण किया ।

1894 के शिशिर आगमन पर वह न्यूयार्क लौट आये । वहाँ उन्हें धनिक मित्रों की एक टोली ने घेर लिया जो उनके संदेश के बजाय उनकी ख्याति से अधिक आकृष्ट थे । किंतु वे अधिक बंधन सहन नहीं कर सकते थे । वे अकेले और अपने मन के आप मालिक बनकर रहना चाहते थे । वे इस लम्बी घुड़दौड़ से ऊब गए, जिससे कोई स्थाई कार्य नहीं हो सकता था । उन्होंने एक शिष्य मंडली बनाकर निःशुल्क शिक्षा का कार्यक्रम चलाना चाहा । धनी मित्रों ने उनका व्यय वहन करने के लिए असह्य शर्तें रखीं, जैसे कि वे एक विशिष्ट वर्ग के "सही लोगों" से ही मिलेंगे । वे क्रोध से आगबबूला हो चिल्ला उठे, "शिव, शिव ! क्या कोई महान कार्य कभी धनिकों द्वारा सम्पन्न हुआ है ! सर्जना होती है बुद्धि और हृदय से, रुपयों की थैली से नहीं ... ।"[7]

अनेक श्रद्धालु और अपेक्षतया निर्धन विद्यार्थियों ने इस कार्य का आर्थिक दायित्व संभाला । एक "बदनाम" बस्ती में कुछ गंदे कमरे किराये पर लिए गये । इनमें बैठने के लिए कुछ न था । श्रोता जहां तहां फर्श पर बैठते या दस बारह लोग खड़े रहते । फिर जीने के दरवाजे को खुला रखना जरूरी हो गया ताकि सीढ़ियों और चौपड़े पर लोग ऊपर-नीचे जमा हो सकें । शीघ्र ही उन्हें बड़ा स्थान लेने का विचार करना पड़ा । उनका पहला शिक्षा-क्रम फरवरी से जून 1895 तक चला ।[8] और इसमें उपनिषदों की

आदर्श प्रतिनिधि, अंग्रेजी भाषा का पूर्ण पंडित, विश्व मेले के सम्मेलन की सबसे बड़ी सनसनी !" इस घोषणा में उनकी नैतिक और शारीरिक विशेषताएं भी गिनाई गई हैं, विशेषतः शारीरिक आकृति, ऊंचाई, रंग, वेशभूषा, और जिन्होंने देखा सुना था, उनके प्रमाणपत्र । मानो किसी हाथी या पेटेंट दवाई का विज्ञापन हो ।

6. इसके बाद से वे किसी न किसी सभा-सोसायटी के निमंत्रण पर एक शहर से दूसरे शहर गए । सप्ताह में बारह से चौदह भाषण देते । एक साल में वह अटलांटा तट से मिसिसिपी के बीच सभी प्रमुख नगरों में जा चुके थे ।

7. सिस्टर क्रिस्टीन के संस्मरण ।

8. इसी समय उन्होंने ब्रुकलिन एथिकल एसोसियेशन में एक भाषण-माला दी। इसकी आय से वे अपने निजी शिक्षा-क्रम के व्यय का भार वहन कर सके ।

व्याख्या की गई । प्रति दिन कुछ चुने हुए शिष्यों को वह राजयोग और ज्ञानयोग की दो विधियों का अभ्यास कराते ।

इनमें से पहली, मुख्यतः मानसिक-शारीरिक क्रिया है जिसमें देह को मन के अधीन करके प्राण शक्ति को नियंत्रित किया जाता है, आंतरिक तरंगों को शांत कर सिर्फ ब्रह्म का अनाहत नाद सुना जाता है ।[9] दूसरी, विशुद्ध बौद्धिक है, और वैज्ञानिक तर्क की प्रक्रिया है जिसका उद्देश्य चिरंतन सत्य का आत्मा एवं परब्रह्म की तथा विज्ञान एवं धर्म की एकता स्थापित करना है ।

1895 के आसपास राजयोग पर अपनी प्रसिद्ध टीका वे कुमारी एस० इ० वाल्डो (बाद में सिस्टर हरिदासी) को बोलकर लिखा चुके थे । इसने विलियम जेम्स जैसे शरीर-क्रिया-शास्त्रियों को आकर्षित किया और बाद में टालस्टाय में भी उत्साह जगाया । इस पुस्तक के दूसरे खंड में मैं पुनः इस रहस्य-विद्या तथा योग के अन्य प्रमुख प्रकारों का उल्लेख करूंगा । इस बात की आशंका है कि शारीरिक पक्ष पर अधिक बल दिए जाने के कारण अमरीका इससे अधिक आकृष्ट हुआ क्योंकि उन्होंने व्यावहारिक उपयोगिता की दृष्टि से अधिकाधिक भौतिक संपदा के साधन के रूप में इसे देखा । शरीर से दैत्य और बुद्धि में बालक अमरीकी जनता सदा उन्हीं विचारों में रुचि लेती है जो उसके लिए लाभकर हों । तत्वमीमांसा और धर्म को भी एक मिथ्या व्यावहारिक विज्ञान का जामा पहना दिया जाता है । धन, स्वास्थ्य एवं सांसारिक ऐश्वर्य की प्राप्ति ही इसका एक मात्र उद्देश्य होता है । इससे अधिक आघात विवेकानन्द को और भला किस बात से लगता । सभी सच्चे आध्यात्मिक हिन्दू सिद्ध पुरुषों के लिए अध्यात्म एवं परमब्रह्म की प्राप्ति ही एकमात्र साध्य है । वे उन्हें कभी क्षमा नहीं कर सकते जो उसे भौतिक सुख प्राप्ति का साधन बना लेते हैं । विवेकानन्द ने इस प्रवृत्ति की कटु निन्दा की । उनके लिए वह अक्षम्य पाप था ।

"शैतान को फुसलाना ठीक नहीं" ; शायद अमरीकी बुद्धि को दूसरी दिशाओं में ले जाना बेहतर होता । उन्होंने कदाचित स्वयं यह अनुभव किया और अगले जाड़े में उनके व्याख्यानों का विषय ज्ञानयोग ही रहा । तब तक वे प्रयोग ही कर रहे थे । युवा

---

9. आध्यात्मिक साधना पर भारत का एकाधिकार नहीं रहा है । पश्चिम के महान ईसाई साधक भी इसे जानते थे और इसका अभ्यास करते थे । विवेकानन्द इस तथ्य से अवगत थे और अपने शिष्यों का ध्यान इस ओर दिलाते थे । हाँ अकेले भारत ने इसे एक निश्चित विज्ञान का रूप दिया जिसके पीछे सदियों के परीक्षण थे और जो बिना मत मतांतर के भेद के, सबको सुलभ था ।

गुरु एक भिन्न जाति पर अपनी ताकत आजमा रहे थे और अभी तक यह निश्चय नहीं कर पा रहे थे कि किस तरह उस ताकत का उपयोग करें। जून-जुलाई 1895 के तुरंत बाद, थाउजैंड आइलैंड पार्क में अपने श्रद्धालु भक्तों के बीच बिताये ग्रीष्म ऋतु के सप्ताहों में विवेकानन्द ने अपने कार्य की निश्चित योजना बना ली। सिस्टर क्रिस्टीन इसकी साक्षी हैं। सेंट लोरेंस नदी के ऊपर एक पहाड़ी पर फैले जंगल की भूमि को उदारतापूर्वक एक भक्त ने विवेकानन्द के हवाले कर दिया था। वहीं एक दर्जन चुने हुए शिष्य जमा हुए। उन्होंने अपने ध्यान सेंट जान की गास्पल के पाठ से प्रारंभ किए। सात सप्ताह तक उन्होंने केवल भारत के धार्मिक ग्रंथ ही नहीं समझाए; अपितु वह उनकी आत्मा की ऊर्जस्विता को जगाते रहे, जो उनकी दृष्टि में अधिक महत्वपूर्ण शिक्षा थी। उनके वार्तालाप के कुछ प्रमुख विषय थे : स्वाधीनता, साहस, ब्रह्मचर्य, अपने को हीन समझने का पाप।

उन्होंने अभयानन्द को लिखा वैयक्तिकता ही मेरा लक्ष्य है। "व्यक्तियों को प्रशिक्षित करने के अलावा मेरी कोई और महत्वाकांक्षा नहीं है।"

उन्होंने पुनः कहा, "यदि मैं जीवन में एक व्यक्ति की आत्मा को स्वतंत्रता दिलाने में सफल हो सका, तो मैं अपने श्रम को सार्थक समझूंगा।"

रामकृष्ण की सहजानुभूत पद्धति का अनुसरण करते हुए उन्होंने कभी जनता जैसी धुंधली इकाई को संबोधित नहीं किया, जैसा अक्सर वक्ता और उपदेशक करते हैं। वे मानो प्रत्येक व्यक्ति को अलग-अलग संबोधित करते थे। जैसा कि उन्होंने कहा भी, "एक अकेला मनुष्य अपने भीतर सम्पूर्ण ब्राह्मांड को समेटे हुए है"।[10] प्रत्येक व्यक्ति में सम्पूर्ण सृष्टि बीजरूप में विद्यमान है। एक मठ के महान संस्थापक होते हुए भी वे अन्ततः एक संन्यासी ही बने रहे।[11] वे ईश्वर के स्वतंत्र अनुचरों, संन्यासियों को ही जन्म देना चाहते थे। अतः अमरीका में उनका पूर्व-नियोजित निश्चित उद्देश्य था कुछ चुनी हुई आत्माओं को मुक्त करना और स्वयं उन्हें स्वतंत्रता का संदेशवाहक बनाना।

1895 की गर्मियों में कुछ पाश्चात्य शिष्यों ने उनके आमंत्रण को स्वीकार किया और उनमें से कुछ को उन्होंने दीक्षा भी दी। बाद में वे बिल्कुल दूसरे चरित्र के व्यक्ति

---

10. 1890 में भारत में अपनी यात्राओं के प्रारंभ में एक बार पर्वतीय नदी के किनारे लगे एक पीपल वृक्ष के नीचे वे भाव समाधि में चले गये थे जहाँ उन्हें पिंड और वृहद् ब्रह्मांड की एकता और प्रत्येक अणु में उसके व्याप्त होने का अनुभव हुआ था।

11. वे निरंतर स्वतंत्र जीवन के लिए तड़पते रहे, "मेरी तीव्र इच्छा है चिथड़ों को धारण करने की, अपने सिर को मुंडाने की, पेड़ों के नीचे सोने की और अपने भोजन को भिक्षा में पाने की।" उन्होंने अपने उत्कृष्ट गीत "संन्यासी का गीत" की रचना 1895 में की।

निकले ।[12] ऐसा लगता है विवेकानन्द में रामकृष्ण जैसी तीक्ष्ण दृष्टि न थी जो आत्माओं की गहराइयों में पैठ उन्हें नग्न रूप में देख तत्काल उनका भूत और भविष्य जान लेते थे । विवेकानन्द ने गेंहू और भूसा साथ ही जमा किया था । उन्हें भरोसा था कि भविष्य उसे फटक कर दाने रख लेगा और भूसा उड़ा देगा । अपने अनेक शिष्यों में से सिस्टर क्रिस्टीन को छोड़कर जो महानतम रत्न उन्हें मिले, वे थे : एक अंग्रेज जे० जे० गुडविन जो 1895 के अंत से उनके स्व-नियुक्त कार्य सचिव बन गए । गुरु ने उन्हें अपना दाहिना हाथ कहा । उन्हीं को श्रेय है उन बीजों को संरक्षित रखने का जो विवेकानन्द ने अमरीका में बोये थे ।

विवेकानन्द के अमरीकी प्रवास में अगस्त से दिसम्बर 1895 तक का अंतराल इंग्लैंड यात्रा में बीता जिसका जिक्र मैं बाद में करूंगा । शीत ऋतु में वह पुनः अमरीका लौटे और अप्रैल 1896 के मध्य तक वहां रहे । दो व्याख्यान मालाओं में और व्यक्तिगत प्रशिक्षण के जरिये उन्होंने वेदांत शिक्षा जारी रखी । पहले व्याख्यान दिसम्बर 1895 में कर्मयोग पर हुए जो उनकी सर्वश्रेष्ठ कृति समझे जाते हैं, दूसरे 1896 की फरवरी में भक्तियोग पर हुए ।

---

12. सिस्टर क्रिस्टीन ने इन प्रथम अमरीकी शिष्यों के रेखाचित्र छोड़े हैं जिनमें से कुछ चटपटे भी हैं । उनमें से जैसी आशंका थी, कई निराशाजनक भी सिद्ध हुए । इनमें से विशेष उल्लेखनीय हैं फ्रेंच महिला 'मेरी लूई' । न्युयार्क समाजवादी समूह में प्रसिद्ध, इनका नाम अभयानंद हुआ । एक जटिल और दुःखी व्यक्तित्व लियों लैंड्सबर्ग (कृपानन्द), एक रूसी यहूदी, न्युयार्क के एक प्रखर पत्रकार, स्टेला नामक एक वृद्ध अभिनेत्री जिसने राजयोग को यौवन का स्रोत समझा, अध्यात्म के प्यासे सुन्दर वृद्ध डा० राइट और कुमारी रुथ ऐलिस । फिर थे उनके प्रथम कोटि के शिष्य और मित्र, ब्रुकलिन की मिस ऐस. ई. वाल्डो (अनन्तर सिस्टर हरिदासी) जिन्होंने हमारे लिए 1896 के बसंत के प्रथम भाषणों को संरक्षित रखा और जिन्हें विवेकानन्द ने राजयोग पर प्रवचन देने का सम्मान दिया, श्रीमती ओली बुल, जो प्रसिद्ध नार्वेजियन कथाकार की पत्नी एवं एंडरसन की मित्र थीं जिन्होंने विवेकानन्द के कार्यों के लिए अति उदारता से दान दिए , कुमारी जोसफीन मैकलाउड जिनके संस्मरणों का मैं ऋणी हूँ, न्यूयार्क के श्री और श्रीमती लेगट, हार्वर्ड के पो० राइट जो अमरीका आगमन पर विवेकानन्द के दैव-प्रदत्त मित्र सिद्ध हुए । अन्त में आती हैं श्रद्धानत, शांत, मेरी, कुमारी ग्रीन स्टिडेल (सिस्टर क्रिस्टीन) जो उनके हृदय के सबसे निकट थीं एवं जिन्होंने अपने अंदर उन विचारों को संजोकर रखा जो स्वामी विवेकानन्द ने मेन नदी के तट पर ग्रीन एकर स्थान पर अपने स्वगतों में कहे थे । उन्होंने तब क्रिस्टीन की उपस्थिति के अहसास के बिना जीवन की सभी समस्याओं पर विभिन्न कोणों से विचार किया था । जब क्रिस्टीन ने आहिस्ता से उनके विरोधी निर्णयों पर ध्यान आकर्षित किया, तब उन्होंने कहा कि वे बोलकर चिन्तन कर रहे थे ।

वे न्यूयार्क, बोस्टन, डेट्रायट में विभिन्न स्थानों पर बोले, कभी साधारण जनता के बीच, तो कभी हार्टफोर्ड की तत्व मीमांसा सभा में। ब्रुकलिन की नैतिक सभा में और हार्वर्ड में[13] दर्शनशास्त्र के विद्यार्थियों और अध्यापकों को संबोधित किया । हार्वर्ड में उन्हें प्राच्य दर्शन प्राध्यापक और कोलंबिया में संस्कृत प्राध्यापक पद स्वीकार करने का अनुरोध किया गया । न्यूयार्क में फ्रांसिस लेगिट की अध्यक्षता में उन्होंने वेदांत सोसायटी की स्थापना की जो आगे चल कर अमरीका में वेदांत आंदोलन का केन्द्र बनी ।

उनका आदर्श था : सहिष्णुता और सब धर्मों की एकता । नई दुनिया में तीन वर्ष की निरंतर यात्रा तथा पश्चिमी विचारधारा और धर्म से सतत सम्पर्क ने उनके सार्वभौम विश्व धर्म के आदर्श को परिपक्क्व बनाया। पर साथ ही इससे उनकी हिन्दू चेतना को धक्का भी लगा । उन्हें लगा कि यदि भारत के महान धार्मिक और दार्शनिक चिंतन को अपनी जय शक्ति प्राप्त करनी है और आगे बढ़ना है तो पश्चिम में प्रवेश कर वहाँ नया बीज बोना होगा । यह विचार वे 1893 में मद्रास में भी व्यक्त कर चुके थे । अब उसका पूर्णतः पुनर्संगठन करना होगा । विचारों के जंगल और उनमें उलझे प्रकारों को व्यवस्थित करना होगा और उसकी महान पद्धतियों को विश्व आत्मा के स्थिर केन्द्रों में वर्गीकृत करना होगा । भारतीय तत्वमीमांसा की बाहर से परस्पर विरोधी दीखनेवाली एवं उपनिषदों में भी वर्णित परस्पर विरोधी अवधारणाओं (अद्वैतवाद, द्वैतवाद और द्वैताद्वैत-वाद) को समन्वित कर, उनके और पाश्चात्य तत्वमीमांसा के बीच एक सेतु बांधना जरूरी है जिसमें यह तुलनात्मक सारणि बन हिमालय के प्राचीनतम गंभीर दर्शन और आधुनिक विज्ञान के सिद्धांतों के संबंध को दर्शा सके। वे स्वयं इस सार्वभौम विश्व धर्म के संदेश को लिपिबद्ध करना चाहते थे और उन्होंने इस पुनर्निर्माण के लिए अपने भारतीय शिष्यों से आवश्यक सामग्री जुटाने का अनुरोध किया । उनकी मान्यता थी कि हमें हिंदू चिंतन को योरोप द्वारा समझी जाने वाली भाषा में अभिव्यक्त करना है । शुष्क दर्शन, जटिल पुराण गाथा, और विचित्र मनोविज्ञान का अवगाहन कर उसमें से एक ऐसा धर्म निकालना है, जो सरल, सुगम, लोकप्रिय हो और जो श्रेष्ठतम बुद्धिवादियों की प्यास को भी बुझाए ।[14]

---

13. हार्वर्ड में दिया गया व्याख्यान और उसके बाद हुई चर्चा The Philosophy of Vedanta (मार्च 25, 1896) इसमें सर्वाधिक महत्व रखती है ।

14. अमूर्त अद्वैत को दैनिक जीवन में जीवंत और काव्यमय बनना चाहिये, अत्यंत जटिल पुराण गाथाओं से ठोस नैतिक आदर्श और बुद्धि चकराने वाले योग तंत्र से सर्वथा वैज्ञानिक और व्यावहारिक मनोविज्ञान निकलना चाहिए ।

यह सरलता से कहा जा सकता था और रूढ़िवादी हिन्दुओं और भारतीय संस्कृति के यूरोपीय अध्येताओं ने कहा भी कि यदि ऐसा किया गया तो भारत के युगयुग से प्रामाणिक चित्र के ही बदलने का खतरा है। किंतु विवेकानन्द इससे सहमत न थे। इसके विपरीत, उनका दावा था और कई अवसरों पर उन्होंने यह व्यक्त भी किया कि भारत का मौलिक और गंभीर सत्य जो कसीदाकारी से ढक गया है, उसे उतारकर उसमें छिपी असली रेखाएं उजागर की जा सकेंगी।[15]

उनके जैसे मनीषी के लिए धर्म कभी भी कतिपय धर्म ग्रंथों में सदा के लिए बंधी एक जड़ वस्तु न थी अपितु उन्हें विश्वास था कि उसकी सभी अभिव्यक्तियाँ गतिमान और प्रगतिशील हैं। उस गति में जिस पल ठहराव आयेगा वह उसी क्षण मृत्यु को प्राप्त होगा। उनका सार्वभौम विश्व आदर्श सदा गतिशील था। पूर्व और पाश्चात्य के अनवरत सम्मिलन से उसे जीवन पाना था। इनमें से किसी के लिए जरूरी न था कि वह किसी सिद्धांत, देश, काल से सदा के लिए बंधा रहे, बल्कि वे निरंतर जीवंत गति से आगे बढ़ते रहें। वेदांत समाज का एक उद्देश्य यह भी था कि वह यह सुनिश्चित करे कि मनुष्यों और विचारों में निरंतर आदान-प्रदान हो, चिंतन के अबाध रक्त-संचालन से मानवता की देह बराबर शक्ति ग्रहण करती रहे।

---

15. मैं यहां यह जोड़ना जरूरी समझता हूँ कि जब वे भारत लौटे तो वे भारतीय जनता के पौराणिक विश्वासों में आस्था और सौन्दर्य से पुनः प्रभावित हुए और उन्हें ऐसा नहीं लगा कि उन्हें उसे सरल बनाने की योजना के अंतर्गत इनके त्याग की जरूरत है। कदाचित अमरीका में पाश्चात्य विचारधारा के दबाव के कारण ऐसा हुआ था। इसके बाद भी यह समस्या तो बनी ही रही कि बिना कुछ छोड़े सब बातों में समन्वय कैसे स्थापित किया जाय।

6
भारत और यूरोप का मिलन

न्यूयार्क के शुष्क और उज्जवल आकाश तले वहां के विद्युत्मय वातावरण में विवेकानन्द की कर्म प्रतिभा मशाल की तरह जल उठी और अथक परिश्रम की दुनिया ने उन्हें निचोड़ डाला। चिन्तन, लेखन, और ओजपूर्ण भाषणों में उनकी शक्ति के व्यय ने उनके स्वास्थ्य पर बहुत प्रतिकूल प्रभाव डाला। जन समुदाय की भीड़ में अपनी प्रबुद्ध आत्मा के आलोक को विकीर्ण कर[1] जैसे ही वे बाहर आते, तब उनकी एक ही इच्छा होती कि वे 'एक कोने में जा पड़ें, सो जायें और खो जायें।' उनकी कम आयु जो शारीरिक व्याधियों से पहले ही ग्रसित थी अत्यधिक परिश्रम से और भी घट गई। वे उससे कभी न उबर पाये[2] और उन्हें ऐसा लगने लगा कि मृत्यु उनके द्वार खटखटा रही है। उन्होंने

---

1. सभी प्रत्यक्षदर्शी साक्षियां इस पर एकमत हैं कि श्रोताओं पर उनका प्रभाव बिजली के झटकों के समान होता था। इसमें उनकी अत्यधिक शक्ति व्यय हो रही थी। कुछ श्रोता इतने पस्त हो जाते थे जैसे स्नायुक सदमे से, उन्हें स्वस्थ होने में कई दिन लग जाते। सिस्टर क्रिसटीन ने बताया, "उनकी शक्ति असाधारण थी"। उन्हें "प्रज्वलित वक्ता" कहा गया। अमरीका के अपने अंतिम सत्र में उन्होंने एक सप्ताह में सत्रह भाषण दिए और दिन में दो दो कक्षाएं लीं। उनका प्रत्येक विचार एक भावावेश था, प्रत्येक शब्द एक श्रद्धा थी। प्रत्येक व्याख्यान एक तूफानी आशु-वक्तृता थी।

2. मधुमेह के प्रथम लक्षण (जिससे चालीसवें वर्ष में उनकी मृत्यु हुई) सत्रह अठारह वर्ष की किशोरावस्था में प्रकट हुए। (तब वे वास्तव में मलेरिया से पीड़ित हुए थे — प्रकाशक) भारत में उन पर अनेक बार मलेरिया का आक्रमण हुआ था। एक यात्रा में तो वे डिप्थीरिया से मरते मरते बचे थे। भारत में अपनी दो वर्ष की महान यात्रा में उन्होंने अपनी शक्ति का अपव्यय किया था। भूखे नंगे लम्बे सफर किये, कई बार वे भोजन के अभाव में बेहोश होकर गिर पड़े। फिर उसके बाद अमरीका में उन्होंने अपने ऊपर अत्यधिक कार्य भार लाद दिया।

तब कहा भी "मेरी लीला समाप्त हो रही है।" यद्यपि अमरीका में विवेकानन्द को प्रोफेसर राइट, दार्शनिक विलियम जेम्स[3] और विद्युतशास्त्री निकोलस टेसला जैसे अनेक विशिष्ट बुद्धिवादियों से मिलने का अवसर मिला था और उन्होंने उनके प्रति सहानुभूति भी व्यक्त की, फिर भी ये सब हिन्दू तत्व मीमांसा के नौसिखिये ही थे जिन्हें हार्वर्ड के दर्शन स्नातकों की भाँति सभी कुछ सीखना था।

यूरोप में विवेकानन्द को मैक्स मूलर और पाल ड्यूसन जैसे भारत-विद्या विशारदों

---

3. श्रीमती ओली ने विवेकानन्द का परिचय विलियम जेम्स से कराया था। जेम्स ने विवेकानन्द को आमंत्रित किया और लगन से उनसे राजयोग की शिक्षा ली। ऐसा भी कहते हैं कि उन्होंने उसका अभ्यास भी किया।

विवेकानन्द के शिष्यों का विश्वास है कि उनके गुरु ने विलियम जेम्स पर प्रबल प्रभाव छोड़ा। वे इसके पक्ष में अमरीकी दर्शन (परिणामवाद) से कुछ लेखांश उद्धृत करते हैं जिनमें वेदांत को एकेश्वरवादी दर्शनों में सबसे तर्कसंगत और पूर्ण, तथा विवेकानन्द को वेदांत का सर्वाधिक अधिकारी प्रतिनिधि माना गया है। पर इसका यह अर्थ नहीं कि विलियम जेम्स ने स्वयं इन सिद्धांतों को स्वीकार किया। वह बराबर एक द्रष्टा ही बना रहा। उसे धार्मिक अनुभव की सामान्य योग्यता थी, इसे उसने अपनी प्रसिद्ध पुस्तक The Varieties of Religious Experiences, 1902 में स्वीकार भी किया है। इसमें संदेह नहीं कि परोक्ष रूप से विवेकानन्द ने इस पुस्तक को लिखाने में अपना योगदान दिया! लेकिन जेम्स ने उन्हें "रहस्यवाद" वाले अध्याय 10 में एक दृष्टांत के रूप में ही उद्धृत किया है। दो बार भारतीय रहस्यवादियों के प्रसंग में (राजयोग का उद्धरण) और अंत में समस्त देशकाल के रहस्यवादियों की साक्षियों को प्रस्तुत करते हुए, अपनी श्रद्धांजलि अर्पित की है। (Practical Vedanta और The Real and the Apparent Man) ऐसा नहीं लगता कि विलियम जेम्स विवेकानन्द के अनुभव से पूरा लाभ उठा सके और स्वामीजी ने भी उसे अपने चिंतन के स्रोत, रामकृष्ण से अवगत नहीं कराया। जेम्स की पुस्तक का महत्व यह है कि यह उस चौराहे पर खड़ी है जहाँ अपने को निर्भ्रांत समझने वाले उन्नीसवीं सदी के वैज्ञानिक वस्तुवाद, मायर की अवचेतना, सापेक्षवाद, ईसाई विज्ञान और विवेकानंद के वेदांत के आक्रमण हो रहे थे। मेरे विचार से विलियम जेम्स की पुस्तक प्रो॰ स्टारबक की पुस्तक The Psychology of Religion से अधिक अनुप्रेरित थी।

टेसला विवेकानंद द्वारा निरूपित सांख्य दर्शन के अणु सिद्धांत से विशेष प्रभावित हुए जो पदार्थ और गति के संबंध में आधुनिक विज्ञान के सिद्धांतों से बहुत मेल खाता है। विवेकानन्द अमरीका में पाश्चात्य विज्ञान के उच्चतम प्रतिनिधि, सर विलियम टामसन (अनन्तर लार्ड केल्विन) तथा प्रो॰ हेलमोट्ज़् से भी मिले। यो दोनों योरोपीय विद्युत सम्मेलन में अमरीका आए हुए थे।

का मुकाबिला करना था। पाश्चात्य दर्शन और भाषा विज्ञान की महानता अपनी धैर्यवान प्रतिभा और सच्ची ईमानदारी के साथ उनके सामने उजागर हुई। उनका अंतरतम इससे अभिभूत हुआ। वह अपने देशवासियों की भाँति इस महानता से अनभिज्ञ थे। उन्होंने इसे अपना पूरा प्रेम और आदर दिया।

इंग्लैंड की खोज उन्हें सर्वथा भिन्न प्रकार का अनुभव देने वाली थी। वह शत्रु होकर आये और विजित हुए। भारत लौटने पर उन्होंने निष्ठापूर्वक घोषणा की "अंग्रेज जाति के लिए मेरे जितनी घृणा लेकर उनके देश में कोई न गया होगा ... आज आपमें से किसी के मन में अंग्रेजों के लिए मेरे जैसा प्रेम न होगा।"

एक अमरीकी शिष्य को इंगलैंड से उन्होंने लिखा (8 अक्तूबर 1896) "अंग्रेजों के बारे में मेरी धारणा में आमूलचूल परिवर्तन हो गया है।"[4]

इंग्लैंड में उन्होंने पाया, "वीरों, सच्चे क्षत्रियों का राष्ट्र ... धैर्यवान और स्थिरमति ...। उनकी शिक्षा है अपनी भावनाओं को छुपाकर रखना, कभी उनका प्रदर्शन नहीं करना। इस वीरोचित महान संरचना के नीचे अंग्रेज हृदय में संवेदना का एक झरना बहता है। यदि उस तक एक बार पहुंच जाओ, वह सदा के लिए तुम्हारा मित्र बन जायेगा। उसके मन में कोई विचार जम जाने पर, वह निकल नहीं पाता, उसकी जातिगत अतिशय व्यावहारिकता और शक्ति उसे अंकुरित और पुष्पित करती है। ... उन्होंने दास वृत्ति के बिना आज्ञापालन के रहस्य को जान लिया है कि कैसे विधि-पालन के साथ असीम स्वाधीनता का सुख लिया जाता है।"[5]

ईर्ष्या के योग्य है यह जाति ! यह जिनका दमन करती है उनका भी आदर अर्जित कर लेती है। राममोहन राय, विवेकानन्द, रवीन्द्रनाथ ठाकुर और महात्मा गांधी जैसे अपने देशवासियों की उन्नति की इच्छुक, अपने पराधीन जन की ज्वलंत आत्माओं ने भी अपने विजेता की महानता और कदाचित उसके साथ निष्ठापूर्वक सहयोग की उपयोगिता को स्वीकार किया।

यदि उन्हें कोई दूसरा विजेता चुनने का अवसर दिया जाता तो वे किसी और को न चुनते। अंग्रजी राज की भयंकर बुराइयों के बावजूद पश्चिम में वही एकमात्र ऐसे राष्ट्र थे (इसमें मैं सम्पूर्ण यूरोप और अमरीका को भी सम्मिलित करता हूँ) जो भारतीय विचारों के विकास के लिए अधिकतम अवसर दे सकते थे।

---

4. उन्होंने व्यंग्य में यह भी कहा, "लगता है मैं ऊंचे और बलवान ऐंग्लो-इंडियन लोगों में भी दिव्यता देखने लगा हूँ। लगता है मैं धीरे धीरे उस अवस्था में पहुंच रहा हूँ जहाँ मैं स्वयं शैतान से भी (यदि वह है तो) प्रेम करने लगूँगा।" (6 जुलाई 1896)

5. इसे मैंने 1896 के एक पत्र तथा कलकत्ता के प्रसिद्ध भाषण के आधार पर रचा है।

इंग्लैंड के प्रशंसक होते हुए भी, भारतीय लक्ष्य विवेकानन्द की दृष्टि से कभी ओझल नहीं हुआ। वह इंग्लैंड की महानता का उपयोग भारत की आध्यात्मिक प्रभुता स्थापित करने में चाहते थे। उन्होंने बाद में लिखा भी,[6] "अपने समस्त दोषों के बावजूद बिटिश साम्राज्य विचारों के प्रसार का महानतम माध्यम (यंत्र) है। मैं इस यंत्र के बीच अपने विचार रख देना चाहता हूँ, वहां से वह सारे विश्व में फैल जायेंगे ... आध्यात्मिक विचार सदा ही पददलितों से ही (यहूदियों और यूनान से) आए हैं।"

लंदन की प्रथम यात्रा में उन्होंने अपने एक मद्रास के शिष्य को लिखा, "इंग्लैंड में मेरा कार्य सचमुच शानदार है।"

उन्हें तत्काल सफलता मिली थी। समाचारपत्रों ने उनकी भूरि-भूरि प्रशंसा की। उनके नैतिक चरित्र की तुलना उनके पूर्ववर्ती भारतीयों, राममोहन राय और केशवचन्द्र से ही नहीं, प्रत्युत बुद्ध और ईसा जैसे देवोपम अवतारों से की गई। कुलीन समाज में उनका अच्छा स्वागत हुआ और चर्च के धर्माचार्यों ने उनके प्रति सहानुभूति व्यक्त की।

अपनी दूसरी यात्रा में उन्होंने वेदांत शिक्षा के नियमित सत्र इस विश्वास के साथ प्रारंभ किए कि यहाँ उन्हें बुद्धिमान शिक्षार्थी मिलेंगे। उन्होंने ज्ञानयोग से श्रीगणेश किया।[7] इसके अलावा उन्होंने पिकाडिली की चित्र-दीर्घा, प्रिंसेस हाल, क्लबों, शिक्षा संस्थाओं, एनी बेसेंट लाज और अंतरंग गोष्ठियों में भी अनेक व्याख्यान दिए। अमरीकी जनता के सतही सम्मेलन की तुलना में उन्होंने अंग्रेजी श्रोताओं की गंभीरता का अनुभव किया। अमरीकियों से कम प्रखर और अधिक अनुभवी अंग्रेज अनुसरण में पहले तो झिझके, पर जब उसे एक बार पकड़ा तो उसे आधे मन से नहीं छोड़ा। विवेकानन्द ने अंग्रेजों के बीच अधिक सहज अनुभव किया और उनपर अधिक विश्वास किया।

जिन परम प्रिय गुरु रामकृष्ण को कलुष दृष्टि से उन्होंने अभी तक बचाकर रखा था, उनके विषय में भी वे यहां बोले। उन्होंने विगलित विनम्रता से कहा "मैं जो कुछ भी हूँ इसी एक स्रोत से निकला हूँ ... मेरे पास देने के लिये अपना कहलाने योग्य अणुमात्र भी विचार नहीं है।" और उन्होंने रामकृष्ण को "पृथ्वी के धार्मिक जीवन की इस अवस्था का वसंत" घोषित किया।

रामकृष्ण ही उन्हें मैक्स मूलर के सम्पर्क में लाये। उस भारत विद्याविद के आदर भाव और तरुण जिज्ञासा ने प्रत्येक नव भारतीय धार्मिक धड़कन को कान लगाकर सुना

---

6. फ्रांसिस लेगट को जुलाई 6, 1896।

7. सप्ताह में पांच कक्षाएं और शुक्रवार को इसके अतिरिक्त मुक्तविचार विनिमय भी।

तथा वयोवृद्ध ज्योतिषी की भाँति पूर्व में रामकृष्ण के नक्षत्र को उदित होते देखा[8]।

वह इस नव अवतार के प्रत्यक्षदर्शियों से प्रश्नोत्तर करने के लिए उत्सुक थे। उन्हीं के अनुरोध पर विवेकानन्द ने उन्हें अपने गुरु के संस्मरण सुनाए थे जिनका उपयोग मैक्स मूलर ने रामकृष्ण पर लिखी अपनी लघु पुस्तक में किया। विवेकानन्द भी आक्सफोर्ड के इस द्रष्टा से कम आकर्षित नहीं हुए थे, जिसने अपनी दूरस्थ वेधशाला से बंगीय आकाश में परमहंस के विचरण की घोषणा की थी। उन्हें 28 मई 1896 को इनके घर आने का निमंत्रण मिला। भारत के युवक स्वामी विवेकानन्द ने यूरोप के संत को नमन किया, वैदिक भारत में अपने पूर्व जन्मों का स्मरण करने वाले प्राचीन ऋषि का एक अवतार, एक भारतीय आत्मा के रूप में अभिनन्दन किया — "एक ऐसी आत्मा जो ब्रह्म से अपने को नित्य एकाकार करती रहती है।"[9]

... जिस इंग्लैंड को अभी उन्हें और भी कुछ देना था, वे थे उनके जीवन के कदाचित सबसे मधुर मित्र — जे० जे० गुडविन, मार्गरेट नोबिल, सेवियर दम्पति।

गुडविन का मैं पहले ही उल्लेख कर चुका हूँ। वे 1895 के अंत में उनसे न्यूयार्क में मिले थे। उनके भाषणों को अक्षरशः लिखने के लिए एक कुशल आशुलिपिक की आवश्यकता थी। इंग्लैंड से लौटने के तुरंत बाद उन्हें परीक्षा के लिए रखा गया। पर इससे पहले ही जिन विचारों को वह लिख रहे थे, उनसे प्रबुद्ध होकर, वे सब कुछ छोड़ गुरु की शरण में आ गए।

उन्होंने पारिश्रमिक लेने से इनकार कर दिया, रात दिन काम करते रहे, जहां विवेकानन्द जाते उनके साथ जाते, उनकी देखभाल करते। उन्होंने ब्रह्मचर्य का व्रत लिया। अपना समस्त जीवन गुरु को समर्पित कर दिया। गुरु ही उनका परिवार और देश सब कुछ थे। गुरु के धर्म में पूर्ण श्रद्धा से वे उनके साथ भारत आये और यहीं उनकी 2 जून 1898 को अकाल मृत्यु हुई।

मार्गरेट नोबिल का आत्मदान इससे कम पूर्ण न था। उनका दीक्षा नाम भगिनी निवेदिता भविष्य में सदा उनके इष्ट गुरु के साथ लिया जायेगा ... वे संत फ्रांसिस की

---

8. The Nineteenth Century में "A Real Mahatman" शीर्षक लेख।

9. अति उत्साह में उन्होंने 6 जून 1896 को The Brahmavadin पत्रिका में लिखा "मेरी कामना है कि मुझे अपनी मातृभूमि से सहस्रांश भी प्रेम होता ... उन्होंने भारतीय चिंतन जगत में पचास या उससे भी अधिक वर्ष विचरण किया है। ... इसने उन्हें पूरी तरह अपने रंग में रंग दिया है — उन्होंने अपनी आत्मा में वेदांत के सुर को पकड़ लिया है ... जौहरी ही जेवरों को परख सकता है।"

संत क्लारा के समान थीं (सच तो यह है राजा के समान विवेकानन्द में दरिद्र संत फ्रांसिस जैसा विनय भाव नहीं था और वह शिष्य बनाने से पहले भक्त की निर्मम परीक्षा लेते थे)[10] युवती मार्गरेट लंदन के एक स्कूल की प्रधान अध्यापिका थी। विवेकानन्द ने उनके स्कूल में प्रवचन किया और तत्काल वह उनके आकर्षण से मोहित हो गई।[11] पर बहुत समय तक वे इससे छूटने का प्रयास करती रहीं। वे उन लोगों में से थी जो प्रत्येक व्याख्यान के बाद विवेकानन्द से आकर कहते थे, " हां स्वामीजी यह तो सही है ... किंतु ...।" वे सदैव तर्क करतीं और प्रतिरोध करतीं। वे उन अंग्रेजों में से थी जिन्हें जीतना मुश्किल होता है, पर एक बार विजित होने पर वे सदा के लिए श्रद्धालु भक्त बन जाते हैं। विवेकानन्द ने स्वयं कहा था, "इनसे अधिक विश्वसनीय व्यक्ति नहीं मिलेंगे।"

वे अट्ठाईस वर्ष की थीं जब उन्होंने अपने भाग्य को स्वामीजी के हाथ में सौंप देने का संकल्प किया। जनवरी 1898 के अंत में वे हिन्दू स्त्रियों की शिक्षा के कार्य के लिए भारत आ गईं। उन्होंने मार्गरेट को हिन्दू बनने के लिए बाध्य किया जिससे कि वे अपने विचारों, कल्पनाओं, संस्कारों में हिन्दू बन सकें। यहां तक कि अपने अतीत की स्मृति को भी भुला सकें। उसने ब्रह्मचर्य का व्रत लिया और वह पहली पाश्चात्य स्त्री थी जिसे भारतीय संन्यासी के रूप में दीक्षा मिली। हम उनसे पुनः विवेकानन्द के साथ मिलेंगे। उन्होंने विवेकानन्द से अपने साक्षात्कारों के विवरण को सुरक्षित रखा और विवेकानन्द को पश्चिम में लोकप्रिय बनाने के लिए सर्वाधिक कार्य किया।

---

10. अपने गुरु के प्रति निवेदिता का प्रेम इतना गहरा था कि ऐसा लगता है उन्हें गुरु के रूखे व्यवहार का जिससे उन्हें अत्यंत अवसाद भी हुआ था, स्मरण ही नहीं रहा। उसने उनकी मिठास की ही स्मृति रखी। कुमारी मैकलाउड ने बताया है, "मैंने निवेदिता से कहा कि 'वे शक्ति ही शक्ति थे' उसने उत्तर दिया 'वे कोमल ही कोमल थे।' मैंने उत्तर दिया, 'मैंने कभी ऐसा महसूस नहीं किया।' 'इसका कारण था कि वह तुम्हें नहीं दिखाया गया' वह प्रत्येक व्यक्ति के लिये उस व्यक्ति के स्वभाव तथा ईश्वर प्राप्ति का जो मार्ग उसने चुना है, उसके अनुरूप थे"।

11. अपनी प्रथम भेंट की स्मृति को उन्होंने बड़ी कमनीयता से प्रस्तुत किया है : नवंबर में रविवार को तीसरे पहर का समय था, ठंड थी, एक ड्राइंग रूम में ... वे श्रोताओं के अर्ध वृत में बैठे हुए थे ... अग्निकुंड उनके पीछे जल रहा था। गोधूलि अंधकार में बदल रही थी। ... वे हमारे बीच बैठे थे ... सुदूर देश का समाचार दे रहे थे, उनकी विचित्र आदत थी बीच बीच में 'शिव शिव' का उच्चार करना, चेहरे पर शालीन और उदात्त भाव मिश्रित था (निवेदिता ने इस छवि की तुलना सिस्टीन मैडोना के बालक ईसा मसीह से की है) ... उन्होंने कुछ संस्कृत स्तोत्र गाये। निवेदिता ने उन्हें मधुर ग्रिगोरियन गीतों की तरह सुना।

सेवियर दम्पति की मैत्री भी ऐसे ही प्रेम और पूर्ण निष्ठा से अनुप्राणित थी जो सदा के लिए अपने को समर्पित कर देती है । सेवियर उनचास वर्ष के सेना से निवृत कप्तान थे । उनके और उनकी पत्नी दोनों के मन में धार्मिक जिज्ञासा थी, दोनों ही स्वामीजी के विचारों, भाषण और व्यक्तित्व से प्रभावित हुए । कु० मैकलाउड ने मुझे बताया, "उनके एक व्याख्यान की समाप्ति पर बाहर आकर श्री सेवियर ने मुझसे पूछा, 'तुम इस युवक को जानती हो ? क्या यह वही है जैसा दीखता है ?' 'हाँ अवश्य ।' तब तो इसका अनुसरण करके हमें उसके साथ ईश्वर को पाना होगा ।' उन्होंने अपनी पत्नी के पास जाकर पूछा, "क्या तुम मुझे स्वामीजी का शिष्य बनने दोगी?" उन्होंने निःसंकोच हाँ कहा और अपने पति से पूछा "क्या आप मुझे उन्हें गुरु बनाने देंगे ?" तब उन्होंने प्यार से परिहास करते हुए उत्तर दिया, 'मैं नहीं जानता ।'

अपनी स्वल्प निधि एकत्र कर वे दोनों विवेकानन्द के सहचर बन गए । किंतु विवेकानन्द अपने इन वृद्ध मित्रों के भविष्य को लेकर उनसे अधिक चिन्तित थे । उन्होंने उनकी सब निधि अपने कार्य में लगाने नहीं दी और उन्हें बाध्य किया कि कुछ अंश वे अपने लिये रखें । उन्होंने विवेकानन्द को अपनी संतान की तरह माना और हिमालय में निर्गुण ब्रह्म का ध्यान करने के लिए जिस अद्वैत आश्रम को बनाने की कल्पना की थी, उसके निर्माण में अपने को लगा दिया । अद्वैतवाद ने ही विशेषकर इन्हें विवेकानन्द की ओर आकृष्ट किया था और स्वामीजी के लिए भी यह आवश्यक था । 1900 में श्री सेवियर का इसी मठ में देहांत हुआ जिसे स्वयं उन्होंने बनाया था । श्रीमती सेवियर उनके और विवेकानन्द के महाप्रयाण के बाद जीवित रहीं । पन्द्रह वर्ष तक यह एकाकी यूरोपीय महिला अधिकांश ऋतुओं में अगम्य पर्वतमाला से घिरे इस स्थल में बच्चों की शिक्षा के कार्य में व्यस्त रहीं ।

"ऊबती नहीं है आप ?" कुमारी मैकलाउड ने उनसे पूछा । उनका सहज उत्तर था "मै उनका (विवेकानन्द) स्मरण कर लेती हूँ ।" ऐसे वरेण्य मित्र इंग्लैंड ने अकेले विवेकानन्द को ही नहीं दिए । महान हिन्दुओं ने अंग्रेजों में अन्यतम पराक्रमी और निष्ठावान शिष्य और सहायक पाये हैं । रवीन्द्रनाथ ठाकुर के पीयरसन, और गांधी के एंड्रयूज तथा मीरा बेन प्रख्यात हैं ... बाद में जब स्वाधीन भारत यह हिसाब लगायेगा कि ब्रिटिश साम्राज्य ने उसे कितने कष्ट पहुँचाए और उसे उसका क्या चुकाना है, तो ये पवित्र मैत्रियां अन्याय से बोझिल तराजू के पलड़ों को अस्थिर कर देंगी । परंतु इस देश में जहां विवेकानन्द के स्वर की गहरी अनुगूंज उठी, उन्होंने अमरीका की भाँति कोई संस्था स्थापित नहीं की । रामकृष्ण मिशन अमरीका में फला फूला । उसका कारण क्या यह था — जैसा मुझे उनके एक अमरीकी शिष्य ने बताया कि उन्हें इंग्लैंड और यूरोप की

बौद्धिक प्रखरता के लिए जितने आध्यात्मिक शक्ति सम्पन्न हिन्दू परिव्राजकों की आवश्यकता थी, वराहनगर की भ्रातृ मंडली में वे दुर्लभ थे? मैं तो समझता हूँ कि उनपर कभी कभी भारी पड़ने वाली थकान भी एक कारण थी। वे संसार और कर्म के बंधनों से ऊब चुके थे और विश्रान्ति चाह रहे थे। घुन की तरह जो रोग उनके शरीर को जर्जर कर रहा था, वह उन्हें कई-कई दिनों तक अपने अस्तित्व से ही पृथक कर देता था। उन दिनों वे कोई नया काम करने से मना कर देते, कहते कि मैं कोई संगठनकर्ता नहीं हूँ। 23 अगस्त 1896 को उन्होंने लूसर्न से लिखा, "मैंने कार्य शुरू कर दिया, अब दूसरे संभालें। कार्य प्रारंभ करने के लिए मुझे धन सम्पत्ति को हाथ लगाना पड़ा[12] अब निश्चित ही मेरे कार्य का अंश शेष हुआ और अब मुझे वेदान्त या संसार के और किसी अन्य दर्शन में रुचि नहीं रही, किसी कार्य में भी नहीं ... उसकी धार्मिक उपयोगिता भी अब मुझे नीरस लगने लगी है ... मैं चलने के लिए तैयार हो रहा हूँ ताकि इस नर्क, इस संसार में न लौटूँ।"

इस करुण चीत्कार की हृदय-द्रावकता वे ही समझ सकते हैं जो क्षयकारी रोग के भयंकर शारीरिक कष्ट को जानते हैं। इसके विपरीत, कभी कभी यह दारुण कष्ट आनन्द बन कर प्रकट होता : सारा ब्रह्मांड उन्हें बाल रूप ईश्वर का स्फूर्तिदायक खिलौना लगता, जिसका कोई तर्क नहीं[13]। किंतु सुख और दुःख दोनों में उनकी अनासक्ति एक सी थी। वह संसार से बिछुड़ रहे थे। पतंग की डोर टूट रही थी[14]। उनकी टहल करने वाले स्नेही मित्र उन्हें विश्राम के लिए पुनः स्विटज़रलैंड ले गये। 1896 की ग्रीष्म ऋतु का अधिकांश समय उन्होंने वहीं बिताया। हिमालय की याद दिलाने वाले हिमाच्छादित पर्वतों और

---

12. जहाँ तक धन का संबंध है, रामकृष्ण की भाँति उन्हें भी इसे छूने से अरुचि थी।

13. मिलाएं 6 जुलाई 1896 के फ्रांसिस लेगट को उनका पत्र जिसका अंत उन्होंने इस आनन्द उच्छ्वास से किया :

"धन्य है वह दिन जब मैंने जन्म लिया। वह मेरा प्रेमी है। मैं उसका क्रीड़ा सखा हूँ। ब्रह्मांड का कोई कार्य-कारण नहीं। कौन सा तर्क उसे बांधता है ? वह लीलामय इस खेल में आंसू और हंसी बिखेर रहा है। बड़ा मजा है ... बड़ा मजा है। फुदकते बच्चों की पाठशाला, जिन्हें संसार के क्रीड़ांगन में खेलने के लिए भेज दिया गया है। किसकी प्रशंसा करें, किसे दोष दें ? न उसमें बुद्धि है और न तर्क शक्ति। वह हमें लघु मस्तिष्क और तर्क से बेवकूफ बना रहा है ... पर इस बार वह मुझे असावधान न पायेगा ... मैंने एक-दो बातें सीखी हैं, जो तर्क और विद्वता के परे हैं। संभाषण अनुभूति करना है, "प्रेम 'प्रेमी' है। ओ साकी प्याला भर दे, और हमें पागल हो जाने दे।"

14. प्रथम खंड में उद्धृत रामकृष्ण की कथा।

झरनों की शीतल वायु के सेवन से उन्हें अत्यंत आनन्द मिला और लगता था कि लाभ भी हुआ।[15] यहीं माउंट ब्लांक और लिटिल सेंट बर्नर्ड के बीच, आल्पस् के नीचे बसे एक छोटे गांव में उनके मन में हिमालय में एक आश्रम स्थापित करने की कल्पना जगी, जहाँ पश्चिम और पूर्व के शिष्य मिल सकें। सेवियर दम्पत्ति जो वहाँ उनके साथ थे, निरंतर इस विचार को संजोये रहे और यह उनका जीवन व्रत बन गया।

इस पर्वतीय विश्राम स्थल में उन्हें प्रो० ड्यूसन का पत्र मिला जिसमें उन्होंने विवेकानन्द को उनके साथ कील में कुछ समय बिताने के लिये निमंत्रित किया था। उनसे मिलने के लिए उन्होंने अपना स्विट्ज़रलैंड का प्रवास घटा दिया और हीडलबर्ग, कोबलेंज, कोलोन और बर्लिन का विद्यार्थी मार्ग पकड़ा। रास्ते में वे अत्यंत प्रभाव डालने वाली जर्मनी की भौतिक शक्ति और महान संस्कृति की एक झलक देखना चाहते थे। मैंने अपनी रचना 'शोपनहावर के गेसेलशैफ्ट के जारबख' में उनकी कील यात्रा और शोपनहावर सोसायटी के संस्थापक से उनकी भेंट का विवरण दिया है। पाल ड्यूसन जैसे उत्साही वेदांती से जैसी आशा थी, उन्होंने विवेकानन्द का हार्दिक स्वागत किया और उनके बीच आजीवन संबंध बने। वह वेदांत को मनुष्य की सत्यान्वेषी प्रतिभा की अन्यतम भव्य संरचना ही नहीं, बल्कि "विशुद्ध नैतिकता का सर्वाधिक शक्तिशाली स्तंभ और जीवन मृत्यु की यातना में महानतम सांत्वना" मानते थे।[16]

विवेकानन्द के आकर्षक व्यक्तित्व, आध्यात्मिक साधना और गहन ज्ञान से अवगत होते हुए भी ड्यूसन की डायरी से यह नहीं लगता कि उन्हें इस युवा अतिथि की महान नियति का आभास मिला था। बाहर से हृष्ट-पुष्ट और प्रफुल्ल चित्त, किंतु भीतर से जिनका हृदय अपने आर्त देशवासियों के दुःख से भरा हुआ था और शरीर जर्जर हो चुका था, उस मनुष्य की गहरी मनोव्यथा की कल्पना भी ड्यूसन न कर सके। उन्होंने विवेकानन्द को विश्रांति के उस क्षण में देखा जब वे भारत के लिए अधिकाधिक कार्य करने वाले जर्मन विद्वान और संत के सानिध्य में प्रसन्न और कृतज्ञ थे। कृतज्ञता का यह भाव विवेकानन्द के मन में कभी मंद नहीं पड़ा। उनमें ड्यूसन के साथ कील, हैम्बर्ग, एमस्टरडम और लंदन में बिताये समय की स्मृति सदा जगमगाती रही। इस अनुचिंतन को विवेकानन्द ने 'ब्रह्मवादी' के एक सुन्दर लेख में संरक्षित किया है। इससे उन्होंने उन महान यूरोपियनों, विशेषकर, मैक्स मूलर और पाल

---

15. उन्हें स्विस ग्राम जीवन और रीति रिवाजों में हिमालय के वासियों से समानताएं भी नज़र आयी।

16. 25 फरवरी 1893 को पाल ड्यूसन द्वारा बम्बई की रायल एशियाटिक सोसायटी में दिए गए भाषण का अंश जो उन्होंने विवेकानन्द को सुनाया।

ड्यूसन के प्रति अपने शिष्यों को भारत के ऋण का स्मरण कराया है, जिन्होंने भारत को भारतीयों से अधिक अच्छी तरह समझा और प्यार किया था।

उन्होंने लंदन में दो मास और बिताए। वहां वे दुबारा मैक्स मूलर से मिले तथा एडवर्ड कार्पेंटर, फ्रेडरिक मायर्स, और कैनन विल्फोर्ड से भेंट की और वेदांत, माया और अद्वैत पर एक नई व्याख्यान माला दी। यूरोप में उनका प्रवास समाप्ति पर था। भारत की पुकार उन्हें वापिस बुला रही थी। घर की याद उन्हें सता रही थी और थका हारा वह आदमी जो तीन सप्ताह पहले निराशा से आक्रांत हो नयी जंजीरों में बंधने से इनकार कर चुका था,[17] जीवन और कर्म के नारकीय कोल्हू से निकलना चाहता था, पुनः पूरे जोश से कर्म क्षेत्र में कूद पड़ा और अपने हाथों आप ही कोल्हू में जुत गया। विदा लेते समय अपने अंग्रेज मित्रों से उन्होंने कहा था, "इस शरीर को त्यागना, जीर्ण वस्त्र की तरह उतार कर फेंक देना मेरे लिए श्रेयस्कर हो सकता है ... पर मैं मनुष्य की सेवा और सहायता करना कभी नहीं छोड़ सकता !"

आजीवन सेवा, जन्म जन्मांतर में सेवा, सेवा के लिये बारम्बार जन्म लेना — हाँ विवेकानन्द जैसा व्यक्ति "इस नर्क में लौटने को मजबूर है। यह उसकी नियति है और जीने का एकमात्र तर्क है कि वह बिना विश्रांति लिए, नारकीय आग में झुलस रहे प्राणियों की रक्षा के लिए बारम्बार जन्म ले, दूसरों को बचाने के लिए अपनी आहुति देना ही उसकी किस्मत है। 16 दिसम्बर 1896 को उन्होंने इंग्लैंड छोड़ा और डोवर, कैले और मौंट सेनिस होते हुए अपनी संक्षिप्त यात्रा का समापन इटली में किया। वे मिलान में द विंची के चित्र *लास्ट सपर* को अपनी श्रद्धांजलि अर्पित करने गए। वे रोम से विशेष रूप से प्रभावित हुए जो उनकी कल्पना में दिल्ली के समान था। प्रत्येक क्षण उन्होंने कैथलिक उपासना[18] पद्धति और हिन्दू अनुष्ठानों में समरूपता देखी, उनकी भव्यता का

---

17. "मैंने लौह बंधन त्याग दिये हैं — परिवार के बंधन — मैं अब धार्मिक भ्रातृत्व (संन्यास) की स्वर्ण जंजीर भी नहीं धारण करूंगा। मैं मुक्त हूँ, मुझे वायु की भाँति मुक्त रहना चाहिये। जहाँ तक मेरा संबंध है मैं अब अवकाश ले चुका हूँ ... संसार में मैं अपना खेल खेल चुका हूँ।"

यह उन्होंने लूसर्न से 23 अगस्त 1896 को लिखा था, उस समय जब वे कर्म के भंवर से जिसमें उनकी साँस ही छूट गई थी, अपने को उबार चुके थे। स्विस जलवायु अभी तक उन्हें स्वस्थ नहीं कर पाई थी।

18. हर चीज ने उन्हें भारत का स्मरण कराया : पुरोहितों के मुंडे हुए सिर, सलीब का चिह्न, धूप दीप, संगीत। होली सेक्रामेंट में उन्हें वैदिक प्रसाद का रूपांतरण दिखा।

अनुभव किया और अपने अंग्रेज साथियों के सम्मुख उसके प्रतीकात्मक सौन्दर्य और रागात्मक आकर्षण का समर्थन किया । प्रथम दीक्षित ईसाईयों और तहखानों की कब्रों में दफन शहीदों की स्मृति से वे द्रवित हुए, शिशु ईसा और कुमारी माँ[19] के प्रति इटली की जनता की ममतालु श्रद्धा के साक्षी बने ।

उनका मन इन्हें कभी नहीं भुला सका । भारत और अमरीका में कहे, मेरे द्वारा पूर्व-उद्धृत् उनके वचनों से यह स्पष्ट है । स्विटजरलैंड में वे एक बार पर्वत पर स्थित छोटे से पूजागृह पर पहुँचे । वहाँ उन्होंने कुछ फूल तोड़ कर उन्हें श्रीमती सेवियर द्वारा कुमारी माँ मेरी के चरणों पर चढ़ाया और कहा "यह भी माँ है ।"

एक बार उनके एक शिष्य के मन में विचित्र विचार आया कि सिस्टीन मैडोना की मूर्ति विवेकानन्द के हाथ में देकर उसपर उनका आशीर्वाद प्राप्त किया जाये । तब उन्होंने विनम्रता से मना कर दिया, श्रद्धा से शिशु ईसा के पैर छूते हुए कहा, "उनके इन चरणों को आंसुओं से नहीं, मैं अपने रुधिर से पखारता ।"

उन्होंने सच ही कहा था कि कोई प्राणी उनके इतने अधिक निकट न था जितने कि ईसा । यह भी उन्होंने अनन्य अनुभव किया कि मनुष्य और ईश्वर के बीच इस महान मध्यस्थ को पूर्व और पश्चिम के बीच भी मध्यस्थ बनना होगा । पूर्व उसे अपना कहकर पहचानता है । यहीं से वह हमारे पास आया था ।

यूरोप से भारत जहाज पर लौटते हुए विवेकानन्द पूर्व और पश्चिम दोनों संसारों के दिव्य संबंधों पर गहन चिंतन करते रहे । यही अकेला सूत्र न था । महान निर्लिप्त साहित्यकारों ने भी बिना किसी सहायता और मार्गदर्शन के अंधेरे पथ में प्राचीनतम ज्ञान और विशुद्ध भारतीय आत्मा का संधान किया था । पुरानी और नई दुनिया के जन समुदायों पर विवेकानन्द के ओजस्वी शब्दों के संघात से अध्यात्मिकता की एक अप्रत्याशित ज्योति निकली । शुद्ध और निश्छल आत्माओं ने विवेकानन्द को जो आत्मसमर्पण किया था, उसमें उदार विश्वास, समृद्ध हार्दिकता (क्या विवेकानन्द स्वयं अपने को तर्क की तलवार और शक्ति के बघनख से लैस पश्चिम के नए विश्व विजेता के रूप में देखते !) का वास था । उनके साथ साथ आये थे सहृदय मित्र, उनके प्रेम के दास । वृद्ध सेवियर दम्पति उनके पास उसी जहाज में थे, वे उनका अनुसरण करने के लिए यूरोप और अपना अतीत पीछे छोड़ रहे थे । सचमुच जब विवेकानन्द ने यूरोप में अपनी लम्बी तीर्थयात्रा का और उस खजाने का हिसाब जोड़ा तो पाया कि उस

19. क्रिसमस उत्सव पर वे रोम में थे । पूर्व संध्या पर उन्होंने सैंटा-मारिया द आरा कोयली पर बच्चों द्वारा बेम्बिनो की पूजा देखी थी ।

आध्यात्मिक और मानसिक सम्पदा से भारत का कुछ कम हित न होगा । पर भारत की गरीबी को दूर करना क्या सबसे अधिक जरूरी नहीं था ? जिस सहायता को लेने के लिए वे गये थे, पश्चिम की दैत्याकार सम्पत्ति से जो मुट्ठी भर अन्न पा सके जिससे कि भारत के करोड़ों वासियों को विनाश से बचा सकें, उन्हें अपने देशवासियों के शारीरिक और नैतिक निर्माण के लिए जिस धन की आवश्यकता थी, क्या वे उसे ला रहे थे? नहीं । इस अर्थ में उनकी यात्रा विफल रही।[20] इस कार्य को उन्हें नये आधार पर शुरू करना था । भारत का पुनरुद्धार भारत को ही करना होगा । आरोग्य तो अपने भीतर से ही मिलना था ।

आसन्न मृत्यु से अवगत हमारा युवा नायक जिस भगीरथ कार्य को निस्संकोच अपने हाथ में लेने वाला था, पश्चिम की यात्रा ने उसे वह प्रामाणिक अधिकार दिया जो पहले उसके पास नहीं था ।

---

20. दो वर्ष बाद 1899 में वे फिर निराशा के दौर से गुजरे । उनकी सारी सफलता और यश ने भी उन्हें तीस करोड़ रुपये की राशि नहीं दी जो भारत के भैतिक पुनरुद्धार के स्वप्न को साकार करने के लिए अपेक्षित थी । पर अब तक वे सीख चुके थे कि हम अपने जीवन काल में ही सफलता देखने को नहीं जन्मे हैं । "विश्राम नहीं ! मैं आखिरी दम तक कार्य करूंगा । जीवन एक संघर्ष है । मुझे लड़ते लड़ते जीने और मरने दो ।"

7

भारत वापसी

सर्व धर्म सम्मेलन में विवेकानन्द की सफलता का समाचार देर से भारत पहुँचा। पर जैसे ही यह पहुँचा इसने उल्लास और राष्ट्रीय स्वाभिमान की लहरें उठा दीं। समाचार सारे देश में फैल गया। वराहनगर के संन्यासियों को छह मास तक इसकी खबर न मिली और उन्हें यह तक पता न था कि शिकागो का दिग्विजयी नायक उनका ही बन्धु है। विवेकानन्द ने ही उन्हें पत्र द्वारा यह बताया। तब आनन्द-विभोर होकर उन्होंने रामकृष्ण की इस भविष्यवाणी को स्मरण किया, "नरेन संसार की नींवें हिलाकर रख देगा।" राजा, पंडित, जन-साधारण सभी प्रसन्न हुए। भारत ने अपने दिग्विजयी वीर का जयगान किया। भावप्रवण मद्रास और बंगाल में तो यह उत्साह अपनी चरम पराकाष्ठा पर पहुंच गया, उनकी कल्पना हिलोरें लेने लगी। शिकागो सम्मेलन के एक वर्ष बाद, 5 सितम्बर 1894 के कलकत्ता के टाउन हाल में एक सभा हुई। इसमें जनता के सब वर्गों और हिन्दू धर्म के सभी संप्रदायों के प्रतिनिधि विवेकानन्द का अभिनन्दन करने और अमरीकी जनता को धन्यवाद देने के लिए एकत्र हुए। प्रसिद्ध व्यक्तियों द्वारा हस्ताक्षरित एक लम्बा पत्र अमरीका भेजा गया। कुछ राजनैतिक दलों ने विवेकानन्द के कार्य का लाभ उठाना चाहा, पर जैसे ही उन्हें इस बात का पता चला उन्होंने इसकी कड़ी भर्त्सना की। उन्होंने किसी भी ऐसे आंदोलन में भाग लेने से इनकार कर दिया जो निस्वार्थ न हो।[1]

"मुझे सफलता या असफलता की परवाह नहीं ... मुझे अपने आंदोलन को शुद्ध रखना है ... ऐसा न कर सकने पर उसे छोड़ दूंगा।"

---

1. "मेरे किसी भी लेख और कथन को झूठ के सहारे किसी प्रकार का राजनैतिक महत्व नहीं दिया जाना चाहिये। कैसी बेहूदगी है!" (सितंबर 1894) "मेरा इस बेहूदगी से कोई सरोकार नहीं। मेरा राजनीति में विश्वास नहीं। ईश्वर और सत्य ही संसार में एकमात्र नीति है। और सब कुछ कचरा है।' (सितम्बर 9, 1895)

मद्रास के अपने तरुण शिष्यों से उन्होंने अपना सम्पर्क कभी नहीं टूटने दिया । वे उन्हें बराबर प्रेरणाप्रद उत्साहवर्धक पत्र लिखते रहे । वे चाहते थे कि वे मृत्यु पर्यंत ईश्वर पुत्रों की सेना के दीन और निष्ठावान सदस्य बनें ... ।

''मेरे बंधुओ हम निर्धन हैं, अकिंचन हैं, किंतु ऐसे ही लोग तो परमेश्वर के निमित्त बनते हैं ।''

पश्चिम से भेजे गये उनके पत्रों में उनके अभियान की योजना वर्णित थी — ''भारत के जनसाधारण का उन्नयन हमारा एकमात्र कर्तव्य है ।'' और इसी उद्देश्य की प्राप्ति के लिए ''हमें पृथक शक्तियों को केंद्रित करना होगा, आज्ञापालन के गुण सीखने होंगे, साथ मिलकर दूसरों के लिए काम करना होगा ।'' उन्होंने दूर रहते हुए भी उनकी प्रगति पर नजर रखी । उन्हें मद्रास में ''ब्रह्मवादी'' नाम की वेदांती प्रत्रिका निकालने तथा अपनी अनुपस्थिति में अपना संदेश प्रसारित करने के लिए धन भेजा । थकान के बोझ के बावजूद, जैसे जैसे लौटने का दिन निकट आता गया, भारत भेजे उनके पत्रों में आह्वान का उद्घोष स्पष्ट सुना गया :

''बड़े बड़े काम करने को पड़े हैं ... मेरे बच्चो डरो मत ! साहस रखो ... मैं भारत लौट रहा हूँ और जो कुछ करना है उसे शुरू करने का प्रयत्न करूंगा । बहादुरो, बढ़े चलो, ईश्वर तुम्हारे साथ है ।''

उन्होंने मद्रास और कलकत्ता में और बाद में बम्बई और इलाहाबाद में प्रधान कार्यालय स्थापित करने का विचार घोषित किया । एक केंद्रीय संगठन के अधीन रामकृष्ण के अनुयायी बंधुओं तथा पश्चिमी शिष्यों और सहायकों को एकत्र कर वे एक मिशन बनाना चाहते थे जो सेवा और सार्वभौम प्रेम के व्रत से भारत और विश्व को जय करेगा ।

अतः वे यह आशा लेकर लौटे थे कि उनके आदेश के पालन के लिए तैयार सेना उन्हें वहां मिलेगी । पर उन्हें यह आशा बिल्कुल न थी कि सम्पूर्ण राष्ट्र और भारत का जन जन पश्चिम विजेता नायक को लाने वाले जहाज की प्रतीक्षा में खड़ा होगा । बड़े नगरों में समाज के सभी वर्गों ने मिलकर उनके स्वागत के लिए समितियाँ गठित कीं । सड़कों पर विजय तोरण बनाये गये सड़कें और घर सजाये गये । उत्साह इतना प्रबल था कि अपने ही शहर में प्रतीक्षा करना असह्य होने के कारण वे दक्षिण भारत की ओर उमड़ पड़े, जहाँ श्रीलंका में उनका जहाज लगने को था ताकि वे सबसे पहले उनका स्वागत कर सकें ।

15 जनवरी 1897 को उनके आगमन पर कोलम्बो के बन्दरगाह पर एकत्रित विराट भीड़ के तुमुल जयघोष से आकाश गूंज उठा । उनके चरण स्पर्श के लिए उनमें

होड़ लग गई । आगे आगे पताकाओं के साथ एक जुलूस निकाला गया। मंत्रोच्चार, और स्तोत्र पाठ किया जा रहा था । पुष्प वर्षा की जा रही थी, गुलाबजल और गंगाजल छिड़का जा रहा था, घरों के सामने सुगंधित धूप जलाई जा रही थी, निर्धन और धनवान सैंकड़ों दर्शनार्थी भेंट चढ़ा रहे थे ।

और विवेकानन्द ने दक्षिण से उत्तर की ओर पुनः प्रयाण किया[2] जैसा कि एक भिखारी के रूप में वे पहले पैदल जा चुके थे । किंतु आज उनकी जय-यात्रा में उनके पीछे पीछे भावमत्त जनसमूह चल रहा था । राजाओं ने उन्हें दंडवत प्रणाम किया । उनका रथ खींचा[3] । तोपों की सलामी दी और ऊंटों तथा हाथियों से सजे जुलूसों में भजन मंडलियों ने हेंडल के जुडास मैकेबियस सदृश विजय गान गाये ।

विवेकानन्द उन लोगों में से थे जो न संघर्ष से भागते हैं और न ही विजय उत्सव से । उनका मानना था कि यह उनका नहीं, उनके लक्ष्य का सम्मान है । उन्होंने एक अपरिग्रही, अनाम, अनिकेतन, एकमात्र ईश्वर के भरोसे रहने वाले व्यक्ति के राष्ट्रीय अभिनन्दन के इस असाधारण रूप पर सार्वजनिक बल दिया । अपने पुनीत कर्तव्य के भार को वहन करने के लिए उन्होंने अपनी शक्तियों को संगठित किया । वे बीमार थे, उन्हें देखभाल की जरूरत थी ताकि वे अपनी खोयी ताकत पा सकें, परंतु उन्होंने अपनी रही-सही शक्ति का अतिमानवीय व्यय किया । सारे रास्ते अपने ओजस्वी व्याख्यानों से वे विचारों के बीज बिखेरते गये ।

ऐसे सुन्दर, ऐसे निर्भीक भाषण भारत ने कभी न सुने थे । सारा देश रोमांचित हो उठा । मुझे यहाँ रुक जाना चाहिये क्योंकि ये भाषण उनकी शिक्षा का चर्मोत्कर्ष थे । दूसरी दुनिया के धर्मयुद्ध क्षेत्र से वे एक सम्पूर्ण अनुभव लेकर लौटे थे । पश्चिम के दीर्घ संपर्क ने उन्हें भारतीय आत्मा से और भी अधिक निकटता अनुभव करने की क्षमता प्रदान की । इसके विपरीत, उनके मन में पश्चिम के पौरुष और बहुमुखी व्यक्तित्व के प्रति आदर जगा । उन्हें दोनों ही समान रूप से महत्वपूर्ण लगे, क्योंकि वे एक दूसरे के पूरक थे । उन्हें मिलाने वाली वाणी की प्रतीक्षा थी । विवेकानन्द को ही मिलन का यह मार्ग खोलना था ।

---

2. वे कोलम्बो से कैंडी, अनुराधापुर, जाफना, पम्बन, रामेश्वरम, रामनाड, मदुरा, त्रिचनापल्ली पहुँचे, कुम्बकोणम के छोटे रेल स्टेशन पर सैकड़ों व्यक्ति गाड़ी रोकने के लिए पटरी पर लेट गए। वहाँ से मद्रास और फिर जहाज से कलकत्ता गए।

3. रामनाड के राजा ।

उनके हृदय-स्पर्शी भाषण जनमानस को आलोड़ित कर रहे थे । कोलम्बो में वे पवित्र भारतभूमि और वेदांत दर्शन पर बोले । अनुराधापुर में धर्मांध बौद्धों की भीड़ ने विघ्न डालने की कोशिश की, किंतु अंजीर वृक्ष की छाँह में उन्होंने "सार्वभौम विश्व धर्म" पर प्रवचन दिया । ईसा की शिक्षा से इसका निकट सादृश्य था : "निर्धन, रोगी और दुर्बल में शिव के दर्शन करो ।" इसे सुनकर धर्मनिष्ठ स्थानीय राजा करुणा से भावविभोर होकर दानातुर हो उठे[4] । फिर भी अपनी सर्वोत्तम कार्य शक्ति उन्होंने मद्रास के लिए सुरक्षित रखी । मद्रास उन्मत्त होकर कई सप्ताह से उनकी प्रतीक्षा कर रहा था । यहाँ जनता ने सब काम छोड़ कर नौ दिन तक उनके स्वागत में उत्सव मनाया । सत्रह विजय द्वार सजाए गये और भारत की विभिन्न भाषाओं में उन्हें चौबीस मान-पत्र दिए गये ... ।[5]

विवेकानन्द ने हर्षोन्मत्त, आतुर जनता को भारत का संदेश दिया : यह मानो राम, शिव और कृष्ण की भूमि को जगाने के लिए शंखनाद था, उसकी वीर और अमर आत्मा को आगामी युद्ध के लिए ललकार थी । सेनापति की तरह उन्होंने अपने अभियान की योजना[6] समझाते हुए अपने जनों को एकजुट होकर उठ खड़े होने के लिए पुकारा :

"मेरे भारत जागो ! कहां है तुम्हारी प्राण शक्ति ? तुम्हारी ही अमर आत्मा में है वह ... । प्रत्येक राष्ट्र का, प्रत्येक व्यक्ति की भाँति जीवन का एक मूल लक्ष्य होता है, एक केंद्र बनता है, वादी स्वर होता है जिसका अवलम्बन कर अन्य स्वर संगीत में स्वर-संगति पैदा करते हैं । जो राष्ट्र अपनी राष्ट्रीय प्राण शक्ति को छोड़ना चाहता है, सदियों से प्रवाहित अपनी धारा की दिशा को बदलना चाहता है, वह राष्ट्र नष्ट हो जाता है । किसी राष्ट्र की प्राण शक्ति राजनैतिक सत्ता है जैसे इंग्लैंड की, तो किसी की कलात्मक जीवन और किसी की कुछ और । भारत का केंद्र है — धार्मिक जीवन, राष्ट्रीय जीवन संगीत का वही आदि स्वर है ... इसलिये यदि तुम अपने धर्म को त्याग कर राजनीति और समाज को पकड़ोगे ... तब तुम लुप्त हो जाओगे ... समाज सुधार एवं राजनीति की

---

4. अगले दिन उन्होंने हजारों गरीबों को भोजन कराया और एक विजय स्मारक का निर्माण शुरू किया ।

5. इन मान-पत्रों के अतिरिक्त उनके परिचयदाता महाराजा खेतड़ी द्वारा लिखा एक मान-पत्र भी था एवं इंग्लैंड और अमरीका से विलयम जेम्स और हार्वर्ड विश्वविद्यालय के प्राध्यापकों द्वारा हस्ताक्षरयुक्त मान-पत्र भी था । ब्रुकलिन एथीकल एसोसियेशन का संबोधन था : "महान आर्य परिवार के हमारे भारतीय बंधुओं को ।"

6. मद्रास में प्रथम व्याख्यान का शीर्षक, "मेरे अभियान की योजना ।"

शिक्षा तुम्हें अपने धर्म के जीवंत माध्यम से देनी होगी ... प्रत्येक व्यक्ति की भाँति प्रत्येक राष्ट्र को अपना मार्ग चुनना है । हम युगों पूर्व अपना मार्ग चुन चुके हैं ... और वह है अनित्य आत्मा से आत्मा का मार्ग ... कोई कैसे इसे त्याग सकता है ? ... तुम कैसे अपने स्वभाव को बदल सकते हो ?'

"शिकायत मत करो । तुम्हारा श्रेष्ठतर दायित्व है । तुम्हारे हाथ में जो शक्ति है उसका उपयोग करो । यह इतनी महान है उसे पहचान लेने से अपनी ही शक्ति के द्वारा, तुम्हें विश्व में क्रांति करनी होगी । भारत आध्यात्मिक गंगा है । एंग्लो-सैक्सन जाति की सफलताएं इसकी धारा को बाँधने के बजाय इसके प्रवाह में सहायक हुई हैं । इंग्लैंड की शक्ति ने विश्व के राष्ट्रों को मिला दिया है, उसने समुद्री मार्ग को खोलकर भारतीय आत्मा की लहरों से पृथ्वी के छोरों को धो दिया है ।" विवेकानन्द यह भी कह सकते थे, (क्योंकि वे इस सत्य को जानते थे), कि रोम साम्राज्य भी ईसा की विजय का निमित्त बना था ।

यह भारत की आत्मा क्या है ? वह कौन सी नयी आस्था, नया संदेश है जिसकी संसार प्रतीक्षा कर रहा है ? ...

"आज विश्व हमसे जिस महान विचार की आशा रखता है — कदाचित उच्च वर्ग की तुलना में निम्न वर्ग, शिक्षितों की तुलना में निरक्षर, बलवान की तुलना में दुर्बल — वह है समस्त विश्व की आध्यात्मिक एकता की शाश्वत महान कल्पना ... वह असीम यथार्थ, जो तुम्हारी, सबकी, मेरी अंतरआत्मा में वास करता है । आत्मा की अनन्त एकता समस्त नैतिकता की नित्य स्वीकृति है कि मैं और तुम सिर्फ भाई भाई ही नहीं ... अपितु तुम और मैं सचमुच एक ही हैं ... इसकी यूरोप और पददलित जातियों को समान रूप से जरूरत है और यह महान सिद्धांत अब अनजाने ही अद्यतन सामाजिक और राजनैतिक आकांक्षाओं को जन्म दे रहा है जो इंग्लैंड, जर्मनी और फ्रांस में उभर रही हैं[7] ।

फिर यही तो प्राचीन वेदांत की आस्था, महान अद्वैतवाद का मूल आधार है, प्राचीन भारतीय आत्मा की गहनतम और पवित्रतम अभिव्यक्ति है ।

"मुझसे एक बार शिकायत की गई कि मैं अद्वैत का अत्यधिक एवं द्वैत का अल्पतम प्रचार करता हूँ । ... मैं जानता हूँ कि द्वैत के प्रेम पारावार में कितनी भव्यता, कितना असीम परमानन्द छिपा हुआ है । मैं यह सब जानता हूँ । किंतु आज हमारे रोने का, आनंद में भी रोने का समय नहीं है ।"

---

7. 'वेदांत के मिशन' शीर्षक भाषण के अंश ।

"हम बहुत रो चुके हैं, यह समय मृदुल होने का नहीं है । इस मृदुल दीनता ने हमें धुनी कपास की तरह बना दिया है ... आज हमारे देश को लोहे की पेशियां, इस्पात की धमनियां, विपुल संकल्प शक्ति चाहिये जो किसी के तोड़े ना टूटे ... जो जैसे भी अपने लक्ष्य को पाए, चाहे उसके लिए उसे समुद्र तल में उतर कर मृत्यु का भी सामना क्यों न करना पड़े । यही आज हमारा अभीष्ट है और यह अद्वैत के आदर्श को, सबकी एकता के आदर्श को समझ कर, पुष्ट कर तथा अपने जीवन में उसकी स्थापना कर ही किया जा सकता है । आस्था, आस्था, अपने में आस्था — यदि तुम्हें अपने तैंतीस करोड़ पौराणिक देवी देवताओं और विदेशियों द्वारा दिए गये सब देवी देवताओं में आस्था है, किंतु अपने में आस्था नहीं है, तो तुम्हारी मुक्ति असंभव है । अपने पर आस्था रखो और उसी आत्म-विश्वास के सहारे खड़े होओ ... क्यों हम तैंतीस करोड़ लोग पिछले सहस्त्र वर्षों में हर किसी मुट्ठी भर विदेशियों से शासित होते रहे ? ... क्योंकि उनमें आत्म-विश्वास था, हममें नहीं था । ... मैं समाचारपत्रों में पढ़ता हूँ कि जब हमारा एक दीन भाई किसी अंग्रेज द्वारा कत्ल कर दिया जाता है या अपमानित होता है, सारे देश में हाहाकार मच जाता है । मैं पढ़ता हूँ, रोता हूँ और दूसरे ही क्षण मुझे ख्याल आता है, इसके लिए कौन जिम्मेदार है ... अंग्रेज नहीं हैं ... अपने पतन के लिए हम ही जिम्मेदार हैं ... हमारे वैभवशाली पूर्वज देश के साधारण जन को अपने पैरों तले रौंदते चले गये और वे असहाय हो गए। अत्याचार सहते-सहते ये दरिद्र जन यह भी भूल गये कि वे भी मनुष्य हैं । सदियों से मजबूर जो मनुष्य सिर्फ लकड़ी चीरते और पानी भरते आ रहे हैं... उनके मन में यह बैठा दिया गया है कि वे जन्म से दास हैं । वे लकड़ी चीरने और पानी भरने के लिये ही जन्मे हैं ।"[8]

"इसलिये मेरे भावी समाज सुधारक और देशभक्त महसूस करो । क्या तुम महसूस करते हो कि देवताओं और ऋषियों की करोड़ों संतान आज राक्षसों के बीच रह रही हैं ? क्या तुम महसूस करते हो कि लाखों लोग आज भूखे हैं और लाखों युगों से भूखे रहे हैं ? क्या तुम महसूस करते हो कि अज्ञान काली घटा की तरह इस देश पर छाया है ? क्या यह तुम्हें बेचैन नहीं करता ? यह तुम्हारी नींद नहीं हरता ? क्या तुम्हें यह पागल नहीं बनाता ? क्या तुम्हें दारिद्र्य के इस दुःख ने नहीं जकड़ा है ? क्या तुम अपना नाम, ख्याति, पत्नी, संतान, सम्पत्ति, यहाँ तक कि अपने शरीर को भूल चुके हो ? ... यही तो देश भक्त की साधना का प्रथम चरण है ... सदियों से जनता को आत्मा के पतन के सिद्धांत सिखाए गये हैं । उन्हें यह बताया गया है कि वे नगण्य हैं ।

---

8. 'वेदांत का मिशन' के उद्धरण ।

सर्वत्र जन-साधारण को यह बताया जाता रहा है कि तुम मनुष्य नहीं हो। सदियों से वे इतने भयभीत रहे हैं कि पशु तुल्य बन गए हैं। उन्हें आत्मा की आवाज सुनने का अवसर नहीं दिया गया। उन्हें आत्मा की आवाज सुनने दो — उनमें से अधमतम में भी आत्मा का वास है, वह अमर और अजन्मा है — जिसे न शस्त्र छेद सकता है, न अग्नि जला सकती है, न वायु सुखा सकती है, जो अमर अनादि, अनन्त है, उसी निर्विकार, सर्वशक्तिमान, सर्वव्यापी आत्मा को उसे जानने दो ...।[9]

"जाति या जन्म, सबल और दुर्बल के भेदभाव से रहित सभी नर-नारी और बाल-वृद्ध सुनें और समझें कि सबल और दुर्बल, धनी और निर्धन, प्रत्येक प्राणी में उसी एक अनन्त परमात्मा का वास है जो सबको महान और नेक बनने की असीम सामर्थ्य प्रदान करता है। हम सब मनुष्यों का आह्वान करें : उठो, जागो और जब तक लक्ष्य प्राप्त न कर लो, मत रुको। उठो, जागो, दुर्बल मोह निद्रा त्यागो। कोई भी दुर्बल नहीं है, आत्मा अनन्त, सर्वशक्तिमान और सर्वज्ञ है। उठ खड़े हो, अपने को सिद्ध करो, अपने भीतर विद्यमान ईश्वर को प्रमाणित करो, उससे विमुख मत हो ...।[10]

"हमें मनुष्य का निर्माण करने वाला धर्म चाहिये... हम सर्वत्र ऐसी शिक्षा चाहते हैं जो मनुष्य को ऊपर उठाए। हम ऐसे सिद्धांत चाहते हैं जो मनुष्य की उन्नति का मार्ग बताएं। और सत्य की यह कसौटी है — जो कुछ तुम्हें शरीर, बुद्धि, मन से निर्बल करे, उसे विष के समान त्याग दो, जिसमें जीवन नहीं, वह सत्य नहीं हो सकता। सत्य शक्ति देता है। सत्य ही शुचि है, सत्य ही परम ज्ञान है ... सत्य शक्तिदायक होगा ही, ज्ञानवर्धक होगा ही, स्फूर्तिदायक होगा ही ... दुर्बल करने वाले रहस्यवादों को त्यागो और बलवान बनो ... महानतम सत्य संसार में सरलतम हैं, तुम्हारे अस्तित्व की तरह ही सरल हैं, उन्हें ग्रहण करो।[11]

"मेरी योजना है कि भारत में ऐसी संस्थाएं स्थापित हों जो हमारे शास्त्रों के सत्य को देश देशांतर में प्रसारित करने के लिए हमारे नवयुवकों को प्रशिक्षित करें। मुझे मनुष्य चाहिए, और सब कुछ तो मिल जायेगा। परंतु मुझे चाहिये बलवान, उत्साही, विश्वासी, सच्चे नवयुवक। ऐसे सौ नवयुवक संसार में क्रांति ला देंगे। संकल्प सबसे बड़ी चीज है, वह सर्वजयी है क्योंकि वह ईश्वर की देन है ... शुद्ध और दृढ़ संकल्प सर्वशक्तिमान है ...।[12]

---

9. My Plan of Campaign.
10. The Mission of Vedanta.
11. My Plan of Campaign.
12. My Plan of Campaign.

"यदि आनुवंशिकता के आधार पर एक ब्राह्मण में शूद्र की अपेक्षा विद्या के प्रति अधिक अभिरुचि हैं, तो ब्राह्मण की शिक्षा पर धन व्यय मत करो, सब धन शूद्र पर व्यय करो। दुर्बल को दान दो, उसी को दान की आवश्यकता है। ... यदि ब्राह्मण जन्म से बुद्धिमान है, वह स्वयं शिक्षा प्राप्त कर सकता है ... यही मेरी समझ में न्यायपूर्ण और तर्कसंगत है... ।[13]

"अगले पचास वर्षों तक के लिए अपने मन से सब मिथ्या देवी देवताओं को बाहर कर दो। हमारे अपने देशवासी ही ईश्वर हैं, वे जीवित हैं, सर्वत्र उसके हाथ, पैर और कान हैं। वे सबमें व्याप्त हैं, अन्य सब देवता सो रहे हैं। हम व्यर्थ क्यों उन देवताओं के पीछे भागें, जब हम अपने चारों ओर के जीवित देवताओं की पूजा नहीं करते जो विराट हैं ? अपने आसपास के प्राणि समाज की पूजा ही विराट की पूजा है जो सर्वश्रेष्ठ है ... ये सब मनुष्य, पशु हमारे देवता हैं। हमारे सर्वप्रथम आराध्य देवता हैं, हमारे अपने देशवासी ...[14]।"

इन शब्दों की गड़गड़ाहट की गूंज से व :: हलचल मची होगी, पाठक इसकी कल्पना करें। भारतीय जन समुदाय और विवेकानन्द के स्वर में वे स्वयं "शिव ... शिव" कह उठेंगे।

तूफान गुजर गया, वह अपना जल और अग्नि भूमि पर बिखेर गया। मानव में प्रसुप्त ब्रह्म, उसकी आत्म शक्ति और उसकी असीम संभावनाओं को जगा गया। मैं भविष्यवक्ता को, भुजा ऊपर उठाए तन कर खड़े देखता हूँ, ठीक वैसा ही जैसा कि रेम्ब्रां ने अपने चित्र में समाधि पर खड़े हुए अंकित किया है जिसमें मृतकों को संजीवन प्रदान करने वाली भंगिमा से ऊर्जा प्रवाहित हो रही है... ।

क्या मृतक जीवित हो उठे ? क्या विवेकानन्द की वाणी से अनुप्रेरित होकर भारत अपने अग्रदूत की आशा पूरी करने के लिए तैयार हुआ ? क्या उसका कोलाहलपूर्ण उत्साह कार्य रूप में परिणत हुआ ? उस समय तो ऐसा लगा जैसे कि मशाल धुएँ में धुंधली पड़ गई। दो वर्ष बाद विवेकानन्द ने अत्यन्त खिन्न होकर घोषणा की कि भारत ने उन्हें उनकी सेना के लिए अपेक्षित नवयुवकों की टोली नहीं दी। सदियों से मिथ्या स्वप्नों में दबे, अंध विश्वासों से जकड़े, थोड़ी असफलता से हताश हो जाने वाले समाज के स्वभाव को एक क्षण में नहीं बदला जा सकता। परंतु उस संन्यासी स्वामी के निर्मम प्रहार ने सोये भारत को पहली बार करवट लेने को बाध्य किया और उसने अपने स्वप्नों

13. The Mission of Vedanta.
14. The Future of India.

में आगे बढ़ने का शंखनाद सुना । उसे अपने ब्रह्म का बोध हुआ । वह इसे कभी नहीं भूला । प्रसुप्त विशाल भारत के जागरण का प्रारंभ उसी दिन से हुआ । विवेकानन्द के निधन के तीन वर्ष बाद, भावी पीढ़ी ने बंग विद्रोह को देखा जो तिलक और गांधी के महान आंदोलन की भूमिका थी । आज संगठित जन समूह ने भारत के उत्थान में अपना जो सामूहिक योगदान दिया है, उसमें मद्रास के संदेश : "आलसियो आगे बढ़ो" की प्रबल हुंकार प्रेरक कारण थी ।

इस ओजस्वी संदेश का दोहरा अर्थ था : एक राष्ट्रीय और दूसरा सार्वभौम । इस महान संन्यासी के लिए तो सार्वभौम अर्थ ही प्रधान था, किंतु दूसरे अर्थ ने ही भारत का पुनरुत्थान किया । उससे तत्कालीन विश्व राष्ट्रवाद की संघातिक लालसा तृप्त ह ती थी जिसका विकृत रूप हम आज देख रहे हैं । शुरू से ही इसमें खतरा छिपा था । इस बात की आशंका थी कि इसकी उच्च आध्यात्मिकता को जाति या राष्ट्र के पाशविक अहंकार और स्वार्थ तथा मूर्खतापूर्ण क्रूरताओं के लिए तोड़ा-मरोड़ा जायेगा । जिन्होंने ऐसे आदर्श देखे हैं, वे इन खतरों से परिचित हैं । ऐसे आदर्श कितने ही शुद्ध क्यों न हो, उनका अपव्यय घृणित राष्ट्रीय उन्माद में ही होता है । किंतु विश्रृंखल भारतीय समाज को बिना उसकी एकता का बोध कराये उसे विश्वव्यापी मानवीय एकता का बोध कराना कैसे संभव होता ? एक से ही दूसरे तक पहुंचा जा सकता है । मैं दूसरा, अधिक दुर्गम किंतु, सीधा मार्ग पसंद करता, क्योंकि मैं भलीभाँति जानता हूँ कि अधिकांश व्यक्ति जो राष्ट्रीय अवस्था से गुजरते हैं, प्रायः उसी से बंधे रह जाते हैं । उनकी श्रद्धा और प्रेम शक्ति मार्ग में ही समाप्त हो जाती है । ... पर यह विवेकानन्द का अभीष्ट न था, क्योंकि वे भी गांधी की भाँति मानवता की सेवा के लिए भारत को जगाना चाहते थे । गांधी की तुलना में विवेकानन्द अधिक सतर्क थे । वे राजनैतिक कार्य के लिए धार्मिक भावना के प्राधान्य का समर्थन न करते । उनके अमरीका से आये पत्रों से यह स्पष्ट है — वे अपने और राजनीति के बीच नंगी तलवार रखे रहे ... "मुझे छूना नहीं" ... "राजनीति की बेहूदगी से मेरा कोई वास्ता नहीं है ।" जो स्वाभिमानी भारतीय विजेता एंग्लो-सैक्सन जाति के शोषण और अपमान से क्रोधित होकर प्रतिशोध चाहता हुए भी राष्ट्रवाद के खतरनाक उन्माद को अपने धर्म के विरुद्ध बढ़ाता है, उसे विवेकानन्द जैसे व्यक्ति को भी अपने स्वभाव एवं भावना को सदा दृष्टि में रखना था । 1898 के अक्तूबर के प्रारंभ तक यह आंतरिक संघर्ष चला, जब वे कश्मीर में एक काली मन्दिर में एकांत चिंतन के समय भारत की दुर्दशा और कष्टों के भावावेश से पीड़ित थे। किंतु जब वे बाहर आए, तब रूपांतरित हो चुके थे । उन्होंने निवेदिता से कहा 'मेरा सारा देश प्रेम चला गया ... मैं गलती पर था ... माँ काली ने मुझसे कहा, 'क्या हुआ यदि विधर्मियों ने मेरे मन्दिरों में

घुस कर मेरी प्रतिमाएं दूषित कीं ? क्या तुम मेरे रक्षक हो या मैं तुम्हारी रक्षा करती हूँ ?' इसलिये अब देश प्रेम का नशा मिट गया है। अब मैं शिशुवत हूँ।''

बाद के इस तूफान में, मद्रास भाषणों के झरने के कोलाहल में जनता काली के अवज्ञापूर्ण और गुरु गंभीर उस स्वर को न सुन सकी जो मानवीय दंभ को छाँटते हैं। जन समुदाय धारा के भयंकर प्रवाह और उल्लास में बह चला।

8
रामकृष्ण मिशन की स्थापना

सच्चे जननायक की दृष्टि से छोटे से छोटा ब्यौरा भी नहीं छूटता । विवेकानन्द जानते थे कि यदि उन्हें अपनी जनता के आदर्श की सिद्धि के मार्ग को दर्शाना है, तो उनमें केवल उत्साह जगाना ही यथेष्ट नहीं : उन्हें एक आध्यात्मिक सेना में भर्ती करना होगा । चुने हुए कार्यकर्ता जनता के नवीन मानव के आदर्श रूप में प्रस्तुत करने होंगे । उनका अस्तित्व ही नई व्यवस्था की प्रतिज्ञा होगी ।

इसलिये मद्रास और कलकत्ता के स्वागत समारोहों से छुट्टी पाते ही उन्होंने अपना ध्यान आलमबाजार के आश्रम पर केंद्रित किया ।

बड़ी कठिनाई से ही वे अपने गुरुभाइयों को अपनी चिन्तन धारा के अनुकूल बना सके । वे तो विराट पक्षी की भाँति समस्त विश्व में उड़कर व्यापक क्षितिजों को नाप चुके थे, जबकि उनके बन्धु घर में बंद अपने व्रत नियमादि का ही पालन करते रहे । उन्हें अपने महान भाई से प्यार तो था, पर वे उसे पहचान नहीं पा रहे थे । विवेकानन्द को अनुप्राणित करने वाले समाज एवं राष्ट्र सेवा के आदर्श को नहीं समझ पा रहे थे। उनके लिए पुराणपंथी पूर्वाग्रहों, अपनी धार्मिक विशिष्टता, अपने मुक्त, शांत, चिंतन ध्यान को त्यागना कष्टकर था ; वे सहज ही तर्क दे सकते थे कि उनकी आत्मनिष्ठ भक्ति ही धर्मानुकूल है । उन्होंने गुरु रामकृष्ण का संसार से अनासक्ति का उदाहरण भी दिया । किंतु विवेकानन्द ने दावा किया कि वे ही रामकृष्ण के गूढ़ चिंतन के सबसे सच्चे पात्र हैं । मद्रास और कलकत्ता के अपने नाद गंभीर प्रवचनों में सर्वत्र रामकृष्ण का नाम लेकर कहा था : "मेरे गुरु, मेरे आदर्श, मेरे नायक, इस जन्म के लिए मेरे ईश्वर यही हैं ।" उन्होंने कहा कि वे मात्र परमहंस की वाणी के वाहक हैं, उन्होंने किसी नए धर्म या नए

---

1. The Sages of India (Madras) और The Vedanta in all its Phases (Calcutta).

विचार का श्रेय नहीं लिया अपितु घोषणा की कि वे अपने स्वामी के निष्ठावान सेवक हैं और उन्हीं की आज्ञा का ठीक ठीक पालन कर रहे हैं :

"यदि मेरे विचार वचन या कार्य से कभी कुछ सिद्ध हुआ है, यदि मेरे मुख से निकले किसी शब्द से संसार में किसी का कोई हित हुआ है तो वह मेरा श्रेय नहीं, वह उन्हीं का है ... जो कुछ कमी रही वह मेरी है, और जो कुछ जीवनप्रद, शक्तिप्रद, शुद्ध और पवित्र है वह उनकी प्रेरणा, उनकी वाणी है — और वे ही साक्षात हैं।"

रामकृष्ण के दो रूप — एक वह जिसके विशाल पंख नीड़वासी शिष्यों की रक्षा करते रहे — और दूसरा उन्हीं पंखों पर अपने महान शिष्य को संसार का विहार कराता रहा — दोनों में विरोध अनिवार्य था। पर विजय किसकी होगी, इसमें संशय न था : यह पहले से निश्चित था। इसका कारण युवा विजेता का असीम पराक्रम, उसकी प्रतिभा की श्रेष्ठता एवं प्रतिष्ठा तथा भारत भर में उसकी जयजयकार ही न था, प्रत्युत उसके प्रति उनके बंधुओं और रामकृष्ण का प्रेम भी था। वे अपने गुरु के अभिषिक्त शिष्य थे। इसलिये विवेकानंद के गुरु भाई हृदय से उनसे सहमत न होते हुए भी उनका आदेश पालन करते। उन्होंने अपने गुरु भाइयों को बाध्य किया कि वे अपनी बिरादरी में यूरोपीय शिष्यों का स्वागत करें, सेवा और सामाजिक सहायता का व्रत धारण करें।[2] उन्होंने यह कठोर निषेध किया कि आगे से वे अपनी मुक्ति की चिन्ता छोड़ दें। उन्होंने घोषणा की कि वे एक नया संन्यासी समाज बनाने आये हैं, जो यदि जरूरत पड़े तो दूसरों की सेवा के लिए नरक में जाने को भी तैयार है। एकाकी पूजा और जड़ ईश्वर की आराधना बहुत हो चुकी, अब हम सजीव विराट एवं सामने आए ईश्वर की आराधना करें जो सब आत्माओं में व्याप्त है। और प्रत्येक मनुष्य के अन्तर में सोया हुआ ब्रह्म तेज जागृत करें।[3]

युवा गुरु के आदेशों में इतना ओज और उतावलापन था कि उनके सद्बन्धुओं ने, जिनमें से कई उनसे आयु में बड़े थे, उनके कथन को ठीक से समझे बिना ही पालन किया। मठ छोड़ कर जाने का आदर्श उसी व्यक्ति ने उपस्थित किया जिसके लिए

---

2. उन्होंने यह धर्मशास्त्रीय युक्ति दी, "अपनी ही मुक्ति की सोचना एक अवतारी पुरुष के शिष्य को शोभा नहीं देता (उनकी दृष्टि में रामकृष्ण ईश्वर के अवतार थे) उसकी मुक्ति तो पहले से सुनिश्चित है। ऐसी युक्ति प्रभावी होते हुए भी कमजोर है, क्योंकि यह धार्मिक कर्म के महत्व को कम करती है।

3. विवेकानन्द द्वारा चार शिष्यों को दीक्षा देते समय बोले गए शब्द।

यह काम बारह वर्ष तक वहां डटे रहने के कारण सर्वाधिक कष्टकर था और वे थे स्वामी रामकृष्णानन्द। वे मद्रास गये और वहां दक्षिण भारत में वेदांत के प्रचार के लिए उन्होंने एक केन्द्र स्थापित किया।* उसके बाद सेवा भाव से ओतप्रोत अखंडानन्द (गंगाधर) मुर्शिदाबाद गये। यहाँ भीषण अकाल पड़ा हुआ था। वे वहां पीड़ितों की सेवा शुश्रूषा में जुट गये[4]।

पहले तो जिसको जैसा सूझा वह अपने तरीके से भारतीय समाज की सेवा में लगा रहा।

किंतु विवेकानन्द की प्रबल इच्छा थी कि यह कार्य सुनियोजित और व्यवस्थित ढंग से हो। एक दिन भी व्यर्थ न जाये। भारत लौटने पर पहले महीनों में भारतीय जन समुदाय को जगाने में विवेकानन्द को अत्यधिक परिश्रम करना पड़ा था, जिससे पुराना रोग भयंकर रूप में उभर आया। उसी वर्ष बसंत में उन्हें विश्राम के लिए दो बार पहाड़ पर जाना पड़ा — पहले कुछ सप्ताह के लिए दार्जिलिंग और फिर दोबारा अढ़ाई महीने के लिए (6 मई से जुलाई के अंत तक) अल्मोड़ा।

इस बीच उन्होंने एक नये संगठन, रामकृष्ण मिशन की स्थापना के लिये यथेष्ट शक्ति संचित कर ली। आज भी यह जीवित है और उनके कार्य को आगे बढ़ा रहा है।

☆ ☆ ☆

1 मई 1897 को रामकृष्ण के समस्त संन्यासी और गृहस्थ शिष्य कलकत्ते में उनके एक सहयोगी बलराम के घर आमंत्रित किये गए। विवेकानन्द ने गुरुवत् संबोधन किया। उन्होंने कहा कि बिना संगठन के कोई स्थाई कार्य न हो सकेगा। भारत जैसे देश में प्रत्येक सदस्य को समान अधिकार देने वाले और बहुमत के आधार पर निर्णय लिये जाने वाली लोकतांत्रिक प्रणाली का संगठन प्रारंभ में ही करना बुद्धिमानी नहीं होगी। जब सदस्यगण अपने स्वार्थों और विशिष्ट पूर्वाग्रहों को जनता के हित में त्याग देंगे तभी उसका उचित समय आयेगा। फिलहाल उन्हें एक मार्गदर्शक की जरूरत है। विवेकानन्द स्वयं सबके, सद्गुरु के एक विशिष्ट सेवक के रूप में रामकृष्ण के नाम एवं पताका के नीचे ही कार्य कर रहे थे।

---

*इसके पहले स्वामी विवेकानन्द की प्रेरणा से सारदानन्द और अभेदानन्द पश्चिमी देशों को गये थे — प्रकाशक।

4. ये वही हैं जो 1894 में विवेकानन्द की वाणी से इतने द्रवित हुए थे, कि खेतड़ी जाकर सेवा और सार्वजनिक शिक्षा के कार्य में लग गये थे।

उनकी प्रेरणा से निम्नलिखित प्रस्ताव पारित हुए :—

(1) रामकृष्ण मिशन नाम से एक संस्था की स्थापना की जाय।

(2) उसका उद्देश्य उन सत्यों का प्रचार करना होगा जिन्हें श्री रामकृष्ण ने मानवता के कल्याण के लिए अपने आचरण द्वारा प्रतिपदित किया और मनुष्य जाति को उसकी लौकिक, मानसिक, और आध्यात्मिक उन्नति हेतु उनका आचरण करने में उनकी सहायता करना।

(3) इसका कर्तव्य होगा रामकृष्ण द्वारा शुरू किये गए विभिन्न धर्मों को एक ही शाश्वत धर्म के विविध रूप मानते हुए उनके अनुयायियों के बीच भाईचारे की स्थापना करने के लक्ष्य को समुचित भाव से निर्देशित करना।

(4) इसकी कार्य प्रणालियां हैं : (i) ऐसे लोगों को प्रशिक्षित करना जो ऐसा ज्ञान या विज्ञान सिखाने में सक्षम हों जिससे जन साधारण का भौतिक और आध्यात्मिक उत्थान हो सके, (ii) शिल्प और उद्योगों को विकसित और प्रोत्साहित करना, (iii) रामकृष्ण के जीवन में उद्घाटित वेदांत और अन्य धार्मिक विचारों का जनसाधारण के बीच प्रसार करना।

(5) इस कार्य की दो शाखाएं होंगी : पहली भारतीय : देश में विभिन्न स्थानों पर मठ और आश्रमों की स्थापना, जहां संन्यासी और गृहस्थ दूसरों को शिक्षा देने के लिए आपना जीवन समर्पित करेंगे। दूसरी विदेशी : यह मिशन के सदस्यों को भारत से बाहर आध्यात्मिक केन्द्र स्थापित करने के लिये भेजेगा तथा विदेशी और भारतीय केन्द्रों के बीच घनिष्ठ संबंध, पारस्परिक सहयोग की भावना और सहानुभूति उत्पन्न करेगा।

(6) मिशन के लक्ष्य और आदर्श पूर्णतः आध्यात्मिक और मानवीय होंगे और उसका राजनीति से कोई संबंध न होगा। विवेकानन्द द्वारा स्थापित संगठन का शुद्ध सामाजिक, मानवीय और सर्वभौम प्रचार का स्वरूप स्पष्ट है। अधिकांश धर्मों की तरह वह आधुनिक जीवन में तर्क की आस्था के विरुद्ध न था, वह विज्ञान के साथ आगे आगे चलना चाहता था : उसे आध्यात्मिक और भौतिक उन्नति में सहयोग देना था और कलाओं तथा उद्योगों को प्रोत्साहित करना था। उसका वास्तविक लक्ष्य जनसाधारण-का कल्याण था। विभिन्न धर्मों के बीच भ्रातृत्व स्थापना ही धर्म का सार है और उनकी सुर-संगति से परम शाश्वत धर्म बनता है यही उसकी मान्यता थी। यह समग्र धर्म रामकृष्ण की छत्रछाया में पनपा और उनके विशाल हृदय ने सम्पूर्ण मानवता को अपने प्रेमपाश में बांध लिया।

पवित्र परमहंस अपनी उड़ान भर चुके थे। खुलते ही उनके पंखों ने सम्पूर्ण पृथ्वी को आच्छादित कर लिया। यदि पाठक विवेकानन्द की इस भावना, इस उड़ान के विषय

में उनके स्वप्न से साक्षात्कार करना चाहते हैं तो इसके लिए उन्हें विवेकानन्द और शरतचन्द्र चक्रवर्ती के बीच हुए सूक्ष्म वार्तालाप को जानना चाहिये ।[5]

इसके बाद पहला काम अध्यक्षों का निर्वाचन था । प्रधान अध्यक्ष विवेकानन्द ने ब्रह्मानन्द और योगानन्द को कलकत्ता केन्द्र का अध्यक्ष और उपाध्यक्ष नियुक्त किया और उन्हें प्रत्येक रविवार को बलराम के घर पर मिलने का आदेश दिया[6] । इसके बाद विवेकानन्द ने अविलंब जनसेवा और वेदांत शिक्षा के दोहरे कार्य का श्रीगणेश किया ।[7]

संन्यासीवृंद विवेकानन्द की आज्ञा का पालन तो करते, पर कभी कभी उनके लिए विवेकानन्द के विचारों को समझना दुष्कर हो जाता और उनके बीच तीव्र वाद-विवाद भी छिड़ जाता जैसा कि प्रायः बन्धुओं के बीच होता है । विवेकानन्द कई बार अपने मनोद्वेगों पर नियंत्रण नहीं रख पाते थे । इसका मुख्य कारण उनकी शारीरिक व्याधि थी, और कई बार जो उनका विरोध करते उन्हें उनके पंजों की खरोंचें लग जातीं । पर वे उसका बुरा न मानते । दोनों पक्षों को एक दूसरे पर पूर्ण विश्वास था ।

कभी कभी ये संन्यासी अपने ध्यान-चिन्तन के जीवन और भाव समाधि के सम्राट रामकृष्ण के लिए व्याकुल हो जाते । यदि वे रामकृष्ण मिशन को निष्कर्म ध्यान पूजा का मन्दिर बना सकते तो सुखी होते । किंतु विवेकानन्द ने कठोरता से उनका यह स्वप्न ध्वस्त कर दिया ।

---

5. बेलूर में, मार्च 1898

6. यह बात दो वर्ष तक चली । अप्रैल 1898 केन्द्रीय मठ की इमारत का निर्माण कलकत्ता के निकट बेलूर में होने लगा । दिसंबर को इसका प्रतिष्ठापन हुआ और 2 जनवरी 1899 में वह बस गया । संगठन दो संस्थाओं में बंट गये जिनके कार्यों में पर्याप्त अंतर हैं : पहली, रामकृष्ण मठ पूर्णतः संन्यासी समाज है जिसके मठ और आश्रम हैं ; इसे 1899 में कानूनी दर्जा मिला । इसका मूल उद्देश्य सार्वभौम विश्व धर्म का प्रचार है । दूसरी संस्था रामकृष्ण मिशन है जो जनकल्याण के परोपकारी सेवा कार्यों का संचालन करती है जिसमें गृहस्थ और साधु दोनों हैं। ये मठ के अध्यक्ष और ट्रस्टियों के मार्गदर्शन में काम करते हैं । इसका कानूनी पंजीकरण विवेकानन्द की मृत्यु के पश्चात् अप्रैल 1909 में हुआ ।

7. वे स्वयं अपने गुरु बन्धुओं को प्रवचन देते और उनसे वेदांत चर्चा करते । यहाँ प्राचीन सिद्धांतों से लगाव होने के बावजूद उनके उदार मन का परिचय मिलता है, वह ''आर्य'' और ''अनार्य'' के भेद को अज्ञान मानते थे । वे मैक्स मूलर में वेद के प्राचीन टीकाकार के दर्शन करते थे ।

"क्या तुम रामकृष्ण को अपनी सीमाओं में बंद करना चाहते हो ? ... श्रीरामकृष्ण के शिष्य जैसा समझते हैं, वह उससे कहीं अधिक महान हैं ।[8] वे असंख्य आध्यात्मिक विचारों के मूर्त रूप हैं और अपने को असंख्य रूपों में विकसित करने में समर्थ हैं । उनकी कृपा दृष्टि की एक झलक इसी क्षण हजारों विवेकानन्द पैदा कर सकती है । मैं उनके विचारों को सारे संसार में बिखेरूंगा !"

मनुष्य के रूप में तो रामकृष्ण उनके प्रिय थे ही, पर उनका संदेश उससे भी अधिक मूल्यवान था । विवेकानन्द किसी देवता की मूर्ति स्थापित नहीं करना चाहते थे,[9] परंतु वह तो मानव मात्र को रामकृष्ण के वचनामृत का पान कराना चाहते थे । उनके विचारों को कार्यरूप में परिणत करना ही पहला कर्तव्य था । "धर्म यदि सच्चा है, तो इसे कर्म प्रेरक और व्यावहारिक होना ही चाहिये ।"[10] यही नहीं, उनकी दृष्टि में धर्म का सर्वोत्तम रूप था जीवंत मानव में, विशेषकर दरिद्र मानव में शिव के दर्शन करना ।

वह चाहते थे कि प्रत्येक मनुष्य प्रतिदिन एक भूखे नारायण को, एक पंगु नारायण को या अंधे नारायण को या अपने सामर्थ्य के अनुसार ऐसे छह या बारह को अपने घर ले जाकर खिलाए पिलाए,उनकी वैसी ही आराधना करे जैसे वह किसी मन्दिर में शिव या विष्णु की करता ।[11]

विवेकानन्द ने इस बात का भी बहुत ध्यान रखा कि व्यर्थ भावुकता को स्थान न मिले । उन्हें सब प्रकार की भावुकता से घृणा थी । बंगाल में भावुक मनोवृत्ति का प्रसार सहज ही होता था और इसी कारण वहां पौरुष का अभाव था । विवेकानन्द इस बात पर

---

8. विवेकानन्द सही थे कि उन्होंने इस धर्मपरायण अहंवाद और ध्यानमग्न निष्क्रियता को रामकृष्ण का दृष्टांत और शिक्षा नहीं माना । यह स्मरणीय है कि स्वयं रामकृष्ण भाव समाधि के प्रति अपनी रुचि के विरुद्ध प्रयास करते थे, क्योंकि इसके कारण वे अन्य व्यक्तियों की पर्याप्त सहायता नहीं कर पाते थे । उनकी एक प्रार्थना थी "मैं बार बार जन्म लूं चाहे कुत्ते के रूप में ही सही, जिससे कि मैं एक मनुष्य की सेवा कर सकूं ... ।"

9. "मैं संसार में एक नया संप्रदाय बनाने के लिए नहीं जन्मा हूँ । संसार पहले से ही संप्रदायों से भरा हुआ है ।" ये ही शब्द रामकृष्ण के थे ।

10. पंजाब में अक्तूबर-नवम्बर 1897 में दिए गये भाषणों का मुख्य विषय यही था ।

11. लाहौर के सार्वजनिक भाषण से । यहां यूरोपीय अर्थ में दान-धर्म का कोई प्रश्न नही था, "इस दान-धर्म में यह लो और जाओ, यह दृष्टि पूरी तरह गलत है, जिसका दुष्प्रभाव दाता और प्राप्तकर्ता दोनों पर पड़ता है । उनके द्वारा कल्पित सेवा धर्म में "प्राप्तकर्ता दाता से बड़ा है" क्योंकि उस समय के लिए प्राप्तकर्ता स्वयं ईश्वर था ।

बहुत दृढ़ थे । वे अपना कार्य शुरू करने से पहले इस भावुकता को अपने और दूसरों से निकाल बाहर करना चाहते थे। निम्न दृश्य इस तथ्य का करुण साक्षी है।

एक दिन उनके एक बन्धु संन्यासी ने मजाक में यह आलोचना की कि उन्होंने रामकृष्ण की भावप्रधान आनन्द साधना में संगठन, कर्म और सेवा के पाश्चात्य विचार घुसा दिए हैं जिनकी रामकृष्ण ने स्वीकृति नहीं दी थी । विवेकानन्द ने व्यंग्यपूर्वक तिरस्कार जताते हुए प्रत्युत्तर दिया जिससे कि प्रश्नकर्ता से सहानुभूति रखने वाले अन्य सब भी सुन लें :

''तुम जानते ही क्या हो ? तुम अज्ञानी हो । तुम्हारा अध्ययन तो प्रह्लाद की तरह समाप्त हो गया जिसे 'क' अक्षर पढ़ते ही कृष्ण का स्मरण हुआ और उसकी आंखों में आंसू आ गये, वह आगे न पढ़ सका ... तुम भी भावुक मूर्ख हो । तुम धर्म को क्या समझोगे ? तुम तो बस हाथ जोड़ कर पूजा करना ही जानते हो ... अहा प्रभु आपकी कैसी सुन्दर नाक है, कैसे सुन्दर नयन हैं और ऐसी ही सब बेहूदगी ... और तुम समझते हो कि तुम्हारा मोक्ष निश्चित है । अंत समय पर रामकृष्ण आकर तुम्हारे हाथ पकड़ कर तुम्हें स्वर्ग में ले जायेंगे ... विद्याध्यन, सार्वजनिक शिक्षा और मानव सेवा तुम्हारे अनुसार माया है क्योंकि रामकृष्ण ने किसी से कहा था पहले ईश्वर को खोजो और पाओ ... संसार में परोपकार करना अहंकार है ... जैसे कि ईश्वर को पाना इतना आसान है । क्या वह इतना मूर्ख है कि वह अल्पमति लोगों के हाथ का खिलौना बन जाय ?''

फिर अकस्मात् उन्होंने घोषणा की, ''तुम सोचते हो तुम रामकृष्ण को मुझसे अधिक समझते हो । तुम समझते हो कि ज्ञान प्राप्ति का मार्ग शुष्क मरुभूमि जैसा है जिसमें हृदय की कोमल भावनाएं नष्ट हो जाती हैं । तुम्हारी भक्ति अतिशय भावुक प्रलाप है जो मनुष्य को नपुंसक बनाती है । तुमने रामकृष्ण को बहुत कम समझा है, तुम उसी का प्रचार करोगे । दूर रहो । किसे तुम्हारे रामकृष्ण की परवाह है ? किसे तुम्हारी भक्ति और मुक्ति की परवाह है ? किसे परवाह है यह जानने की कि तुम्हारे शास्त्र क्या कहते हैं ? यदि मैं तमस में डूबे हुए अपने देशवासियों को उबार सकूँ, उन्हें उनके पैरों पर खड़ा कर सकूँ और उनमें कर्म योग की भावना भर सकूँ, तो मैं खुशी से हजारों नरकों में भेजे जाने को तैयार हूँ ... । मैं रामकृष्ण या अन्य किसी का दास नहीं हूँ, मैं उन्हीं का हूँ जो दूसरों की सेवा और सहायता करते हैं, अपनी भक्ति और मुक्ति की परवाह नहीं करते ।''

एक प्रत्यक्षदर्शी ने बताया कि जब विवेकानन्द यह कह रहे थे, उनकी आंखें दमक रही थीं, गला रुंधा हुआ था शरीर कांप रहा था । अचानक वह तेजी से अपने कमरे में चले गये । सब लोग अभिभूत और आवाक् रह गये । कुछ मिनट बाद उनमें से

एक दो ने उनके कमरे में झांका । विवेकानन्द गहरे ध्यान में थे । वे चुपचाप प्रतीक्षा करते रहे ... । एक घंटे बाद विवेकानन्द लौटे । उनके चेहरे पर अभी भी तूफान के चिह्न मौजूद थे, किंतु शान्ति लौट आई थी । उन्होंने मधुर स्वर में कहा, "भक्ति सिद्ध कर लेने वाले का मन और शरीर इतना कोमल हो जाता है कि वह फूल तक की चोट नहीं सह सकता । जानते हो आजकल मैं कोई उपन्यास भी नहीं पढ़ पाता । मैं बिना भाव विभोर हुए देर तक श्री रामकृष्ण का स्मरण या उनकी बात नहीं कर सकता ।"

"इसलिये मैं बारम्बार प्रयास कर रहा हूँ कि भक्ति का यह आप्लावनकारी प्रवाह मैं अपने भीतर दबा कर रख सकूँ । मैं अपने को ज्ञान की जंजीर से बांधने का प्रयास कर रहा हूँ, क्योंकि मातृभूमि के लिये मेरा कार्य शेष पड़ा है। और अभी तक मैं विश्व को अपना पूरा संदेश नहीं दे सका हूँ । इसलिये जैसे ही मैं यह देखता हूँ कि भक्ति का ज्वार मेरे पैर उखाड़ रहा है, तब मैं कठोर ज्ञान के सहारे उसे पछाड़ता हूँ । मुझे बहुत काम करना है । मैं रामकृष्ण का दास हूँ जिन्होंने मेरे लिए अधूरा काम छोड़ा ..., मुझे तब तक आराम न मिलेगा जब तक मैं इसे पूरा न कर लूंगा ... अहा, उनका मेरे लिए कितना वात्सल्य था ।"

एक बार फिर भावावेश से उनका गला रुंध गया । तब योगानन्द ने उनका ध्यान बटाने का प्रयास किया क्योंकि उसे पुनः विस्फोट की आशंका थी।[12] उस दिन के बाद से विवेकानन्द की पद्धति के विरुद्ध किसी ने कुछ नहीं कहा । वे कौनसी आपत्ति करते जिसके विषय में विवेकानन्द ने पहले से विचार न किया हो ? वे इस महान व्याकुल आत्मा की गहराई तक पहुँच गये थे ।

---

12. मैं एक विद्यार्थी बनने के लिए जन्मा था जो अकेला शांत, किताबों में डूबा रहे । किंतु माँ का आदेश इससे भिन्न है । फिर भी प्रवृति बची है ... (जून 3, 1897, अल्मोड़ा) वह घंटों ईश्वर दर्शन में लीन रहते । "तब उन्हें कार्य माया ही लगता" (अमृतसर 1898) एक दिन वे कुछ खिन्न होकर विरजानन्द से बहस कर रहे थे ताकि उन्हें ध्यान-चिन्तन से हटा कर उपयोगी काम में लगा सकें ...

"कैसे तुम घंटों ध्यान में बिताने की सोच सकते हो ? यदि तुम पाँच या एक मिनट के लिए ही चित्त एकाग्र कर सको तो वही पर्याप्त है । बाकी समय मनुष्य को विद्याध्ययन और सामान्य हित के कार्य में लगाना चाहिये ।"

विरजानन्द इससे सहमत न हुए और चुप हो चले गये । विवेकानन्द ने दूसरे संन्यासी से कहा कि वे भली भाँति समझते हैं, मेरे परिव्राजक दिनों की स्मृतियां मेरे सम्पूर्ण जीवन का सबसे मधुर और आनन्द का समय था और यदि मैं पुनः अज्ञात बन जाऊँ और सार्वजनिक जीवन की चिन्ताओं से मुक्त हो जाऊँ तो उसके लिये समस्त बाजी लगाने को तैयार हूँ । (13 जनवरी 1901)

प्रत्येक व्रत का एक नाटकीय पक्ष भी है जिसमें उसके साधक को अपने स्वभाव का एक अंश, अपना आराम, अपना स्वास्थ्य और अपनी गहन आकांक्षाओं का परित्याग करना पड़ता है । ईश्वर की एक कल्पना लेकर जीवन और संसार से पलायन कर एक परिव्राजक संन्यासी की तरह ध्यान, स्वाध्याय, समाधि या भक्ति की प्रेरणा, निःसंग और अगेह आत्मा को परब्रह्म में विलीन करने की भारतीय प्रवृत्ति के विवेकानन्द भी अपने देशवासियों के साझीदार थे । जिन्होंने उन्हें निकट से देखा था उन्होंने प्रायः उनके हृदयतल से थकान और अवसादभरी आहें सुनी थीं ।

"मेरे लिये आराम नहीं है । रामकृष्ण जिसे काली कहते थे उसने उनके संसार त्याग से तीन चार दिन पहले मुझे आवेष्टित कर लिया था और वही मुझे बराबर कर्म करने के लिए बाध्य करती है, और मुझे अपनी निजी आवश्यकताएं पूरा करने की अनुमति नहीं देती ।"[13]

उसी ने विवेकानन्द को अपनी इच्छाओं, सुख स्वास्थ्य को भुला कर, पर सेवा के कार्य में लगा दिया ।[14] और यही आस्था उन्हें अपने धर्मचरों में भरनी थी । उनमें कर्म की शक्ति का संचार कर ही यह संभव था । उन्हें अतिशय भावुकता और अजीर्ण से पीड़ित राष्ट्र को सुधारना था ।[15] इसलिये अपने देशवासियों को दृढ़ बनाने के लिए वे

---

13. अपनी मृत्यु से कुछ पहले विवेकानन्द ने अपने शिष्य शरतचन्द्र चक्रवर्ती को अपने उस रहस्यमय रूपांतरण के विषय में बताया जो श्री रामकृष्ण के देहावसान के तीन चार दिन पहले उनमें घटित हुआ था ... ।

"श्री रामकृष्ण ने मुझे अकेले बुलाया और सामने बैठने को कहा । वे मेरी आंखों में एकटक देखते रहे और समाधि में चले गये । तब मुझे एक सूक्ष्म शक्ति प्रवाह बिजली के झटके जैसा लगा । मेरा शरीर आर-पार बिंध गया । मैं संज्ञाहीन हो गया। कितनी देर तक, मुझे पता नहीं । ... जब मुझे होश आया, मैंने ठाकुर को रोते देखा । उन्होंने मुझे अत्यन्त मधुरता से कहा, 'ओ मेरे नरेन, अब मेरे पास कुछ नहीं है, मैं दीन फकीर हूँ, मैं अपना सब कुछ तुम्हें दे चुका हूँ, इस दान से तुम संसार में महान कार्य करोगे ..., और तब तक तुम्हें लौटने की अनुमति नहीं मिलेगी ... ।' मुझे लगता है कि यही शक्ति मुझे संसार की हलचल में ले गई और मुझे अनवरत कर्म करने के लिए बाध्य करती है ... ।"

14. यदि मुझे अपने देश की सेवा करने के लिए नरक में जाना पड़े तो मैं इसे बड़ा सम्मान समझूंगा । (अक्तूबर 1897)

15. "संन्यासी दो व्रत लेता है : (१) सत्य का साक्षात्, (२) संसार की सेवा । स्वर्ग की कामना का वह पूर्ण परित्याग करता है । (निवेदिता को, जुलाई 1899) भारतीय चिंतनधारा

कभी-कभी उनके प्रति बहुत कठोर भी हो जाते थे। "सभी कार्य क्षेत्रों में वे ऐसे आत्मोन्नयन के आकांक्षी थे जो वीर भाव जगाए।" इसे सम्पन्न करने के लिए शारीरिक और आध्यात्मिक कार्य, वैज्ञानिक अनुसंधान और मानव सेवा आवश्यक है। वेदांत की शिक्षा को वे इतना महत्व इसलिए देते थे क्योंकि उन्हें इसमें संजीवनी दीखती थी। "वैदिक ऋचाओं के तुमुल उद्घोष से देश में प्राणों का संचार करना है।" उन्होंने अपना ही नहीं, दूसरों का हृदय भी आहत किया, यह जानते हुए भी कि हृदय में ही ब्रह्म का निवास है। जननायक होने के नाते वे उसे दबाना नहीं चाहते थे, बल्कि उसे उसका उचित स्थान दिलाना चाहते थे। जहां वे हृदय का आधिपत्य देखते, उसे छोटा बताते, जहां वे उसे नीचे देखते, वहां उसे ऊंचा उठाते।[16] वह आंतरिक शक्तियों का पूर्ण संतुलन चाहते थे।[17]

मानव सेवा के लिए यह अत्यावश्यक था : जन साधारण की अज्ञानता, कष्ट और यातना की उपेक्षा नहीं की जा सकती।

यह सच है कि संतुलन कभी स्थाई नहीं होता है। उन समाजों के लिए उसकी प्राप्ति और रक्षा करना और भी कठिन है जिनमें एक समय तो उत्साह की अग्नि भड़क रही थी और बाद में उनकी कामना ठंडी राख बन जाती है। विवेकानन्द के लिए तो यह

में स्वर्ग ब्रह्म साक्षात्कार से निम्न स्तर पर है। स्वर्ग से इस संसार में लौट कर आ सकते हैं।

"अजीर्ण रोग से पीड़ित राष्ट्र खोल और करताल बजा, उछलकूद मचा अतिशय भावुकता के गीत गाता है। मैं उनमें शक्ति फूँकना चाहता हूँ, जरूरत हो तो युद्ध गान से ही सही, और आलसी भावनाएं बढ़ाने वाली हर बात का निषेध करूंगा।" (शरतचन्द्र से वार्तालाप 1901)

16. लड़ाकू जातियों के प्रदेश पंजाब में उन्होंने भक्ति पर बल दिया जबकि बंगाल में इसकी निन्दा की। लाहौर में तो उन्होंने यह इच्छा भी व्यक्त की कि यहाँ धार्मिक गीत गाते, नाचते संकीर्तन जूलूस निकाले जायें, जिसकी कलकत्ता में उन्होंने भर्त्सना की थी। क्योंकि "पंचनद देश आध्यात्मिक दृष्टि से सूखा है, इसे सिंचाई की जरूरत है"(नवम्बर 1897)।

17. पाश्चात्य देशों में अपनी दूसरी यात्रा पर जाने से पहले वे अपने संन्यासी भाइयों के लिए धार्मिक जीवन के आदर्श अंकित कर रहे थे, "तुम्हारे असीम आदर्शवाद के साथ असीम व्यावहारिकता होनी चाहिये। तुम्हें तुरंत एक क्षण में ईश्वर में ध्यान लगाने और दूसरे ही क्षण खेतों में श्रम करने के लिए तैयार रहना चाहिये। तुम्हें इसी क्षण शास्त्रों की जटिलताएं समझाने तथा दूसरे ही क्षण बाजार में जाकर अपनी फसल बेचने के लिए तैयार रहना चाहिये।" आश्रम का उद्देश्य मनुष्य का निर्माण है। "सच्चा मनुष्य वह है जो शक्तिशाली हो और जिसका हृदय स्त्री जैसा कोमल हो।" (जून 1899)

कार्य और भी दुसाध्य था — वे तो श्रद्धा, विज्ञान, कला, विजय और कर्म के उन्माद जैसे बीसियों विरोधी राक्षसों के बीच फंसे हुए थे । यह आश्चर्यजनक था कि अंत तक अपने संतप्त हाथों से वे दोनों ध्रुवों में संतुलन साधे रहे : अद्वैत के प्रति अक्षुण्ण प्रेम और पीड़ित मानवता के लिए अदम्य करुणा । विवेकानन्द के लिए हमारे मन में जो बात उनके लिए और भी आकर्षण पैदा करती है वह यह कि जब यह संतुलन साधना संभव न हुआ और उन्हें दो में एक चुनना पड़ा, तब उन्होंने मानवता को ही चुना : उन्होंने सब कुछ त्याग कर करुणा को चुना,[18] महान यूरोपीय बन्धु बीथोवन के शब्दों में, ''दरिद्र, पीड़ित मानवता का वरण'' किया ।

गिरीश से संबंधित सुंदर प्रसंग इसका मार्मिक दृष्टांत है । विख्यात बंगला नाट्यकार, लेखक और हास्य अभिनेता गंगातट के सहिष्णु और शरारती मछुआरे रामकृष्ण के कांटे में फंसने और फलस्वरूप उनके शिष्य बनने से पहले स्वच्छंद जीवन बिता चुके थे । इसके बाद संसार से विमुख हुए बिना भी वह ठाकुर के अन्यतम सच्चे अनुचर बने रहे : उन्होंने अपना समस्त जीवन भक्तियोग की प्रेम साधना में बिताया । किंतु अपने मन की बात कहने का अधिकार उन्होंने अपने पास रखा । रामकृष्ण के सभी शिष्य गुरु का स्मरण कर उनका बहुत आदर करते थे।

एक दिन जब विवेकानन्द किसी शिष्य के साथ गूढ़ दार्शनिक विषय पर विचार कर रहे थे, वे आये। विवेकानन्द ने बात रोक कर हंसी में प्यार से उनसे पूछा, ''गिरीश तुमने तो इन विषयों पर कभी विचार नहीं किया और सारा समय अपने कृष्ण और विष्णु के साथ ही बिताते रहे ।''

गिरीश ने उत्तर दिया : ''अच्छा, नरेन मैं तुमसे एक बात पूछता हूँ । तुमने वेद और वेदांत तो खूब पढ़े हैं । पर क्या उनमें कोई उपाय बताया गया है, इस आर्तनाद के लिए, भूखों की चीखों के लिए, इन घृणित पापों के लिए और अन्यान्य कष्टों के लिए जो हम रोज देख रहे हैं ? देखो उस घर की माँ जो रोज पचास प्राणियों को खिलाती थी, पिछले तीन दिनों से अपना और अपने बच्चों का पेट नहीं भर पा रही है। अमुक परिवार की स्त्री से गुंडों ने बलात्कार किया और यंत्रणा देकर उसकी जान ले ली। अमुक की विधवा अपनी लाज छिपाने के लिए गर्भपात करने में अपने प्राण गंवा बैठी ... । नरेन, मैं तुमसे पूछता हूँ कि वेदों में इन पापों के प्रतिकार का कोई उपाय है ?''

---

18. बेलूर के संन्यासियों से एक बार उन्होंने कहा था (1899) ''यदि तुम्हारे मस्तिष्क और हृदय में द्वंद्व हो, तो हृदय का अनुसरण करो ।''

गिरीश इस कटु व्यंग्यात्मक शैली में समाज का कलुषित और नैराश्यजनक चित्र खींचते रहे । विवेकानन्द मर्माहत हो निःशब्द बैठे रहे । संसार की पीड़ा और कष्टों को स्मरण कर उनकी आंखों में आंसू आ गए और अपने मनोभाव को छिपाने के लिए वे कमरे से बाहर चले गये ।

गिरीश ने शिष्य से कहा, "तुमने अब अपनी आंखों से देखा कि तुम्हारे गुरु का हृदय कितना विशाल है ? मैं उनका आदर उनकी विद्वता और बुद्धि बल के कारण उतना नहीं करता जितना कि उनकी उदार हृदयता के कारण जिसने उन्हें मानवता के कष्टों के लिए आंसू बहाने और उठकर चले जाने को बाध्य किया । यह ध्यान देने योग्य है कि जैसे ही उन्होंने यह सुना, उनके वेद और वेदांत मानो लुप्त हो गए, सारा पांडित्य और विद्वता जो एक क्षण पहले प्रदर्शित कर रहे थे उन्होंने एक तरफ फेंक दी और उनका सम्पूर्ण अस्तित्व प्रेममयी करुणा के अमृत से पूरित हो छलकने लगा । तुम्हारे स्वामी जितने पंडित और ज्ञानी हैं उतने ही ईश्वर और मानवता के प्रेमी हैं ।"

विवेकानन्द ने लौटकर सदानन्द से कहा कि उनका कलेजा अपने देशवासियों की गरीबी और कष्टों से फटा जाता है । उनके लिए कम से कम एक छोटा सा राहत केंद्र तो खोलो । और गिरीश की ओर मुड़कर कहा, "आह गिरीश मेरा मन कह रहा है कि यदि मुझे संसार के दुख निवारण के लिए किसी एक प्राणी का कष्ट हरने के लिए हजार बार भी जन्म लेने पड़े, तो मैं सहर्ष ऐसा करूंगा ... ।"[19]

विवेकानन्द के करुणामय हृदय और उदार उत्साह ने उनके बन्धुओं और शिष्यों को वश में कर लिया और उनमें से सभी ने उनके द्वारा निर्दिष्ट विविध मानव सेवा कार्यों में अपने आपको समर्पित कर दिया ।

1897 की ग्रीष्म ऋतु में अखंडानन्द ने विवेकानन्द द्वारा भेजे गए दो शिष्यों के सहयोग से बंगाल के मुर्शिदाबाद जिले में अकाल से पीड़ित सैकड़ों गरीब लोगों को खिलाया और उनकी सेवा शुश्रूषा की । उन्होंने परित्यक्त बालकों को एकत्र कर मोहुला में एक अनाथ आश्रम स्थापित किया जो बाद में सरगाछी चला गया । फ्रांसिस जैसे धैर्य और प्रेम से अखंडानन्द ने जाति और धर्म के भेद के बिना बच्चों की शिक्षा के लिए अपने को अर्पित कर दिया । उन्होंने इन बच्चों को बुनाई, सिलाई, लोहारी, सिल्क उत्पादन, पढ़ने-लिखने, गणित और अंग्रेजी की भी शिक्षा दी ।

1897 में ही त्रिगुणातीत ने दिनाजपुर में एक दुर्भिक्ष-सेवा केंद्र खोला । दो महीनों में उन्होंने चौरासी गाँवों को सहायता पहुँचाई । देवघर, दक्षिणेश्वर और कलकत्ते में अन्य केंद्र स्थापित किए गए ।

---

19. The Life of Swami Vivekananda III Pp. 165-67.

अगले वर्ष अप्रैल-मई 1898 में कलकत्ते में फैले प्लेग से निपटने के लिए सारे रामकृष्ण मिशन को इस कार्य में लगा दिया गया। रुग्ण होते हुए भी, विवेकानन्द ने हिमालय से लौट कर अपने को इस कार्य के संचालन में लगा दिया। धन का अभाव था। जो कुछ धन था भी वह नये मठ के लिए जमीन खरीदने में खर्च हो चुका था। विवेकानन्द ने बिना एक क्षण हिचके आदेश दिया : "यदि जरूरी हो तो इसे बेच डालो। हम संन्यासी हैं, हमें पेड़ के नीचे सोने और रोज भिक्षा मांगकर पेट भरने के लिए तैयार रहना चाहिये।" एक बड़ा मैदान किराए पर लेकर वहाँ स्वच्छ उपचार शिविर लगा दिए गए। विवेकानन्द अपने लोगों और कार्यकर्ताओं में उत्साह जगाने के लिए स्वयं एक निर्धन बस्ती में आकर रहने लगे। इस कार्य का प्रबंध उन्होंने हाल ही में यूरोप से आई भगिनी निवेदिता (मार्गरेट नोबल) और स्वामी सदानन्द एवं शिवानन्द को सौंप दिया। उनके और भी सहायक थे। उन्होंने कलकत्ते की चार प्रमुख निर्धन बस्तियों को कीटाणुरहित और स्वच्छ करने का काम संभाला। अप्रैल 1899 में विवेकानन्द ने छात्रों की एक सभा बुलाई और संकट की घड़ी में उनके कर्तव्य का स्मरण कराया। उन्होंने टोलियां बना लीं, घर घर गए, स्वच्छता संबंधी इश्तहार बांटे और स्वयं सफाई में लगकर एक उदाहरण कायम किया। प्रत्येक रविवार को वे रामकृष्ण मिशन में आकर भगिनी निवेदिता को अपने काम का ब्यौरा देते।

मिशन ने श्री रामकृष्ण की जयंती को दरिद्रों की सेवा के एक पुनीत पर्व के रूप में मनाने का निश्चय किया। उस दिन उसके केंद्रों में हजारों व्यक्तियों को भोजन कराया जाता है। और इस प्रकार भारतीय राष्ट्र के सभी वर्गों के बीच एकता और भाईचारे की भावना विकसित हुई।

इसी के साथ साथ सामाजिक पारस्परिक सहयोग, शिक्षा और वेदांत-प्रसार का कार्य भी चलता रहा। विवेकानन्द के ही शब्दों में, वे भारत को "एक इस्लामी शरीर और वेदांती हृदय" के रूप में देखना चाहते थे। 1897 में मद्रास और उसके आसपास रामकृष्णानन्द व्याख्यान दे रहे थे ; वहीं उन्होंने ग्यारह कक्षाएं प्रारंभ कीं, शिक्षा के साथ-साथ भूखों की सेवा भी करते रहे। इसी वर्ष के मध्य में विवेकानन्द ने शिवानन्द को श्रीलंका में वेदांत के प्रचार के लिए भेजा। जब विवेकानन्द से तरुण बालिकाओं के स्कूल की एक प्रधान अध्यापिका ने कहा, "मैं इन नन्ही बालिकाओं की आराधना माँ भगवती की तरह करती हूँ। मैं और कोई पूजा नहीं जानती", यह सुनकर वह बहुत प्रसन्न हुए थे।

रामकृष्ण मिशन की स्थापना के तुरंत बाद उन्हें अपने कार्यों पर रोक लगानी पड़ी और वे अपने उपचार के लिए कई सप्ताह अल्मोड़ा रुके। तब वे यह लिख सके,

"आंदोलन शुरू हो गया है । यह कभी थमेगा नहीं (जुलाई 9, 1897) मेरे मन में केवल एक विचार प्रज्वलित था — भारतीय जन समुदाय के उत्थान के संगठन को शुरू कर सकूं जिसमें मुझे कुछ सफलता भी मिली है । तुम्हें यह देख कर हार्दिक प्रसन्नता होगी कि किस प्रकार मेरे बालक अकाल, रोग और कष्टों के बीच काम कर रहे हैं, चटाई पर पड़े हैजाग्रस्त अछूत की सेवा कर रहे हैं और भूखे चंडालों को भोजन करा रहे हैं । ईश्वर उनकी और मेरी सहायता कर रहा है, वह दीनवल्लभ यहाँ भी मेरे साथ है, जैसा कि जब मैं अमरीका, इंग्लैंड या अन्यत्र अज्ञात दर-दर भटक रहा था तब मेरे साथ था ... । मैं महसूस करता हूँ कि मेरा काम पूरा होगया है — मेरे जीवन के अधिक से अधिक तीन या चार वर्ष बचे हैं।[20] मेरे अपने निर्वाण की इच्छा चुक गई है । मुझे सांसारिक भोग की इच्छा कभी न थी । मैं चाहता हूँ मेरा संगठन मजबूती से चले, और यह अच्छी तरह जानते हुए कि मैंने मानव कल्याण के लिए एक उत्तोलक शक्ति भारत में लगाई है जिसे कोई पछाड़ नहीं सकता, मैं बिना भविष्य की परवाह किए निश्चित सो सकूंगा । मेरी कामना है कि मैं बारम्बार जन्म लूँ, सहस्त्रों कष्टों को सहूँ जिससे मैं उस ईश्वर की आराधना कर सकूँ जो अनन्य है और समस्त आत्माओं का सम्पूर्ण योग है ।"[21]

अपने रोग से थोड़ी सी राहत पाते ही वे अपने कार्य को दस गुना बढ़ा लेते । अगस्त से दिसम्बर 1897 में वे पंजाब से कश्मीर तक उत्तरी भारत के तूफानी दौरे पर गए और सर्वत्र विचारों के बीज बिखेरते रहे । कश्मीर के महाराजा से उन्होंने वहां एक विशाल अद्वैत मठ स्थापित करने की संभावना पर विचार-विनिमय किया । लाहौर के कालेजों में विद्यार्थियों को उपदेश दिया कि ईश्वर में श्रद्धा रखने के लिए पहले मनुष्य में आस्था और मन में दृढ़ता लानी चाहिये । वहाँ जनता में राहत कार्य, स्वच्छता और शिक्षा के प्रसार के लिए एक असांप्रदायिक संगठन भी बनाया । जहाँ कहीं भी गए, वहाँ भारतीय व्यक्ति के चरित्र के निर्माण और प्रत्येक व्यक्ति को अपने भीतर ईश्वर का साक्षात् कराने का निरंतर प्रयास करते रहे । विभिन्न जातियों और उप-जातियों के बीच अंतर्जातीय विवाह करने और अछूतों की स्थिति सुधारने का उपदेश दिया ताकि वे एक दूसरे के निकट आ सकें और सामाजिक अन्याय का निवारण हो सके ।

उन्होंने अविवाहित कन्याओं और हिन्दू विधवाओं की समस्याओं पर विचार किया। उनकी दृष्टि में, "मुझे न छुओ-वाद" अत्यन्त संकीर्ण मनोवृत्ति थी। जहां कहीं उसे देखा उसके विरुद्ध लड़े । साथ ही साथ (दोनों कार्य एक दूसरे के पूरक थे) — उन्होंने

---

20. वे ठीक पाँच वर्ष और जीवित रहे । जुलाई 1902 में उनका देहांत हुआ ।

21. मिलाइए The Life of Vivekananda III p. 178.

हिन्दू मानस के पुनर्निर्माण के लिए संस्कृत के ज्ञान और पाश्चात्य विज्ञान से उसके समन्वय पर तथा भारतीय विश्वविद्यालयों के पुनरुद्धार पर बल दिया जिससे कि वे सिर्फ डिग्रीधारी अफसर पैदा न कर सच्चे मनुष्य पैदा करें।

उस समय इंग्लैंड के विरुद्ध विद्रोह कर भारत की राजनैतिक स्वतंत्रता या हिन्द स्वराज का विचार उनके मन में नहीं था। वे अंग्रेजी सहयोग के उतने ही आकांक्षी थे जितने विश्व सहयोग के। सच भी था कि इंग्लैंड ने उनके कार्य में मदद भी की थी। राज्य ने तो नहीं, पर लंदन और न्यूयार्क के एंग्लो-सैक्सन शिष्यों ने उन्हें अपनी आंतरिक श्रद्धा दी और बेलूर मठ के लिए जमीन खरीदने के लिए यथेष्ट धन भी दिया।[22]

1898 का वर्ष मुख्यतः रामकृष्ण मठ की नई व्यवस्था और पत्रिकाओं की स्थापना में बीता। ये पत्रिकाएं आगे चल कर मठ के बौद्धिक मुखपत्र और भारत की शिक्षा का माध्यम बनीं[23]।

☆ ☆ ☆

किंतु 1898 का विशेष महत्व इसलिए भी है कि इस वर्ष विवेकानन्द ने अपने पाश्चात्य शिष्यों को प्रशिक्षित किया। ये अपने गुरु की पुकार पर आए थे — जनवरी के अंत मे कुमारी मार्गरेट नोबल आईं जिन्हें कुमारी मुलर के साथ भारतीय स्त्रियों की शिक्षा के लिए आदर्श संस्थाएं स्थापित करनी थीं। फरवरी में श्रीमती ओली बुल और कुमारी

---

22. वराहनगर की पुरानी इमारत के सामने गंगा तट पर पंद्रह एकड़ जमीन की खरीद 1898 के प्रारंभ में हुई। भवन निर्माण का कार्य एक वास्तुविद की देखरेख में हुआ जो बाद में विज्ञानानन्द के नाम से विख्यात हुए।

23. *प्रबुद्ध भारत* पहले से चल रहा था, पर उसके तरुण संपादक की मृत्यु के कारण इसका प्रकाशन स्थगित करना पड़ा था। इसे सेवियर ने संभाला और वे इसे मद्रास से अल्मोड़ा ले गए और वहाँ विवेकानन्द के प्रति आकर्षित और उनके द्वारा दीक्षित स्वामी स्वरूपानन्द ने उसका संपादन किया। भारतीय धार्मिक साहित्य के अध्यापन में वे भगिनी निवेदिता के गुरु थे। बाद में वह अद्वैत आश्रम के अध्यक्ष भी बने।

1899 के प्रारंभ में स्वामी त्रिगुणातीत के मार्गदर्शन में *उद्बोधन* नाम से एक नया मासिक पत्र स्थापित किया गया। इसके प्रेरक सिद्धांत थे : किसी अन्य धर्म और मत पर आक्रमण न करना, वेद के सिद्धांत को सरलतम भाषा में प्रस्तुत करना जिससे सब उसे समझ सकें। स्वास्थ्य, शिक्षा, समाज की भौतिक और आध्यात्मिक उन्नति, नैतिक शुद्धता, पारस्परिक सहयोग और सार्वभौम शांति का प्रसार करना।

इनमें से अगस्त 1898 में प्रकाशित प्रथम पत्रिका के लिए विवेकानन्द ने '*जागृत भारत*

जोसफीन मैक्लाउड आईं[24]। मार्च में मार्गरेट नोबल ने ब्रह्मचर्य का व्रत लिया और निवेदिता नाम ग्रहण किया। विवेकानन्द ने कलकत्ता की जनता से उनका आत्मीय परिचय इंग्लैंड को भारत की भेंट के रूप में कराया। निवेदिता के मन से उनके देश की

को' शीर्षक से एक सुंदर कविता लिखी जो सक्रिय शक्ति और अनुभूत श्रद्धा का घोषणापत्र है :

जागो उठो, और सपना छोड़ो
यह सपनों का देश है, जहाँ कर्म
अपने विचारों से अपिरोयी माला गूंथता है,
सुगंधित और निर्गंध फूलों से, जिसकी
न जड़ या तना, शून्य में जन्मी, जिसे
सत्य मधुर पवन आदि शून्य में ढकेल देती है,
वीर बनो, और सत्य का मुकाबिला करो
उससे एकाकार हो जाओ, सपने विसार दो
और यदि ऐसा नहीं कर सकते, तो देखो सच्चे सपने
जो शाश्वत हैं, प्रेम और मुक्त सेवा के।"

The Complete Works of Vivekananda IV pp. 388-89.

24. कुमारी मैक्लाउड का परिचय विवेकानन्द से चार वर्ष से भी अधिक का था और जिनके कई महीने वे अतिथि भी रहे थे। उन्होंने अपने संस्मरण सुनाकर मुझे सम्मानित किया। वह उनकी भक्त थीं, फिर भी उन्होंने अपनी वैचारिक स्वतंत्रता नहीं त्यागी, न ही विवेकानन्द ने यह चाहा। जिन्होंने स्वेच्छा से व्रत न लिए हों, उन्हें वे सदा पूर्ण स्वतंत्रता देते थे। वे एक मित्र और सहयोगी रहीं। वे निवेदिता की भाँति दीक्षित शिष्या न थीं। उन्होंने मुझे बताया कि, भारत आने से पहले उन्होंने स्वामीजी की अनुमति ले ली थी। स्वामीजी ने उन्हें आदेश दिया (जिसे मैं याददाश्त से उद्धृत कर रहा हूँ) "यदि तुम निर्धनता, पतन, गंदगी, चिथड़ों में लिपटे ऐसे मनुष्यों को जो ईश्वर का स्मरण करते हैं, देखना चाहती हो, तो आओ पर यदि तुम्हें कुछ और चाहिये, तब मत आना, क्योंकि हम आलोचना का एक शब्द भी सहन नहीं कर पायेंगे।"

दयालु विवेकानन्द द्वारा अपने पतित देशवासियों के बारे में लगाई इस शर्त का उन्होंने पालन किया, क्योंकि उनका अपमान उन्हें तनिक भी बर्दाश्त न था। किंतु एक बार मैक्लाउड ने एक कुरूप ब्राह्मण के बारे में जिससे उनकी हिमालय में मुलाकात हुई थी, एक मजाकिया टिप्पणी की। 'विवेकानन्द सिंह की भाँति उस पर झपटे।' उसकी हवाइयां उड़ गईं। वे चिल्लाए, 'दूर रहो, तुम कौन होती है ? तुमने कभी कुछ किया है ?' वह चुप रही, घबरा गई। बाद में उन्हें पता चला कि यह दरिद्र ब्राह्मण वही व्यक्ति था जिसने स्वामीजी के लिए भिक्षा मांग धन एकत्रित किया था जिससे उनकी पश्चिम यात्रा संभव हो सकी। तब वह समझी कि मनुष्य का वास्तविक स्वरूप वह नहीं होता जो दीखता है, बल्कि वह है जो कि वह करता है।

स्मृतियां, पूर्वाग्रह और रीति रिवाजों को निर्मूल करने के उद्देश्य से[25] वह शिष्य मंडली के साथ उन्हें कई मास की ऐतिहासिक भारत यात्रा पर ले गए।[26]

यह बड़ी विचित्र बात है कि जब विवेकानन्द अपने साथियों को अपने देश के धार्मिक अगाध सागर में डुबकियाँ लगवा रहे थे, वे अपने पर काबू खो बैठे और लगा जैसे स्वयं उसमें डूब गये। लोगों ने निराकार, र्निगुण, ब्रह्म के अनन्य उपासक को महान अद्वैतवादी, पौराणिक देवताओं में सर्वजयी दम्पत्ति : शिव और जगदंबा की प्रचंड भक्ति में लीन देखा। निस्संदेह इसमें वे अपने गुरु श्री रामकृष्ण का अनुसरण कर रहे थे जिनके हृदय में ब्रह्म के सगुण, निर्गुण सभी रूपों का स्थान था और जिन्होंने वर्षों तक सुन्दर देवी, माँ काली में आसक्तिपूर्ण आनन्द का अनुभव किया था। किंतु विवेकानन्द के संबंध में उल्लेखनीय यह था कि उन्हें यह अनुभूति परमब्रह्म को सिद्ध करने के पहले नहीं, बाद में हुई थी, और इस भावातिरेक में उनके स्वभाव की करुणा और प्रचंडता का ऐसा मिश्रण था जिसने देवी-देवताओं, विशेषकर काली को एक ऐसी पृथक छवि प्रदान की जो कि श्री रामकृष्ण की भावप्रवण आनन्दमयी सुकुमारता से सर्वथा भिन्न थी।

अल्मोड़ा में कुछ समय ठहर कर, जहाँ सेवियर दम्पत्ति बस गए थे और अद्वैत

---

25. यह आक्रमण देश प्रेम या पश्चिम से विद्वेश की अभिव्यक्ति न थी। 1890 में उन्होंने स्वामी तुरीयानन्द को कैलीफोर्निया में बैठाया और तब उनसे कहा, "आज से तुम अपने भीतर से भारत की स्मृति भी नष्ट कर दो।" किसी भी देश की जनता के उन्नयन कर कार्य करने के लिए यह अनिवार्य है कि हम उसकी जनता के साथ एकाकार हो जायें और उनमें अपने को भुला दें: यह सिद्धांत था जिसे विवेकानन्द अपने सब शिष्यों पर लागू करते थे।

26. भगिनी निवेदिता ने विवेकानन्द के साथ अपनी यात्रा और वार्तालाप का विवरण अपनी पुस्तक Notes of Some Wanderings with the Swami Vivekananda में दिया है। कुछ मूल्यवान टिप्पणियों के लिए मैं कुमारी मैक्लाउड के संस्मरणों का भी ऋणी हूँ, विशेषकर उस नैतिक अनुशासन के लिए जो उन्होंने भगिनी निवेदिता के लिए निर्दिष्ट किया। उन्हें निवेदिता की सहज राष्ट्रीय निष्ठा, उसकी आदतों या पाश्चात्यों की नापसंदगी की तनिक भी परवाह न थी। वे उसके अहंकारी तर्कप्रधान अंग्रेजी चरित्र की निरंतर अवमानना करते। कदाचित इस प्रकार वह निवेदिता के उनके प्रति उत्कट अनुराग से अपनी सुरक्षा करते थे। निवेदिता की भावनाएँ उनके प्रति सदा पवित्र थीं, पर कदाचित वे इसके खतरे को जानते थे। वे निर्ममता से उसका प्रतिवाद करते और जो कुछ वह करती, उसमें दोष निकालते। वे अपने साथियों के पास आंसुओं से भरी अभिभूत लौटती। आखिर में शिष्यों ने अत्यधिक कठोरता के लिए विवेकानन्द से शिकायत की, तब वे नरम पड़े और निवेदिता के हृदय में आलोक हुआ। तब उसे गुरु के विश्वास का और उनके नियमों के पालन के मूल्य एवं सुख का अनुभव हुआ।

आश्रम का निर्माण होने वाला था, वे श्रीनगर उपत्यका से तीन नौकाघरों में सवार हो कश्मीर गए। वहाँ से जुलाई 1898 के अंत में विवेकानन्द ने भगिनी निवेदिता के साथ पश्चिमी हिमालय की बर्फीली उपत्यका में अमरनाथ गुफा की तीर्थ यात्रा की। वे दोनों दो-तीन हजार तीर्थ यात्रियों के दल में सम्मिलित हो गए जो हर पड़ाव पर तम्बुओं का एक नगर बसा लेता। निवेदिता ने गुरु में एक आकस्मिक परिवर्तन को लक्ष्य किया। वे हजारों यात्रियों के साथ एकात्म हो गए, उनके साथ सभी रीति सम्मत सामान्य अनुष्ठानों का निष्ठापूर्वक पालन करने लगे। मंजिल तक पहुँचने के लिए कई दिनों तक चट्टानी ढलानों और जोखिमभरे पथ पर मीलों हिमखंडों को पार कर भीषण ठंड में अनेक पवित्र धाराओं में स्नान करना पड़ा। वार्षिक पर्व पर 2 अगस्त को विराट गुफा में पहुँचे जिसमें एक कैथिड्रल समा सकता था। पृष्ठभूमि में हिम का शिवलिंग स्थापित था। प्रत्येक व्यक्ति को नंगे शरीर पर भस्म मलकर प्रवेश करना पड़ता था। औरों के पीछे, भाव-विह्वल विवेकानन्द ने मूर्छित सी अवस्था में वहाँ प्रवेश किया, गुफा के अंधकार में शुभ्रज्योति के सम्मुख नत मस्तक हुए, हजारों कंठों के स्तुति संगीत के मध्य उन्हें दिव्य दर्शन हुए ... साक्षात् शिव प्रकट हुए। उन्होंने कभी नहीं बताया कि उस समय उन्होंने क्या देखा और सुना था ... । किंतु इस दिव्य दर्शन का आघात उनके भावाकुल मन पर ऐसा पड़ा कि वे मृतप्राय हो गए।

जब वे गुफा से बाहर आये, उनकी बांयी आंख में रक्त का एक थक्का जम गया था, उनके हृदय तंतु फैल गए थे जो फिर कभी स्वस्थ अवस्था में नहीं लौटे। इसके बाद कई दिनों तक वे शिव शिव ही जपते रहे, उन्हें सर्वत्र शिव ही दीखते, वे शिवमय हो गए, शुभ्र हिमालय के रूप में मानो साक्षात शिव ही विराजमान थे।...

महीने भर बाद उन्हें माँ काली ने आविष्ट कर लिया। जगदंबा सर्वव्यापी थी। चार वर्ष की बालिका में भी वे उसकी आराधना करते। केवल शांत रूप में ही उन्हें उसका दर्शन नहीं हुआ। गहन ध्यान में उन्हें उसका भयंकर चेहरा भी दिखा। उन्हें भयंकर संहारिनी शक्ति, काली के दर्शन हुए। यह चंडिका शक्ति समस्त मर्त्य प्राणियों के आवागमन से उठी धूल के परदे के पीछे छिपी हुई है। ज्वराक्रांत रात के अंधेरे में कागज पेंसिल टटोलकर उन्होंने अपनी प्रसिद्ध कविता "माँ काली" लिख डाली और फिर थकान से चूर हो गिर पड़े :

"तारे छिप चुके हैं
मेघों को मेघ ढक रहे हैं,
यह अंधेरा है गुंजायमान, संगीतमय
लाखों पागलों की आत्माएं

दहाड़ते झंझावात में
कारागार से अभी अभी छूटी हैं,
पेड़ों को जड़ों से उखाड़ती हुईं,
रास्ते से सबको बुहारती हुईं।
समुद्र भी दंगे में शामिल हो गया,
पर्वताकार लहरें हैं उठा रहा
आकाश को छूने के लिए।
चकाचौंध प्रकाश की दमक
हर कोने कोने पर करती उद्घाटित
सहस्त्र सहस्त्र परछाईयां
धूल से सनी काली मृत्यु की
फैलाती महामारी और कष्ट,
नाचती मस्त हो खुशी में।
आओ माँ आओ।
भय है तेरा नाम
मृत्यु है तेरी सांस
तेरा प्रत्येक हिला कदम
कर देता विनाश एक विश्व का
तू काल, सर्व संहारिनी।
आओ माँ, आओ
कौन चाहता है कृपण प्रेम
और मृत्यु को गले लगाना
नृत्य करना विनाश तांडव में
आती है उसके पास माँ।"

निवेदिता से उन्होंने कहा, "सहज भाव से पाप, भय, दुःख और विनाश में माँ को पहचानो जैसे कि उसे माधुर्य और सुख में पाती हो। माँ मूढ़ जन तेरे गले में पुष्पमाला पहनाकर, भय से पीछे हटकर तुझे 'दयामयी' कहते हैं ... मृत्यु का ध्यान करो, चंडी की उपासना करो। रुद्र की उपासना से ही रुद्र पर विजय हो सकती है और अमरत्व प्राप्त हो सकता है। ... उत्पीड़न में भी आनन्द हो सकता है ... माँ स्वयं ब्रह्म है। उसका शाप भी आशीर्वाद है। मन श्मशान भूमि बनाओ — अहंकार, स्वार्थ, कामना सबको राख कर दो। तभी और तभी तो माँ आयेगी।"

इस झंझावात से विचलित और विमूढ़ अंग्रेज नारी ने देखा कि भारतीय द्रष्टा ने जिस विश्व प्रलय का आह्वान किया है, उसमें उसके पाश्चात्य विश्वास, सुव्यवस्था और सुख सभी तिरोहित हुए जा रहे हैं। उसने लिखा :

वे बोलते गए और सुनने वाला इससे अभिभूत हो गया कि जो उपासना केवल करुणामय ईश्वर, प्रारब्ध या तारक ब्रह्म को निवेदित है और भूकंप या ज्वालामुखी में छिपे परमेश्वर को हृदयंगम नहीं करती, उसमें अहंकार निहित है। यह स्पष्ट हो गया कि ऐसी उपासना एक हिन्दू द्वारा मूलतः 'दूकानदारी' कही जायेगी और तब यह चिरंतन विराट सत्य समझ में आता है कि शुभ (प्रिय) और अशुभ (अप्रिय) दोनों में ही ईश्वर अपने को प्रकट करता है। तब देखा कि मन की सच्ची धारणा और संकल्प वह है जो व्यक्तिगत स्वार्थ से निर्धारित नहीं होता, वस्तुतः वह स्वामी विवेकानन्द के शब्दों में ही ऐसा दृढ़ निश्चय है, "जीवन नहीं, मृत्यु की साधना करो, स्वयं को असिधार पर फेंक दो, और सदा के लिए रुद्र से एकाकार हो जाओ।"[27]

एक बार फिर हम इस आवेग में शौर्य का संकल्प देखते हैं जो विवेकानन्द की कर्म शक्ति का स्रोत था — एक परम सत्य जो नग्न रौद्र रूप में प्रकट होना चाहता है, नरम नहीं पड़ना चाहता। श्रद्धा जो अपने स्वैच्छिक समर्पण का कोई प्रतिदान नहीं चाहती, जो बदले में कुछ पाने के सौदे और स्वर्ग के लोभ से ही घृणा करती है, क्योंकि उसकी अनश्वर शक्ति घन की चोटों से तैयार इस्पात के समान है[28]।

---

27. The Master as I saw Him by Nivedita. p. 162.

28. सुकुमार श्री रामकृष्ण का भी माँ के विकराल रूप से परिचय था। किंतु वे उसकी मुस्कान के अधिक प्रेमी थे।

साधारण ब्रह्मसमाज के एक संस्थापक और अध्यक्ष, शिवनाथ शास्त्री ने बताया है, "मैं तब मौजूद था जब कई लोग ईश्वर के गुणों के विषय में विवाद कर रहे थे कि वे तर्कसंगत हैं या नहीं। रामकृष्ण ने उन्हें यह कह कर रोका, "बहुत होगया, बहुत होगया। इस पर झगड़ने से क्या लाभ कि दैवी गुण युक्तियुक्त हैं या नहीं ? ... तुम कहते हो कि ईश्वर शुभ है ? क्या तुम तर्क से मुझे यह विश्वास दिला सकते हो ? उस बाढ़ को देखो जिसने हजारों को मौत के घाट पहुंचा दिया ? तुम कैसे कह सकते हो कि दयालु ईश्वर ने इसका आदेश दिया ? तुम शायद कहोगे कि इस बाढ़ ने सफाई की और जमीन सींची, इत्यादि। पर क्या शुभ ईश्वर बिना हजारों निर्दोष स्त्री-पुरुषों और बच्चों को डुबाए ऐसा नहीं कर सकता था ?" इस पर एक विवादकर्ता बोला, तो क्या यह मानें कि ईश्वर क्रूर है ? रामकृष्ण बोले "ओ मूढ़, ऐसा किसने कहा ? हाथ जोड़ कर नम्रता से कहो "हे, ईश्वर हम तेरे स्वभाव और कार्यों को समझने में बहुत अल्पज्ञ हैं। हमें

हमारे महान ईसाई तपस्वियों ने भी इस पौरुष सुख का अनुभव किया था और आज भी करते हैं । पास्कल ने भी इसे चखा था । परंतु इस अनुभव ने विवेकानन्द को कर्म से विमुख करने के बजाए उनमें उत्कट उत्साह पैदा किया, इच्छा शक्ति को सुदृढ़ किया जिससे वे दस गुना जोश से संघर्ष में कूद पड़े ।

उन्होंने संसार के सब दुःखों को गले से लगाया । निवेदिता ने लिखा, "ऐसा लगता था कि संसार में कहीं भी किसी पर की गई चोट मेरे गुरु को बिना आघात पहुँचाये नहीं रहती थी । मानो कोई भी यातना, चाहे वह मृत्यु की ही क्यों न हो, उनसे प्रेम और आशीर्वाद पाये बिना नहीं रहती"[29]।

उन्होंने कहा, "मैंने यम को गले लगा लिया है ।" वे इससे कई महीने आविष्ट रहे । उन्हें माँ की वाणी के अलावा और कुछ सुनाई नहीं देता था । इस आवेश की उनके स्वास्थ्य पर भीषण प्रतिक्रिया हुई । जब वे लौटे तब संन्यासी बन्धु इस परिवर्तन को देख घबरा गए । वे इतने ध्याननिमग्न रहते कि कई बार दस बार प्रश्न करने पर भी उत्तर न मिलता । वे जानते थे कि इसका कारण "कठोर तपस्या है ।"

"साक्षात शिव मेरी चेतना में प्रवेश कर गए हैं । वे निकलते ही नहीं ।" यूरोप के उन बुद्धिवादियों को जिन्हें देवताओं की ऐसी प्रेतबाधा से वितृष्णा होगी विवेकानन्द द्वारा अपने सहकर्मियों को एक वर्ष पूर्व दी गई कैफियत का स्मरण कराना उपयोगी होगा : "समस्त आत्माओं की समग्रता — मात्र मानवीय आत्माओं की ही नहीं — सगुण ब्रह्म है । इस समग्रता के विरुद्ध कोई कुछ नहीं कर सकता । शिव, काली इत्यादि का भी यही अर्थ है ।[30]

मार्ग दिखाओ ... वृथा तर्क न करो, प्रेम करो ।" (Ramakrishna by Shivnath Shastri)

रामकृष्ण और विवेकानन्द दोनों को ईश्वर के रुद्र रूप का समान ज्ञान था, किंतु उनकी धारणाएं भिन्न थीं । रामकृष्ण उस दिव्य चरण पर नत होते और उसे चूमते जो उनकी छाती को कुचलता । विवेकानन्द सीधे खड़े होकर मृत्यु से आंख से आंख मिलाते और उनके कर्म का सुख उसमें आनन्द लेता । उन्होंने अपने को "मृत्यु की असिधार पर फेंका ।"

29. कदाचित अपने निष्ठावान मित्र गुडविन और पवहारी बाबा की मृत्यु से कुछ दिन पहले उनके मन में उठी नैतिक उथलपुथल (जून 1898) ने माँ काली के उनके अंतर में प्रवेश के लिए भूमि तैयार की हो ।

30. यूरोप की दूसरी यात्रा पर सिसली का तट दिख पड़ने पर, निवेदिता से बात करते हुए ।

यूरोपीय बुद्धि में जो तथ्य तर्क की अवस्था में रह जाते हैं, उसे इस महान भारतीय की शक्तिशाली भावप्रवणता अग्नि-बिम्बों का रूप दे रही थी। क्षण भर के लिए भी अद्वैत में उनकी आस्था नहीं डिगी थी। रामकृष्ण से विपरीत मार्ग पर चल कर भी वे उसी सार्वभौम अनुभूति एवं उसी चिंतन शिखर पर पहुँचे थे — जहां मनुष्य एक साथ केंद्र और परिधि दोनों है : आत्माओं की समग्रता भी है और पृथक आत्मा भी — ओंकार[31] जो अनाहत नाद में लीन होता रहता है — एक अनंत आवागमन का आदि है और अंत भी। उनके संन्यासी बन्धुओं को इस समय श्रीरामकृष्ण के साथ उनकी अभिन्नता की कुछ कुछ झलक मिलने लगी थी। प्रेमानन्द ने एक बार उनसे कहा था, "क्या तुममें और रामकृष्ण में कोई अंतर है ?"

वे बेलूर के नये मठ में लौट आये और 9 दिसंबर 1898 को उसकी प्रतिष्ठापना की। कुछ दिन पहले कलकत्ता में 12 नवंबर को दुर्गा पूजा के दिन निवेदिता का कन्या विद्यालय खोला गया था। रोग और दमघोंटू दमे के दौरों के बावजूद जिससे उनका चेहरा डूबते मनुष्य जैसा नीला पड़ जाता था, सारदानन्द के सहयोग से वे संगठन का कार्य चलाते रहे।

संन्यासी वृंद काम में जुटे थे। संस्कृत, पूर्व और पाश्चात्य दर्शन, शारीरिक श्रम और ध्यान सभी वहां सिखाया जाता था। वे स्वयं औरों के लिए आदर्श थे। तत्व मीमांसा पढ़ाने के बाद वे बगीचे में जुताई करते, कुँआ खोदते और आटा माँडते।[32] वह श्रम की जीवंत स्तुति थे।

एक श्रेष्ठ संन्यासी ही (व्यापक अर्थ में वह मनुष्य जिसने ब्रह्म की सेवा का व्रत लिया है) एक श्रेष्ठ कर्मी हो सकता है क्योंकि वह निष्काम है ... बुद्ध और ईसा से श्रेष्ठ कौन कर्मी हुए हैं ... कोई श्रम धर्म निरपेक्ष नहीं है। समस्त कर्म पूजा और आराधना है। फिर कर्म में छोटा-बड़ा कुछ नहीं। सभी हितकर कर्म श्रेष्ठ है।

"यदि मेरे गुरुभाई कहें कि मुझे आजीवन मठ की नालियां साफ करनी हैं तो

---

31. हिन्दू विश्वास और विवेकानन्द की व्याख्या के अनुसार, ओम् शब्द "सब स्वरों का मूल है और ब्रह्म का प्रतीक है, नाद ब्रह्म विश्व में सबसे सूक्ष्म है।" (मिलाएं The Mantra : OM : Word and Wisdom in Bhakti-yoga : The Complete Works of Vivekananda III p. 56.)

32. वे शारीरिक व्यायाम को महत्व देते थे "मुझे धर्म सेना में सफरमैना की जरूरत है। इसलिये बच्चो अपना शरीर बलवान बनाओ। तपस्वियों के लिए शारीरिक दौर्बल्य ठीक है। श्रमिकों के लिए सुगठित शरीर लोहे की मांस पेशियां और इस्पात की धमनियां चाहिए।"

निश्चय ही ऐसा मेरा कर्तव्य है। वही सच्चा जननायक है जो सार्वजनिक हित में आज्ञापालन करना जानता है।''

प्रथम कर्तव्य है, ''त्याग''। बिना त्याग के कोई धर्म (वे कह सकते थे, आत्मा का कोई गहरा संस्कार) नहीं टिक सकता। संन्यासी, वह मनुष्य है जिसने त्याग किया है और वेदों के अनुसार वह वेदों से भी महान है। क्योंकि वह मत मतांतरों, देवालयों और पैगम्बरों के बंधनों से मुक्त है। वह ईश्वर में और ईश्वर उसमें निवास करता है। उसके लिए श्रद्धा ही यथेष्ट है!

''संसार का इतिहास उन थोड़े से लोगों का इतिहास है जिन्हें अपने पर विश्वास था। यह विश्वास भीतरी दिव्यता जागृत करता है। तुम जो चाहो कर सकते हो। विफल तभी होगे जब अनंत शक्ति के प्रकाश के लिए यथेष्ट प्रयास न करोगे। जब भी मनुष्य या राष्ट्र अपने में विश्वास खो बैठता है, वह मृत्यु को प्राप्त होता है। पहले अपने पर विश्वास रखो, फिर ईश्वर में। मुट्ठी भर आत्मविश्वासी लोग संसार को हिला देंगे।''...

इसलिये साहसी बनो। साहस श्रेष्ठतम गुण है। बिना किसी भेद भाव के, बिना हिचक के, बिना भय के, बिना मिलावट के सदा संपूर्ण सत्य सबसे कहने का साहस करो। अमीरों और बड़ों की चिंता छोड़ो। संन्यासी को पैसे वाले से क्या लेना-देना ? धनिकों का आदर करना और उनकी सहायता के लिए लालायित होना एक वेश्या जैसा आचरण है। संन्यासी का कर्तव्य तो दरिद्र के प्रति है। उसे गरीबों की प्रेमपूर्वक देखभाल करनी चाहिए और पूर्ण शक्ति से प्रसन्न हो उनकी सेवा करनी चाहिए।

''केवल अपना मोक्ष चाहोगे, तो नरक में जाओगे। दूसरों का मोक्ष चाहो ... यदि तुम्हें दूसरों की सेवा करते हुए नरक में भी जाना पड़े तो वह अपनी मुक्ति द्वारा अर्जित स्वर्ग से श्रेष्ठ है ... श्रीरामकृष्ण आए और संसार को अपना जीवन दे गए। मैं भी अपने जीवन का बलिदान करूंगा, तुम भी करो और प्रत्येक मनुष्य को ऐसा ही करना चाहिये। ये सब कार्य इत्यादि तो प्रारंभ मात्र हैं। मुझ पर विश्वास करो कि हमारे रक्त बिंदुओं से ईश्वर के महान पराक्रमी सेवक और योद्धा उत्पन्न होंगे जो संपूर्ण विश्व में क्रांति ला देंगे।''

उनके शब्दों में महान संगीत है : बीथोवन की शैली में गाई पदावली, हैंडल के अभियान वृन्दगान की रोमांचक लय। यद्यपि ये प्रवचन तीस वर्ष पुरानी पुस्तकों में बिखरे पड़े हैं, पर आज भी जब मैं उनके संपर्क में आता हूँ तो मेरे शरीर में बिजली का सा झटका लगता है। और जब स्वयं इस जननायक के मुख से ज्वलंत शब्द उच्चरित हुए होंगे तब इसने कितने झटके दिए होंगे। कितना लोकोत्तर आनन्द प्रदान किया होगा।

उन्हें लगा रहा था कि मृत्यु आ रही है। किंतु ..."जीवन एक समर है। मुझे लड़ते-लड़ते मरने दो। दो वर्ष के शारीरिक कष्ट ने मेरे जीवन के बीस वर्ष छीन लिए हैं। पर आत्मा नहीं बदली है। मेरे भीतर अभी भी वही है, वैसा ही मूर्ख, एक मूर्ख के समान अविकल : आत्मा।"

9

पश्चिम की दूसरी यात्रा

वे पश्चिम की दूसरी यात्रा पर इस उद्देश्य से रवाना हुए कि वहाँ शुरू किए गए कार्य को देखें और उसे प्रोत्साहन दें । इस बार वे अपने अन्यतम विद्वान, कुलीन, संस्कारवान, संस्कृतज्ञ गुरुभाई तुरीयानंद को अपने साथ ले गए । भगिनी निवेदिता भी सहयात्री थीं ।

उन्होंने कहा, ''पिछली बार उन्होंने क्षत्रिय योद्धा देखा था । इस बार मैं उन्हें ब्राह्मण दिखाना चाहता हूँ ।''

पिछली बार लौटने के समय से इस बार की परिस्थिति बहुत भिन्न थी ।[1] अपनी कृश काया में वे शक्ति से प्रज्वलित आग छिपाये हुए थे, जिसमें कर्म और संघर्ष साँसें ले रहा था । वे अपने निर्वीर्य देशवासियों की अकर्मण्यता से इतने खिन्न थे कि जहाज से जब उन्हें कोर्सिका द्वीप दिखाई पड़ा, उन्होंने युद्धनायक नेपोलियन का अभिनन्दन किया ।[2]

---

1. जून 20, 1899 को वे कलकत्ते से चलकर मद्रास, कोलम्बो, अदन, नेपिल्स और मारसील्ज गये । 31 जुलाई को वे लंदन में थे । 16 अगस्त को ग्लासगो छोड़ न्यूयार्क के लिए रवाना हुए । अमरीका में 20 जुलाई तक रहे, मुख्यतः कैलिफोर्निया में । अगस्त से 24 अक्तूबर तक फ्रांस में भ्रमण किया, फिर पेरिस और ब्रिटैनी गए । वहाँ से वीयना होकर, बाल्कन, कॉंस्टेंटिनोपिल, ग्रीस और मिश्र । दिसंबर 1900 के प्रारंभ में भारत लौटे ।

2. उन्होंने रोब्सपीयर की शक्ति का भी स्मरण किया । यूरोप का इतिहास उनके मन में भरा हुआ था । जिब्राल्टर आने से पहले अपनी कल्पना में उन्होंने तट पर मूर लोगों के घोड़ों को दौड़ते और अरब आक्रमणकारियों को नावों से उतरते देखा ।

नैतिक कायरता से उन्हें इतनी घृणा थी कि उसकी तुलना में वह अपराध के जोश को बेहतर समझते थे ।[3] जैसे जैसे उनकी आयु बढ़ती गई उनका यह विश्वास गहरा होता गया कि पूर्व और पश्चिम का मिलन होना चाहिये । उन्होंने भारत और यूरोप को ''दो पूर्ण यौवन प्राप्त देहों में ... दो महान प्रयोगों में, जिनमें से कोई भी अभी पूर्ण नहीं हुआ है'', देखा । इन दोनों में परस्पर सहयोग होना चाहिये और साथ ही एक दूसरे के मुक्त विकास का आदर भी करना चाहिये । उन्होंने इनकी दुर्बलताओं की आलोचना करने से अपने को रोका । दोनों इस समय अपरिपक्व, कृतघ्न आयु के थे । उन्हें एक दूसरे का हाथ थाम कर आगे बढ़ना चाहिये ।[4]

डेढ़ वर्ष बाद जब वे भारत लौटे, तब वे जीवन से प्रायः पूर्णतः विरक्त हो चुके थे । इस बार पाश्चात्य साम्राज्यवाद का हिंस्र चेहरा उघाड़ने के बाद उनके मन से सारा हिंसा का भाव निकल गया था। वे पाश्चात्य साम्राज्यवाद की खूनी और घृणा से भरी आँखों में आँखें डाल कर देख चुके थे । उन्होंने अनुभव किया कि पहली यात्रा में वह अमरीका

---

3. जब लोग भारत में अपराध के अभाव की चर्चा करते, वह कहते, ''मैं चाहता हूँ मेरी मातृभूमि इससे भिन्न होती । क्योंकि यह वास्तव में मृत्यु की भलमनसाहत है । जैसे जैसे मेरी आयु बढ़ रही है, मुझे ऐसा लगने लगा है कि पौरुष में ही सब कुछ है । यही मेरा नया संदेश है ।'' वे यहाँ तक कह गए ''वीर पुरुषों की भाँति अपराध तक करो । यदि दुष्टता ही करनी है तो बड़े पैमाने पर करो ।''

यह कहने की जरूरत नहीं कि इन शब्दों की भाषा को उल्कापात के रूप में ग्रहण करना चाहिये । (ये जहाज में उन विश्वस्त और परीक्षित मित्रों से कहे गए थे जो उनका गलत अर्थ नहीं लगा सकते थे) इनमें एक आध्यात्मिक क्षत्रिय योद्धा ने प्राच्य के पतनोन्मुख समाज पर अपना आक्रोश व्यक्त किया है । कदाचित उनका सच्चा तात्पर्य था — जो मुझे इस इटालियन सूक्ति में मिला — 'अकर्मण्यता जघन्यतम अपराध है'।

4. मिलाइए निवेदिता द्वारा लिपिबद्ध किए गए साक्षात्कारों से । इससे जो चीज स्पष्ट उभर कर आती है, वह है उनकी विश्व भावना । उन्हें अमरीकी लोकतंत्र से आशा थी । वे इटली की कला, संस्कृति, स्वाधीनता, मैजिनी की महान माँ के प्रति उत्साही थे । उन्होंने चीन को विश्व का खजाना कहा । उन्होंने फारस के शहीद बाबियों से मैत्री की । उन्होंने समान प्रेमभाव से हिन्दुओं, मुसलमानों और बौद्धों के भारत का आलिंगन किया । उन्हें मुगल साम्राज्य से प्रेरणा मिली । अकबर पर बोलते हुए उनकी आँखें भर आईं । उन्होंने चंगेज खाँ के एशियाई एकता के स्वप्न और उसकी भव्यता को भी समझा और उसका समर्थन किया । बुद्ध की उन्होंने भव्य प्रशस्ति की :

''मैं बुद्ध के सेवकों का भी सेवक हूँ ... ।''

और यूरोप के लोकतंत्र की सतही बातों, उसकी शक्ति और संगठन क्षमता के छलावे में आ गए थे। इस बार उन्होंने उसमें छिपी पैसा बटोरने की ललक, अपना वर्चस्व स्थापित करने के लिए भीषण संघर्ष और उसके विकराल गठबंधनों को समझ लिया था । वे एक सुदृढ़ सहयोग की भव्यता के प्रति अपनी श्रद्धाँजलि देने में समर्थ थे ...

"किंतु भेड़ियों के झुंड में कौन सा सौन्दर्य है ?" एक प्रत्यक्षदर्शी ने कहा, "पाश्चात्य जीवन उन्हें नरक सा लगा ।" भौतिक समृद्धि अब उन्हें धोखा न दे सकी । उन्होंने देखा कि आत्मशक्ति के निरर्थक अपव्यय के नीचे पीड़ा और छिछोरे चेहरे के पीछे गहरा संताप छिपा हुआ है । उन्होंने निवेदिता से कहा, "पश्चिम में सामाजिक जीवन एक अट्टहास के समान है, पर उसके नीचे है करुण क्रंदन । अंत में रह जाती है केवल एक सिसकी । बाहर तफरी-तमाशा है । वास्तव में भीतर करुण वेदना भरी है । यहाँ भारत में ऊपर दीखती है उदासी और दुःख, पर नीचे छिपी है बेफिक्री और मौज-मस्ती।"[5]

उन्हें कैसे पैगम्बरों जैसी दिव्य दृष्टि मिली ? कब और कहाँ उनकी आँखों ने पेड़ की छाल उतार फेंकी और वह कीड़ा देख लिया जो पश्चिम को उसके समस्त वाह्य वैभव के बावजूद खाये जा रहा था ; कैसे उन्हें आने वाली घृणा और यातना के दिनों की, युद्ध और क्रांति के वर्षों की सूचना पहले से ही मिल गई ?[6] कोई नहीं जानता । उनकी यात्रा का लेखाजोखा भी कभी रखा गया, कभी नहीं । इस बार उनके साथ कोई गुडविन नहीं था । खेद है कि एक दो निजी पत्रों को छोड़ कर, जिनमें सबसे सुन्दर पत्र आलामीडा से कुमारी मैक्लाउड को लिखा गया था, उनकी यात्रा के ब्योरे का कुछ पता नहीं चलता । सिर्फ इतना ही ज्ञात है कि कहाँ-कहाँ गये और उन्हें अपने कार्य में कितनी सफलता मिली ।

---

5. The Master as I saw Him, p. 145.

6. सिस्टर क्रिस्तीन ने अपने अप्रकाशित संस्मरणों में उद्‌घाटित किया है कि 1895 की प्रथम यात्रा में भी विवेकानन्द ने पश्चिम की दारुण दशा को देख लिया था :

"यूरोप ज्वालामुखी के कगार पर है । यदि यह आग आध्यात्मिकता के आप्लावन से न बुझाई गई, तो यह भड़क उठेगी ।" सिस्टर क्रिस्तीन ने भविष्यवक्ता की अंतर्दृष्टि का एक अन्य दृष्टांत भी दिया है : बत्तीस वर्ष पूर्व (अर्थात् 1896 में) उन्होंने मुझसे कहा था : "अगली उथलपुथल जो नये युग का सूत्रपात करेगी रूस या चीन से शुरू होगी । मैं स्पष्ट तो नहीं देख सकता कि इनमें से किस एक देश से, पर दोनों में से एक से अवश्य ... ।" और पुनः "संसार के तीसरे युग में वैश्यों की (व्यापारियों की) प्रभुता है । चौथा युग शूद्रों (श्रमिकों) के अधीन होगा ।"

लंदन में रुकते हुए वे अमरीका गए और वहाँ लगभग एक वर्ष ठहरे। यहाँ उन्होंने देखा कि अभेदानंद का वेदांत प्रचार जोरों से चल रहा है। उन्होंने न्यूयार्क के समीप मौंट क्लेयर में तुरीयानंद को बैठा दिया। स्वयं अनुकूल जलवायु के कारण कैलिफोर्निया जाने का निश्चय किया। इससे वे कई महीने स्वस्थ रहे। वहाँ उन्होंने अनेक व्याख्यान दिए।[7] उन्होंने सेन फ्रांसिस्को, ओकलैंड और आलामीडा में नये वेदांत केंद्र स्थापित किए। सेंटा क्लेरा जिले में उन्हें एक सौ साठ एकड़ वन भूमि दान में मिली। वहाँ उन्होंने एक आश्रम बनाया जहाँ तुरीयानंद चुने हुए शिष्यों को आश्रम जीवन का अभ्यास कराते। निवेदिता आ गईं। उन्होंने न्यूयार्क में हिन्दू नारी के आदर्श और भारत की प्राचीन कलाओं पर भाषण दिए। श्री रामकृष्ण की छोटी और चुनी हुई टोली खूब सक्रिय थी। कार्य बढ़ा और उनके विचार फैले।

उनके नेता का तीन चौथाई अंश अब संसार में न था ; वे उससे असम्पृक्त हो चले थे। उनके वृक्ष के चारों ओर छायाएँ मंडरा रही थीं ... क्या ये छायाएँ थीं या प्रकाश का प्रतिबिम्ब ? वे अब हमारे सूर्य की तो न थी। ...

''मेरे लिए प्रभु से प्रार्थना करो कि मेरा कार्य सदा के लिए थम जाए और मेरी सम्पूर्ण आत्मा माँ में विलीन हो जाए... मैं स्वस्थ हूँ; मन से पूर्ण स्वस्थ हूँ। मुझे शरीर से अधिक आत्मा की शांति की चिन्ता है। युद्ध हारे और जीते जाते हैं। मैं अपनी गठरी बाँध कर तैयार हूँ और महात्राता की प्रतीक्षा कर रहा हूँ।

''हे शिव, हे शिव, मेरी नौका भवसागर के पार लगा ... मैं तो वही तरुण बालक हूँ जो दक्षिणेश्वर में वट वृक्ष के नीचे आश्चर्य विभोर होकर श्रीरामकृष्ण के वचनामृत का पान किया करता था। वही मेरा सच्चा स्वभाव है। कर्म और परोपकार इत्यादि ऊपर से आरोपित बातें हैं ... आज मैं फिर उनकी आवाज सुन रहा हूँ, वही परिचित आवाज जो मेरी आत्मा में हिलोरें उठा रही है। बंधन टूट रहे हैं, आसक्ति छूट रही है, कर्म नीरस हो रहा है, जीवन मोह मुक्त हो गया है। अब केवल गुरु की पुकार बुला रही है ... बीती

---

7. उल्लेखनीय है पसादेना में ''संदेशवाहक ईसा'', लास एंजिलिस में ''मन की शक्ति'', सेन फ्रांसिस्को में ''विश्वधर्म का आदर्श, गीता, विश्व को बुद्ध, ईसा और कृष्ण का संदेश; भारत की कलाएं और विज्ञान, मन की शक्ति और संभावनाएं इत्यादि। कैलीफोर्निया राज्य के अन्य स्थानों पर भी उन्होंने भाषण दिए।

दुर्भाग्य से उनके अनेक भाषण नष्ट होगए। उन्हें लिपिबद्ध करने के लिए उन्हें दूसरा गुडविन न मिला। उनमें से कुछ भाषण जो उम्प म्मम्य द.दा ग्सल द्वारा आशुलिपि में लिए गये थे, दोबारा लिखे गए और उन्हें सम्पूर्ण विवेकानन्द ग्रंथावलि में सम्मिलित किया गया है।

को बिसार दो । मेरे साथ आओ ... 'वत्सल प्रभु, आया ।' निर्वाण सामने है ... वही निष्कंप निःश्वास, शांत पारावार । मैं खुश हूँ कि मैंने जन्म लिया, प्रसन्न हूँ कि मैंने कष्ट भोगा, प्रसन्न हूँ कि मैंने भूलें की, प्रसन्न हूँ कि अब मैं शांति में प्रवेश कर रहा हूँ । मैंने किसी को न बांधा, न बंधा ... महास्थविर सदा के लिए जा चुके हैं । मेरे मार्गदर्शक गुरु, मेरे अग्रणी चले गए ... ।''

कैलिफोर्निया की मनमोहक धूप और घनी हरियाली से पूर्ण भव्य जलवायु में उनकी दृढ़ इच्छा शक्ति ढीली पड़ गई, उनका क्लांत अस्तित्व सपने में खो गया, शरीर और आत्मा अलग अलग बह गए ... ।

"यह निस्तब्धता जो निश्चय ही मायावी जान पड़ती है, यह दिव्य शांति कहीं मेरे हाथ पैर हिलने से भंग न हो जाय, इसलिये निश्चेष्ट पड़ा हूँ । मेरे कर्म के पीछे महत्वाकांक्षा थी, प्रेम के पीछे अहंकार था, मेरी पवित्रता के पीछे भय था, मेरे मार्गदर्शन के पीछे मेरी सत्ता-लिप्सा थी ... अब ये सब तिरोहित हो रहे हैं और मैं अवश बह रहा हूँ ... माँ मैं तेरी उष्म गोद में दुबकने आ रहा हूँ ... बहाते बहाते तू मुझे किसी भी निःस्वर, विचित्र अज्ञात लोक में ले चल । मैं तो अब दर्शक हूँ, अभिनेता नहीं । ओह कितनी शांति है । मेरे हृदय में, अंतस्थल में पता नहीं कितनी कितनी दूरी से विचार आ रहे हैं। वे दूर की अस्पष्ट फुसफुसाहटें हैं, सर्वत्र मधुर शांति विराज रही है, ठीक जैसी हम नींद आने से पहले अनुभव करते हैं, जब वस्तुएं परछाइयों की भाँति दीखती हैं, निर्भय, प्रेमशून्य, उद्वेगरहित ... प्रभु, मैं आ रहा हूँ। संसार है, पर वह न सुंदर है और न असुंदर, वह मात्र प्रतीति है जो रागमुक्त है । ओह कितनी दिव्य है यह । प्रत्येक वस्तु शिव और सुंदर है क्योंकि मेरे लिए उनकी सापेक्ष सत्ता नष्ट होती जा रही है — मेरी देह निराकार होती जा रही है । ॐ तत्सत् ।"

विवेकानन्द के वाण का प्रक्षेप-पथ शेष हो रहा था । उन्होंने 20 जुलाई को एटलांटिक सागर पार किया । वे पेरिस गये जहाँ वह ''युनिवर्सल एक्सपोजिशन'' के अवसर पर धार्मिक इतिहास सम्मेलन में आमंत्रित थे । शिकागो की भाँति यह सर्वधर्म सम्मेलन न था । कैथलिक सत्ता इसकी अनुमति नहीं देती । यह विशुद्ध इतिहास और विज्ञान का सम्मेलन था। विवेकानन्द का जीवन अब मुक्ति के समीप था । अब इसमें उनकी थोड़ी बौद्धिक रुचि तो रही, पर न उसमें उनका पूरा मनोयोग था और न उत्साह । सम्मेलन की समिति ने उन्हें इस प्रश्न की विवेचना का भार सौंपा कि क्या वैदिक धर्म की उत्पत्ति प्रकृति-पूजा से हुई है । उन्होंने ओपर्ट के साथ बहस की । वे वेद पर बोले और उसे हिन्दू और बौद्ध धर्म का समान आधार बताया । उन्होंने बौद्ध धर्म की तुलना में गीता और कृष्ण को प्राथमिकता दी तथा भारत में नाटक, कलाओं और विज्ञान पर

यूनानी प्रभाव को अस्वीकार किया ।

उन्होंने अपना अधिक समय फ्रांसीसी संस्कृति को समझने में लगाया । वे पेरिस के बौद्धिक और सामाजिक महत्व से प्रभावित हुए । भारत में प्रकाशनार्थ 'पूर्व और पश्चिम' शीर्षक एक लेख में उन्होंने कहा, "पेरिस यूरोपीय संस्कृति का केंद्र और स्रोत है, जहाँ पश्चिम के आचार और समाज का निर्माण हुआ है, जहाँ का विश्वविद्यालय सब अन्य विश्वविद्यालयों का आदर्श रहा है । पेरिस स्वाधीनता की जन्मभूमि है, उसने यूरोप में नव जीवन का संचार किया है ।"

उन्होंने कुछ समय लेलियन में अपनी मित्र श्रीमती ओली बुल और भगिनी निवेदिता के[8] साथ बिताया । संत मिकायल के पुण्य दिवस पर वे मौंट सेंट मिकायल गए । उनकी यह धारणा दृढ़ होती गई कि हिन्दू धर्म और कैथलिक धर्म में बहुत समानताएं हैं ।[9] उन्होंने यह भी देखा कि यूरोपीय जातियों में ऐशियाई रक्त का न्यूनाधिक मिश्रण हुआ है । यह महसूस करने के बजाय कि यूरोप और एशिया में बुनियादी भिन्नताएँ हैं, उनका मानना था कि यूरोप और एशिया के गहन सम्पर्क से यूरोप में पुनर्जागरण का सूत्रपात होगा, क्योंकि पूर्व के आध्यात्मिक विचारों से उसका भंडार फिर से भर जायेगा ।

खेद की बात है पेरिस में पश्चिमी नैतिक जीवन के इस सूक्ष्म दर्शक को, फ्रांसीसी मानस के इस अनुसंधानकर्ता को मात्र फादर हाईसिंथ और जूल्स बौय जैसे मार्गदर्शक मिले ।[10]

वे फिर 24 अक्तूबर को वीयना और कोंस्टेंटिनोपिल के रास्ते पूर्व दिशा में चल दिए । पेरिस के बाद उन्हें कोई नगर न भाया । आस्ट्रिया से गुजरते हुए उन्होंने एक विलक्षण टिप्पणी की, "यदि तुर्की यूरोप का रोगी पुरुष है तो आस्ट्रिया रोगी स्त्री है ।" यूरोप ने उन्हें विरक्त भी किया और थकाया भी । उन्हें उसमें युद्ध की दुर्गंध आई जो चारों

8. निवेदिता कुछ समय के लिए भारतीय नारी के कल्याण कार्य के लिए भाषण देने लंदन चली गई । विवेकानन्द ने उन्हें विदा के समय इन ओजपूर्ण शब्दों में आशीर्वाद दिया था, "यदि मैंने तुम्हें बनाया है तो नष्ट हो जाओ, यदि जगन्मयी माँ ने बनाया है, तो जीवित रहो ।"

9. वे प्रेमपूर्वक कहते थे, "ईसाई धर्म की भावना हिन्दू धर्म से भिन्न नहीं है ।"

10. पोरिस में वे पेट्रिक गिडीज और अपने महान देशवासी जगदीश चन्द्र बोस से भी मिले, जिनकी प्रतिभा के वे कायल थे और प्रबल समर्थक । वे विचित्र हिराम मैस्कीम से भी मिले जिसकी स्मृति विनाश संयंत्र में सुरक्षित है, किंतु जो बेहतर प्रसिद्धि का अधिकारी है : वह चीन और भारत का महान पारखी और प्रेमी था ।

ओर से उठ रही थी। उन्होंने कहा, ''यूरोप एक विशाल सैनिक शिविर है।''

कुछ समय के लिए वे बास्फोरस के तट पर सूफी साधुओं से साक्षात्कार के लिए रुके फिर यूनान में जहाँ एथेंस और इल्यूसिस की स्मृतियां सुरक्षित हैं और अन्ततः काहिरा का संग्रहालय देखने गये । दिन प्रति दिन बाह्य जगत से उनका मन उचट रहा था और वे ध्यान में निमग्न रहते । निवेदिता ने बताया कि पश्चिम में बिताए अंतिम महीनों में उन्हें देख कर लगता था कि संसार में जो कुछ हो रहा है, उससे सर्वथा उदासीन हो गए थे । उनकी आत्मा वृहत्तर क्षितिज की ओर उड़ी जा रही थी। मिश्र में तो ऐसा लगा कि वे चेतना के अंतिम पन्ने पलट रहे हैं ।

हठात् उन्होंने सुना कि कोई गुरु गंभीर स्वर में उन्हें वापिस बुला रहा है । बिना एक दिन रुके उन्होंने पहला जहाज पकड़ा और अकेले स्वदेश लौट आये । वे अपनी देह को चिता पर वापिस ले आये ।

10

महाप्रयाण

उनके पुराने और सच्चे मित्र उनसे कुछ पहले जा चुके थे । श्री सेवियर का देहांत 24 अक्तूबर को हिमालय में उनके बनाए हुए आश्रम में हुआ । विवेकानन्द ने यह समाचार अपने लौटने पर सुना, पर उन्हें इसका पूर्वाभास लौटते हुए यात्रा में ही हो गया था । बेलूर में विश्राम के लिये न रुककर उन्होंने मायावती में तार दिया कि वे आश्रम पहुँच रहे हैं । विवेकानन्द के स्वास्थ्य का जो हाल था उसे देखते हुए इस समय हिमालय की यात्रा दुष्कर और जोखिम से भरी थी । इसके लिए चार दिन बर्फ में चलना पड़ता । इस वर्ष जाड़ा भी बहुत अधिक पड़ा था । कुलियों और भारवाहकों की प्रतीक्षा किए बिना वे दो साधु साथियों को लेकर चल दिये । गिरती बर्फ, धुंध और घिरे बादलों में वे मुश्किल से चल पा रहे थे । उनका दम घुट रहा था, उनके घबराये साथी उन्हें बड़ी कठिनाई से मायावती आश्रम में ले गये । वे वहां 3 जनवरी 1901 को पहुँचे । श्रीमती सेवियर से पुनः मिलने के आनन्द और भावोद्रेक, अपने कार्य को पूरा हुए देखने तथा पर्वत शिखर पर खड़े होकर आश्रम के सौंदर्य को निहारने के बावजूद वे वहां एक पखवाड़े से अधिक न ठहर सके । दमा उनका दम घोट रहा था । थोड़े से ही शारीरिक श्रम से वह बहुत थक जाते । उन्होंने कहा, "मेरा शरीर अपना कार्य कर चुका है ।" जनवरी को उन्होंने अपना अड़तीसवाँ जन्म दिन मनाया । उनकी तेजस्विता और उत्साह बराबर कायम रही ।[1] उनकी इच्छा के अनुसार निराकार ब्रह्म की उपासना के लिये समर्पित इस अद्वैत आश्रम में एक बार उन्होंने देखा कि श्री रामकृष्ण की पूजा के लिए एक अलग कक्ष है । और वे जो रामकृष्ण के भावुक भक्त थे, और जीवन के अंतिम वर्षों में अपने गुरु के अनन्य आराधक बन गए थे, इस व्यक्तिपूजा से, देव स्थान के

---

1. दमे के दौरों के बीच उन्होंने मायावती से 'प्रबुद्ध भारत' के लिए तीन प्रबंध लिखे, इनमें से एक थियासफी पर था ।

अपवित्र होने से क्रुद्ध हो उठे । उन्होंने बलपूर्वक अपने अनुयायियों को स्मरण कराया कि अद्वैत की उच्चतम आध्यात्मिक साधना के स्थल में किसी भी प्रकार की द्वैतवादी धार्मिक दुर्बलता को पैर टेकने का अवसर नहीं मिलना चाहिये ।[2]

जो धुन उन्हें यहां खींच कर लाई थी, वही वापिस भी ले गई । कुछ भी उन्हें नहीं रोक सका । 18 जनवरी को उन्होंने मायावती छोड़ा और चार दिन कहीं बर्फ और कहीं फिसलते ढलानों पर से उतरते हुए, 24 जनवरी को उन्होंने बेलूर मठ में पुनः प्रवेश किया ।[3]

बेलूर से अपनी माता के साथ पूर्वी बंगाल, असम, ढाका और शिलांग की अंतिम तीर्थ यात्रा पर वे गए और वहाँ से बहुत थककर लौटे ।[4]

उसके बाद सिर्फ एक बार 1902 में वाराणसी के लिए एक संक्षिप्त प्रवास पर निकले थे । उनके जीवन की महायात्रा समाप्त हो गई थी ... इससे क्या हुआ, उन्होंने गर्व से कहा, "मैंने इतना कुछ कर दिया है जो डेढ़ हजार साल तक बना रहेगा ।"

---

2. बेलूर लौट कर उन्होंने वहाँ भी "इस बूढ़े को प्रतिष्ठित हुआ" देखकर बड़ी निराशा से अपने असंतोष को दोहराया । कम से कम एक केंद्र को द्वैतवाद से मुक्त रखा जा सकता था । उन्होंने स्मरण कराया कि इस प्रकार की व्यक्तिपूजा रामकृष्ण के विचारों के विरुद्ध है । रामकृष्ण की शिक्षा और इच्छा से ही विवेकानन्द अद्वैतवादी बने थे । रामकृष्ण समस्त अद्वैत थे । उन्होंने अद्वैत की शिक्षा दी । "तुम क्या अद्वैत का अनुसरण नहीं करते ?" सारदा माँ के वचन ।

3. क्षत्रिय की लड़ने की क्षमता निश्चय ही समाप्त नहीं हुई थी । लौटते समय रेल के डिब्बे में उनके साथ एक अंग्रेज कर्नल सफर कर रहा था । उसने उनके प्रति घृणा व्यक्त की और उन्हें डिब्बे से बाहर करना चाहा । इस पर विवेकानन्द का क्रोध भड़क उठा, और उनके बजाय कर्नल को वह डिब्बा छोड़ना पड़ा ।

4. मार्च 1901 में उन्होंने ढाका में कई व्याख्यान दिए । असम की राजधानी शिलांग में उन्हें कई उदारमना अंग्रेज मिले । उनमें एक वहाँ के मुख्य सचिव सर हेनरी काटन थे, जो भारतीय हितों के समर्थक थे । इस अंतिम दौरे में वे उन स्थानों से गुजरे जो धार्मिक कट्टरता के गढ़ थे । वहां उन्होंने अपनी धार्मिक कल्पना की उदारता और शौर्ययुक्त स्वाधीनता को रेखांकित किया । उन्होंने कट्टरपंथी हिन्दुओं को स्मरण कराया कि ईश्वर के साक्षात्कार का सच्चा माध्यम मनुष्य है । अतीत से चिपटे रहना व्यर्थ है, चाहे वह कितना भी गौरवमय क्यों न रहा हो — यह आवश्यक है कि हम उनसे श्रेष्ठतर बनें, बेहतर ऋषि बनें । उन्होंने मिथ्या अवतारों में विश्वास की खिल्ली उड़ाई। उन्होंने कहा कि वे पेट भर कर खाएं तथा अपने मस्तिष्क और मांसपेशियों को ताकतवर बनाएं ।

मठ में वे पहली मंजिल पर एक बड़े हवादार कमरे में रहे जिसमें तीन दरवाजे और चार खिड़कियाँ थीं ।[5]

''सामने चौड़ी गंगा चमचमाती धूप में थिरक रही है, यदा कदा किसी भारवाहक नौका की पतवार का छपाका नीरवता भंग कर जाता है ... सब ओर हरियाली और सुनहरापन है, और मखमल सी घास है ...[6]

वे प्रकृतिमय जीवन बिता रहे थे, मानो फ्रांसिस साधु जैसे पवित्र ग्रामवासी हों । वे बगीचे और गोशाला में काम करते । शकुंतला के तपस्वियों की भाँति वे प्रिय पशुओं से घिरे हुए थे—बाघा नामक कुत्ता, हाँसी बकरी, मटरु मेमना जिसके गले में घंटियाँ बंधी थीं, जो शिशुवत भागता दौड़ता, एक हिरण, एक सारस, हंस, बत्तखें, गाएं और भेड़ें ।[7]

वह भावनिष्ठ हो इधर उधर घूमते । कभी मधुर गंभीर स्वर में गा उठते या उन शब्दों के दोहराते जिन्होंने उन्हें मुग्ध किया था । उन्हें समय के प्रवाह का ध्यान ही न रहता ।

अपने शारिरिक कष्ट के बावजूद वे एक कुशल मठाधीश की भाँति यह जानते थे कि किस प्रकार दृढ़ता से मठ के कार्यों का संचालन किया जाये । मृत्यु पर्यंत प्रायः प्रतिदिन वे नव दीक्षितों को ध्यान विधियां सिखाने के लिए वेदांत की कक्षाएं लेते रहे ; कार्यकर्ताओं में आत्मविश्वास जगाते रहे, अनुशासन और शुचिता पर पूरा ध्यान देते रहे, साप्ताहिक कार्यक्रम बना कर इस बात पर कड़ी नजर रखते कि उनका पालन हो रहा है

---

5. इसे आज भी वैसा ही रखा गया है जैसा कि वह मृत्यु के दिन था । एक लोहे का पलंग जिस पर वे कम ही लेटते थे ; वे जमीन पर सोना पसंद करते थे, एक लिखने की मेज, ध्यान लगाने के लिए एक गलीचा, एक बड़ा शीशा ... । बाद में वहाँ विवेकानन्द और श्रीरामकृष्ण के दो आदमकद चित्र बढ़ा दिए गए हैं ।

6. 14 दिसंबर 1900 का पत्र ।

7. ''वर्षा मूसलाधार हुई और प्रलयंकारी धारा दिन रात बरसती रही । नदी बढ़ रही है ... मैं अभी अभी एक बड़ी नाली काट कर आया हूँ ताकि पानी निकल सके — मेरा बड़ा सारस बहुत खुश है । मेरा पालतू हिरण मठ से भाग गया है । ... दुर्भाग्य से मेरी एक बत्तख कल मर गई ... एक हंस के पंख झड़ रहे हैं ... ।''

पशु पक्षी भी उनपर मोहित थे । मटरु मेमने को वे ऐसा दिखाते थे मानो पूर्व जन्म में वह उनका निकट संबंधी रहा है, वह उनके कमरे में सोता । हांसी को दुहने से पहले वे उसकी अनुमति लेते । बाघा हिंदू अनुष्ठानों में भाग लेता और जब घंटे घड़ियाल ग्रहण समाप्ति की घोषणा करते, वह गंगा में जाकर स्नान करता ।

या नहीं। थोड़ी सी लापरवाही भी उनकी नजर से न चूकती[8]। उनके चारों ओर एक उदात्त वातावरण बना रहता — आत्मा की "प्रज्वलित झाड़ी"[9] जिसके बीच सदा परमेश्वर विद्यमान रहता। एक बार वे अहाते के बीच एक पेड़ के नीचे खड़े थे, उन्होंने संन्यासियों को मंदिर में आराधना के लिए जाते देखा, तो बोल उठे, "तुम ब्रह्म को पाने कहां जा रहे हो...। वह तो सब भूतों में अंतर्निहित है... यहीं पर है, यहीं पर है साक्षात् ब्रह्म। धिक्कार है उन्हें जो साक्षात् दृश्य ब्रह्म को छोड़ कर औरों पर अपना मन लगाते हैं। ब्रह्म तुम्हारे सामने खड़ा है। हस्तामलकवत्। तुम्हें नहीं दीखता क्या? ब्रह्म यहीं है, यहीं है...।"

उनका कथन इतना ओजस्वी था कि प्रत्येक व्यक्ति सहम गया और वे चौथाई घंटे तक उसी स्थान पर बंधे हुए जड़वत् खड़े रहे। अन्ततः विवेकानन्द को कहना पड़ा, "जाओ पूजा करो"[10]।

उनका रोग निरंतर बढ़ता गया। मधुमेह ने जलोदर का रूप ले लिया। उनके पाँव सूज गये, शरीर के कुछ अंग अतिसंवेदनशील हो गये। नींद बहुत कम आती। चिकित्सक ने थोड़ा भी श्रम करने से मना किया और कष्टकर पथ्यापथ्य नियमों में बांध दिया, पानी तक पीना मना कर दिया। अविचल धैर्य से उन्होंने इसे स्वीकार किया। इक्कीस दिन तक एक बूँद भी पानी पेट में नहीं डाला, यहाँ तक कि कुल्ला करते समय, भूल से भी नहीं। उन्होंने कहा, "देह तो मन का मुखौटा है। मन जो आदेश देगा, देह को उसका पालन करना होगा। मैं अब पानी के बारे में सोचता ही नहीं, मुझे उसकी कमी नहीं खटकती... देखता हूँ, मैं जो चाहूँ कर सकता हूँ।"

---

8. निश्चित समय पर घंटे बजते, सबेरे चार बजे जगाने के लिये। आधा घंटे बाद संन्यासियों को ध्यान के लिए मंदिर में एकत्र होना होता, पर वे सबसे पहले वहाँ पर होते। वे तीन बजे उठकर आराधना कक्ष में जाते जहां वे उत्तर की ओर मुख कर दो घंटे से भी अधिक देर तक निश्चल हो ध्यान करते। कोई उनसे पहले न उठता जब तक वे "शिव शिव" न बोलते। वे एक शांत उर्ध्वावस्था में टहलते रहते और इसे अपने चारों ओर के व्यक्तियों में प्रेषित करते ... एक दिन मंदिर में हठात् प्रवेश कर उन्होंने देखा कि वहाँ मात्र दो संन्यासी थे। समस्त मठ में तथा महान संन्यासियों पर भी उस दिन से प्रायश्चित में उपवास का नियम लगाया और उन्होंने भिक्षा मांगने पर सबको मजबूर किया। इसी प्रकार उन्होंने मठ के प्रकाशनों का भी संचालन किया और "इन मूर्खताओं" से उनकी रक्षा की, जिससे तात्पर्य था अति भावुकता और संकीर्ण सांप्रदायिकता भरे लेख। इन दोनों बातों को वह अक्षम्य मानते थे।

9. ओल्ड टेस्टामेंट में मूसा की एक कथा का हवाला। इसमें ईश्वर उनसे प्रज्वलित झाड़ी के बीच से बोला था। (Exodus III)

10. 1901 का अंत।

मुखिया की बीमारी के कारण मठ के कार्य और पर्व नहीं रुके । वे चाहते थे कि पर्व विधिविधान और धूमधाम से मनाये जायें । उनका स्वतंत्र मन जो समाज सुधार के लिए बदनामी भी सह सकता था, सरल श्रद्धालुओं के हृदय में श्रद्धा[11]की निर्मल धारा प्रवाहित करनेवाले मधुर अनुष्ठानों की काव्यमयता का सम्मान करता था । धर्मांध जनों की अमानवीय कट्टर रुढ़िवादिता से उन्हें घृणा थी ।[12] अक्टूबर 1901, हमारा क्रिसमस तुल्य उत्सव बंगाल का राष्ट्रीय पर्व दुर्गा पूजा, सुगंधित शरद् ऋतु के आगमन पर धूमधाम से मनाया जाता है। इसमें बिछुड़े लोग एक दूसरे से मिलते हैं और उपहारों का आदान प्रदान होता है । इस अवसर पर मठ की ओर से तीन दिनों तक सैकड़ों गरीबों को भोजन कराया जाता है । फरवरी 1902 में रामकृष्णोत्सव पर तीस हजार से अधिक तीर्थ यात्री आये । विवेकानन्द को ज्वर था और पैरों की सूजन के कारण कमरे से बाहर नहीं आ सकते थे । अपनी खिड़की से वे नृत्य और संकीर्तन देखते रहे । अपनी परिचर्या करने वाले अश्रुपूरित शिष्य को धीरज बंधाते रहे । चुपचाप अकेले वे उन पुरानी स्मृतियों को फिर से जी रहे थे जो उन्होंने दक्षिणेश्वर में अपने गुरु चरणों में बिताईं थीं ।

एक सुख पाना उनके भाग्य में और था । ओकाकुरा नामके प्रसिद्ध व्यक्ति 1901 के अंत में उनसे मिलने आये । उनके साथ ओडा बौद्ध बिहार के जापानी मठाधीश भी थे । उन्होंने विवेकानन्द को आगामी धर्म सम्मेलन में आने का निमंत्रण दिया । यह भेंट बड़ी हृदयस्पर्शी थी । दोनों ने अपनी आत्मीयता पहचानी । विवेकानन्द ने कहा, "हम दो बिछुड़े भाई हैं जो पृथ्वी के दो छोरों से आकर मिल गये हैं ।"[13]

---

11. कुमारी मैकलाउड ने मुझे बताया, "निजी जीवन में विवेकानन्द अनुष्ठानिक रीति रिवाजों के प्रति उदासीन थे और सामाजिक जीवन में उनसे बंधना उन्हें स्वीकार न था किंतु उन्होंने हिन्दू भोजन तक में अनुष्ठान की अनुमति दी थी, जिसमें अन्न का एक अंश देवताओं के लिये निकाला जाता है और श्राद्धों के दिनों में तो उनके लिए अलग स्थान पर भोजन परोसा जाता है । उनका कहना था कि वे अनुभव करते हैं कि ये अनुष्ठान मनुष्य की दुर्बलता के लिए आवश्यक हैं, क्योंकि वे बिना निर्धारित और पुनरावृत्ति के कार्यों के धार्मिक अनुभव की जीवंत स्मृति को सुरक्षित नहीं रख पायेगा । उन्होंने कहा, "बिना उसके यहां (अपना माथा छूते हुए) सिर्फ बुद्धि, और शुष्क विचार रह जायेंगे ।"

12. मठ के प्रारंभिक दिनों में पड़ोसी गांवों के कट्टर लोगों में बेलूर के संन्यासी बदनाम थे । विवेकानन्द ने जब यह सुना तो बोले, "यह अच्छा है । यह प्रकृति का नियम है । बिना विरोध के श्रेष्ठ विचार समाज के हृदय में प्रवेश नहीं करते ।"

13. विवेकानन्द ने कुमारी मैकलाउड को बताया था कि इस भेंट से वे कितने भावविभोर हुए थे ।

ओकाकुरा ने विवेकानन्द से आग्रह किया कि वे उनके साथ बोधगया के प्रसिद्ध अवशेष देखने चलें। कुछ सप्ताह से उनका रोग भी शमित था। उन्होंने निमंत्रण स्वीकार किया और वाराणसी की अंतिम यात्रा कर आये।[14]

जीवन के अंतिम वर्ष में उन्होंने जो बातें कीं, योजनाएं बनाईं, जो इच्छाएं व्यक्त कीं, उन्हें उनके शिष्यों ने निष्ठापूर्वक संकलित किया। भारत के पुनरुज्जीवन की चिंता निरंतर उनके मन पर छायी रही। उन्हें सर्वाधिक प्रिय दो योजनाएं थीं — पहली, विदग्ध आचार्यों द्वारा प्राचीन आर्य संस्कृति और संस्कृत का अध्यापन कराने हेतु वैदिक महाविद्यालय कलकत्ता में खोलना और दूसरी, गंगातट पर श्री माँ (श्री रामकृष्ण की पत्नी) के निर्देशन में बेलूर मठ के समान स्त्रियों के लिए एक मठ की स्थापना।

किंतु उनका सच्चा आध्यात्मिक विधान तो उस सुन्दर आंतरिक वार्तालाप में है जो उन्होंने संथाल मजदूरों से बात करते हुए अपने हृदय से उंडेला था। वे गरीब लोग थे जिन्हें मठ में खुदाई के काम में लगाया गया था। विवेकानन्द को उनसे प्रगाढ़ प्रेम था। वे उनकी एक टोली से घुलमिल गये, कुछ अपनी कही, कुछ उनकी सुनी। उनके कष्टों को सुनकर वे रो पड़े। एक दिन उन्हें जी भर कर खिलाया और तब कहा, "तुम सब नारायण हो, आज मैंने साक्षात् नारायण का सत्कार किया है।"

फिर शिष्यों की ओर मुड़कर कहा, "देखो ये दीन हीन निरक्षर लोग कितने सरल हैं! क्या तुम इनके कष्ट थोड़े भी कम कर सकोगे? अन्यथा हमारा गेरुआ पहनने का क्या प्रयोजन है? ... कभी कभी मैं सोचता हूँ मठादि निर्माण से क्या लाभ? क्यों न

---

14. जनवरी-फरवरी 1902 में वे विवेकानन्द के जन्मदिवस पर बोधगया में थे। वाराणसी में ओकाकुरा ने उनका साथ छोड़ दिया। दोनों व्यक्ति एक दूसरे से अनुराग रखते थे और एक दूसरे के कार्य की भव्यता को स्वीकार करते हुए, अपनी मित्रता भी पहचानते थे। ओकाकुरा कला जगत के स्वामी थे। वाराणसी में विवेकानन्द ने युवाओं की एक समिति भी देखी जो उनकी प्रेरणा से रोगी यात्रियों की देखभाल और सहायता करने तथा उन्हें भोजन देने के लिये बनाई गई थी। उन्हें इन बालकों पर गर्व था। उन्होंने उनके रामकृष्ण सेवा गृह के लिए आर्थिक सहायता की अपील निकाली। काउंट कैसरलिंग ने इस समय वाराणसी के रामकृष्ण मिशन को देखा और बहुत प्रभावित हुए : "मैंने आज तक ऐसा अस्पताल नहीं देखा जिसका वातावरण इतना सुखद हो। मुक्ति की निश्चितता कष्ट को मधुर बना देती है। पुरुष परिचारकों का अपने प्रतिवेशियों से अद्‌भुत प्रेम था। ये लोग वस्तुतः रामकृष्ण के सच्चे अनुयायी हैं। (The Travel Diary of a Philosopher Vol. I p. 248) कैसरलिंग यह भूल गया कि इसका प्रेरणा स्रोत विवेकानन्द थे। फिर भी रामकृष्ण का उल्लेख उसने सहानुभूति से किया है।

उन्हें बेचकर, धन को गरीबों में, दरिद्रनारायणों में बांट दिया जाये ? पेड़ के तले बसेरा करने वाले, हम घर बनाने की चिंता क्यों करें ? हाय, जब हमारे देशवासी रोटी-कपड़े के लिये तरस रहे हों तब हमें अपने मुंह में ग्रास देते हुए लाज नहीं आती ? ... माँ, क्या इनका निस्तार न होगा ? जैसा तुम जानते हो, पश्चिम में धर्म प्रचार के लिये जाने का मेरा एक उद्देश्य था कि मैं अपने देशवासियों के भरण पोषण के साधन जुटा सकूँ । उनका दुख-दैन्य देखकर कभी-कभी सोचता हूँ, "पूजा की इस चमकदमक एवं कर्म बहुलता को, शंख, घंटे घड़ियाल, दीप लेकर आरती उतारना बंद करो । अपनी विद्वता का अहंकार, अपनी मुक्ति के लिए शास्त्रों का अध्ययन और साधना त्याग कर, गाँव गाँव जाकर अपने को गरीबों की सेवा में लगाओ अपने चरित्र बल, आध्यात्मिक शक्ति और पवित्र जीवन से अमीरों को जन साधारण के प्रति अपने कर्तव्य का बोध कराओ ; दुखी और संतप्त जनों की सेवा के लिए धन-साधन जुटाओ ... । हाय, हमारे देश में कोई भी दलित, दरिद्र, दुखियों के बारे में नहीं सोचता । जो राष्ट्र की रीढ़ हैं, जिनके श्रम से अन्न पैदा होता है, जिनकी एक दिन की हड़ताल शहर में हाहाकार मचा सकती है — उनसे सहानुभूति रखनेवाला, उनके सुख-दुख में शरीक होने वाला हमारे देश में कौन है ? देखो, हिन्दुओं की सहानुभूति के अभाव में मद्रास प्रदेश में हजारों अछूत ईसाई बन रहे हैं । यह मत सोचो कि वे सिर्फ पेट की भूख मिटाने के खातिर ईसाई धर्म अपनाने पर मजबूर हुए हैं । यह सिर्फ इसलिए कि उन्हें तुम्हारी सहानुभूति नहीं मिली । तुम उन्हें बराबर कहते रहे, "छुओ मत, यह मत छुओ, वह मत छुओ ।" इस देश में कोई दया-धर्म और भाईचारा बचा है ? या सिर्फ "मुझे मत छुओ", यही रह गया है । ऐसे पतित आचरण को लात मार बाहर करो । कितना चाहता हूँ कि "मुझे मत छुओ" की दीवारें ढहाकर, सब ऊँचनीच को एक में मिलाकर बाहर निकलूँ और पुकारूँ, "आओ, दीन-हीन सर्वहारा पतित पददलित ! रामकृष्ण के नाम पर हम सब एक हैं ।" जब तक ये नहीं उठते, भारत माता का उद्धार न होगा । हम किस काम के हैं यदि हम उन्हें अन्न वस्त्र भी न जुटा पायें ? हाय, वे संसार के तौर-तरीकों से अनभिज्ञ हैं और इसलिये दिन रात पसीना बहा कर भी अपना गुजारा नहीं कर पाते । आओ सब मिलकर उनकी आँखों से अज्ञान का परदा हटा दें । मुझे तो सूर्य के प्रकाश की तरह स्पष्ट दीखता है कि वही ब्रह्म, वही शक्ति जो उनमें है वही मुझमें भी है । मेरे में केवल उसकी अभिव्यंजना में अंतर है, और कुछ नहीं । क्या तुमने सम्पूर्ण विश्व इतिहास में किसी ऐसे देश को उन्नति करते देखा है जिसकी देह में राष्ट्रीय रक्त का संचार एक समान न हो ? निश्चय जानो, कि जिस की देह का एक अंग पक्षाघात से ग्रस्त हो, वह कभी कोई महान काम नहीं कर सकता ... ।"

एक गृहस्थ शिष्य ने भारत में एकता और मेल मिलाप स्थापित करने में कठिनाई बताई। विवेकानन्द ने खिन्न होकर कहा, ''यदि किसी कार्य को अत्यंत कठिन मानते हो, तो यहां मत आओ। प्रभु कृपा से सब कुछ सुगम हो जाता है। तुम्हारा कर्तव्य है, धर्म और जातिपाँति के भेदभाव के बिना सब दीन दुखियों की सेवा करते जाओ। तुम्हें अपने कर्म के फल की चिन्ता से क्या लेना देना ? तुम अपना कर्म किये जाओ, सब बाधाएं अपने आप दूर हो जायेंगी और सफलता मिलेगी ...। तुम बुद्धिमान बालक हो और अपने को मेरा शिष्य कहते हो, बताओ तो तुमने क्या किया है ? क्या तुम एक जीवन दूसरों के लिए नहीं दे सकते ? वेदांत-पाठ और ध्यानाभ्यास आदि अगले जन्म में कर लेना। यह शरीर पर सेवा में लगा दो और तब मैं समझूंगा कि तुम व्यर्थ ही मेरे पास नहीं आये थे।''

कुछ देर बाद उन्होंने कहा, ''इतनी तपस्या के पश्चात् मैं जान पाया हूँ कि वह सब भूतों में विद्यमान है, यही परम सत्य है। ये सब उसी के अनेक रूप हैं। इसके अतिरिक्त कोई अन्य आराध्य नहीं है। वही ईश्वर की आराधना करता है जो सब प्राणियों की सेवा करता है।''

यही महान नग्न सत्य है। मानो डूबता हुआ सूर्य समुज्ज्वल प्रभामंडल में विलीन होने से पहले मेघों से फूट निकला है। सभी मनुष्य एक समान हैं, सभी उस प्रभु की संतान हैं, सभी उस परमात्मा को धारण करते हैं। और वह परमात्मा अनन्य है। जो उसकी सेवा करना चाहता है, वह मनुष्य की और सर्वप्रथम दीनतम, दरिद्रतम और हीनतम मनुष्य की सेवा करे। अवरोध तोड़ गिराओ। भारत में क्रूरतम रूप में प्रकट होने वाली अस्पृश्यता की अमानवीयता का (यद्यपि वह यहीं की विशेषता नहीं है, यूरोप ने भी अपने पाखंड से कुछ अछूत पैदा किये हैं जिनके सम्पर्क से वह भागता है) प्रत्युत्तर दो बाहें फैलाकर, आनन्द संबोध-गीति की गुहार दे कर कहो ''बन्धुओ''।

विवेकानन्द के शिष्यों ने इस पुकार का सम्मान किया। श्रीरामकृष्ण मिशन दीन और परित्यक्तों की अथक सेवा में लगा हुआ है। सन्थालों की चिन्ता उसे विशेषकर रहती है, क्योंकि जाते समय विवेकानन्द उन्हें मिशन को सौंप गये थे।

उन्होंने पुकारा, ''आओ, सब दीन-हीन, परित्यक्त, पददलित आओ, हम सब एक हैं। हम सबने अछूतों को उनके अधिकार और सम्मान दिलाने के लिए धर्म युद्ध छेड़ा है।'' मोहन दास कर्मचन्द गांधी नामक व्यक्ति ने उनके हाथ से जलती हुई इस मशाल को थामा।

मृत्यु शय्या पर पड़े हुए, उनके अत्यंत अभिमानी मन ने अभिमान की व्यर्थता का अनुभव किया और यह पाया कि सच्ची महानता छोटी-छोटी बातों में है : ''विनम्र उदात्त

जीवन में है।''

उन्होंने निवेदिता से कहा था, ''मैं देखता हूँ जैसे-जैसे आयु बीत रही है, वैसे वैसे मैं छोटी बातों में महानता देख रहा हूँ ... बड़े ओहदे पर बैठ कर तो कोई भी बड़ा हो जायेगा। कायर भी रंगमंच के प्रकाश में वीर दीखेगा। संसार देख रहा है ! मुझे सच्ची महानता उस कीड़े में दीख रही है जो चुपचाप प्रति क्षण, अहर्निश अपने कर्तव्य का पालन कर रहा है।''

मृत्यु निकट आ रही थी। उन्होंने निर्भय हो उसकी आँख में आँख डाल दी और अपने सब शिष्यों को (जो दूर देश में थे उन्हें भी) स्मरण किया। उनके प्रशांत रूप को देखकर वे धोखे में पड़ गये और सोचने लगे कि वे अभी तीन-चार वर्ष और जीवित रहेंगे, जबकि विवेकानन्द जानते थे कि यह विदाई की वेला है। परंतु उन्हें अपना काम दूसरों के हाथों में सौंप कर जाने में कोई क्लेश न था। उन्होंने कहा, ''एक गुरु अपने शिष्यों के साथ बराबर बने रह कर प्रायः उन्हें बर्बाद कर देता है।''

उन्हें यह आवश्यक लगा कि वे अपने शिष्यों से दूर चले जायें ताकि वे स्वयं अपना विकास कर सकें। सामयिक प्रश्नों पर अब उन्होंने अपना मत व्यक्त करने से इनकार कर दिया। उन्होंने कहा, ''अब मैं अपने को किसी बाह्य व्यापार से नहीं जोड़ सकता, मैं गंतव्य मार्ग की ओर चल चुका हूँ।''

पुण्य तिथि शुक्रवार, 4 जुलाई 1902 को वे इतने चुस्त और प्रसन्न दीख रहे थे जितना कि वर्षों से न दिखे थे। ब्राह्म मुहूर्त में उठे। पूजाघर में जाकर सब कुछ खुला रखने के अभ्यास के विपरीत, उन्होंने खिड़कियाँ बंद कर दीं और दरवाजों की सांकल चढ़ा दी। फिर एकांत में प्रातः आठ से ग्यारह बजे तक ध्यान किया और काली का ललिता स्तोत्र गाया। जब वे बाहर आंगन में निकलकर आये, तब रूपांतरित हो गये थे। उन्होंने रुचिपूर्वक शिष्यों के साथ भोजन किया। इसके तुरंत बाद लगातार तीन घंटे तक उन्होंने ब्रह्मचारियों को बड़े उत्साह और आनन्द से संस्कृत पढ़ाई। फिर प्रेमानन्द के साथ बेलूर मार्ग पर लगभग दो मील टहले, वैदिक महाविद्यालय की योजना की चर्चा की और वैदिक अध्ययन के विषय में बात करते हुए कहा, ''इससे अंध विश्वास नष्ट होगा।''

संध्या आई — अपने संन्यासी बन्धुओं से अंतिम स्नेहपूर्ण साक्षात्कार हुआ। राष्ट्रों के उत्थान और पतन पर बोले।

उन्होंने कहा, ''यदि भारत परमात्मा की खोज में लगा रहा तो वह अमर रहेगा। किंतु यदि वह राजनीति और सामाजिक संघर्ष में पड़ा तो वह नष्ट हो जायेगा।''

सात बजे हैं ... मठ में आरती के लिए घंटी बजी। वे अपने कमरे में गये और

गंगा को निहारने लगे । फिर जो ब्रह्मचारी उनके साथ था, उसे बाहर भेज दिया । कहा, मेरे ध्यान में विघ्न न पड़ना चाहिये । पैंतालीस मिनट बाद उन्होंने उसे बुलाया, सब खिड़कियाँ खुलवा दीं, चुपचाप निश्चल, बांयी करवट जमीन पर लेट गये । वे ध्यानमग्न लग रहे थे । घंटे भर बाद उन्होंने करवट बदली, गहरी साँस ली — कुछ क्षण मौन रहे —पुतलियां पलकों के बीच स्थिर हो गईं — एक और दीर्घ निःश्वास ... और चिर मौन छा गया ।

विवेकानन्द के एक गुरु भाई ने बताया, ''उनके नथुनों में, मुँह में और आँखों में थोड़ा सा खून आ गया था ।''

ऐसा लगा कि वे स्वेच्छया कुण्डलिनी शक्ति[15] जागृत कर निर्विकल्प समाधि में चले गये थे, जैसा कि रामकृष्ण ने उन्हें अपना कार्य पूरा करने के पश्चात ही बताने का वायदा किया था ।[16] वह उस समय उन्तालीस वर्ष के थे ।[17]

अगले दिन रामकृष्ण की भाँति उन्हें भी उनके संन्यासी भाई और शिष्य अपने कंधों पर रखकर जय जयकार करते हुए चिता तक ले गये ... ।

और मन ही मन मैं 'जुडास मैकेबियस' का वही जगयान सुन रहा हूँ, जो रामनाड की विजय यात्रा के अवसर पर गाया गया था । अंतिम प्रतियोगिता के बाद, यह उस महान खिलाड़ी के अभिनन्दन का गान था ।

---

15. उस दिन की एक चर्चा में सुषुम्ना नाड़ी का जिक्र है जो शरीर के छह पद्मों से गुजरती है ।

16. मैंने प्रत्यक्षदर्शियों के विभिन्न विवरणों को मिलाने का प्रयास किया है, जिनके ब्यौरे में थोड़ा अंतर है । डाक्टर दो घंटे बाद आये । तब तक प्राण निकल चुके थे । उनके अनुसार मृत्यु हृदय गति रुकने तथा रक्ताघात से हुई थी । लेकिन उनके गुरुभाइयों का दृढ़ विश्वास है कि उनकी मृत्यु स्वेच्छा से हुई । दोनों व्याख्याओं में कोई टकराव नहीं है । भगिनी निवेदिता अगले दिन आईं ।

17. उन्होंने कहा था, ''मैं चालीस वर्ष का न हो पाऊंगा ।''

भाग २
सार्वभौम संदेश

'"मैं वह सूत्र हूँ जो इन सब भिन्न विचारों के बीच हूँ, जिनमें से प्रत्येक एक मोती की तरह है", ऐसा भगवान कृष्ण ने कहा है।'

— **विवेकानन्द : माया और ईश्वर की कल्पना का विकास**

1

माया और स्वतंत्रता की ओर अभियान

इस समय मेरा यह इरादा नहीं है कि मैं उन दो भारतीयों की विचारधारा पर, जिनका जीवन वृत्त मैंने अभी सुनाया है, वाद-विवाद करूँ। विवेकानन्द के विचारों की सामग्री रामकृष्ण की तुलना में स्वयं उसकी अपनी विजय न थी। वह हिन्दू धर्म में अन्तर्निहित विचारधारा की विजय थी। सरल और विनम्र रामकृष्ण ने किसी तत्व मीमांसा के संप्रदाय की स्थापना की सम्मानप्राप्ति का दावा नहीं किया। विवेकानन्द यद्यपि अधिक बौद्धिक थे और इसलिए अपने सिद्धांत से अधिक अवगत होने के कारण, यह जानते और कहते थे कि उसमें कुछ भी नया नहीं है। इसके विपरीत, वे अपनी उच्च आध्यात्मिक कुल परंपरा की ताकत के आधार पर उसकी हिमायत भी करते थे।

"मैं शंकर हूँ" उसने कहा।

वे दोनों इस युग की अति सामान्य भ्रांति पर हंसते, जो मनुष्य को किसी विचारधारा का आविष्कर्त्ता और स्वामी मानने को प्रेरित करती है। हम जानते हैं कि मानव जाति के विचार एक संकीर्ण वृत्त में घूमते रहते हैं। यद्यपि वे, निरंतर आते और जाते रहते हैं तथापि वे सदा ही वहाँ रहते है। वस्तुतः सर्वाधिक प्राचीन ही हमें नवीनतम दिखाई देते हैं क्योंकि संसार में वे बहुत समय से भुला दिए गए। इसलिए मैं परमहंस और उनके महान शिष्य की हिन्दू धर्म संबंधी निरर्थक बातों को विस्तार से वर्णन करने को तैयार नहीं हूँ, क्योंकि यदि मैं इस प्रश्न की गहराई में जाने का प्रयास करता तो मैं अपने को हिन्दू धर्म तक सीमित न रख पाता। उनके अनुभव और रहस्यवादी संकल्पना का प्रमुख अंश और तत्व मीमांसी संरचना जिसके कि वे नींव एवं डाट दोनों हैं, उनकी मान्यता के अनुसार भारत की एक मात्र विशेषता न होकर ग्रीक एवं ईसाई दो महान धार्मिक पाश्चात्य तत्व मीमांसा प्रणालियों द्वारा भी समान रूप से मान्य है। दिव्य, अनन्त, निरपेक्ष ईश्वर, अंतर्यामी और इन्द्रियातीत, जो प्रकृति जगत् के निरंतर प्रवाह में ढलते हुए

भी सूक्ष्मतम कण में संकेंद्रित है — दिव्य प्रकटन, सम्पूर्ण ब्रह्मांड में उसकी व्याप्ति और प्रत्येक आत्मा के केन्द्र में जड़ित व अनन्त शक्ति रूपी एकात्मा से एकाकार होने के लिये नेति नेति के पथ से जाकर लक्ष्यप्राप्त प्रबुद्ध आत्मा पर "देवत्व आरोपण" — इन सबको अलेक्ज़ेंडरिया के प्लाटिनस तथा ईसाई रहस्यवाद के प्रारंभिक गुरुओं ने सुव्यवस्थित क्षमता और सुन्दरता से समझाया है, जिसे भारत की शानदार संरचना के सामने डरने की जरूरत नहीं है। इसके विपरीत, भारतीय रहस्यवादी इसके अध्ययन से लाभान्वित होंगे।*

इस कृति की सीमाओं में मैं निरपेक्ष से साक्षात्कार के विज्ञान की ऐतिहासिक भिन्नताओं को एक विहंगम दृष्टि मात्र ही दे सकता हूँ। इसके लिए समस्त विश्व के इतिहास की जरूरत पड़ेगी, क्योंकि ये विचार मानवता के भूत, वर्तमान, भविष्य की ही काया हैं। उनका गुण सार्वभौम और अनन्त है। मैं उनके महत्व के प्रश्न पर विचार भी करना उचित नहीं समझता (क्योंकि बिना मानवीय भावना के ये विचार अपवादरहित समस्या-मूलक हैं) या इसके साथ "संबद्ध" "अंतर्मुखता" का (introversion) प्रश्न एक महान वैज्ञानिक समस्या का प्रश्न है। इसके लिए एक अलग ग्रंथ की अवश्यकता होगी।

इस विषय में यहां मैं अपने को वेदांती विचार के संक्षेप तक ही सीमित रखूंगा, जैसा कि आधुनिक युग में विवेकानन्द ने अपने वचनों से समझाया है।[1]

सभी महान सिद्धांत, जब सदियों के अंतराल से जिस युग में पुनः प्रकट होते हैं, उससे प्रभावित होते हैं, और उन पर प्रतिपादन करने वाले की व्यक्तिगत आत्मा की छाप रहती है। इस प्रकार वे युग के मनुष्यों पर नए रूप से प्रभाव छोड़ते हैं। प्रत्येक विचार शुद्ध विचार के रूप में वायुमंडल में व्याप्त विद्युत की भाँति उस समय तक विद्यमान रहता है, जब तक उसे एक विशाल संग्राहक व्यक्तित्व नहीं मिल जाता, जो देवताओं के अवतार के रूप में जन्म लेता है।

अमर विचार का यह नश्वर शरीर ही उसे एक दिन या एक रात्रि का अस्थायी जीवन प्रदान करता है, जिसके द्वारा वह हमें संप्रेषित होता है। मैं यह दिखाने का प्रयास करूंगा कि विवेकानन्द के चिन्तन का यह पक्ष हमारी विशिष्ट, आवश्यकताओं, कष्टों, आकांक्षाओं, संदेहों के इतने निकट है कि वह हमें अन्धे छछूंदर की भाँति सहज रूप से

---

*देखिए पुस्तिकाएं : स्वामी अशोकानन्द लिखित The Influence of Indian Thought on the Thought of the West और स० राधाकृष्णन द्वारा लिखित Eastern Religions and Western Thoughts — प्रकाशक

1. परिशिष्ट में टिप्पणियां II और III.

प्रकाश के मार्ग की ओर ले जाता है। स्वभावतः मैं अपने समान पाश्चात्यों को वह आकर्षण अनुभव कराऊंगा जो मैं स्वयं इस बड़े भाई, गंगा के पुत्र के प्रति अनुभव करता हूँ, जिसने समस्त आधुनिक मानवों में चिन्तन की भिन्न शक्तियों के बीच सर्वोच्च संतुलन प्राप्त किया और वह संबसे पहला व्यक्ति था जिसने हमारे अन्दर सदा संघर्ष, तर्क और श्रद्धा की दो शक्तियों के बीच शांति संधि पर हस्ताक्षर किए।

☆

मेरे लिए एक भावना जो सर्वथा आवश्यक है (और मैं हजारों योरोपीयों के प्रतिनिधि के रूप में यह कह रहा हूँ) वह है — स्वतंत्रता। बिना इसके किसी वस्तु का कोई मूल्य नहीं ... "आत्मा का सार तत्त्व स्वाधीनता है।"[2]

इसके अनुपम मूल्य को आंकने में वे सर्वाधिक सक्षम हैं जिन्होंने विशिष्ट दमनात्मक परिस्थितियों या अपनी प्रकृति की यंत्रणा से परतंत्रता की बेड़ियों के कष्ट को पूर्णतः जाना है। सात साल की उम्र से पहले मेरे लिए विश्व एक चूहेदान की तरह था जिसमें मैं फंसा था। उस क्षण से मेरे सारे प्रयास उन सलाखों से बाहर निकलने में उस समय तक लगे रहे, जब तक कि जवानी में अनवरत धीरे धीरे दबाव से एक सलाख अचानक टूट गई और मैंने स्वतंत्रता में छलांग लगाई[3]।

मुझे जीवन के लिए तैयार करने वाले इन आध्यात्मिक अनुभवों ने मुझे भारत की आत्मा के निकट ला दिया, तब बाद में मेरा भारत से परिचय हुआ। हजारों सालों तक उसने अपने को एक विराट जाल में उलझा पाया है, और हजारों साल तक उसने उसके छिद्रों से निकलने के रास्ते खोजे हैं। बन्द जाल से निकल भागने के इन निरंतर प्रयासों ने स्वतंत्रता के लिए एक नशा पैदा किया जो दैवी अवतारों, दार्शनिकों तथा कवियों में, समस्त भारतीय प्रतिभाओं में सदा ताजा, उग्र, और अथक था। लेकिन विवेकानन्द जैसे आश्चर्यजनक व्यक्तित्व के बहुत कम ही उदाहरण मैं जानता हूँ।

उस फड़फड़ाती चिड़िया के पंख पास्कल की भाँति आकाश के एक दूसरे छोर तक उसे गुलामी के गह्वर से स्वतंत्रता की खाड़ी तक ले गए। पुनर्जन्म के चक्र का आह्वान करते समय उसकी दुर्दांत चीख को तो सुनो — "एक जीवन की याददाश्त ही लाखों साल की कैद की तरह है, और वे अनेक जीवनों की याददाश्त को जगाना चाहते हैं! आजतक एक ही दिन का पाप काफी है।[4]

---

2. हीगल
3. लेखक ने इन अनुभवों को अपने Inner Voyage पुस्तक में लिखा है।
4. 1899, अपनी दूसरी पाश्चात्य यात्रा में।

किंतु बाद में वह जीवन की भव्यता की प्रशंसा करता है। "मानव प्रकृति की महत्ता को न भूलो। भूत एवं भविष्य के सभी देवताओं में हम सबसे महान हैं। "मैं हूँ" इस अनंत सागर के ईसा और बुद्ध तो मात्र लहरें है।[5] इसमें कोई विरोध नहीं है। विवेकानन्द के लिए मनुष्य में दोनों अवस्थाएं सहवर्ती हैं। "यह ब्रह्मांड क्या है ? ... स्वतंत्रता में यह बढ़ता है, स्वतंत्रता में यह रहता है।" फिर भी प्रत्येक जीवित प्राणी द्वारा हुई हर एक गति से गुलामी की बेड़ियां उसके जीवन को अधिक गहराई से काटती हैं। फिर भी दोनों भावनाओं का बेसुरापन स्वरसंगति में मिल जाता है। हेराक्लिट्स का संवादी बेसुरापन, और बुद्ध का शांत और परम स्वर — दोनों विरोधी होकर भी एक स्वर-संगति में मिलते हैं। बौद्ध धर्म मनुष्य से कहता है, "अनुभव करो कि यह सब मिथ्या है।" जबकि अद्वैत वेदांत कहता है, "अनुभव करो कि मिथ्या माया ही वास्तविक है।"[6]

संसार में किसी भी चीज को नकारना नहीं चाहिये, क्योंकि माया की अपनी वास्तविकता है। हम घटनाओं के जाल में फंसे हुए हैं। कदाचित यह एक उच्चतर और क्रांतिकारी विवेक है जो बुद्ध की तरह पूर्ण नकार कर कहता है, "वे विद्यमान नहीं हैं।"

पर जिस तीव्र हर्ष और दुःखमय विषाद के बिना जीवन दुःखमय हो जायेगा — उसके प्रकाश में यह कहना अधिक मानवीय और मूल्यवान होगा, "वे विद्यमान हैं। वे जाल हैं।" चण्डूल चिड़ियों को फंसाने के लिये प्रयुक्त दर्पण से दृष्टि हटाकर यह जानना होगा कि सब सूरज का खेल है। ब्रह्म, सूरज की क्रीड़ा, माया शिकारी है, प्रकृति उसका जाल है।"[7]

आगे बढ़ने से पहले हम माया शब्द में अंतनिर्हित वाक्छल से, जो उच्चतम पाश्चात्य विद्वानों के मन में है अपने को मुक्त कर देखें कि वह आज के बौद्धिक वेदांती द्वारा कैसे कल्पित किया जाता है। यह आवश्यक है क्योंकि वह जिस स्थिति में है, हमारे बीच मिथ्या बाधा खड़ी करता है। हम इसे पूर्ण भ्रांति, शुद्ध मतिभ्रम, बिना आग का व्यर्थ धुआँ समझने की भूल करते हैं क्योंकि यह विचार हमें इस अधोगामी मत को

---

5. 1895 में थाउजेंड आईलेंड पार्क (अमरीका) के एक साक्षात्कार से।

6. निवेदिता के साथ विवेकानन्द का वार्तालाप।

7. Maya and Illusion अपने भाषण में विवेकानन्द भारत में उसके मूल अर्थ पर लौटे, जहाँ इसे एक प्रकार की जादुई भ्रांति, वास्तविकता को ढकने वाला कोहरा समझा गया है, और अंतिम उपनिषद (श्वेताश्वतर उपनिषद) से उद्धरण दिया : प्रकृति को माया समझो और इस माया का शासक स्वयं "ईश्वर है।" Complete Works, Vol. II pp. 88-89.

मानने के लिए बाध्य करता है । जीवन की वास्तविकता का मुकाबला करने में अक्षम पूर्वी देश इसमें, जिस वस्तु से यह बना है उसके अतिरिक्त और कुछ भी नहीं देखता — और वह वस्तु मात्र एक है जो उसे पतझड़ की हवा में अर्ध प्रसुप्त, निष्क्रिय, औंधे मुंह, बिद्ध आँखों वाले मकड़ी के जालों की तरह भटकने को मजबूर करती है ।

मैं मानता हूँ कि विवेकानन्द में अवतरित आधुनिक वेदांत चिन्तन में मेरी आस्था तब होती है जब मैं उस चिंतन की प्रकृति की कल्पना को आधुनिक विज्ञान से बहुत भिन्न नहीं पाता ।[8]

सच्ची वेदांती भावना पूर्व-निर्धारित विचारों की पद्धति से प्रारंभ नहीं होती । उसमें तथ्यों के अवलोकन और उनके समन्वय में प्रयुक्त विभिन्न पूर्व-कल्पनाओं के चुनाव में पूर्व स्वाधीनता और असीम साहस रहता है । किसी पुरोहित वर्ग द्वारा बंधे न होने के कारण उसे ब्रह्मांड के दृश्य की आध्यात्मिक व्याख्या करने की छूट रहती है । जैसा कि विवेकानन्द ने अपने श्रोताओं को स्मरण कराया कि एक समय था जबकि एक ही मन्दिर में आस्थावान नास्तिक और घोर भौतिकवादी साथ साथ अपने सिद्धांतों को प्रतिपादित करते देखे जा सकते थे, और आगे मैं बताऊंगा कि विवेकानन्द पाश्चात्य विज्ञान के महान भौतिकवादियों का कितना सार्वजनिक सम्मान करते थे । उन्होंने कहा, "स्वाधीनता आध्यात्मिक प्रगति की एकमात्र शर्त है ।" योरोप ने राजनैतिक क्षेत्र में उसे भारत की तुलना में अधिक प्रभावी ढंग से जाना है ; किंतु उसने उसे उपलब्ध किया है और उसने आध्यात्मिक जगत में उसे अत्यंत कम ही कल्पित किया है । हमारे तथाकथित "स्वतंत्र विचारकों" की आपसी गलतफहमी और असहिष्णुता और हमारे विभिन्न धार्मिक विश्वासों में हमें आश्चर्यचकित करने की ताकत नहीं रह गई है । एक औसत योरोपीय की सामान्य धारणा इस प्रकार व्यक्त की जा सकती है "मैं सत्य हूँ ।" जबकि महान वेदांती अपने नारे के रूप में व्हिटमैन का "सब ही सत्य है" अधिक पसंद करेगा ।[9] वह किसी भी प्रस्तावित व्याख्याओं के प्रयासों को अस्वीकार नहीं करता, प्रत्युत वह प्रत्येक से स्थाई वास्तविकता का दाना निकालने की कोशिश करता है । इस तरह आधुनिक विज्ञान से

---

8. विवेकानन्द ने माया के विशेष अध्ययन पर 1896 में चार भाषण दिए (1) Maya and Illusion, (2) Maya and Evolution of the Conception of God, (3) Maya and Freedom, (4) The Absolute and Manifestation (अर्थात् तथ्यगत संसार) । वे अपने साक्षात्कारों और धार्मिक, दार्शनिक विवेचन में इस विषय पर प्रायः आ जाते हैं ।

9. Leaves of Grass के From Noon to Starry Night संकलन से ।

आमने सामने साबका पड़ने पर वह उसे विशुद्धतम वास्तविक धार्मिक भावना की अभिव्यक्ति मानता है — क्योंकि वह गंभीर और ईमानदार प्रयास से सत्य के सार को पकड़ने में सक्रिय है।

इस दृष्टिकोण से माया की संकल्पना पर विचार किया गया है। विवेकानन्द ने कहा, "यह संसार की व्याख्या करने का सिद्धांत नहीं है।"[10] यह विशुद्ध और सरल तथ्य का बयान है। इसलिए हमें परीक्षण करना चाहिये। हम ऐसे संसार में हैं जहाँ हम मन और इन्द्रियों के संदेहशील माध्यम से ही पहुँच सकते हैं। यह संसार केवल इन्हीं संबंधों के कारण विद्यमान है। यदि वे बदलते हैं तो वह भी बदलेगा। जो अस्तित्व हम इसे देते हैं वह उसकी अपरिवर्तनीय, अचल, और निरपेक्ष वास्तविकता नहीं है। वह निश्चितता और विभ्रम का यथार्थ और आभास का अपरिभाषित मिश्रण है। बिना दूसरे के एक नहीं हो सकता। इस विरोध में कोई "प्लेटोनिक" बात नहीं हैं। यह हमारे जीवन की वासना और कर्म के प्रत्येक क्षण में हमारा गला पकड़े रहती है — यह विश्व के निभ्रांत, स्पष्ट मननशील विचारकों के द्वारा सभी युगों में देखी गई है। यही हमारे ज्ञान का आधार है। यद्यपि हमें निरंतर प्रेम और भोजन जैसी सामान्य आवश्यक समस्याओं का समाधान ढूँढना पड़ता है फिर भी हम प्रकृति द्वारा अपने फेफड़ों पर आरोपित इस वायुमंडल के वृत्त से बच नहीं सकते, क्योंकि वह बौद्धिक और नैतिक नियमों तथा आत्मा और हृदय की संकल्पनाओं के निरंतर परिवर्तन के बीच अटल चलने वाला शाश्वत विरोध, जो हमारी इच्छाओं को अपनी दीवालों से घेर कर रखता है; पाप पुण्य, सत्य और मिथ्या, दिक्‌काल के दोनों तरफ अनवरत भिन्नताएं[11] जो साँप की कुंडलियों की तरह काल के प्रारंभ से चलती हैं जिसमें मानव चिन्तन उलझा हुआ है, और जब वह एक ओर अपने को बांधता है तो दूसरी ओर अपने को और जकड़ देता है — यह सब यथार्थ संसार है। और वास्तविक संसार ही माया है। इसकी परिभाषा कैसे की जाये? केवल सापेक्षता नामक एक शब्द से जिसे विज्ञान ने हाल के दिनों में फैशनेबुल बना दिया है। विवेकानन्द के दिनों में यह मुश्किल से क्षितिज पर प्रकट हुई थी, उसकी रोशनी अभी इतनी अधिक नहीं है कि वैज्ञानिक चिन्तन के अंधेरे को दूर कर सके, और

---

10. यदि आलोचना की अनुमति हो तो यह कहना अधिक ठीक होगा कि यह यदि अव्याख्यायित नहीं भी है तो अपर्याप्त व्याख्यायित अवलोकन का तथ्य है जिससे अधिकांश वेदांती दार्शनिक सहमत हैं (उदाहरण के लिए देखिए डा० महेन्द्रनाथ सरकार द्वारा हाल में किया वेदांत का प्रतिपादन Comparative Studies in Vedanta, 1928.)

11. माया और भ्रम भाषण से।

विवेकानन्द ने आकस्मिक रूप में उसका प्रयोग किया है। किंतु यह स्पष्ट है कि यह उनकी संकल्पता को निश्चित अर्थ प्रदान करता है और जिस उद्धरण का मैंने टिप्पणी के रूप में प्रयोग किया है, उससे इस विषय में कोई संदेह नहीं रहता। सिर्फ कहने का तरीका अलग है। वेदांती अद्वैतवाद (अर्थात् निर्वैयक्तिक एकत्वाद) जिसका वह महानतम प्रतिनिधि है घोषणा करता है कि माया को अब अनस्तित्व के रूप में अस्तित्व से अधिक परिभाषित नहीं किया जा सकता। यह बराबर निरपेक्ष है। हिन्दू वेदांती कहता है कि यह अस्तित्व नहीं है क्योंकि इस क्रीड़ा का अस्तित्व है और हम इससे इनकार नहीं कर सकते। पाश्चात्य धरातल के सामान्य आदमी के लिए, जो इस क्रीड़ा से जिससे वह लाभ उठाता है, और संतुष्ट है, यही अस्तित्व का सब कुछ है : महान घूमने वाला चक्र उनकी दृष्टि को बांधे रखता है। किंतु महान हृदयों के लिए सार्थक अस्तित्व सिर्फ निरपेक्ष सत्ता का है। वे चक्र से छूटने के लिए ही इसे पकड़ते हैं। सदियों से यात्रा कर आने वाली मानवता की पुकार जब यह देखती है कि प्रेम, महत्वाकांक्षा, कर्म और जीवन जिसे इतने दिनों के प्रयास से उसने बनाया है, सब उंगलियों के बीच से फिसलने वाले बालुका कणों की तरह छूट रहा है, तब वह क्रन्दन कर उठती है।

"इस संसार के चक्र के अन्दर चक्र एक भयंकर यांत्रिक बनावट है, ज्योंही हम इस पर हाथ रखते हैं, हमारी छुट्टी हो जाती है ... हम निरंतर इस विशाल, जटिल संसार की मशीन द्वारा घसीटे जा रहे हैं।"[12]

तब हम कैसे स्वाधीनता के मार्ग को ढूंढ़ सकते हैं ? क्योंकि विवेकानन्द और उस जैसे किसी अन्य व्यक्ति के लिए जो वीरता के सांचे में ढला है, पहले से ही हाथ झाड़कर खड़े होने और निराश होने का प्रश्न नहीं उठता — न ही अज्ञेयवादी की तरह अपनी आँखें बंद करना उसके लिए संभव है, जब वे गाते हैं कि "मैं क्या जानता हूँ ?"

तब क्या वे नदी के किनारे बहते हुए उन क्षणभंगुर और चलायमान सुखों को जो अपने शरीर से रगड़ कर बह रहे हैं निगल जाये ? ... वह क्या है जो आत्मा की चीख को शांत करेगा, विराट भूख ? निश्चय यही ऐसे शरीर के चिथड़े इस दरार को नहीं भरेंगे : भोगवादी के सब गुलाब उसे कैंपो सेंटो "ओरकैग्रा" घोड़ों की भाँति सड़ी लाशों की बदबू से पीछे मुड़ने से नहीं रोक पायेंगे।[13] उसे श्मशान, मकबरों कब्रगाह के चक्र, से बाहर निकलना होगा। उसे स्वतंत्रता लेनी होगी या मरना होगा।[14]

---

12. Karma Yoga अध्याय VIII.
13. पीजा के कैम्पो सेंटो ओरकैग्रा के भित्ति-चित्र का संदर्भ।
14. यह मनोविश्लेषक की उस भूल को जिसमें वह असल अन्तर्मुखता को पलायन

'हार की जिन्दगी बिताने से बेहतर है रणभूमि में मर जाना।''

विवेकानन्द द्वारा पुनः प्राचीन भारत की यह रणभेरी बजाना,[15] उनके अनुसार आदर्श वाक्य, सभी धर्मों के प्रारंभ का आदेश है, जिससे वे अपने युगों की यात्रा शुरू करते हैं। किंतु यही महान वैज्ञानिक भावना का भी आदर्श वाक्य है : मैं अपने लिए काट कर रास्ता निकालूंगा।

''मैं सत्य को जानूंगा या इस प्रयास में अपनी जान दे दूंगा।''[16] विज्ञान और धर्म की मूल प्रेरणा एक ही रही है — और उसकी लक्ष्य प्राप्ति भी एक ही है — स्वतंत्रता। क्या यह सच नहीं कि एक ज्ञानी मनुष्य जो प्रकृति के नियमों में विश्वास रखता है, खोजने का उसका उद्देश्य उन पर काबू पाना है ताकि वह उसे आत्मा की सेवा में लगा सके जिसे उसके ज्ञान ने स्वतंत्र किया है। संसार के सब धर्म क्या खोज रहे हैं ? इसी स्वतंत्रता की चरमावस्था को आरोपित करते हैं जो प्रत्येक अलग प्राणी को नहीं दी गई है, जो एक ईश्वर से, एक उच्चतर, महानतर, अधिक शक्तिशाली सत्ता में है, जो बंधी हुई नहीं है, चाहे वे उसे किसी भी रूप में कल्पित करें। वह स्वतंत्रता विजेता : ईश्वर, देवता, निरपेक्ष या मूर्ति के ध्यान से प्राप्त होती है, ये सब मानवता द्वारा निर्धारित शक्ति के साधन हैं, जिनसे जीवन में शांत नहीं होने वाली महान अभिलाषाएं पूरी नहीं की जा सकतीं। वह जानता है कि वे खिसकती जा रही हैं : क्योंकि वे उसके जीवन की रोटी हैं, उसके अस्तित्व का एक मात्र कारण हैं।

''और इस तरह सब स्वतंत्रता की यात्रा पर हैं।''[17]

विवेकानन्द ने उपनिषदों द्वारा प्रतिपादित प्रश्न के रहस्यवादी उत्तर की याद दिलाई।

(flight) का गुण बताता है, उसके द्वंद्व (combat) के गुण को गलत समझता है। राइसब्रोक, ऐकहार्ट, जां दे ला क्रो और विवेकानन्द जैसे महान रहस्यवादी भागते नहीं। वे यथार्थ का सीधा सामना करते हैं और फिर युद्ध पर निकल पड़ते हैं।

15. विवेकानन्द ने इस कथन को बुद्ध का बताया। विशुद्ध ईसाई चिन्तन में मुक्ति के लिए संघर्ष पर बल दिया गया है। डेनिस एरोपेजाइट तो इस हद तक गया कि उसने ईसा को मुख्य योद्धा और ''प्रथम व्यायामी'' कहा : यह ईसा था जिसने ईश्वर के रूप में यह संघर्ष शुरू किया ... इसलिये यह अधिक दैवी है ... वह श्रद्धा से उनके साथ अखाड़ों में उतरा, उनकी स्वतंत्रता के लिए लड़ा — दीक्षित द्वंद्वों में उतरेंगे, ईश्वर की भाँति हर्षित हो ... प्रथम व्यायामियों के पद चिह्नों का अनुसरण करेंगे।

16. Maya and Freedom शीर्षक भाषण।

17. वहीं।

"प्रश्न है : यह ब्रह्मांड क्या है ? यह किससे निकला है ? यह किसमें जायेगा ? उत्तर है : स्वतंत्रता से यह निकला है, स्वतंत्रता में यह रहता है, और स्वतंत्रता में यह मिल जायेगा ।"

"तुम स्वतंत्रता के इस विचार को नहीं त्याग सकते," विवेकानन्द ने कहा । बिना इसके तुम्हारा प्राण खो जायेगा । यह विज्ञान और धर्म, तर्क या अतर्क, पाप या पुण्य, कृपा या प्रेम का प्रश्न नहीं है — सभी बिना अपवाद के उस आवाज को सुनते हैं जो उन्हें स्वतंत्रता के लिए बुलाती है ।

और सब उसका अनुसरण करते हैं जैसे कि हेमलिन के बांसुरीवादक का बच्चों ने अनुसरण किया था ।[18] संसार के दुर्दांत संघर्ष इस तथ्य से होते हैं कि आपस में सभी इस बात के लिए प्रयास कर रहे हैं कि वे सम्मोहक के सबसे पास रहें ताकि प्रतिज्ञात भूमि पर पहुँच सकें । किंतु ये लाखों लोग उस प्रकार के सच्चे धर्म को समझे बिना अंधे होकर लड़ रहे हैं । किंतु जिन्हें समझ है, वे उसी क्षण उसका अर्थ ही नहीं प्रत्युत उसकी स्वर-संगति को भी समझते हैं, जहां समस्त प्राणी, (संत, पापी, अच्छे, बुरे जो एक ही लक्ष्य की ओर गिरते-पड़ते या सीधे होकर चल रहे हैं), संघर्षरत हैं या एक जुट, एक ही मंजिल स्वतंत्रता की तरफ बढ़ रहे हैं ।[19]

उनके लिए किसी अज्ञात मार्ग के खोलने का प्रश्न नहीं उठता । विभ्रांत मानवता को यह जानना चाहिए कि वहाँ पहुँचने के अत्यधिक निश्चित, अल्पाधिक सीधे हजार रास्ते हैं जो सब वहीं जा रहे हैं, और उन्हें उस कीचड़ में जिसमें वे चल रहे हैं या उन झाड़ियों से जिनसे वे जख्मी हो रहे हैं स्वयं को निकालने का प्रयास करना चाहिए । और इन अनेकानेक मार्गों में सबसे सीधा मार्ग दिखाना चाहिए — राज मार्ग, महान योग: कर्म, भक्ति, ज्ञान योग ।

---

18. गेटे द्वारा प्राचीन रैहनी कथा का हवाला जिसमें चूहा पकड़ने वाले की बांसुरी को सुना और उसके अनुसरण को बाध्य हुए । ब्राउनिंग ने हेमलिन के बांसुरी वादक में इस कहानी का उपयोग किया है — अनुवादक ।

19. और इस लक्ष्य को अद्वैत वेदान्त ने स्वयं उद्देश्य (Subject) माना है, जो हममें से प्रत्येक का वास्तविक स्वभाव और सार है। यह स्वयं मैं हूँ।

2
महान पथ

चार योग

पाश्चात्य देशों में योग[1] शब्द का अनेक धूर्तों ने दुरुपयोग किया है। सदियों से परीक्षित ये आध्यात्मिक पद्धतियां मन-कायिक प्रतिभाओं पर आधारित हैं जिन्हें आत्मसात् कर लिया गया है। उन्हें ऐसी असाधारण दक्षता प्रदान करती है जो अनिवार्यतः खुल कर उनकी विराट कर्म शक्ति में व्यक्त होती है।

एक स्वस्थ और पूर्ण आत्मा आर्कमिडीस का आलम्ब यंत्र है : इसका आधार खोजो और यह विश्व को उठा देगा। इसलिये हजारों स्वार्थी व्यवहारिक मूर्ख इसको सच्ची झूठी पद्धतियों से पकड़ने के लए दौड़ पड़े हैं जिसका रूप एक विकृत आध्यात्मिकता है जो किसी भी व्यापारिक सौदे से भिन्न नहीं है। उनके लिए श्रद्धा विनिमय का साधन है जिससे वे इस संसार की भौतिक वस्तुएं पा सकते हैं: पैसा, ताकत, सेहत, सौन्दर्य, पौरुष ... (पतित चिकित्सकों और पाखंडी फकीरों के दावे समाचारपत्रों में देखे जा सकते हैं)। कोई ऐसा सच्चा श्रद्धालु हिन्दू नहीं है जिसे इस निकृष्ट शोषण से घृणा न हो, विवेकानन्द के समान अन्य किसी ने इसे इतने जोर से व्यक्त नहीं किया है। सभी निःस्वार्थ आस्तिकों की नजर में यह एक पतित आत्मा का लक्षण है कि वह मुक्ति के मार्ग का दुरुपयोग करे, और शाश्वत आत्मा की अपील और उसकी प्राप्ति के साधन को मन की निकृष्ट इच्छाओं, अहंकार या शक्ति की पिपासा के लिए प्रयोग में लाये।

---

1. विवेकानन्द ने इस शब्द की व्युत्पत्ति उसी संस्कृत धातु से बताई है जिससे अंग्रेजी शब्द yoke(जूआ) निकला है, जिसका अर्थ जोड़ना है। इसमें ईश्वर से मिलन और उसे प्राप्त करने का साधन निहित है। देखें Complete Works of Vivekananda, Vol. V, p. 292 (Notes from Letters and Discourses).

विवेकानन्द की रचनाओं में वर्णित सच्चा वेदांती योग[2] एक ऐसा आध्यात्मिक अनुशासन है जैसा पाश्चात्य दार्शनिकों की "भाषण पद्धति"[3] जिसे सीधे रास्ते से सत्य की ओर बढ़ने के लिए उन्होंने ग्रहण किया है । पश्चिम की भाँति यह सीधा रास्ता परीक्षण और तर्क का रास्ता है ।[4]

लेकिन इसमें मुख्य भिन्नताएं भी हैं । पहले तो पूर्व के दार्शनिक के लिए आत्मा बुद्धि तक सीमित नहीं है, दूसरे चिंतन स्वयं कर्म है, और कोई मूल्यवान चिंतन केवल कर्म से ही बन सकता है । एक भौतिक योरोपीय अपनी तुलना में भारतीय को एक अंधविश्वासी मानता है, जिसकी श्रद्धा में एपौस्टल सेंट टामस की संदेहवादी अपेक्षाएं हैं : अमूर्त प्रमाण उसके लिए पर्याप्त नहीं है, उसे उसका स्पर्श भी चाहिए ।

वह पाश्चात्यों पर सही अभियोग लगाता है जो ऐसे अमूर्त प्रमाण को दिव्य दर्शिता मानता है ... धर्म न तो शब्द है न सिद्धांत । यह अनुभव है । यह न सुनना है, न स्वीकार करना । यह अस्तित्व और बनना है जिसका प्रारंभ धार्मिक अनुभव के गुण के अभ्यास से होता है ।"[5]

---

2. मैं जानता हूँ कि योग के महान गुरु अरविन्द घोष ने योग की जो परिभाषा दी है वह विवेकानन्द से कुछ भिन्न है, यद्यपि उन्होंने अपने पहले लेख Synthesis of Yoga (Arya, 15 Aug 1914) में विवेकानन्द को एक प्रमाण के रूप में उद्धृत किया था । अरविन्द अपने को मात्र वैदिक और वेदांती योग तक सीमित नहीं रखते जो सदा ज्ञान (भावना, हृदय या इच्छा शक्ति) पर आधारित है । वे तांत्रिक योग को भी उसके प्रदूषित स्रोत को शुद्ध कर उसमें सम्मिलित कर लेते हैं । यह एपोलिनियन से भिन्न 'डायोनिसिक तत्वों' को लाता है, प्रकृति, ऊर्जा, पुरुष के विरुद्ध प्रकृति की आत्मा, चेतन आत्मा को जो देखती, समझती और नियंत्रित करती है । अरविन्द घोष की मौलिकता है कि उन्होंने जीवन की विभिन्न शक्तियों का समन्वय किया ।

3. डेकार्त के ग्रंथ का संदर्भ जो आधुनिक पाश्चात्य दर्शन की आधारशिला है ।

4. इनमें से कोई भी योग तर्क को नहीं त्यागता, कोई भी इनमें से तुम्हें धोखे में या किसी प्रकार के पुरोहित के चंगुल में पड़ने को नहीं कहता ... उनमें से प्रत्येक तुम्हें अपने तर्क को मजबूती से पकड़े रहने की कहता है । ("ज्ञान योगः" My Ideal of Universal Religion)

5. देखें विवेकानन्द : A Study of Religion : My Master, प्रचुर पाठ्य सामग्री उपलब्ध है । यह विचार जो भारत में सामान्य है, विवेकानन्द ने अपने सभी रूपों में, विशेषकर सितम्बर 1893 के शिकागो कांग्रेस के हिन्दू धर्म पर महान भाषण में और अक्तूबर 1897 की भाषण माला में समझाया है । वहाँ उसका विशिष्ट स्वर था "धर्म को स्वयं को सार्थक

आपने पिछले पृष्ठों में लक्ष्य किया होगा कि "सत्य" की खोज "स्वतंत्रता" से मिली हुई है । दोनों शब्द वास्तव में एक ही हैं — पाश्चात्य के लिए[6] ये दो पृथक संसार हैं, कल्पना और कर्म, विशुद्ध तर्क और व्यवहारिक तर्क — और हम उस कांटेदार खाई से भलीभाँति परिचित हैं जिसे योरोप की सर्वाधिक दार्शनिक जनता ने अपने बीच खोदा ; किंतु भारतीय के लिए वे सब एक ही संसार हैं : ज्ञान में शक्ति और कर्म का संकल्प निहित है । "जो जानता है, वह है ।" अतः "सच्चा ज्ञान मुक्ति है ।"

किंतु इससे पहले कि सच्चा ज्ञान प्रभावी हो—अन्यथा इसका सदा भय है कि यह मात्र द्वंद्वात्मक विवाद में गिर सकता है — इसे सामान्यतः मानवता को प्रभावित करना चाहिए । यह तीन महान प्रकारों में[7] — कर्म, भक्ति और ज्ञान में बंटा हुआ है और इनकी प्रेरक शक्ति — आंतरिक शक्ति का विज्ञान, आत्म-नियंत्रित और अधिकारप्राप्त राजयोग है ।[8]

बनाने के लिए कर्म जरूरी है", इससे अनुभूति के विविध और विरोधी रूपों के प्रति रामकृष्ण के अनुयायियों की विशद सहिष्णुता समझ में आती है : चूंकि धर्म सैद्धांतिक स्वीकृति में न होकर अनुभव में केंद्रित है । यह स्वाभाविक है कि एक ही सत्य विभिन्न मानवीय प्रकृतियों के संयोजन के अनुरूप बदल जाता है ।

6. मैं सदा पश्चिम के कैथलिक क्रिश्चियन मिस्टीसिजम को मानता रहा हूँ जिसकी प्राचीनता और गंभीरता का साम्य मैं इन पृष्ठों में दर्शाऊंगा । एक महान ईसाई के लिए सर्वोच्च सत्य का पूर्ण "अनुसरण" ही सच्ची स्वतंत्रता है । ईश्वर के अनुसरण और पूर्ण साक्षात्कार पर आधारित सच्ची स्वतंत्रता में बाहरी वस्तुओं से कुछ थोड़ी उदासीनता, असीमबद्धता की दशा पूर्व-निहित है । तुलना करें, सत्रहवीं सदी के महान फ्रेंच रहस्यवादी धर्मशास्त्री बेरुल के शिष्य सज्यनो का ग्रंथ (Conduite d'oraison ... "anno 1634 जिसका विश्लेषण हेनरी ब्रीमांड ने Metaphysique des Saints, Vol. 1. p. 138) पर किया है ।

7. विवेकानन्द और रामकृष्ण से पहले केशवचन्द्र सेन ने कई दिशाएं एवं रास्ते खोले और अपने शिष्यों के स्वभाव के अनुरूप आत्मा के मार्ग ढाले । 1875 के लगभग जब उन्होंने अपनी नई आध्यात्मिक साधना शुरू की, उन्होंने कुछ को राजयोग, कुछ को भक्ति तथा अन्य को ज्ञानयोग की संस्तुति की और उन्होंने ईश्वर के विभिन्न नामों और गुणों के साथ विभिन्न प्रकार की पूजाओं को जोड़ा ।

न तो ब्रह्मसमाज में केशवचंद्र सेन के पूर्वाधिकारियों और न उत्तराधिकारियों ने राज या ज्ञान योग पर विश्वास किया, न उसका अभ्यास । केशव ने योग शब्द का प्रयोग उसके उचित अर्थ से भिन्न अर्थ में किया था — प्रकाशक ।

8. इनमें से एक प्रकार के योग जिसे एंग्लो-सेक्सन परिणामवादियों (Pragmatists) ने सबसे अधिक बदनाम, शोषित और विकृत किया है, अपना लक्ष्य मान लिया है, जब कि वह

काउंट कैसरलिंग ने हिन्दू विश्वास की व्याख्या करते हुए और अपनी कुलीन सहमति देते हुए बताया कि कर्मयोग तीनों में निकृष्टतम[9] मार्ग है किंतु मैं नहीं मानता कि रामकृष्ण के अनंत हृदय के लिए कोई ''ऊँची सड़क'' या ''नीची सड़क'' थी । सब कुछ जो ईश्वर की ओर ले जाता है, ईश्वर का है । मेरा निश्चित मत है कि विवेकानन्द के लिए दीन दुखियों के नंगे पैरों से कुचला रास्ता पवित्र था : '' 'मूर्ख ही ऐसा कहते हैं, ज्ञानी नहीं कि कर्म और दर्शन पृथक हैं ।' हमारा प्रत्येक योग—कर्मयोग, ज्ञानयोग, भक्तियोग सभी मोक्ष की प्राप्ति के प्रत्यक्ष और स्वतंत्र साधन है ।''[10]

भारत के धार्मिक मस्तिष्क कितने स्पृहनीय रूप से स्वतत्र, पाश्चात्य देशों के विद्वानों और विश्वासियों के जाति अहंकार से कितनी दूर हैं । कुलीन, विद्वान, पैगम्बर विवेकानन्द यह लिखने से नहीं हिचकता, ''यद्यपि वह मनुष्य जिसने किसी भी एक दर्शन का अभ्यास नहीं किया है, वह किसी ईश्वर को नहीं मानता, उसने जीवन में कभी एक बार पूजा नहीं की, किंतु यदि उसे सद्कर्मों की सरल शक्ति ऐसी स्थिति में ला देती है जहां वह दूसरों के लिए अपना जीवन और सर्वस्व देने को तैयार है तो वह उसी बिंदु तक पहुँच गया है, जहाँ धार्मिक व्यक्ति अपनी प्रार्थना द्वारा और दार्शनिक अपने ज्ञान द्वारा पहुँचता है — निवृत्ति, पूर्ण आत्मत्याग ।''[11]

ध्यान केंद्रित करने की एक विवेकपूर्ण, व्यावहारिक पद्धति है, जो कि मन को नियंत्रित करती है, समस्त मानसिक-शारीरिक अंगों को नमनीय और आज्ञाकारी साधन बनाती है जिससे कि वह ज्ञान के एक मार्ग पर आगे बढ़ सकें, मन द्वारा एक सत्य के अनुभव के अर्थ में, या वास्तविक और पूर्ण स्वतंत्रता के रूप में । क्या मुझे अपने पाठकों को स्मरण कराना होगा कि ईसाई रहस्यवाद का भी एक राजयोग है, जिसे अतीत में उसके गुरुओं ने अनुभूत और नियंत्रित किया है ?

अरविन्द ने इसकी परिभाषा इस प्रकार की है, ''सारा राजयोग इस दृष्टि और अनुभव पर आधारित है कि हमारे आंतरिक तत्व, मिश्रण, कार्य शक्तियाँ अलग या लुप्त की जा सकती हैं, उन्हें नये सिरे से मिलाया जा सकता है और उन्हें पहले के असंभव कार्यों में लगाया जा सकता है, या स्थिर आंतरिक प्रक्रियाओं से नये सामान्य संश्लेषण में रूपांतरित या समन्वित किया जा सकता है ।'' (उद्धृत ग्रंथ)

9. ''उच्चतम'' स्वभावतः दार्शनिक है । (मिलाएं p. 234-35 Vol I The Travel Diary of a Philosopher 1925) अरविन्द ने भक्ति योग को सर्वोपरि माना है । (Essays on Gita)

10. कर्मयोग, अध्याय 4

11. वही ।

यहां बिना किसी प्रयास के भारतीय प्रज्ञा और गैलिली की शुद्ध[12] गास्पल को सभी महान आत्माओं में विद्यमान निजी संबधों का समान आधार मिलता है।

1. कर्मयोग

विवेकानन्द के चार सिद्धांतों — चार योगों में मुझे सबसे गंभीर और मार्मिक स्वर कर्मयोग का लगता है।

यहां पर मैं कई उद्धरण दे रहा हूँ जो पूर्व उद्धृत ब्रह्मांड के अंध चक्र जिस पर मानव जाति को बांधा और तोड़ा जाता है, की अंध उक्ति से जुड़े हुए हैं : संसार चक्र के अन्दर जो एक और चक्र है वह भयंकर यांत्रिकी है : अगर हम इसमें हाथ डाल दें तो जैसे ही हाथ फंसा कि हम गए ... हम सभी विशाल जटिल विश्व मशीन द्वारा खींचे

---

12. यहां हम दो धार्मिक विचार पद्धतियों के संबंध में बताएं। विलियम जेम्स ने प्रशंसनीय उत्साह से *''धार्मिक अनुभवों''* का अध्ययन किया। उसने यह स्वीकारा कि वह स्वयं इस कार्य के योग्य न था (''मेरा मिजाज मुझे प्रायः सभी रहस्यात्मक अनुभव से रोकता है। मैं केवल दूसरों की साक्षियां दे सकता हूँ।'') इससे पाश्चात्य रहस्यवाद ''छुटपुट'' अपवाद जैसा लगता है, परिणामतः वह समझता है कि पश्चिम के औसत स्त्री पुरुष के दैनिक जीवन में यह रूप अनजाना है। वास्तव में अधिकांश प्रोटेस्टेंट मतावलंबियों की भाँति उसे पाश्चात्य कैथलिक मत के ''सिलसिलेवार रहस्यवाद'' का अल्प ज्ञान है। ईश्वर से साक्षात जिसे एक भारतीय योग द्वारा प्राप्त करना चाहता है, अपने धर्म मूल से अनुप्रेरित सच्चे ईसाई के लिए एक सहज स्थिति है। कदाचित यह उसके लिए और अधिक सहज और स्वाभाविक है, क्योंकि ईसाई विश्वास के अनुसार ''आत्मा का केंद्र'' ईश्वर है। ''ईश्वर का पुत्र'' ईसाई विचारधारा के तानेबाने में गुंथा हुआ है, और इसलिए उसे यह विचार प्रार्थना में ईसा और ईश्वर में मिलन के अनुसरण के लिए अर्पित करना है। मेरी ऐसी मान्यता है कि जहां तक मानवीय आत्मा को सारा प्रयत्न करना है, वहाँ भारत की तुलना में पश्चिम में ईश्वर अधिक सक्रिय भाग लेता है। ब्रिमोंड ने सही दर्शाया है कि ''समान और सामान्य कृपा'' से ''रहस्यात्मक जीवन'' सबके लिए खुला है और ईसाई रहस्यवाद का प्रमुख उद्देश्य सभी युगों में ईश्वर से रहस्यात्मक साक्षात् के द्वार को समस्त संसार के लिए खोलना है। इस दृष्टि से देखने पर फ्रांस में सत्रहवीं शताब्दी सबसे ज्यादा लोकतांत्रिक थी। यहां मैं पुनः H. Bremond की Metaphysique des saints और विशेषकर दो विचित्र पात्रों का जिक्र करूंगाः एक फ्रांसिस्कन पैनमिस्टिक पाल दि लेगिनी और दूसरे मौंटमोरंसी के अंगूर उत्पादक ''जाँ उमों'', जिसकी सहज बुद्धि ने इसका विद्रोह किया कि ''रहस्यवाद'' सबके लिए नहीं है। ''हमारे भगवान ने इसके सिवाय उसके जो इतना आलसी था कि वह झुककर पीने का साहस नहीं करता, अन्य किसी को नहीं इनकार किया'' सत्रहवीं शती के सेंट

जा रहे हैं। इससे छूटने के दो ही रास्ते हैं । एक तो मशीन से सब सरोकार छोड़ दो, उसे जाने दो और एक तरफ खड़े हो जाओ ... यह कहना बहुत आसान है, लेकिन करना लगभग असंभव है । मैं नहीं जानता कि क्या दो करोड़ लोगों में से एक आदमी ऐसा कर सकता है ।...

''यदि हम इन्द्रियों के इस लघु जगत से अपना मोह त्याग दें, तो हम तत्काल मुक्त हो जाएंगे । बंधन से छूटने के लिए नियम और कार्य-कारण से आगे जाना जरूरी है । किंतु जगत से चिपटने को त्यागना सबसे कठिन है, बहुत कम ही लोग यह कर पाते हैं ।...

''दूसरा मार्ग नकारात्मक नहीं बल्कि सकारात्मक है । ... यह है संसार में कूदना और कर्म के रहस्य को सीखना ... संसार मशीन के चक्र से दूर मत भागो, उसके अंदर

फ्रांसुआ द सेल, सेवाय में ऐंसी के विशप के शिष्य, महान सेलिसियन, जाँ पीयरे कामू ने डेनिस ऐरोपेजाइट की शक्तिशाली रहस्यवादी सुरा को सब अच्छे लोगों के लिए एक हल्की अहानिकर शराब में बदलने का कठिन कार्य सम्पन्न किया ।) रहस्यवाद का लोकतंत्रीकरण हमारे क्लासिकी युग की उल्लेखनीय घटना है, जिसे फ्रांसीसी बौद्धिक सत्रहवीं शती कहते हैं । केवल पहली बार ही ऐसा नहीं दीखता कि मानव जाति में महान रूपांतरण सदा गहराई से ही आते हैं । धर्म और तत्व मीमांसा, साहित्यिक और राजनैतिक विचारों से एकाधिक सदी पहले प्रकट होते हैं । किंतु साहित्य और राजनीति विशारद आध्यात्मिक बातों से अनभिज्ञ होने के कारण यह समझने लगते हैं कि वे सत्यों के आविष्कर्ता या खोजनेवाले हैं, जब कि वे अपने आगमन से बहुत पहले ही मन की उपसंरचना के अंग थे ।

[रोलाँ द्वारा भारतीय और क्रिश्चियन रहस्यवाद की तुलना यहाँ दुर्भाग्यपूर्ण है । ईश्वर से साक्षात् का अर्थ उसके बराबर होना तथा दिव्य प्रकृति और सत्ता से एकात्म होना है । सिद्धांत वही सर्वोत्तम है जो मनुष्य में दिव्य भाव विकसित करे । क्या ईसाई धर्म हिन्दू धर्म की तुलना में इस अभिव्यक्ति में अधिक श्रेष्ठ है ? भारत में यदि सब नहीं, तो अधिकांश लोग मानते हैं कि ईश्वर उनकी आत्मा की आत्मा है और समस्त मनुष्य और प्राणी स्वयं ईश्वर हैं । हिन्दू इससे इनकार करते हैं कि वे ईश्वर से भिन्न हैं । क्या इससे अधिक आंतरिक, और सहज कोई ईश्वर मिलन है । हिन्दुओं के भी अपने ईश्वर पुत्र या अवतार हैं । किंतु क्या ईसा की मध्यस्थता ईश्वर से साक्षात्कार को अल्प प्रत्यक्ष नहीं बनाती ? इसके विपरीत, ईसाई मत में मनुष्य की कल्पना — जन्मजात पापी की है — जो स्वयं ईश्वर से सहज आत्मिक संबंधों में महान बाधक है : यह मनुष्य की दिव्यता को नकारना है । भारत में प्रचलित आत्मा की कल्पना निश्चित रूप से बेहतर और ईश्वर की प्राप्ति में सहायक है । ईसाई मत की तुलना में ईश्वर और आत्मा के बीच संबंधों के हिन्दू विचार असंदिग्ध रूप से कहीं अधिक पूर्ण और सहायक हैं । — प्रकाशक ।]

रहो और कर्म का रहस्य सीखो, यह कर्मयोग का मार्ग है ... भीतर उचित कर्म कर, बाहर आना संभव है ।

''विश्व में प्रत्येक व्यक्ति को काम करना चाहिए । ... अपने स्वभाव अनुरूप बहने वाली एक धारा खाली स्थान में गिर कर भंवर बनाती है, और कुछ देर भंवर में दौड़ कर वह पुनः धारा के रूप में निकल कर अनियंत्रित चलती है । प्रत्येक मानव जीवन इसी धारा के समान है ।

वह भंवर में पड़ती है, दिक् काल और कार्य कारण के जगत से लगाव कर थोड़ा चक्कर काट, चिल्ला उठती है, 'मेरा पिता, मेरा भाई, मेरा नाम, मेरा यश इत्यादि और अंत में इससे बाहर निकल कर अपनी मौलिक स्वतंत्रता को प्राप्त कर लेती है । सारा जगत यही कर रहा है । चाहे हम उसे जानें या न जानें ... हम सब संसार के स्वप्न से बाहर आने का प्रयास कर रहे हैं । संसार में मनुष्य का अनुभव उसे भंवर से निकलने में समर्थ बनाता है ।...

''हम देखते हैं कि सारा विश्व कार्यरत है । किसलिए ? स्वतंत्रता के लिए, परमाणु से उच्चतम प्राणी तक एक ही उद्देश्य के लिए, मन शरीर और आत्मा की मुक्ति के लिए कार्यरत है । प्रत्येक वस्तु स्वतंत्रता प्राप्ति, बंधन से मुक्ति का प्रयास कर रही है । सूर्य, चंद्र, पृथ्वी, ग्रह सभी बंधन से छूटने का प्रयास कर रहे हैं । प्रकृति की केंद्रापमुखी और केंद्राभिमुखी शक्तियां हमारे ब्रह्मांड की विशेषता हैं । कर्मयोग से हम उसकी कार्य संगठन शक्ति का रहस्य समझते हैं ... कार्य अवश्यंभावी है ... किंतु उच्चतम उद्देश्य की प्राप्ति के लिए हमें कर्म करना चाहिए'' ... क्या यह काम करने का आग्रह है जिसने तृप्ति में अक्षम फास्ट को जलाया था जिससे कि वह कम देखने वाली आँखों से भी मकबरे तक पहुँचने के लिए प्रयत्नशील रहा ताकि वह अपनी चिंतन रीति के अनुरूप संसार को गढ़ सके । (मानो उससे सबका भला होता) ?[13]

नहीं ! जब उसने फास्ट को गिरते देखा तब लगभग मेफिस्टोफिलीज के शब्दों में विवेकानन्द उत्तर देते, ''वह अपने प्रेम से केवल मरीचिका का ही पीछा कर रहा है ! वह दुःखी, खाली, अभागा मनुष्य उसे अंत तक संभाले रहा ।''[14]

---

13. और फास्ट ने भी जीवन के अंतिम क्षणों में स्वतंत्रता की छाया का पीछा किया : ''वही स्वतंत्रता के योग्य है, जो रोज उसे जीतना जानता है ।...''

14. इस दृश्य को गेटे से पढ़ते समय दृष्टव्य है कि इस विचार और अभिव्यक्ति में हिन्दू माया से कितना साम्य है : मेफिस्टोफिलीज (फास्ट की लाश को देखते हुए) ''चला गया ...

कर्मयोग कहता है, "निरंतर कार्य करो, किंतु कर्म से लगाव छोड़ दो ... अपने मन को मुक्त रखो ।[15]

इसमें स्वार्थपरता "मैं और मेरा के स्पर्श को आरोपित न करो ।" कर्तव्य पालन में भी सब विश्वासों से स्वतंत्रता होनी चाहिए । ... वह कर्तव्य की महानतम विडम्बना को भी रखता है जो छोटे दुकानदार की उबाऊ पूजा-वस्तु है ।

"कर्मयोग हमें सिखाता है कि कर्तव्य पालन का सामान्य विचार निम्न स्तर का है, फिर भी हम सबको अपने कर्तव्य करने पड़ते हैं ।[16] हम यह भी देखते हैं कि कर्तव्यपालन की यह विचित्र भावना प्रायः महान दुःख का कारण है । ... यह मानव जीवन का अभिशाप है । ... कर्तव्य के गुलामों को देखो । कर्तव्य उन्हें प्रार्थना करने, नहाने तक का समय नहीं छोड़ता । कर्तव्य सदा उनपर सवार है । वे बाहर जाते और काम करते हैं । उनपर कर्तव्य का भार है । वे घर लौटते हैं और अगले दिन के काम के बारे में सोचते हैं । कर्तव्य उन पर सवार है । यह गुलाम की जिन्दगी है । अंत में वह

कैसा मूर्ख शब्द ! वह इसी लायक था जैसे कि वह कभी न रहा हो, फिर भी मनुष्य प्रयास करता है और चलता है जैसे कि वह रहा हो ... उसकी जगह मैं अनंत विनाश पसंद करूंगा ।"

15. यह गीता का शास्त्रीय सिद्धांत है : अज्ञानी आसक्ति के साथ कर्म करते हैं, ज्ञानी भी कर्म करते हैं किंतु आसक्ति छोड़ कर संसार की भलाई के लिए ... "सब कर्म मुझे अर्पण करो, आत्मा को अपने अंदर कर सब आशा और निहित स्वार्थ से मुक्त हो, बिना किसी नैतिक झिझक के कर्म करो ..." मिलाएं : ईसाई रहस्यवाद : किसी उपयोगी उद्देश्य, या सांसारिक लाभ के लिए, किसी नर्क या स्वर्ग के लिए या कृपा के लिए या ईश्वर का प्रिय बनने के लिए प्रयास न करो ... किंतु सिर्फ ईश्वर की कीर्ति के लिए ।" (बेरुलियन क्लाड सैगिनो लिखित Conduite d'oraison)

किंतु विवेकानन्द अधिक साहस से यह कहते हैं कि त्याग का किसी भगवान विशेष में आस्था से कोई संबंध नहीं है । किंतु वह पहले उनसे अपील करता है "जो ईश्वर में विश्वास नहीं करते वे अपने निजी उपकरणों पर करते हैं या किसी बाहरी सहायता पर ।"

16. विवेकानन्द ने कर्तव्य की परिभाषा में एक अध्याय लगाया है । किंतु वे उसे वस्तुगत यथार्थ देने से इनकार करते हैं । किया गया कार्य कर्तव्य की परिभाषा नहीं । ... हालांकि आंतरिक पक्ष से यह कर्तव्य है। कोई कार्य जो हमें ईश्वर की ओर ले जाता है सद्कर्म है, कोई कार्य जो हमें नीचे धकेलता है, पाप है । फिर भी समस्त मनुष्य जाति, आयुवर्ग, पंथों और देशों द्वारा सर्वमान्य रूप से स्वीकृत कर्तव्य हैं, उसे संस्कृत सुभाषित में साररूप में प्रस्तुत किया है : "किसी प्राणी को आघात न पहुँचाओ, किसी प्राणी को हानि न पहुँचाना पुण्य है, किसी प्राणी को आघात पहुँचाना पाप है ।" (कर्म योग अध्याय ५)

साज में चढ़े घोड़े की तरह सड़क पर गिर कर मर जाता है । कर्तव्य को ऐसे समझा जाता है ... सच्चा कर्तव्य अनासक्त रहकर, स्वतंत्र प्राणी की तरह काम करना और सब काम को ईश्वर को अर्पित करना है । हमारे सब कर्तव्य उसके हैं । हम धन्य हैं कि हमें यहाँ काम करने का आदेश मिला है । हम अपना समय पूरा कर रहे हैं, हम उसे अच्छा या बुरा गुजार रहे हैं, कौन जाने ? अगर हम अच्छा नहीं करते, हमें अच्छा फल नहीं मिलता । अगर हम इसे बुरा करते हैं, हमें सुरक्षा नहीं मिलती ।

"शांत रहो, स्वतंत्र हो और कर्म करो । ... इस प्रकार की स्वतंत्रता प्राप्त करना बड़ा कठिन काम है । गुलामी को कर्तव्य पालन के रूप में परिभाषित करना कितना आसान है, शरीर के साथ उसके प्रति आसक्ति के रोग को कर्तव्य समझना । मनुष्य संसार में आते हैं, संघर्ष करते और रुपए या महत्वाकांक्षा के लिए लड़ते हैं ।" उनसे पूछो वे ऐसा क्यों करते हैं ? वे कहते हैं, "यह कर्तव्य है" । यह स्वर्ण या लाभ के लिए बेहूदा लालच है और वे इसे कुछ फूलों से ढँकना चाहते हैं ... जब एक आसक्ति स्थापित होती है (जैसे विवाह) हम उसे कर्तव्य कहते हैं ... अर्थात् एक प्रकार का स्थायी रोग । जब यह उग्र होता है, हम उसे रोग कहते हैं, जब यह स्थायी हो जाता है तब उसे हम प्रकृति कहते हैं ... हम कर्तव्य के गुंजायमान नाम से उसका बप्तिसमा करते हैं । हम उस पर पुष्प वर्षा करते हैं, उसके लिए बाजे बजाते हैं । उसके ऊपर पवित्र मंत्र पढ़ते हैं और तब समस्त संसार लड़ता है, और कर्तव्य के नाम पर मनुष्य एक दूसरे को लूटते हैं ... उच्चादर्शहीन कोटि के मनुष्य के लिए यह थोड़ा अच्छा है, किंतु जो कर्मयोगी होना चाहते हैं उन्हें कर्तव्य के इस विचार को उठा फेंकना चाहिए । मेरे और तुम्हारे लिये कोई कर्तव्य नहीं है । जो कुछ तुम्हें संसार को देना है, अवश्य दो, किंतु कर्तव्य समझ कर नहीं । उसका ख्याल छोड़ दो । मजबूर न होओ । तुम क्यों मजबूर होते हो ? जो कुछ मजबूरी में करते हो, वह मोह पैदा करता है । क्यों तुम्हारा कोई कर्तव्य हो ? सब कुछ ईश्वर पर छोड़ दो ।[17] इस भयंकर जलती भट्टी में जहाँ कर्तव्य सब कुछ जला देता है, इस अमृत का पान कर सुखी होओ ।

"हम सब उसकी इच्छा पूरी कर रहे हैं और हमें पुरस्कारों और दंड से कुछ लेना देना नहीं है ।[18] यदि तुम्हें पुरस्कार चाहिए, तो दंड भी मिलना चाहिए । दंड से छूटने का

---

17. जो मनुष्य न सम्मान, न उपयोगिता, न आंतरिक त्याग, न पुरस्कार, न स्वर्ग आदि किसी वस्तु की आकांक्षा नहीं करता, बल्कि जिसने ये सब वस्तुएं और जो कुछ उसका अपना है, उसे त्याग दिया है — ईश्वर ऐसे मनुष्यों से गौरवान्वित होता है । (मीस्तर एकहार्ट)

18. वही दिव्य प्रकाश ध्यान करने योग्य है, जो किसी चीज का भी दास नहीं, यहाँ तक

एक ही मार्ग है, वह है पुरस्कार का त्याग । दुःख से निकलने का एक ही मार्ग है वह है सुख के विचार का त्याग, क्योंकि ये दोनों एक दूसरे से जुड़े हुए हैं । मृत्यु से पार पाने का मार्ग जीवन के प्रेम को त्यागना है । भिन्न बिंदुओं से देखने पर जीवन और मृत्यु एक ही चीज हैं । इसलिए बिना दुःख के सुख या बिना मृत्यु के जीवन का विचार स्कूली बच्चों के लिए तो अच्छा है, लेकिन विचारक देखता है कि यह सब परस्पर विरोधी हैं, इसलिये वह दोनों को त्यागता है ।"

फिर एक महत्वपूर्ण प्रश्न है कि इस प्रकार की अनन्त स्वतंत्रता का यह नशा मानवीय वैराग्य की सीमा कहाँ तक निर्धारित करेगा ? और यह भी स्पष्ट है कि ऐसा आदर्श अधिकांश मनुष्यों की सामर्थ्य के बाहर है । यदि इसकी गलत व्याख्या की जाए, तो वह अपनी अतिशयता के कारण उसे अपने पड़ोसियों और स्वयं अपने से उदासीन बना देगा तथा सब सामाजिक कर्म को ही समाप्त कर देगा । इससे तो मृत्यु अपने दंश को खो देगी और जीवन भी निष्प्राण हो जायेगा । ऐसी स्थिति में जीवन को सप्राण बनाने के लिए जो उद्दीपक बच रहता है वह सेवा का सिद्धांत है जो विवेकानन्द की शिक्षा और व्यक्तित्व का अनिवार्य अंग है । जब कोई व्यक्ति जीवन और मृत्यु के पार की स्थिति प्राप्त कर लेता है तभी वह सच्चे अर्थों में मानव मात्र से प्रेम और एकात्म अनुभव कर सकता है । बुद्ध के जीवन से तुलना करें जिन्होंने निर्वाण की प्राप्ति के बाद उपदेश दिया । भारत और उसके ज्ञान को समझने के लिए इस विरोधाभास को समझना जरूरी है ।

विवेकानन्द किनके लिए ये भाषण दे रहे और लिख रहे थे यह भी सदा ध्यान में रखना आवश्यक है । उनका धर्म मूलतः यथार्थवादी, व्यवहारिक था । उस धर्म का उद्देश्य कर्म था तथा उनकी अभिव्यक्ति पाठकों-श्रोताओं के अनुरूप भिन्न भिन्न होती थी । विचारों की यह विस्तृत और जटिल प्रणाली एक ही ग्रास में नहीं निगली जा सकती । विभिन्न दृष्टिकोणों के बीच चुनाव करना जरूरी था । यहाँ पर विवेकानन्द अमरीकियों को संबोधित कर रहे थे, जहाँ आत्मविस्मृति और कर्म की अतिशयता का भय न था, अतः वहाँ स्वामीजी ने सागर पार के देशों के गुणों पर आधारित उल्टी अतिशयता पर जोर दिया । इसके विपरीत, उन्होंने जब भारतीयों को संबोधित किया तब

कि अपने सद्गुणों का भी नहीं "Rusybroeck : De Ornatu Spritualism Nuptiarum) जो भी मनुष्य विनम्रता के अतिरिक्त पुण्य, विवेक आदि को गुण के रूप में महत्व देता है वह मूर्ख है ।" (Ruysbroeck : De Praecipuis Quibusdam Virtutibus)

उन्होंने अनासक्ति के धर्म की अमानवीय अपव्यय कहकर निन्दा की। 1897 में अमरीका से लौटने के बाद जब रामकृष्ण के एक शिष्य, वृद्ध बंगाली प्राध्यापक ने यह आपत्ति की : "तुम जो दान सेवा, इस संसार के कल्याण के बारे में कहते हो, सब माया के क्षेत्र की चीजें है। क्या हमें वेदांत नहीं सिखाता कि हमारा लक्ष्य अपने सब बंघन तोड़ना है ? तब हम क्यों अन्यों की तरह बनें ?" विवेकानन्द ने कटाक्ष किया, "इस तरह क्या मुक्ति का विचार भी माया के क्षेत्र में नहीं आता ? क्या वेदांत हमें नहीं सिखाता कि आत्मा सदा उन्मुक्त है ? तब मुक्ति के लिए क्यों संघर्ष करें ?" और बाद में अपने शिष्यों के साथ उन्होंने एकांत में कटुता से कहा कि वेदांत की इस व्याख्या ने देश को अपार हानि पहुँचाई।[19]

प्रत्येक मानव युग एक विशिष्ट कर्म के साथ जुड़ा हुआ है। हमारा कार्य उन ठगे गए, शोषित जन साधारण को ऊँचा उठाना है, जिन्हें मार्गदर्शक और पोषक बनने योग्य व्यक्तियों ने ही निर्लज्जतापूर्वक ठगा, शोषित और पतित किया। नायक और संत तक को भी जो मुक्ति के किनारे तक पहुँच गया है, अपने उन पिछड़ गए भाइयों की सहायता के लिए पुनः लौटना चाहिए। महानतम पुरुष वह है जो अपनी सिद्धियों को त्याग कर एक कर्मयोगी बनने के लिए तैयार है जिससे कि अन्य व्यक्ति भी उसका लाभ उठा सकें।[20]

इस प्रकार यह खतरा नहीं था कि कर्मयोग का गुरु अपने आदर्श के लिए चाहे, वह कितना भी ऊँचा क्यों न हो अपनी टोली का बलिदान कर दे, क्योंकि वह अधिसंख्य

---

19. इस तरह कई और किस्से हैं। एक भक्त के साथ साक्षात्कार हुआ जो मध्य भारत के भयंकर अकाल के बारे में (जिसमें नौ लाख लोग मरे थे) चिंता करने से इनकार कर रहा था। भक्त का कहना था कि इसका वास्ता पीड़ितों के कर्मों से है, उससे उसका कुछ लेना देना नहीं। विवेकानन्द गुस्से से लाल हो गए। उनकी आँखों में खून उतर आया, उनकी आँखें चमकीं और वे पाखंडी के पाषाण हृदय के विरुद्ध दहाड़े। अपने शिष्यों की ओर उन्मुख हो, उन्होंने दीर्घ निश्वास लिया, "इस प्रकार हमारा देश बर्बाद हो रहा है। कर्म का सिद्धांत किस हद तक गिर चुका है ! क्या वे मनुष्य हैं, जिन्हें मनुष्यों पर दया नहीं आती ?"

उनका सारा शरीर क्रोध और घृणा से काँपने लगा। एक अन्य स्मरणीय प्रसंग सदा याद रहेगा जब विवेकानन्द ने उदात्त भाव से अपने शिष्यों और साथी संन्यासियों को लताड़ा और व्यक्तिगत पवित्रता में रमे रहने के सिद्धांत को पैरों तले कुचला और प्रमाण स्वरूप उनके गुरु रामकृष्ण तक की खिल्ली उड़ाई। उन्होंने उन्हें स्मरण कराया कि कोई नियम या धर्म "मानव जाति की सेवा करो" इस आदेश से "ऊँचा नहीं" है।

20. "मनुष्य को स्वयं सीधे खड़े होने में, अपने कर्मयोग को अपने आप पूरा करने में मदद करो।" (विवेकानन्द अपने संन्यासियों से)।

मानव के लिए उनके स्वभाव से परे होने के कारण अमानवीय होगा। अन्य किसी धार्मिक सिद्धांत ने दीनतम से उच्चतम मनुष्य की आध्यात्मिक आवश्यकताओं के लिए इतनी सहानुभूतिपूर्ण समझ नहीं दिखाई है। समस्त मदांधता और असहिष्णुता को यह दासता और आध्यात्मिक मृत्यु का स्रोत मानता है।[21] मुक्ति की प्राप्ति प्रत्येक व्यक्ति के लिए है, अपने आदर्श को जानना और उसे पाने का प्रयास ही अपने लिए संभव व्यवहार का पथ है और यदि वह उसे अकेले नहीं खोज सकता, उसे गुरु की सहायता चाहिए, लेकिन कभी भी वह अपने आदर्श को न त्यागे। सदा और सर्वत्र सच्चे कर्मयोग के सिद्धांत को दोहराया, "स्वतंत्र हो कार्य करना है, स्वतंत्रता के लिए कार्य करना है, स्वामी की तरह कार्य करना है, गुलाम की तरह नहीं।"[22] वह अच्छी तरह जानते थे कि ऐसी कोई निर्लिप्तता नहीं है जिसमें स्वार्थपरता प्रवेश न कर सके और तब इससे अधिक इसका घृणित रूप भी नहीं, जहां जाने अनजाने पाखंड आ जाता है, जब "मुक्ति" सिर्फ अपने लिए और अन्यों के लिए नहीं चाही जाती।* वे अपने संन्यासियों के सामने दोहराते नहीं थकते थे कि उन्होंने दो प्रतिज्ञाएं ली हैं, जिनमें यद्यपि पहली 'अपने को मुक्त कराने की है,' दूसरी "संसार की सहायता करने की है।" उनका और उनके अनुचरों का मिशन वेदांत की महान शिक्षाओं को कुछ विशेषाधिकार-प्राप्त व्यक्तियों के स्वार्थी विश्रामस्थल से छुड़ा कर, उसे सब प्रकार और स्थितियों के मनुष्यों में फैलाना है, चूंकि वे इसे ग्रहण करने में समर्थ हैं।[23] जीवन के अंतिम दिनों में जब उनका शरीर रोग से जर्जर हो चुका था और उनकी आत्मा सब मानवीय व्यवहारिक संबधों की आवश्यकता से तीन

---

21. पहले उसे बिना आसक्ति के काम करना जानना चाहिए, तब वह मदांध नहीं बनेगा। ... यदि संसार में मदांधता न होती, तब वह आज की तुलना में अधिक प्रगति करता। ... यह एक प्रतिरोधक तत्व है ... जब तुम मदांधता से बच जाते हो, तभी तुम सही तरीके से काम कर सकते हो। ... तुम मदांधों को धारा प्रवाह बोलते पाते हो, "मैं पापी से नहीं पाप से घृणा करता हूँ, लेकिन मैं उस आदमी को देखने अनंत दूर जा सकता हूँ जो पाप और पापी के बीच भेद कर सके ..." (कर्मयोग, अध्याय IV)

22. इस शिक्षा का पूर्ण सार है कि तुम्हें स्वामी की तरह न कि दासकी तरह कर्म करना चाहिए ... स्वतंत्रता से कार्य करो ... जब हम दास की भाँति संसार की वस्तुएं के लिए कर्म करते हैं ... हमारा कर्म सच्चा कर्म नहीं ... स्वार्थी कार्य दास का कर्म है ... बिना आसक्ति कर्म करो (वही, अध्याय III)

23. अद्वैत का ज्ञान दीर्घकाल तक गुफाओं और जंगलों में छिपा रहा है। "मुझे यह दायित्व सौंपा गया कि मैं इसे एकांत से निकालूं और उसे परिवार और सामाजिक जीवन में ले जाऊँ...अद्वैत के ढोल को सब जगह, बाजारों, पहाड़ों की चोटियों और मैदान में बजाना होगा।

* यह स्वामीजी का विचार नहीं था। —प्रकाशक

चौथाई निर्लिप्त हो चुकी थी — (चूंकि वे अपने समस्त जीवन का बलिदान कर अपना काम समाप्त कर चुके थे) — उस समय जब उनसे रोजमर्रा के प्रश्न पूछे जा रहे थे, उन्होंने उत्तर दिया "कि अब उनका मन उनमें नहीं लगता क्योंकि वे मृत्यु पथ पर बहुत आगे जा चुके हैं" — उन्होंने एक अपवाद रखा, "उनका कर्म, उनका जीवन कर्म ।"[24]

इसलिए कभी भी गुरु के आदेश पर काम करने का प्रश्न नहीं उठता । उसका वचन तभी प्रभावी होगा, यदि जिसे गुरु परामर्श दे रहा है, उसमें अपने को भुला दे, वह उसकी प्रकृति को ग्रहण कर ले और वह मनुष्य में अंतर्निहित शक्तियों द्वारा अपनी नियति को समझे और उसे प्राप्त करे ।

विवेकानन्द जैसे मानव कर्म के महान संगठनकर्ताओं का यही वास्तविक कर्तव्य है । उन्होंने कर्मयोग के समस्त श्रेणीक्रम को समझा था, जहाँ एक विराट कार्यशाला में विभिन्न कार्यों से जुड़े हुए श्रमिक एक महान कार्य को संपादित करते हैं ।

किंतु कार्यशाला, प्रकार, पद जैसे शब्द, विभिन्न प्रकार के श्रमिकों के बीच श्रेष्ठता या दीनता का भाव नहीं दर्शाते ; ये व्यर्थ के पूर्वाग्रह हैं जिन्हें इस महान कुलीन ने ठुकराया । वह श्रमिकों के बीच कोई जाति विभाजन नहीं मानेगा, बल्कि सिर्फ निर्धारित कार्यों के बीच भेद मानेगा[25] सर्वाधिक दिखाऊ और जाहिरा महत्वपूर्ण सदैव महान नहीं होते और अगर विवेकानन्द को कोई चीज अधिक पसंद थी, तो वह थी विनम्रता और सरलतम व्यक्ति "यदि तुम किसी के चरित्र का निर्णय करना चाहते हो, तो उसकी महानतम कृति को न देखो । कोई भी मूर्ख किसी न किसी समय नायक बन सकता है । मनुष्य को अत्यंत साधारण काम करते हुए देखो, वही बातें तुम्हें एक महापुरुष के वास्तविक चरित्र को बतायेंगी । महान अवसर निम्नतम व्यक्ति में भी किसी प्रकार की महानता जगा देते हैं । किंतु वही मनुष्य वास्तव में महान है जिसका चरित्र सदा और सर्वत्र महान रहता है ।"[26]

---

24. अपनी मृत्यु से पहले रविवार को "तुम जानते हो कि कार्य सदा मेरी कमजोरी रहा है । जब मैं सोचता हूँ कि उसका अंत हो रहा है, मैं किंकर्तव्यविमूढ़ हो जाता हूँ ।"

25. कर्मयोग अध्याय I.

26. विवेकानन्द ने स्वयं प्रत्यक्ष देखा एक उदाहरण जोड़ा, "मैंने एक ऐसा योगी देखा जो भारत में एक गुफा में रहता है । वह अपनी वैयक्तिकता की अनुभूति को इतना खो चुका है कि हम कह सकते हैं कि उसमें मनुष्य नहीं बचा है, सिर्फ सर्वव्याप्त दिव्य भाव बचा है ।" वह गाजीपुर के पवहारी बाबा का जिक्र कर रहे थे जिन्होंने उन्हें भारत की प्रथम तीर्थयात्रा 1889-90

आश्चर्य की बात है कि कर्मियों में वर्गों का जिक्र करते हुए विवेकानन्द सबसे ऊपर यश और मूजा से प्रतिष्ठित ईसा एवं बुद्ध जैसे सुविख्यात व्यक्तियों का नहीं रखते, बल्कि अनाम, मौन "अज्ञात सिपाहियों" को रखते हैं।

यह पृष्ठ इतना प्रभावशाली है जिसे आसानी से नहीं भुलाया जा सकता : संसार के महानतम पुरुष अज्ञात गुजर गये हैं। बुद्ध और ईसा उन महान आत्माओं के सामने जिनके बारे में संसार को कुछ पता नहीं, दूसरे दर्जे के नायक हैं। प्रत्येक देश में ऐसे सैकड़ों अज्ञात नायक रहे हैं। वे चुपचाप रहते हैं, चुपके से चले जाते हैं, और समय पर उनके विचार बुद्ध और ईसा में अभिव्यक्ति पाते हैं। और इन बाद वालों से हम परिचित होते हैं। उच्चतम पुरुष अपने ज्ञान के लिए नाम और शोहरत नहीं चाहते। वे अपने विचार संसार के लिए छोड़ जाते हैं। वे अपने लिए कोई दावे नहीं करते और न अपने कोई संप्रदाय या विचार पद्धति बनाते हैं। उनका स्वभाव इससे विरत रहता है। वे विशुद्ध सात्विक होते हैं, जो कोई हरकत नहीं करते, बल्कि प्रेम में पिघल जाते हैं। विवेकानन्द ने उनके बीच होने का दावा नहीं किया, प्रत्युत जो निष्काम कर्म में रत हैं[27], उनके साथ अपने को दूसरे-तीसरे स्थान पर रखा, क्योंकि वे सात्विक कर्मयोग की स्थिति पार कर दूसरी तरफ पहुँच चुके हैं, और विवेकानन्द हमारी तरफ ही रह जाते हैं।

सर्वशक्तिमत्ता का उनका आदर्श जो तीव्र और रहस्यवादी चिंतन के प्रसारण से कांतिमय है पाश्चात्य की धार्मिक आत्मा के लिये आश्चर्यमय नहीं है। हमारे सभी ध्यानशील पंथों को यह विदित है। और आज का सामान्य चिंतन भी इसे पहचान सकता है। क्योंकि अंतर उस श्रद्धांजलि में है, जो हम लोकतांत्रिक रीति से हजारों मूक कर्मियों को देते हैं, जिनके श्रम का विनीत जीवन और ध्यान, वीरता का संचय और राष्ट्रों की प्रतिभा है।[28] जिसने ये पंक्तियां लिखीं, किसी अन्य गुण के अभाव में भी वह साठ

में आकर्षित किया था और उनका प्रभाव रामकृष्ण द्वारा निर्धारित पथ से उन्हें पीछे हटाने में असफल रहा। पवहारी बाबा का कहना था कि सामान्य अर्थ में सब कर्म दासता है ; उन्हें निश्चय था कि शरीर कर्म के बिना मात्र आत्मा से दूसरे लोगों को लाभ पहुँचाया जा सकता है।

27. वह सर्वोत्तम कर्म है जो बिना प्रयोजन है, न धन का, न यश का, न अन्य किसी वस्तु का। जब मनुष्य ऐसा कर सकता है वह बुद्ध होगा और उसके बीच से ऐसी शक्ति आयेगी जो संसार को रूपांतरित कर देगी। यह मनुष्य कर्मयोग का सर्वोत्कृष्ट आदर्श है। (वही, अध्याय VII के अंत में)।

28. हिन्दू प्रतिभा की वही अंतदृष्टि है, किंतु वह इसे विभिन्न जीवनों में संचित कर्मों के पुनर्जन्म के सिद्धांत से समझाती है : "विशाल संकल्पयुक्त मनुष्य प्रचण्ड कर्मठ होते हैं ...

वर्षों के अनवरत श्रम, इन मौन कर्मियों की पीढ़ियों का साक्षी है जिनसे वह बना था एवं जो उनकी आवाज थी, अकेले श्रम करते हुए, झुककर अन्तर की आवाज सुनने का प्रयास करते हुए, उसने उन अनामों की आवाजें समुद्र के नाद की तरह उठती हुई सुनीं जिससे मेघ और नदियां पैदा होती हैं। वे हजारों गूंगे जिनका अव्यक्त ज्ञान मेरे विचारों का सार और मेरी इच्छा का मूल स्रोत है। जब बाहर के शोर बंद हो जाते हैं, मैं रात को उनकी नब्ज की धड़कन सुनता हूँ।

2. भक्तियोग

सत्य — स्वतंत्रता प्राप्ति का दूसरा पथ भक्ति का हृदय मार्ग है। यहाँ पुनः मैं अपने ज्ञानियों की तोता-रटंत सुनता हूँ : "बिना तर्क के कोई सत्य नहीं और हृदय केवल दासता और भ्रांति की ओर ले जाएगा।" मैं उनसे विनय करूंगा कि वे अपने पथ पर रहें, जहाँ मैं शीघ्र लौटूंगा, उनके लिए वही ठीक है, इसलिए वे उसी पर स्थिर रहें, लेकिन यह दावा करना ठीक नहीं कि सभी मन उसमें समा सकते हैं। वे मानवीय आत्मा की समृद्ध विभिन्नता की ही नहीं, बल्कि सत्य के जीवंत गुण को कम करके आंकते हैं। हृदय के मार्ग में छिपी दासता की उनकी निन्दा गलत नहीं है। किंतु वे यह सोचने में गलती करते हैं कि बौद्धिक ज्ञान के पथ में ये खतरे नहीं हैं। मनुष्य किसी भी पथ पर चले, सच्ची विवेकी आत्मा आंशिक भूलों और आंशिक सत्यों से ऊपर उठती है, एक के बाद एक दासता के चिन्हों से मुक्त होते हुए वह स्वतंत्रता और सत्य के पूर्ण और शुद्ध प्रकाश तक पहुंचती है जिसे वेदांती सत्-चित्-आनन्द कहते हैं। वह अपने अंतर साम्राज्य में हृदय और बुद्धि दोनों की प्रखरता को संजोये रखता है।

पाश्चात्य बुद्धिवादियों के लिए यह स्पष्ट बता दूँ कि हृदय पथ के घातक हमलों से विवेकानन्द से अधिक कोई सावधान नहीं है। वे उनसे कहीं अधिक परिचित थे। यद्यपि भक्ति योग ने विभिन्न नामों से पाश्चात्य देशों के महान तीर्थ-यात्रियों और उनके हजारों साधारण श्रद्धालुओं को उनके पद चिन्हों पर चलते देखा है तथा हमारे चर्चों और राज्यों को प्राचीन रोम द्वारा दी गई कानून और व्यवस्था की भावना ने, प्रेम के योद्धाओं को

विपुल संकल्प जो उन्हें युगों के मौन प्रयास से मिला।" सदियों के कार्य से संचित शक्ति से बुद्ध और ईसा संभव हुए।

पुनर्जन्म का यह सिद्धांत पाश्चात्यों को कितना ही काल्पनिक क्यों न लगे, यह सभी युगों के मनुष्यों के बीच घनिष्ट नातेदारी स्थापित करता है और हमारे सार्वभौम भ्रातृत्व के विश्वास से मेल खाता है।

प्रभावी रीति से अपनी सीमाओं से बाहर खतरनाक क्षेत्रों से बचाते हुए सही मार्ग पर रखा है। दृष्टव्य है कि यह तथ्य भक्ति पर योरोप की तुलना में काउंट वान कैसरलिंग के सत्याभासी निर्णय को स्पष्ट करता है।[29] यायावर दार्शनिक की नमनीय और कोमलताविहीन प्रखर प्रतिभा उसे निन्दा के लिए प्रेरित करती है जिन्हें वह "परित्यक्त स्त्रैण-आदर्श" कहता है, क्योंकि वे उसके स्वभाव के परे हैं और उसे पश्चिम में हृदय की कठोरता को बढ़ा चढ़ा कर बताने पर विवश करता है, जिसको वह अपने को संपूर्ण प्रतिनिधि होने का दावा करता है।[30] वास्तव में उसे योरोप की कैथलिक भक्ति का बहुत ही उथला ज्ञान है। ऐस लगता है कि उसका निर्णय सोलहवीं सदी के फ़्लैंडर्स और जर्मनी के मीस्टर ऐकहार्ट और राइसब्रोक जैसे उग्र रहस्यवादियों पर आधारित है। किंतु क्या वह इसी तरह फ्रांस और लेटिन देशों के संवेदनशील प्रेम के कोमल खजाने और धार्मिक उद्वेग पर इतना ही अविश्वास कर सकता है ? पाश्चात्य रहस्यवादी पर "दीनता" और "तुच्छता", "सुन्दरता" और "नफासत" की कमी का दोषारोपण करना सत्रहवीं शती में फ्रांस के धार्मिक विचारकों के द्वारा पूर्णताप्राप्त विशिष्ट मंडली पर लांछन लगाना है। ये लोग यदि मानव जाति के गुह्य रहस्यों के विश्लेषण में श्रेष्ठ नहीं तो कम से कम फ्रेंच क्लासिकी युग और उनके उत्तराधिकारियों, आधुनिक उपन्यासकारों के उस्ताद थे।[31]

जहाँ तक इस प्रेम पंथ के उत्साह का संबंध है, मैं यह मानने से इनकार करता हूँ कि महान योरोपीय भक्त अपने गुणों में ऐशियाई भक्त से किसी भी प्रकार निकृष्ट है। ऐशियाई भक्तों द्वारा "साक्षात्कार" की अतिशय इच्छा, उच्चतम और विशुद्धतम आत्मा का लक्षण नहीं है।

यह मुश्किल ही दीखता है कि भारत *"Noli me tangere"* का आविष्कार कर सकता ताकि वह देख, छू और बता सके। वह अविश्वास के कगार पर पहुँच जाता

---

29. The Travel Diary of a Philosopher, Vol. I, p. 225.

30. कल और आज रवीन्द्रनाथ के ये शब्द सत्य हैं : मैं जितने पाश्चात्यों को जानता हूँ उनमें कैसरलिंग सर्वाधिक उग्र पाश्चात्य है। (उसकी यात्रा डायरी की भूमिका में विनम्रता से उद्धृत) अपने स्वभाव के अनुरूप सम्पूर्ण पाश्चात्य को सामान्यकृत कर, वह उसे जिस गुण का उसमें अभाव है, पाश्चात्य के मिशन के रूप में प्रस्तुत करता है।

31. देखिए हर्नी ब्रीमांड का ग्रंथ Histoire Litteraire du sentiment religieux en France, depuis la fin des guerres de religion jusqu'a nos jours.

यदि उसे यह अवगत होता कि वह एक न एक दिन इस जीवन में अपने लक्ष्य को पा लेगा। विवेकानन्द ने स्वयं कुछ ऐसे शब्द कहे जो अपनी स्पष्टवादिता में बड़े क्रूर थे।[32] ईश्वर के लिए उनकी भूख सर्वशक्तिमान है, किंतु प्रेम की एक उच्च और कुलीन लज्जाशीलता है, जैसे हमारे एक संत ने चमत्कार दिखाए जाने पर लज्जा से आँखें फेर लीं और कहा "मुझे बिना देखे विश्वास करने का माधुर्य चखने दो।"

हम अपने आादर्शों को श्रेय देना चाहते हैं और हम उन्हें बयाना देने के लिए नहीं कहते। मैं कुछ ऐसी सज्जन आत्माओं को जानता हूँ जो बिना प्रतिदान की भावना के तब तक देते रहेंगे जब तक वे दिवालिए न हो जाएं।[33]

हम मात्राएं निर्धारित न करें, चूँकि प्रेम करने के एक से अधिक प्रकार हैं। यदि एक मनुष्य सब जो उसके पास है दे देता है, तब यह बेमाने है कि उसका दान अपने पड़ोसी से भिन्न है। वे बराबर हैं।

---

32. वही मनुष्य जिसने ईश्वर और आत्मा को देखा है धार्मिक है। हमें यह स्वीकार करना चाहिए कि हम सब नास्तिक हैं ; केवल बौद्धिक सहमति हमें धार्मिक नहीं बनाती। समस्त ज्ञान कुछ तथ्यों के प्रत्यक्ष बोध पर आधारित होना चाहिए ... धर्म एक तथ्य का प्रश्न है। (ज्ञानयोग : "अनुभव")।

33. हमारे पाश्चात्य रहस्यवाद का सबसे मार्मिक गुण समझदारीयुक्त दया है। स्वयं सच्चे धार्मिक होने के कारण वे दूसरों में ईश्वर के अभाव या तथाकथित कठोर-हृदयता को भी समझते हैं। इसे संभवतः सबसे प्रभावशाली ढंग से सेंट जांद ला क्रो के La Nuit-obscure के प्रसिद्ध पृष्ठों में बताया है। ("उदासीनता" की शुद्धता) यह जानना मुश्किल है कि किसकी सबसे अधिक प्रशंसा की जाये, विश्लेषण की प्रखरता की या प्रेमासक्त श्रद्धालु आत्मा के कष्टों की, भ्रातृत्वपूर्ण कोमल समझ और शिक्षा की, जैसा कि बहरे गायक की सुन्दर कथा में बताया है जिसने अपने राजकुमार का दिल बहलाने के लिए वीणा बजाई और उसे राजकुमार के कमरे से बाहर जाने के बाद भी अपने दर्द का आनंद पाने के लिए बजाता रहा। सर्वोच्च प्रेम के प्रमाण में उसने अपने एकाकीपन को ईश्वर को अर्पित किया "ईश्वर जब मैं तेरा मधुर चेहरा देखता हूँ और जानता हूँ कि मेरे प्रेम का गीत तुझे प्रसन्न करता है, हाय मुझे कितना आराम मिलता है ... पर जब तुम अपनी नजर फेर लेते हो, और मैं तुम्हारी कृपा में यह नहीं देख पाता कि तुम मेरे गीत का आनन्द नहीं ले रहे हो तो मेरी आत्मा को कितना कष्ट होता है। पर मैं तुम्हें प्यार करना या प्रेम गीत गाना बंद नहीं करता ... अपने आनन्द के लिए नहीं, चूंकि मेरे पास कुछ नहीं है सिवाय तुम्हारे आनन्द के, विशुद्ध प्रेम के।" (फ्रांसुआ द सेल)। हम आगे देखेंगे कि भारत में भी ईश्वर के प्रेमी हैं जो बिना पुरस्कार की अपेक्षा किए सब कुछ अर्पित करते हैं, क्योंकि वे प्रतिदान और दुःख की अवस्था को पार कर चुके होते हैं। मानव हृदय सर्वत्र समान है।

फिर भी हमें यह मान लेना चाहिए कि रहस्यवाद पर कड़ा नियंत्रण कर हमारे पाश्चात्य चर्चों ने इसकी आवेगात्मक अभिव्यक्ति को बांधा है, इसलिए यह भारत की तुलना में कम स्पष्ट है, जहाँ वह बिना रोक के बहता है । विवेकानन्द जैसा ज्ञानी और महान हिन्दू, जनता की अंतरंगता का रक्षक यह जानता था कि उसे अपने लोगों में हृदय की इस प्रवृत्ति को बढ़ाने की जरूरत नहीं है । प्रत्युत इस बात की जरूरत है कि वे उसे सीमा में रखें । उनमें रोगी भावुकता से पतित होने की महान प्रवृत्ति है । कई बार मैं दिखा चुका हूँ कि विवेकानन्द इस प्रकार की बातों से बहुत भड़कते थे । अपने संन्यासियों के साथ का वह दृश्य स्मरणीय है जब उन्होंने उनकी "भावुक मंदधीयता" के लिए अपमानित किया और वह भक्ति की निन्दा में निर्मम थे । उन्होंने अचानक यह भी स्वीकारा कि वह स्वयं इसके शिकार थे। इसी कारण उन्होंने उसके विरुद्ध हथियार उठाया और वे सदा प्रेम की बुराइयों से अपने आध्यात्मिक शिष्यों की रक्षा में सन्नद्ध थे ।

भक्तियोग के मार्ग पर उनका विशिष्ट कर्तव्य रास्ते के टेढ़ेमेढ़े पथ पर तथा भावुकता के पाशों पर प्रकाश डालना था । प्रेम के धर्म का[34] व्यापक विस्तार है । इसकी पूरी खोज के लिए सारे येरुशलम की यात्रा सूची है ।[35] विभिन्न अवस्थाओं से सर्वोच्च के मार्ग पर आत्मा के अभियान हैं । यह लम्बा और खतरनाक सफर है, जिसके लक्ष्य पर कम ही लोग पहुँच पाते हैं ।

"... पीछे से एक शक्ति आगे बढ़ने के लिए धकेलती है, हम नहीं जानते कि हम वास्तविक लक्ष्य कहाँ ढूंढे, किंतु यह प्रेम हमें इसकी खोज में आगे बढ़ा रहा है । बार बार हमें अपनी गलती का अहसास होता है । हम कुछ चीज पकड़ते हैं और वह हमारी उंगलियों से फिसल जाती है, और तब हम और कुछ पकड़े होते हैं । इस तरह हम आगे और आगे चलते रहते हैं, जब अंत में प्रकाश आ जाता है, हम ईश्वर के पास पहुँचते हैं, मात्र वही प्रेम करता है । उसका प्रेम अपरिवर्तनीय है ...[36] और सब मात्र अवस्थाएं हैं ... किंतु ईश्वर का पथ लम्बा और कठिन है ... ।"

---

34. प्रेम का धर्म, इंगलैंड और अमरीका में दिए गये भाषणों का सामान्य शीर्षक । वहाँ विवेकानन्द ने सार्वभौम रूप में भक्तियोग की शिक्षाओं का संक्षेप किया (124 पृष्ठ की पुस्तिका, 1922) ।

35. शैटोब्रियां की प्रसिद्ध कृति का हवाला ।

36. जहाँ कहीं प्रेम है, वहाँ वह है, ईश्वर वहाँ विद्यमान है । जहाँ पति पत्नी का चुम्बन लेता है, वह चुम्बन में है, जहाँ माँ बच्चे का चुम्बन लेती है, वह चुम्बन है, और जहाँ मित्र एक दूसरे का हाथ पकड़ते हैं वहाँ ईश्वर विद्यमान है ... महापुरुष के प्रेम और मानवजाति के कल्याण

और बहुसंख्या रास्ते में ही खो जाती है । भारतीयों की ओर उन्मुख हो विवेकानन्द ने कहा (पाश्चात्य मानववादी और ईसाई उनके शब्दों पर गौर करें) ''लाखों लोग प्रेम के धर्म का व्यापार करते हैं । एक शती में थोड़े ही लोग ईश्वर के प्रेम को प्राप्त करते हैं और समस्त देश धन्य और पवित्र हो जाता है ... अंत में जब सूर्य अवतरित होता है, अल्प प्रकाश गायब हो जाते हैं ... फिर उन्होंने जोड़ा, ''तुम्हें इन सब छोटे प्रेमों से गुजरना पड़ता है ... ।''

किंतु इन माध्यमिक अवस्थाओं पर मत रुको और सबसे पहले सच्चे बनो, कभी इस दंभी और प्रवंचक अहंकार में न चलो जो तुम्हें यह यकीन दिलाता है कि तुम ईश्वर को प्यार करते हो, जबकि वास्तव में तुम्हें इस संसार से मोह है । दूसरी ओर (यह भी जरूरी है) — उन ईमानदार यात्रियों का उपहास न करो जिन्हें आगे बढ़ना कठिन हो रहा है । तुम्हारा पहला कर्तव्य उन्हें समझना और उनसे प्रेम करना है, जो तुम जैसे नहीं हैं ।

''यह नहीं कि हम दूसरों को यह नहीं बताएंगे कि वे गलत हैं, बल्कि हम उन्हें बताएंगे कि वे सही हैं, वे सब जो अपने मार्ग पर चलते हैं, वह मार्ग जो तुम्हारा स्वभाव तुम्हें अनिवार्यतः चलने पर मजबूर करता है, वही मार्ग सही है ।[37] ... उन लोगों से झगड़ना बेकार है जो तुमसे भिन्न सोचते हैं... लाखों त्रिज्याएं हैं जो सूर्य के समान केन्द्र पर अभिमुख हैं। केन्द्र से वे जितनी दूर हैं, उनके बीच का फासला भी उतना ही ज्यादा है । किंतु जब वे सब केंद्र पर मिलती हैं, सब अंतर मिट जाता है । एकमात्र समाधान आगे बढ़ना और केंद्र की तरफ जाना है ...।'' इसी का अनुसरण करते हुए विवेकानन्द ने हठधर्मी शिक्षा के विरुद्ध लाठी उठाई और किसी ने बच्चों की स्वतंत्रता का इतना प्रबल पक्ष नहीं लिया है । उसके अंगों की भाँति उसकी आत्मा भी सब बंधनों से स्वतंत्र रहनी चाहिए । बच्चे की आत्मा को कुचलना सबसे बड़ा अपराध है, फिर भी हम रोज ऐसा करते हैं ।

''मैं तुम्हें कभी कुछ नहीं सिखा सकता, तुम्हें अपने को स्वयं ही सिखाना होगा । किंतु मैं तुम्हें उस विचार को व्यक्त करने में कदाचित सहायता कर सकता हूँ । मुझे स्वयं को धर्म सिखाना चाहिए । मेरे पिता को क्या अधिकार था कि वह मेरे मस्तिष्क में सब

की कामना है । ''मनुष्य का आदर्श सब चीजों में ईश्वर दर्शन है । यदि तुम उसे हर वस्तु में नहीं देख सकते, तो उसे उस वस्तु में देखो जो तुम्हें सबसे ज्यादा पसंद है और तब दूसरों में । इस तरह चलो । आत्मा के सामने अनन्त जीवन है । अपना समझ लो और अपने लक्ष्य को प्राप्त करो ।'' (God in Everything) ।

37. जिसे हिन्दू प्रत्येक मनुष्य का इष्ट कहता है ।

प्रकार की वाहियात बातें भरें ? ... या मेरे गुरु ? ... कदाचित वे अच्छे हैं, पर वे मेरे मार्ग के अनुरूप न भी हों ? संसार में आज व्याप्त भयंकर पाप और लाखों लाखों निरीह बच्चों के बारे में सोचो जो गलत तरह की शिक्षा से पतित हो चुके हैं । पारिवारिक धर्म, सामाजिक धर्म, राष्ट्रीय धर्म आदि के भयंकर विचार ने किस प्रकार सुन्दर आध्यात्मिक सत्यों की कलियों को नहीं कुचला है ? कभी सोचो कि तुम्हारे बचपन के धर्म या राष्ट्र के धर्म ने तुम्हारे मन में कितने अंधविश्वास भर रखे हैं, इसमें कितनी बुराई है और हो सकती है । ...''

तब क्या हम हाथ पर हाथ धर कर बैठ जाएं ? क्यों विवेकानन्द इतने उत्साह से शिक्षा में जुटे और शिक्षक का क्या होता है ? वह मुक्तिदाता बन जाता है जब वह प्रत्येक व्यक्ति को अपनी क्षमतानुसार अपने प्रकार से काम करने की अनुमति देता है, और साथ ही अपने पड़ोसियों के प्रति उनमें उचित सम्मान भी भरता है ।

''नाना प्रकार के आदर्श हैं, मुझे यह कहने का अधिकार नहीं कि तुम्हारा क्या आदर्श हो । मैं तुम पर अपना आदर्श क्यों थोपूँ ? मेरा कर्तव्य है कि मैं जितने आदर्शों को जानता हूँ उन्हें तुम्हारे सामने रखूँ और तुम्हें प्रकृति के अनुसार सर्वोत्तम चुनने की क्षमता दूँ । उसे लो जो तुम्हें सबसे अधिक भाये, उसी पर दृढ़ रहो । यही तुम्हारा इष्ट है ।

इसलिये विवेकानन्द सब तथाकथित धर्मों (जिन्हें वे सामूहिक धर्म कहते हैं) चर्च के धर्मों के विरोधी हैं । ''चर्च अपने मतों, सिद्धांतों, दर्शनों का जी भर कर उपदेश दें ।'' ये सब महत्वहीन हैं । किंतु किसी चर्च को यह अधिकार नहीं है कि वह सच्चे धर्म ''उच्चतर धर्म'', कर्म के धर्म, प्रार्थना, पूजा, आत्मा के साथ ईश्वर के सच्चे सम्पर्क में दखल दे । ये आत्मा और परमात्मा के बीच के विषय हैं। जब पूजा, धर्म के यथार्थ व्यावहारिक अंश की बात है, तब वह ऐसा ही है जैसा ईसा कहता है, ''जब तुम प्रार्थना करो, अपने अंतर में प्रवेश करो, और जब द्वार बंद कर दो, तब अपने पिता से गुप्त रूप में प्रार्थना करो।'' ''गंभीर धर्म को'' सार्वजनिक नहीं बनाया जा सकता ... मैं एक क्षण के नोटिस पर अपनी धार्मिक भावनाओं को तैयार नहीं कर सकता । इस मूक अभिनय और मजाक से क्या लाभ ? यह धर्म का मजाक उड़ाना हुआ, सबसे निकृष्ट ईश निन्दा ... कैसे मनुष्य ऐसी धार्मिक कसरतों को बर्दाश्त करते हैं ? यह बैरक में सिपाहियों की तरह है । हथियार संभालो, झुक जाओ, एक किताब पकड़ो, सब पूर्णतः नियंत्रित है । पाँच मिनट की भावना, पाँच मिनट का तर्क, पाँच मिनट की प्रार्थना, सब पूर्व-निर्धारित है । इन परेडों ने धर्म को बहिष्कृत कर दिया है, और यदि वे सदियों चलती रहें, धर्म का अंत हो जायेगा ।''

धर्म का संबंध एकांततः आंतरिक जीवन से है, और यह आंतरिक जीवन ऐसा जंगल है जिसमें विभिन्न जन्तु रहते हैं, इसलिए जंगल के राजाओं के बीच चुनाव करना असंभव है। "हमारे भीतर सहज प्रवृत्ति ऐसी चीज है, जो हममें और पशुओं में समान है। जिसे हम तर्क कहते हैं वह अन्य उच्चतर प्रकार का मार्गदर्शन है ... जिसमें बुद्धि तथ्यों को प्राप्त कर, उन्हें सामान्यीकृत करती है। एक इससे भी उच्च रूप है ... जिसे हम अनुप्रेरणा कहते हैं जो तर्क नहीं करती, पर क्षणों में चीजों को जान लेती है। पर हम सहज प्रवृत्ति से इसे कैसे समझें ? यह बड़ा कठिन है। आजकल हर एक तुम्हारे पास आता है और कहता है कि वह अनुप्रेरित है और वह अतिमानवीय दावे करता है। हम अनुप्रेरणा और धोखाधड़ी के बीच भेद को कैसे पहचानें ?"

पाश्चात्यों के लिए इसका उत्तर असाधारण है : "क्योंकि वह ठीक वैसा ही है जैसा पाश्चात्य बुद्धिवादी देता : पहले तो अनुप्रेरणा तर्क का खण्डन न करे। बूढ़ा बच्चे का खंडन नहीं करता, वह बच्चे का ही विकास है। जिसे हम अनुप्रेरणा कहते हैं, वह तर्क का खंडन नहीं करती। जहाँ वह करती है, वह अनुप्रेरणा नहीं है।" दूसरी शर्त भी कम बुद्धिसंगत नहीं है और समझदारी की है : "दूसरे, अनुप्रेरणा व्यक्ति और सबके भले के लिए होनी चाहिए ; नाम, शोहरत, व्यक्तिगत लाभ के लिए नहीं। यह सदा विश्व की भलाई के लिए और पूर्णतः निस्वार्थ होनी चाहिए।"

अनुप्रेरणा पर उक्त दो परीक्षण करने के बाद ही उसे स्वीकार करना चाहिए। "लेकिन तुम्हें याद रखना चाहिए कि आज भी दुनिया में दस लाख में शायद एक ही आदमी हो जो अनुप्रेरित हो।"

विवेकानन्द पर सहज विश्वास में बहुत बड़ा छिद्र छोड़ने का आरोप नहीं लगाया जा सकता, क्योंकि वे अपनी जनता और उसके द्वारा सहज विश्वास के दुरुपयोग के विषय में जानते थे।* वे यह भी जानते थे कि भावुकतापूर्ण भक्ति प्रायः चरित्र की दुर्बलता का मुखौटा होती है, और उन्हें ऐसी दुर्बलता पर दया न थी "बलवान बनो, उठो, प्रेम के ईश्वर को खोजो। यह सर्वोच्च शक्ति है। शुचिता की शक्ति से बड़ी शक्ति कौन सी है ? ... ईश्वरप्रेम दुर्बलों को नहीं मिलता, इसलिए शरीर, मन, नैतिकता या आध्यात्मिकता में दुर्बल न बनो।"[38]

---

* इंग्लैंड और अमरीका में दिये गये भाषण।

38. महान ईसाई रहस्यवादियों द्वारा दिव्य प्रेम पर "वीर भाव" की छाप :—"द्वंद्व" राइसब्रोक द्वारा लिखित जहाँ आत्मा और ईश्वर हिंस्र हो जूझते हैं (De Ornatu Spritualium Nupitiarum II, 56, 57) मीस्तर एकहार्ट की Irascibilis आत्मा

शक्ति, ओजस्वी तर्क, सार्वभौम कल्याण में निरंतर व्यस्तता और पूर्ण निस्वार्थता इस लक्ष्य पर पहुँचने की अनिवार्य शर्तें हैं और सर्वाधिक अनिवार्यता है पहुँचने की इच्छा । बहुत से व्यक्ति जो अपने को धार्मिक कहते हैं, वास्तव में तह से ऐसे नहीं होते, वे अत्यंत आलसी, अत्यंत डरपोक और अत्यंत कुटिल होते हैं, वे रास्ते में अटके रहते हैं और ध्यान से यह नहीं देखते कि उनकी प्रतीक्षा कौन सी घटना कर रही है, इसलिए वे भक्ति के कमल वन में सड़ते रहते हैं । "मन्दिर, चर्च, ग्रंथ और पद्धतियाँ बच्चों का खेल हैं, जिससे आध्यात्मिक व्यक्ति बलवान बने और अगले कदम बढ़ाए, और यदि वह धर्म चाहता है, तो ये कदम आवश्यक हैं ।"

यह निष्क्रियता बुद्धिमानी की निशानी हैं, और वे जो चुपचाप खड़े है उन्हें अपनी सुरक्षित शिशुशाला से बाहर निकलने में उनके विश्वास और ईश्वर को खतरा है, यह कहना एकदम निरर्थक और बुद्धिहीनता है । सच्चाई यह है कि उनके पास खोने को कुछ नहीं है, वे मिथ्या भक्त हैं, उनसे तो सच्चे अविश्वासी बेहतर हैं, क्योंकि वे ईश्वर के अधिक निकट हैं । यहाँ सच्ची और उदात्त नास्तिकता को एक महान विश्वास की श्रद्धांजलि है ।

"अधिसंख्य मनुष्य (यहाँ वे भक्तों के बारे में कह रहे थे) नास्तिक हैं । मुझे खुशी है कि आधुनिक समय में पाश्चात्य दुनिया में एक नये प्रकार के भौतिकवादी नास्तिक आये हैं, क्योंकि वे सच्चे नास्तिक हैं ।[39] वे इन कुटिल धार्मिक नास्तिकों से

ताकत से ईश्वर को अधिकृत करती है । एकहार्ट के अनुसार आत्मा की तीन उच्चतम शक्तियों में पहली है ज्ञान, दूसरी है उच्चतम जाने की हिंस्र इच्छा, तीसरी है, संकल्प शक्ति । ईश्वर के साथ इस मुठभेड़ का एक प्रतीक है जैकब और फरिश्ते का युद्ध (मिलाए सत्रहवीं सदी के फ्रेंच डोमनिकन द्वारा किया सुन्दर भावानुवाद Pp. 75-77 Vol. I Bremond's Metaphysique De Saints) कोमल फ्रांसुआ द सेल तक ने कहा है "गुणों की सेना का ध्वज प्रेम है । सबको उसके नीचे जमा होना चाहिए ।

यहाँ पर कोई स्त्रैणता नहीं है । वीर आत्मा अपने को युद्ध में झोंक देता है और जख्मों तथा मृत्यु का वरण करता है ।

39. आधुनिक भौतिकवाद को अधिक हाल में हिन्दू रहस्यवादी अरविंद घोष ने अपनी श्रद्धांजलि अर्पित की है । Arya के अपने लेखों में (No. 2 सित० 1914)The Life Divine और Synthesis of Yoga में उन्होंने वैज्ञानिक और आर्थिक भौतिकवाद में प्रकृति की आवश्यक अवस्था तथा मानवीय भावना और समाज की प्रगति को देखा ।

सावधानी से देखने पर मालूम होता है कि आधुनिक चिंतन और आधुनिक प्रयास की समस्त रुचि प्रकृति का यह सचेतन प्रयास है कि वह उसे ऐसी सामान्य बौद्धिक क्षमता, योग्यता

बेहतर हैं, धर्म की बात करते हैं फिर भी उसे नहीं चाहते, उसे पाने की, उसे समझने की चेष्टा नहीं करते । ईसा के शब्दों को स्मरण रखो : ''मांगो सो तुम्हें मिलेगा, ढूँढो तुम पाओगे, खटखटाओ और वह तुम्हारे लिए खुल जाएगा ।'' ...

ये शब्द अक्षरशः सच्चे हैं, ये चित्र या अलंकार नहीं है ... किंतु कौन ईश्वर चाहता है ? ... हम ईश्वर के सिवा सब कुछ चाहते हैं । ...''

का स्तर प्रदान करे और सार्वभौम अवसरों की उन संभावनाओं का विस्तार करे जिन्हें आधुनिक सभ्यता ने मानसिक जीवन के लिए जुटाया है । इस प्रवृत्ति का पक्षधर है योरोपीय बुद्धि की भौतिक प्रकृति तथा सत्ता के बाह्य रूप से अभिभूत होना जो इस प्रयास का आवश्यक अंग है । यह मनुष्य के शारीरिक स्वास्थ्य और शक्ति तथा उसके भौतिक वातावरण में उसकी मानसिक संभावनाओं के लिए उचित आधार तैयार करती है । ''सही या कम से कम अंतिम साधनों का प्रयोग सदा नहीं हो सकता है, किंतु उनका लक्ष्य सही लक्ष्य की प्राथमिक तैयारी है जिसमें केवल कृपापात्र-वर्ग या व्यक्ति ही नहीं, अपितु सब हैं — एक स्वस्थ व्यक्ति, समाज संगठन और भौतिक मन की वैध आवश्यकताओं तथा मांगों की पूर्ति, पर्याप्त सुविधा, अवकाश, समान अवसर पा सके ताकि समस्त मानव जाति, अपनी पूर्ण क्षमता तक अपने रागात्मक और बौद्धिक जीवन को विकसित कर सके । वर्तमान में भौतिक और आर्थिक लक्ष्यों की प्रधानता हो सकती है, किंतु उसके पीछे सदा उच्च और प्रमुख प्रेरणा कार्य और प्रतीक्षा करती है ।''

आगे वे इसे स्वीकृति देते हैं क्योंकि नित्य ''बुद्धिवादी भौतिकवाद की अंतिम संक्षिप्त अवधि की असीम और अनिवार्य उपयोगिता के बीच मानव सभ्यता गुजर रही है, वह भी साक्षियों और अनुभव के विस्तृत क्षेत्र से जो अपने द्वार हमारे लिए अब खोल रही है, उसमें सुरक्षित प्रवेश तभी संभव है जब कठोरता से बुद्धि को शिक्षित किया जा चुका हो । एक समय सत्य और उसके छद्‌म रूपों को समूल समाप्त करना जरूरी है ताकि अगले सफर और निश्चित प्रगति के लिए रास्ता साफ हो सके । यह आवश्यक है कि बढ़ता हुआ ज्ञान अपने को स्पष्ट, शुद्ध और अनुशासित बुद्धि पर आधारित करे । यह भी जरूरी है कि वह अपनी गलतियों को कभी कभी समझदार तथ्यों के अवरोध तथा भौतिक जगत की ठोस वास्तविकताओं से संशोधित करे । यह भी कहा जा सकता है कि अति भौतिक पर भी तभी पूर्ण अधिकार पाया जा सकता है, जबकि हम अपने पैर दृढ़ता से भौतिक पर स्थापित करें । उपनिषद भी ब्रह्मांड में व्यक्त आत्मा को चित्रित करते समय कहते हैं ''पृथ्वी उसका पाँव है'' । यह भी निश्चित तथ्य है कि भौतिक जगत का हमारा ज्ञान जितना विस्तृत और पक्का होगा, उतना ही विस्तृत और पक्का हमारा उच्चतर ज्ञान, उच्चतम ज्ञान — यहाँ तक कि ब्रह्म विद्या होगी ।''

यहाँ भारतीय चिंतन द्वारा योरोप के बुद्धिवादी भौतिकवाद को स्वीकार कर पूर्ण ज्ञान और आत्मा के नियंत्रण के लिए सोपान के रूप में प्रयोग किया गया है ।

पाश्चात्य और पूर्व के भक्त इस सबक से लाभ उठा सकते हैं। धार्मिक धूर्तता का उद्‌घाटक निर्भयता से छद्‌म नास्तिकों का पर्दाफाश करता है।

"हर एक कहता है: "ईश्वर से प्रेम करो..." मनुष्य नहीं जानते किससे प्यार करें ... प्रेम कहाँ है ? जहाँ कहीं, सौदा नहीं, भय नहीं, न स्वार्थ, जहाँ केवल प्रेम के लिए प्रेम है, मात्र प्रेम है।"[47]

जब अंतिम अवस्था पर पहुँच जाओगे, तब तुम्हें यह जानने की जरूरत नहीं रहेगी कि तुम्हारा क्या हो रहा है, या यदि ईश्वर, विश्व का सृष्टा, सर्व शक्तिमान दयालु ईश्वर, ऐसा ईश्वर जो मानवता के पुण्य कार्यों को पुरस्कृत करता है, रहता है, तुम्हें इससे सरोकार नहीं कि ईश्वर अत्याचारी है या भला ईश्वर है ... "प्रेमी इन सब बातों को पार कर चुका है, वह पुरस्कार और दंड, भय या शंका, या वैज्ञानिक या अन्य साक्षी के परे है ... ।" वह प्यार करता है, उसने प्रेम के तथ्य को पा लिया है। "यह समस्त विश्व जिसकी केवल अभिव्यक्ति है ... ।" इस ऊँचाई पर प्रेम समस्त मानवीय सीमाएं खोकर अंतरिक्ष का अर्थ पा लेता है, "वह क्या है जो अणुओं-परमाणुओं को बनाता और जोड़ता है, एक दूसरे की तरफ भागते ग्रहों को व्यवस्थित करता है, स्त्री को पुरुष की ओर, पुरुष को स्त्री की ओर, मानव प्राणियों को मानव प्रणियों के प्रति, पशुओं को पशुओं के प्रति आकर्षित करता है। मानो समस्त ब्रह्मांड को एक केंद्र की ओर खींचता है ? उसे ही प्रेम कहते हैं। इसकी अभिव्यक्ति निम्नतम परमाणु से उच्चतम आदर्श तक है ; सर्व व्याप्त, सर्वत्र प्रेम है ... यह एक प्रेरक शक्ति है जो ब्रह्मांड में है। प्रेम की इसी प्रेरणा से ईसा मानवता के लिए, बुद्ध पशु के लिए, माँ बच्चे के लिए, पति पत्नी के लिए अपनी जान देते हैं। इसी प्रेम की प्रेरणा से व्यक्ति अपने देश के लिए प्राण त्यागते हैं, और कहना अजीब लगेगा, इसी प्रेम के वशीभूत चोर चोरी और कातिल कत्ल करता है। इन सभी दृष्टांतों में भावना एक ही है। ... चोर को सोने से प्यार है, प्रेम तो था किंतु गुमराह था। इस तरह सभी अपराधों और सभी

---

40. एक अन्य स्थान पर Notes of Class Talks and Lectures (Vol. VI of Complete Works p. 90) पर दिव्य प्रेम के मार्ग की पाँच अवस्थाएं गिनाई हैं :

(1) मनुष्य डरपोक है उसे सहायता की जरूरत है।

(2) वह ईश्वर को पिता के रूप में देखता है।

(3) वह ईश्वर को माता के रूप में देखता है (और इसी अवस्था में सच्चा प्रेम शुरू होता है, यही प्रेम घनिष्ट और निर्भय होता है)।

(4) वह प्रेम के लिए प्रेम करता है — सब अन्य गुणों के परे, पाप पुण्य के परे।

(5) वह दिव्य संयुक्तता साक्षात्कार में प्रेम को प्राप्त करता है — एकता।

सद्कार्यों के पीछे शाश्वत प्रेम खड़ा है ... ब्रह्मांड की प्रेरक शक्ति प्रेम है, बिना इसके एक क्षण में सारा ब्रह्मांड खंड-खंड हो जायेगा, और यह प्रेम ईश्वर है ।'' यहाँ भी जैसे कि कर्मयोग के अंत में, हम मुक्ति या समाधि के भावावेग — सर्वोच्च भक्ति पर आते हैं, जहाँ मनुष्य को सामान्य अस्तित्व से जोड़ने वाले बंधन तोड़े जाते हैं या उनका संतुलन भंग किया जाता है । भक्त रूपों और प्रतीकों को त्याग देता है । कोई पंथ या संप्रदाय उसे पकड़कर नहीं रख पाता, कोई इतना बड़ा भी नहीं है, क्योंकि उसने असीम प्रेम को पा लिया है और वह उससे एकाकार होगया है । प्रकाश उसकी समस्त सत्ता को आलोकित करता है, इच्छा, स्वार्थ और अहंकार का उच्छेद करता है । मनुष्य ने सारा रास्ता, सारी मंज़िलें पार कर ली हैं : वह पुत्र, मित्र, प्रेमी, पति, पिता और माता रहा और अब प्रेमिका से एकाकार है । ''मैं तुम हूँ, तुम मैं हो ... । और प्रत्येक वस्तु वही एक है ।''[41]

क्या अनुसरण के लिए कुछ नहीं है ? वह स्वेच्छा से पर्वत की चोटी से प्रकाश में नहाया हुआ नीचे उतरता है और उनकी तरफ मुड़ता है जो तली में खड़े हैं ताकि वह उठने में उनकी मदद कर सके ।[42]

---

41. अरविन्द घोष ने सर्वोच्च भक्ति के सिद्धांत के संबंध में कुछ सुन्दर पृष्ठ लिखे हैं — उनका कहना है कि वे उन्होंने गीता की शिक्षा से निकाले । उनके अनुसार आत्मा के आरोहण का उच्चतम अंश है सर्वश्रेष्ठ भक्ति, इसमें ज्ञान रहता है और वह सत्ता की किसी भी शक्ति को नहीं त्यागती, बल्कि उनकी एकता में सभी को संपादित करती है । (Essays on Gita) मुझे ऐसा लगता है कि प्रबंधों के अनेक पृष्ठों में अरविन्द घोष के विचार ईसाई रहस्यवादियों से बहुत मिलते हैं ।

42. परम-चेतना को प्राप्त कर भक्त पुनः प्रेम और पूजा के लिए नीचे उतरता है ... विशुद्ध प्रेम का कोई प्रेरक नहीं । उसे कुछ पाना नहीं है (Notes from Lectures Vol. VI) अपने को समाधि की स्थिति से नीचे लाने के लिए रामकृष्ण कहते थे ''उतरो, उतरो ।'' वे ईश्वर से साक्षात्कार का आनन्द लेते थे जिससे कि औरों की सेवा कर सकें : ''हे माँ मुझे ये सुख न लेने दो, मुझे सामान्य स्थिति में रहने दो ताकि मैं संसार के और अधिक काम आ सकूं ... ।'' क्या यह बताना जरूरी है कि ईसाई भक्त सदा जानता है कि किस प्रकार वह समाधि के सुख से अपने को खींचे ताकि वह अपने पड़ोसियों की सेवा कर सके ? यहाँ तक कि राइसब्रोक भी जो अपने आवेगपूर्ण व्यक्तित्व से प्रचंडतम भावावेश के क्षणों में अपने ईश्वर का युद्ध में लूटे हुए प्रेम की तरह आलिंगन करता था, ''दानशीलता'' के सामने झुक गया : यदि तुम सेंट पाल या सेंट पीटर की भाँति भावावेश में आनन्दविभोर हो और यदि तुम सुनो कि एक रोगी मनुष्य को गर्म सूप की जरूरत है, मैं सलाह दूंगा कि तुम अपनी समाधि से जागो, उसके लिए सूप गर्म

3. राज-योग

यद्यपि विवेकानन्द ने अपने आदर्श के रूप में चार प्रकार के योगों के सुव्यवस्थित अभ्यास को सिखाया[43], फिर भी उनमें से एक विशिष्ट उनका अपना था जिसे उनका नाम दिया जा सकता है, यह ''विवेक'' का मार्ग है । यह ऐसा है जो पाश्चात्य और पूर्व को जोड़ सकता है — ज्ञान योग — ज्ञान अर्थात् मन द्वारा अंतिम सत्य या ब्रह्म की विजय ।

उस वीर अभियान की तुलना में जिसमें विज्ञान और धर्म एक दूसरे से प्रतियोगिता करते हैं, दो ध्रुवों की यह विजय बच्चों का खेल है, और इसके लिए कठिन और सुविचारित प्रशिक्षण अपेक्षित है । इसे कर्म और भक्ति के पूर्ववर्ती दो मार्गों की तरह बेतरतीब नहीं अपनाया जा सकता । मनुष्य को पूरी तरह से सज्जित और अनुशासित होना चाहिए । यह राजयोग का पथ है । यद्यपि यह अपने क्षेत्र में आत्म-निर्भर है, यह ज्ञान के सर्वोच्च योग के पथ में प्रारंभिक शाला का कार्य करता है । इसलिए मैंने इस बिंदु पर इसे अपने निरूपण में रखा है, और विवेकानन्द ने भी इसे यहाँ रखा था[44] ।

करो । ईश्वर की सेवा के लिए ईश्वर को छोड़ो । उसे खोजो और उसके मानव सदस्यों की सेवा करो, इस परिवर्तन से तुम कुछ नहीं खोओगे ...।''

मानव समुदाय की ओर उन्मुख इस दिव्य प्रेम में योरोप की ईसाइयत का कोई मुकाबिला नहीं : क्योंकि इस धर्म की शिक्षा है कि समस्त मानवता ईसा का आध्यात्मिक शरीर है ।

43. यह वह विशेषता थी जिसने रामकृष्ण और बाद में गिरीश दोनों को प्रभावित किया । गिरीश ने आलम बाजार के संन्यासियों से कहा, ''तुम्हारा स्वामी जितना ज्ञानी और पंडित है उतना ही वह ईश्वर और मानवता का प्रेमी है ।''

विवेकानन्द ने सत्य, प्रेम, कर्म और ज्ञान के चार मार्गों की लगामें साधी हुई थीं और वे जैसे चार घोड़ों को एक साथ एकता की ओर ले जाते थे ।

44. *ज्ञान योग* के ''*सार्वभौम धर्म के आदर्श*'' वाले अध्याय में मैंने सहज रूप से विवेकानन्द के क्रम का अनुसरण किया है जो चार प्रकार के स्वभाव वालों के तदनुरूप योग निर्धारित करता है । यह एक विचित्र तथ्य है कि विवेकानन्द ने दूसरे प्रकार के भावुक भक्तियोग को रहस्यवाद की श्रेणी में नहीं रखा जिसे पाश्चात्य इस रूप में मानता है । वह इस नाम को तीसरे राजयोग के लिए सुरक्षित करते हैं, जो मानवीय अंतर का विश्लेषण कर उसपर विजय प्राप्त करता है । इस प्रकार वह हमारी तुलना में क्लासिक शब्द मिस्टिक के प्रति अधिक वफादार है, जो स्त्रीलिंग में आध्यात्मिक का अध्ययन है (मिलाइए बूसे), जिसका हमने गलत प्रयोग किया है, या उसे हृदय के भावातिरेक तक सीमित कर दिया है । पुलिंग में मुझे यह शब्द दीक्षित

राज-योग, योगों का राजा है और राज चिन्ह होने की कारण इसे बिना किसी व्याख्या के केवल योग कहा जाता है । यह सर्वोत्कृष्ट योग है । यदि योग से हमारा अर्थ परम सत्ता से आत्मा के मिलन का ज्ञान है, तो राज-योग उसकी प्रत्यक्ष प्राप्ति की प्रयोगात्मक मनो-शारीरिक पद्धति है ।[45]

विवेकानन्द ने इसे "मनोवैज्ञानिक योग" कहा क्योंकि इसका कार्यक्षेत्र मन पर पूर्ण नियंत्रण और अधिकार है — जो सभी ज्ञान धाराओं की पहली शर्त है । वह एकाग्र ध्यान से अपने लक्ष्य को पाता है ।[46]

प्रायः हम अपनी शक्तियों का क्षय करते हैं । ये केवल सब दिशाओं में वाह्य प्रभावों के तूफान से ही नष्ट नहीं होतीं, किंतु जब हम अपने द्वार और खिड़कियां भी बंद कर लेते हैं, हम अपने अन्दर उस भीड़ की तरह जिसने रोमन फोरम में जूलियस सीजर का अभिनन्दन किया था, एक अव्यवस्था पाते हैं । ऐसी स्थिति में हजारों अप्रत्याशित और प्रायः अनुचित मेहमान हम पर हमला करते और परेशान करते हैं । कोई आंतरिक क्रिया तब तक प्रभावी नहीं हो सकती जब तक कि वह अपने घर को व्यवस्थित न कर ले, और फिर यत्र-तत्र बिखरी हुई शक्ति किरणों को एकत्र न कर ले ।

मन की शक्तियाँ बिखरे प्रकाश की किरणों के समान है, जब वे केन्द्रित होती हैं, वे प्रकाशित करती हैं । यह हमारे ज्ञान का एकमात्र साधन हैं । सभी देशों में, सभी

राजयोगी के लिए सही लगता है । अरविन्द घोष ने अपने Essays on Gita में इन्हें भिन्न क्रम में रखा है । उन्होंने निम्न तीन अंश अध्यारोपित किए हैं :

(1) कर्म-योग जो कार्यों द्वारा अनासक्त आत्म बलिदान का अनुभव करता है ;

(2) ज्ञान-योग, जो आत्मा और संसार की सही प्रकृति का ज्ञान है ;

(3) भक्ति-योग, जो परम आत्मा की खोज, अनुभव है, दिव्य सत्ता की पूर्ण प्राप्ति है । (Essays on Gita, Ch. 4, 921).

45. राजयोग का विज्ञान मानवता के सामने सत्य की प्राप्ति की एक व्यावहारिक और विज्ञानसम्मत पद्धति प्रस्तुत करना है । हिन्दू अर्थ में सत्य की सजीव और व्यक्तिगत "सिद्धि" । (राजयोग अध्याय 1) — मैं ऊपर बता चुका हूँ अरविन्द घोष ने राजयोग का क्षेत्र ज्ञान से शक्ति तथा चिंतन से कर्म तक विस्तृत किया । किंतु यहाँ मैं केवल मीमांसात्मक राजयोग की बात कर रहा हूँ जैसा कि वेदांत के अधिकारी विद्वानों ने समझा है ।

46. राजयोग के महान क्लासिकी सैद्धांतिक पतंजलि से अनुप्रेरित (जिनके सूत्रों को पाश्चात्य पुरातत्व के विद्वानों ने 400-450 ई॰ के बीच माना है) विवेकानन्द ने इस क्रिया को "चित्त (मन) वृत्ति के निरोध का विज्ञान माना है (Vol. VII The Complete Works of Swami Vivekananda p. 61).

कालों में विद्वान या कलाकार, महान कार्य करने वाले, या तीव्र ध्यान करने वालों ने इसे चेतन या अर्धचेतन रूप में अपने अनुभवों की सहजता में जाना और अमल में लाया है। बीथोवन के दृष्टांत से यह स्पष्ट कर चुका हूँ कि किस प्रकार राजयोग से सर्वथा अनभिज्ञ पाश्चात्य प्रतिभा ने इसे पाया। किंतु बिना पूरी तरह समझे और नियंत्रित किए इस प्रकार के अभ्यास से जो खतरा हो सकता है उससे भी वह सावधान करता है[47]।

भारतीय राजयोग की मौलिकता इस तथ्य में है कि यह सदियों से मन पर अधिकार पाने और एकाग्रता पर विजय पाने के सूक्ष्म प्रयोगात्मक विज्ञान का विषय रहा है। चित्त से हिन्दू योगी ज्ञान के निमित्त और लक्ष्य दोनों को समझता है, और वह अपने लक्ष्य पर बहुत दूर तक जाता है, जहाँ मैं उसका अनुसरण कर सकता हूँ, उससे कहीं अधिक दूर। ऐसा नहीं है कि मैं सिद्धान्ततः आत्मा पर ही नहीं, प्रत्युत सम्पूर्ण प्रकृति पर उसके विज्ञान के असीम दावों से इनकार करता हूँ। मन की भावी संभावनाओं के बारे में सच्ची वैज्ञानिक धारणा के लिए कुछ अंश आरक्षित रखना ही उचित है, चूँकि अभी तक, उसकी सीमाओं के विस्तार को वैज्ञानिक रीति से निश्चित नहीं किया जा सका है।*

---

47. देखिए मेरा अध्ययन Deafness of Beethoven, Vol. Beethoven : The Great Creative Epochs, p. 335, योगी इससे भलीभाँति अवगत थे। विवेकानन्द ने लिखा, "सभी अनुप्रेरित व्यक्ति जो अतिचेतन अवस्था से जा टकराए ... उन्हें अपने ज्ञान के साथ कुछ विचित्र अंधविश्वास भी था। वे मतिभ्रम के शिकार थे उन्हें पागलपन का जोखिम था।" (राजयोग, अध्याय VII).

* योगियों द्वारा घोषित अलौकिक शक्तियाँ काल्पनिक नहीं हैं। सर जगदीश चन्द्र बोस की युक्तियां अप्रासंगिक हैं। हमारे जैसा साधारण मनुष्य योगियों द्वारा अनुभूत सत्य को नहीं जान सकता। हमारा मानवीय संसार जो अपने में केवल एक बूंद है और वह विस्तृत ब्रह्मांड में जो योगी कि दृष्टि में उद्घाटित होता हैं सर्वथा भिन्न है। और यदि संसार सर जगदीश चन्द्र बोस की रीति पर संसार को ढालना चाहता है तो योगियों की असाधारण शक्ति के भी अनेक गवाह हैं। स्वामी विवेकानन्द ने स्वयं अनेक देखे थे। देखिए Vol. II, Complete Works : The Powers of the Mind. यह चाहना गलत है कि राजयोग का सत्य नहीं सिखाना चाहिए क्योंकि कुछ मूर्ख व्यक्ति इसका दुरुपयोग कर सकते हैं। जिन्होंने स्वामीजी को सुना, उनमें से कई संसारी भावनाओं से प्रेरित थे जबकि अनेक गंभीर और उदात्त भावनाओं से भी प्रेरित थे। अयोग्य व्यक्ति सत्य का दुरुपयोग करते हैं। क्या हम नहीं देखते कि भौतिक विज्ञानों का भी ऐसा ही दुरुपयोग हुआ है। ऐसा लगता है कि रोलाँ इसे अनदेखा कर गए कि सभी व्यक्ति जो आध्यात्मिक पथ पर किसी भी मार्ग — भक्ति, कर्म, ज्ञान, या राजयोग से — पर्याप्त प्रगति कर लेते हैं, उन्हें अलौकिक शक्तियाँ प्राप्त होती हैं। — प्रकाशक

भारतीय योगी जब अभी तक जो परीक्षण से सिद्ध नहीं हो पाया है उसे सत्य मान लेता है तब मेरी भर्त्सना ठीक ही है । यदि ऐसी असाधारण शक्तियाँ विद्यमान हैं तो कोई कारण नहीं कि प्राचीन ऋषि संसार के उद्धार के लिए उनका उपयोग करते । (सर जगदीशचन्द्र बोस ने जो महान भारतीय विद्वान, प्रतिभाशाली एवं पूर्ण आस्तिक थे, मुझे ऐसा बताया) । इन मूर्खतापूर्ण वादों का जो अलिफ लैला के किस्सों की तरह मनगढ़ंत हैं, सबसे खराब पक्ष है कि वे लालची और मूर्खों को रुचते हैं ।

विवेकानन्द भी सदा ऐसी शिक्षा से न बच सके । अधिकांश विषयासक्त व्यक्तियों की खतरनाक और पेटू भूख ही इसकी ओर आकृष्ट हेती है ।[48] लेकिन विवेकानन्द ब्रुनहिल्ड की चट्टान[49] की तरह अग्नि के पाँच घेरों से अपने इच्छित लक्ष्य को सावधानी से बचाये हुए थे[50] । वीर नायक के सिवा कोई पुरस्कार नहीं ले जा सकता ।

---

48. अपने राजयोग में जो अमरीका में प्रकाशित उनकी प्रथम रचनाओं में था, उन्होंने प्रथम अध्याय में झोंक में कहा कि कुछ ही महीनों के कम समय में राजयोग के लगनपूर्वक अभ्यास से प्रकृति की शक्तियों पर काबू पाया जा सकता है । उनकी अत्यन्त धार्मिक अमरीकी शिष्या सिस्टर क्रिस्टीन ने मुझे उनके आत्मीय संस्मरण सुनाए जिससे मुझे स्पष्ट हुआ कि उनके अनेक शिष्यों, विशेषकर स्त्रियों में, जो राजयोग का अभ्यास कर रहे थे, सांसारिकता हावी थी । स्वामीजी जो श्रद्धा से पूरित थे, अपने शब्दों की छिछली व्याख्या को नहीं देख पाए । ऐसा नहीं हो सकता । जैसे ही उन्होंने देखा, उन्होंने उसका तीव्र प्रतिवाद किया । ''हमें कभी शैतान को लुभाने का प्रयास नहीं करना चाहिए'' जैसा कि हमारी कहावत में बताया है । यदि हम ऐसा करेंगे, तो शैतान इसका लाभ उठाएगा, और यदि हम उपहासमात्र से ही बच जायें, जो अश्लील से थोड़ी ही दूर है, तो हम सौभाग्यशाली हैं । अन्य अल्प ईमानदार योगी हैं जिन्होंने इस आकर्षण का उपयोग किया है और इस तरह राजयोग बिल्कुल भिन्न उद्देश्य रखने वाले स्त्री पुरुषों का अड्डा बन गया है ।

49. वैगनर ओपेरा वेल्किरी में निबेलुजन कथा का हवाला ।

50. अलौकिक शक्तियों की प्राप्ति को योग साधना का पुरस्कार मानने के बजाए, सभी महान योगियों की भाँति विवेकानन्द ने उन्हें प्रलोभन समझा, जैसा कि शैतान के द्वारा संसार के राज्य का प्रलोभन पाकर ईसा को हुआ था । (ईसा की कथा से मुझे स्पष्ट है कि यह उसके योग की पाँचवीं से आगे की अवस्था है। यदि वे इस प्रलोभन को न त्यागते, तो उनके योग का सब फल नष्ट हो जाता (Raja Yoga, Ch. VII) :

''योगी को विभिन्न शक्तियाँ प्राप्त होती हैं, और यह इनमें से किसी के भी प्रलोभन में फंस जाता है, ... भावी प्रगति का मार्ग अवरुद्ध हो जाता है ... लेकिन यदि उसमें करिश्माई शक्तियों को ठुकराने की ताकत है तो वह सबसे बड़ी संपत्ति पा लेगा ... मन के समुद्र की लहरों के दमन

पहली अवस्था पर पहुँचना ही यम-नियमों की पाँच अनिवार्य शर्तों को पूरा किये बिना असंभव है। इनमें से एक ही संत बनाने के लिए पर्याप्त है।

1. *अहिंसा :* गांधी का महान लक्ष्य जिसे योगी सबसे बड़ा गुण और मानवता का सुख मानते हैं — प्रकृति में किसी को आघात न पहुँचाओ मन, वचन, कर्म से किसी प्राणी को हानि न पहुँचाओ।

2. *पूर्ण सत्य :* मन, वचन, कर्म में सत्य, क्योंकि सत्य ही सब वस्तुओं का आधार है और उसी से सब कुछ प्राप्त होता है।

3. *पूर्ण ब्रह्मचर्य।*

4. अस्तेय किसी चीज का लालच न करना।

5. अपरिग्रह आत्मा की शुद्धि और पूर्ण अनासक्ति, किसी से दान न लेना और न उसकी अपेक्षा करना : कोई भी स्वीकार किया गया दान स्वतंत्रता में बाधक है और आत्मा की मृत्यु है।[51]

इससे स्पष्ट है कि सामान्य भीड़ जो योग के धोखे मे सफलता का मार्ग ढूंढ़ रही है, जो भाग्य को ठगना चाहते हैं, तंत्रमंत्र में दिलचस्पी रखने वाले, व्युटी पार्लर के ग्राहकों को किले के बाहर के अलावा कोई "रास्ता नहीं" दीखा। अधिकांश ने लापरवाही से सूचना नहीं पढ़ी और उन्होंने अल्पाधिक सच्चे गुरु को जो द्वार की रक्षा कर रहा था फुसलाने की कोशिश की कि वह उन्हें अन्दर जाने दे।

इसलिए विवेकानन्द को जैसे ही उन दुर्बल और बेईमान स्वभाव के लोगों के लिए कुछ शब्दों का खतरा मालूम हुआ*, उनके प्रयोग से बचे[52] और वे राजयोग की शिक्षा

में पूर्णतः सक्षम होगा।" उसे दिव्य साक्षात्कार होगा। पर यह तो साफ ही है, साधारण मनुष्य इस साक्षात्कार की तुलना में संसारी भोग को ही पसंद करता है।

(एक आदर्शवादी मुक्त विचारक के रूप में मैं जोड़ना चाहूंगा। मैं वैज्ञानिक शंका के साथ आध्यात्मिक श्रद्धा को मिलाता हूँ, कि ये तथाकथित अलौकिक शक्तियां जो योगी को आती हैं और उसके द्वारा ठुकराई जाती हैं, मात्र काल्पनिक हैं, क्योंकि उसने कभी उनका उपयोग नहीं किया। इसका महत्व नहीं है। असली बात है कि मन को विश्वास होता है कि यह सच है और वह जानबूझकर उसे छोड़ रहा है, बलिदान ही वास्तविक यथार्थ है जो महत्व रखता है।)

51. मिलाइए Raja-Yoga VIII कूर्म पुराण का उपसंहार और Vol. VI The Complete Works of Swami Vivekananda p. 89.

* स्वामीजी सदा समझते थे कि बहुत थोड़े लोग ही राजयोग करने के लिए उपयुक्त हैं।

52. अनुभव बढ़ने के साथ उन्होंने इसे अधिकाधिक समझा। एक भारतीय शिष्य को, जो मुक्ति के विभिन्न मार्गों को जानना चाहता था, उन्होंने बताया "भक्ति का मार्ग धीमी प्रक्रिया

को वैज्ञानिक पद्धति के सर्वाधिक पूर्ण साधन द्वारा ज्ञान की उपलब्धि : पूर्ण एकाग्रता तक सीमित करने लगे[53]।

और इसमें हम सबकी दिलचस्पी है। हिन्दू सत्यान्वेषी के मन पर इस उपकरण का क्या प्रभाव पड़ेगा, सभी सत्यान्वेषी, चाहे वे पूर्व के हों या पश्चिम के, इस उपकरण का प्रयोग करेंगे और यह उनके हित में है कि वह यथासंभव पूर्ण हो। इसमें कोई तंत्रमंत्र नहीं है। विवेकानन्द की स्वस्थ बुद्धि को पाश्चात्य के समर्पित विद्वान की भाँति मन की सब गोपनीय बातों से परहेज था : "मेरी शिक्षा में कोई रहस्य नहीं है ... योग की इन पद्धतियों में कोई भी गोपनीय और रहस्यात्मक चीज तुरंत त्याग देनी चाहिए ... हर उस वस्तु को जो तुम्हें दुर्बल बनाती है, छोड़ दो। रहस्यात्मकता मानव मन को कमजोर बनाती है। इसने योग के एक शानदार विज्ञान को लगभग बर्बाद कर दिया है ... तुम अभ्यास करो और देखो कि ये चीजें होती हैं या नहीं ... इसमें न रहस्य है न खतरा[54] अंधविश्वास करना गलत है।"[55]

अजनबी के हाथों, थोड़े समय के लिए भी अपने को सुपुर्द करने की इतनी निन्दा कोई भी नहीं करता जितना कि विवेकानन्द। और यही उनसे कितने ही ईमानदार और सदाशयतापूर्ण सम्मोहनों के विरुद्ध प्रबल प्रतिवाद कराता है : "तथाकथित सम्मोहन दुर्बल मन पर प्रभाव डालता है ... रोगी के मन में एक प्रकार का विकृत प्रत्याहार पैदा करता है ... यह अपनी इच्छा शक्ति से मस्तिष्क के केंद्रों का वास्तविक नियंत्रण नहीं बल्कि एक तरह से रोगी के मन को अन्य व्यक्ति की इच्छा के आघात से स्तंभित करना है ... नियंत्रण का कोई भी प्रयास जो स्वैच्छिक नहीं ... हानिकारक है ... वह भारी बेड़ियों

है, पर उसका अभ्यास सरल है। राज-योग के मार्ग में अनेक बाधाएं हैं, कदाचित मन मनोवैज्ञानिक शक्तियों की तरफ भागता है और तुम्हें अपना सत्य स्वभाव प्राप्त करने से हटाता है। ज्ञान का पथ ही शीघ्र फलदायी है और सब पंथों का मूल आधार है, अतः इसका सभी देशों और काल में आदर है।" (Vol. VII Complete Works, p. 198 और बाद में)।

53. "चीजों को कुतरना छोड़ो। एक विचार को पकड़ो। उस एक विचार को अपना जीवन बनाओ। उसके बारे में सोचो, उसका स्वप्न देखो, उस विचार पर डटे रहो" जब तक वह तुम्हारे समस्त शरीर का अंश नहीं बन जाता। (Raja Yoga, Ch. VI).

54. फिर भी विवेकानन्द ने राजयोग के साधकों की शारीरिक और मानसिक शुचिता के लिए बुद्धिमतापूर्ण नियम बताए हैं।

55. Raja Yoga, Ch. I.

के बंधन में एक और कड़ी जोड़ता है ... इसलिए इनके प्रति सावधान रहो कि कैसे लोग तुम्हें चलाएं ... यदि वे कुछ समय के लिए लाभ भी पहुँचाएं ... तबसे अपने मस्तिष्क का प्रयोग करो ... अपने शरीर और मन पर नियंत्रण करो, याद रखो जब तक तुम बीमार नहीं हो, तुम्हारे ऊपर कोई बाह्य इच्छा कार्य नहीं कर सकती ; जो तुमसे अंध विश्वास लाने को कहता है, चाहे वह कितना भी महान और अच्छा क्यों न हो, उससे बचो। विकृत बाह्य नियंत्रण द्वारा अच्छा बनने की तुलना में एक व्यक्ति और जाति के लिए दुष्ट बना रहना ज्यादा बेहतर है। हर उस चीज से सावधान रहो जो तुम्हारी स्वाधीनता छीनती है।''[56]

यद्यपि वे जाति से कलाकार एवं जन्मजात संगीतज्ञ थे, तो भी मानसिक स्वतंत्रता के अपने अटल उत्साह में टालस्टाय की भाँति वे इतना आगे बढ़ गए कि उन्होंने संगीत से मन की निश्चित क्रिया पर उत्पन्न होने वाली कलात्मक भाव शक्ति को भी त्यागा।[57]

कोई भी चीज जो मन के अवलोकन और परीक्षण की स्वतंत्रता को कम करती है, चाहे उससे अस्थाई छुटकारा और आराम क्यों न मिलता हो, उसमें ''भावी क्षय, भूल और मृत्यु के बीज हैं।''

---

56. Raja Yoga. Ch. I वहीं ch. VI.

57. ऐसा नहीं है कि भारत में कला का योग नहीं है। यहाँ विवेकानन्द के भाई महेन्द्रनाथ दत्त ने जो स्वयं गंभीर विचारक थे, गुरु द्वारा इंगित पंक्तियों को पूरा किया है। मैं योरोपीय सौन्दर्य-शास्त्रियों से उनकी Dissertation on Painting को पढ़ने की जोरदार सिफारिश करूंगा। अवनीन्द्रनाथ ठाकुर की भूमिका सहित, 1922 रामकृष्ण मिशन के प्रथम अध्यक्ष को समर्पित। महान भारतीय धार्मिक कलाकार जिस वस्तु को उतारना चाहता है उसके सामने वह सत्यान्वेषी योगी की भाँति बैठता है, उसके लिए लक्ष्य ही विषय बन जाता है, और ध्यान की प्रक्रिया कठोर योगिक विवेक की है।

आदर्श को चित्रित करने में चित्रकार अपनी आत्मा को, अपने दोहरे रूप को बाह्य वस्तुओं द्वारा व्यक्त करता है। तादात्मय की गंभीर स्थिति में आत्मा की बाहरी और अन्दरूनी परतें पृथक हो जाती हैं, बाहरी परत या आत्मा का परिवर्तनीय अंश देखी गई वस्तु से एकाकार हो जाता है, और स्थाई या अपरिवर्तनीय अंश शांत द्रष्टा बन जाता है। इनमें से एक *लीला* है और दूसरा *नित्य*। हम नहीं कह सकते कि कौन सा परे है, क्योंकि यह अव्यक्त स्थिति है ... ।''

यह आश्चर्यजनक नहीं कि अनेक महान भारतीय कलाकार जो इस अनुशासन से गुजरे हैं, अन्ततः संत बन गए। (मिलाइए A. Coomarswamy, Dance of Shiva)

मैं नही मानता कि किसी अन्य अनुशासित वैज्ञानिक मस्तिष्क ने इतने गंभीर विचार दिए हैं । पाश्चात्य तर्क को विवेकानन्द द्वारा प्रतिपादित सिद्धांतों से सहमत होना चाहिए ।

सबसे अधिक आश्चर्य की बात तो यह है कि पाश्चात्य तर्क ने भारतीय राजयोग की विभ्रांति एवं सर्वथा स्पष्ट गवेषणाओं पर अत्यंत क्षणभंगुर और विकृत उपकरणों की तुलना में अत्यंत कम ध्यान दिया है और उसमें आत्म नियंत्रण और अधिकार की उन पद्धतियों का, साधना के प्रयोग में उन सतही उपकरणों से काम लिया जब कि उसे खोजने का एकमात्र साधन भारतीय पद्धति ही था ।

योगिक मनो-शारीरिक-क्रिया विज्ञान में ऐसी शब्दावलि का प्रयोग जो विवादास्पद और अप्रचलित है, उन्हें (जैसा विवेकानन्द ने किया) पिछली शतियों के प्रयोगों को आधुनिक विज्ञान से समायोजित कर सुधारा जा सकता है । इस बात में प्रतिवाद की कोई संभावना नहीं, यह सब मानते हैं। प्रयोगशालाओं के अभाव को हिन्दू अवलोकनकर्ताओं ने अटूट धैर्य और अंतर्दृष्टि की प्रतिभा से पूरा किया है । इस बात पर कोई संदेह नहीं रह जाता जब हम अत्यंत प्राचीन धार्मिक ग्रंथ में जीवित पिंडों की प्रकृति के बारे में ऐसी पंक्तियां पढ़ते हैं, "पिंड या काया नाम परिवर्तन के एक क्रम को दिया गया है ... जैसे नदी में पानी का पिंड बराबर बदलता रहता है और अन्य पिंड उसका स्थान लेता है, इसी प्रकार काया में होता है" ।[58]

भारतीयों ने धार्मिक विश्वास को वैज्ञानिक नियमों के विरुद्ध नहीं जाने दिया । इसके अलावा धार्मिक विश्वास को, सिखाये गये ज्ञान की प्रारंभिक शर्त नहीं माना । वे हमेशा इसके लिए अत्यंत सावधान रहते हैं कि अज्ञेयवादी और नास्तिक का साधारण तर्क भी अपने प्रकार से सत्य को पा सकता है । इस प्रकार दो पृथक विभाग माने गये हैं — महा-योग जो अहं और ईश्वर की एकता की कल्पना करता है, और अभाव-योग जो अहं को "शून्य और द्वैत से विहीन" मानकर अध्ययन करता है[59] — और दोनों ही

---

58. ईलईट्स के साथ इस कल्पना की समानता को रेखांकित करना अनावश्यक है । ड्यूसन ने अपनी System of Vedanta में हेराक्लीटस की आत्मा की निरंतर अस्थिरता "संकुल" के हिन्दू सिद्धांतों से तुलना की है ।

मूल विचार है कि ब्रह्मांड एक ही तत्व से बना है जिसका रूप बराबर बदल रहा है । "शक्तियों का पूर्ण योग सदा बराबर रहता है" Raja Yoga. Ch. III.

59. Raja-Yoga. Ch. VIII (कुर्मपुराण का संक्षेप) ।

शुद्ध और कठोर वैज्ञानिक अवलोकन के उद्देश्य बन सकते हैं ।[60] पाश्चात्य में ऐसी सहिष्णुता धर्म विश्वासियों के लिए आश्चर्यजनक हो सकती है, किंतु वेदांती विश्वास का यह अभिन्न अंग है कि मानव आत्मा ईश्वर है, जो अभी तक अपने से अनभिज्ञ है, किंतु जिसे अपने को जानने के लिए तैयार किया जा सकता है ।[61] यह धर्म सार विज्ञान के गोपनीय या घोषित उद्देश्य से दूर नहीं है, और इसलिए हमारे लिए अनजाना नहीं है ।

फिर हिन्दू भारतीय मनो-शरीर क्रिया विज्ञान को बहुत ऊँची अवस्था तक जाने वाला मानकर भी पूर्णतः भौतिकवादी मानता है, क्योंकि वह "मन" के परे जाता है । इन्द्रिय बोध के उद्गम को देखने से पता चलता है, कि बाह्य वस्तुओं की छापें जो मन में संग्रहीत है — ये सब अवस्थाएं भौतिक हैं, किंतु मन अधिक सूक्ष्म पदार्थ से बना हुआ है, यद्यपि यह अपने सार में शरीर से भिन्न नहीं है । केवल उच्च अवस्था में ही अभौतिक आत्मा, पुरुष आती है जो अपने उपकरण मन से बोध को ग्रहण करती है और तब प्रेरक केंद्रों को आदेश भेजती है । परिमाणतः सकारात्मक विज्ञान तीन-चौथाई रास्ते तक हिन्दू आस्था के साथ हाथ में हाथ मिलाकर चल सकता है । केवल अंतिम से पहली अवस्था में वह चिल्लायेगा "रुको" और जो कुछ मैं यहाँ अपेक्षा करता हूँ वह है वे तीन चौथाई रास्ते साथ चलें । मेरा विश्वास है कि यह संभव है कि हिन्दू अन्वेषकों ने अपनी यात्रा में ऐसी अनेक वस्तुएं देखी हों जो हमसे अनदेखी रह गई हों । हमें अपनी आलोचनात्मक बुद्धि के स्वाधीन प्रयोग के अधिकार को बिना त्यागे उनकी खोजों से लाभ उठाना चाहिए ।

इस पुस्तक की सीमाओं में मैं राजयोग की पद्धतियों का विषद् विवेचन नहीं कर सकता । किंतु जहाँ तक कि यह शास्त्र विज्ञान आधारित है, मैं इसकी नये मनोविज्ञान और शिक्षाशास्त्र के पाश्चात्य पंडितों से सिफारिश करता हूँ । मैंने स्वयं उनके आश्चर्यजनक विश्लेषण से लाभ उठाया है । यद्यपि उन शिक्षाओं को अपने जीवन में उतारने में मुझे बहुत देर हो गई है । फिर भी मैं इस बात की प्रशंसा करूंगा कि सब गलतियों और मुक्ति की ओर उन्मुख अस्पष्ट प्रवृत्तियों के बावजूद, उन्होंने मेरे अतीत

---

60. इस राज योग के अध्ययन में किसी आस्था या विश्वास की जरूरत नहीं है । किसी बात में विश्वास न करो जब तक कि तुम स्वयं उसे न खोज लो ... हर एक मानव प्राणी को अपने धर्म को खोजने का अधिकार और शक्ति है । (Raja-Yoga Ch. I).

61. हिन्दुओं और बौद्धों में परमोपलब्धि के मार्ग में मानव जन्म सर्वोच्च अवस्था है, इसलिए इसका लाभ उठाने में जल्दी करनी चाहिए । यहाँ तक कि बहुदेववादी अर्थ में देवताओं को भी मानव शरीर धारण कर ही यह स्वतंत्रता प्राप्त होती है । वहीं Ch. III ।

अनुभव को स्पष्ट किया है ।

मन को एकाग्र करने की तीन प्रथम मनोवैज्ञानिक अवस्थाओं को बताना जरूरी है[62] — प्रत्याहार[63] जो इन्द्रियों को बाह्य विषयों से पृथक कर एकांततः उन्हें मानसिक छापों — *धारणा* पर ले जाता है, जो मन को बाहर या अन्दर से एक निर्दिष्ट बिंदु पर केन्द्रित करती है — सही अर्थों में ध्यान है, जब पूर्ववर्ती अभ्यासों से मन "एक अटूट धारा में एक चुने हुए बिंदु की ओर बहने लगता है ।"

प्रथम अवस्था पर अधिकार पा जाने के बाद ही विवेकानन्द के अनुसार चरित्र बनने लगता है । किंतु "मन को वश में करना कितना कठिन है, उसकी तुलना ठीक ही पागल बन्दर से की गई है ... स्वभाव से ही वह निरंतर सक्रिय है, फिर वह इच्छा के नशे में धुत्त हो जाता है ... ईर्ष्या ... अहंकार का दंश मन में प्रवेश कर जाता है ।" तब गुरु की क्या सलाह है ? इच्छा शक्ति का प्रयोग । न वह हमारे मनोवैज्ञानिक पंडितों से आया, जिन्होंने देरी से किसी मानसिक आदत के विरुद्ध इच्छा शक्ति के भौंडे प्रयोग से कैसी भयंकर प्रतिक्रिया होती है, इसे समझा । वह बन्दर पर अधिकार पाता है, उसे शांत आंतरिक सम्मान देकर जो निष्पक्ष निर्णय करता है, उसे शांत करता है । प्राचीन योगियों ने डा० फ्रायड की प्रतीक्षा नहीं की जिसने सिखाया कि मन की सर्वोत्तम चिकित्सा अन्दर छिपे राक्षसों को सीधा आँखें डाल कर देखना है ।

पहला पाठ है, कुछ देर बैठो और मन को दौड़ने दो । मन सब समय बुदबुदाता रहता है । वह उस बन्दर की तरह है जो कूदता रहता है । बन्दर को जितना कूद सकता है कूदने दो । तुम सिर्फ इंतजार करो और देखो ... अनेक गंदे विचार आ सकते हैं, ज्ञान शक्ति है ... तुम देखोगे कि मन की बहक दिन पर दिन कम उग्र होती जाती है । यह विपुल कार्य है केवल धैर्य और निरंतर वर्षों के संघर्ष से हम सफल हो सकते हैं ।[64]

---

62. उससे पहले शरीरक्रिया विज्ञान से संबंधित अभ्यास है जो चिकित्सा विज्ञान के लिए बहुल दिलचस्पी के हैं, आसन और प्राणायाम । उसके बाद मन की उच्चतर अवस्था है — समाधि जहाँ ध्यान को इस बिंदु तक तीव्र किया जाता है कि वह ध्यान के बाह्य अंश और अन्य सब सुसंगत रूपों को त्याग दे और एकता में लीन हो जाये। ज्ञान योग का अध्ययन करते समय हम पुनः इस अवस्था पर लौटेंगे ।

63. शब्द का अर्थ है संचयन gathering towards ।

64. डा० कूए से मिलते नुसखे योगियों के पास भी हैं — आत्म-सम्मोहन (auto-suggestion) जिसमें रोगी लाभकर वक्तव्य को दोहराता है । योगी नौसिखिये को सलाह देते हैं कि वह अभ्यास शुरू करने से पहले मन ही मन दोहराए "सब प्राणी सुखी हों" ताकि वह शांति के वायुमंडल से आच्छादित हो सके ।

अगली अवस्था पर बढ़ने से पहले, योगी को कल्पना से खेलना आना चाहिए ताकि वह एक बिंदु पर ध्यान केंद्रित करने के लिए मन को अनुशासित कर सके।

गुरु सदा शरीर-क्रिया संबंधी मामलों में व्यस्त रहे। थकान से बचो। "ये अभ्यास दिन भर कठोर श्रम करने के लिए नहीं है।" भोजन पर ध्यान दो। "पहले से ही नियमित एवं सुनिश्चित भोजन, दूध और अनाज," सब उद्दीपक वर्जित हैं।[65] बड़ी कुशलता से आंतरिक घटनाएं देखी और बयान की जाती हैं।[66] एकाग्रता की विजय यात्रा के प्रारंभिक धरातल में अल्पतम सनसनाहट विपुल लहर की तरह होती है। "एक पिन का गिरना बिजली गिरने की तरह शोर करता है" ... अतः शरीर पर कड़ी नजर रखना जरुरी है, उसे पूरी तरह शांत रखना, क्योंकि यही उसका इच्छित लक्ष्य है। यह स्पष्ट है कि अस्वास्थ्यकर थकान से बचने का निरंतर ध्यान रखना चाहिए। अन्यथा इसका परिणाम विक्षिप्त अवस्था और असंतुलित मन होगा, जिसे पाश्चात्य अनाड़ीपन जल्दबाजी में अतिशय भावातिरेक या बीथोवन जैसे प्रेरित कलाकार के लिए अवश्यंभावी मानता है।[67]

निपुण योगी जानता है कि उसके अभ्यास से शारीरिक और मानसिक स्वास्थ्य दोनों को लाभ पहुँचता है। उनका कहना है कि इसका प्रभाव तुरंत शरीर, चेहरे यहाँ तक कि

---

65. पूर्ण ब्रह्मचर्य। इसके बिना राजयोग में बड़े खतरे हैं। हिंदू अवलोकनकर्ता मानते हैं कि प्रत्येक मनुष्य में कुल शक्ति की एक स्थिर मात्रा होती है, किंतु इस शक्ति को एक केंद्र से दूसरे केंद्र में स्थानांतरित किया जा सकता है। काम-शक्ति जब मस्तिष्क द्वारा प्रयुक्त होती है, वह मानसिक ऊर्जा में रूपांतरित हो जाती है। किंतु यदि हम अपनी लोकप्रिय कहावत में कहें कि "मनुष्य दोनों छोरों पर मोमबत्ती जलाएं," उसका परिणाम शारीरिक और मानसिक विनाश होगा। ऐसी स्थितियों में योग से भयंकर बुद्धिभ्रंश होते हैं।

इसमें यह भी जोड़ें कि योरोप की चिंतनशील आत्माओं ने पूर्ण स्वच्छता की प्रायः उपेक्षा की है। योग के नियमों में शुद्धता की ही दो बातें शामिल हैं, "नैतिक और शारीरिक दोनों शुद्धताओं का कर्तव्य।" जब तक दोनों बातें न हों कोई भी व्यक्ति योगी नहीं हो सकता (Raja Yoga, Ch. VIII कूर्म पुराण का संक्षेप)।

66. कभी कभी दूर बज रही घंटियों की आवाज जैसा लगता है जो बाद में एक दूसरे में विलीन हो जाती हैं। प्रकाश के बिंदु प्रकट होते हैं ... इत्यादि।

67. जो उपवास करता है, जो जागता रहता है, जो ज्यादा सोता है, जो ज्यादा काम करता है या बिल्कुल काम नहीं करता उनमें से कोई योगी नहीं बन सकता। (Raja Yoga Ch. I) जब शरीर में बहुत आलस या रोग लगे, और जब मन बहुत दुखी और उदास हो, अभ्यास मत करो (वहीं ch. VIII)।

आवाज पर पड़ता है । यह स्वाभाविक है, चाहे यह सच हो या झूठ, योगियों के संसारी शिष्यों द्वारा इन लाभों पर जोर दिया गया है, उन्हें ऐसा करने दो । अनुभव के इस समृद्ध भंडार से, जिसमें शरीर और मन के इतने पहलू आविष्ट हैं, हर एक अपने कोठार के लिए बटोर सकता है । यहाँ हमारा सरोकार सिर्फ मनोवैज्ञानिकों और विद्वानों से है ।[68]

4 ज्ञानयोग

सत्य की दिशा में आत्मा का उच्चतर उत्थान, जैसा कि हम देख चुके हैं, कई प्रकार से हो सकता हैः जैसे दिव्य प्रेम या अनासक्त कर्म या मन पर नियंत्रण, जिसका लक्ष्य आंतरिक प्रक्रियाओं पर विजय पाना है । इन सब प्रकारों से राज-योग उंगलियाँ चलाना सिखाता है जिससे कि मनो-शारीरिक पियानो बजाया जा सके क्योंकि एकाग्रता के प्राथमिक शिष्यत्व के बिना कोई स्थायी प्रगति संभव नहीं है । यह उनमें से एक के लिए तो विशिष्ट रूप से अनिवार्य है और उस पर अधिकार पाना है, यद्यपि प्रत्येक योग का अपना स्वतंत्र मार्ग है । फिर भी यदि यह हमें अंतिम बात पर ला देता है,

---

68. यह वस्तुतः सिद्ध हो चुका है कि दृश्य और संभावना की सीमा के बाहर गए बिना आंतरिक जीवन पर पूर्ण नियंत्रण हमें अचेतन एवं अर्धचेतन पर, यदि पूर्णतः नहीं तो अंशतः तो हमारे हाथों में दे ही देता है। "प्रायः प्रत्येक कर्म जिससे हम अब बेखबर हैं, उसे चेतन के स्तर पर लाया जा सकता है !" (Raja Yoga Ch. VII) यह सुविदित है कि योगियों में शरीर क्रियाओं को रोकने और तेज करने की शक्ति आ जाती है, जो इच्छा शक्ति से परे है, जैसे हृदय की धड़कन को बंद कर देना । सूक्ष्म वैज्ञानिक अवलोकन ने इन तथ्यों की वास्तविकता को सिद्ध कर दिया है और हमने स्वयं इन्हें सिद्ध किया है । योगी को विश्वास है कि "छोटे से छोटे प्राणी के पास उर्जा का एक असीम भंडार सुरक्षित है ।" इस वीरोचित और शक्तिवर्धक विश्वास में ऐसी कोई बात नहीं जिससे सिद्धांततः इनकार किया जा सके । इसकी पुष्टि विज्ञान की निरंतर प्रगति करती है । किंतु योगी का विशिष्ट गुण (जिसे सावधानी से समझना चाहिए) यह सोचना है कि वह अपनी तीव्र एकाग्रता से व्यक्तिगत प्रगति की रफ़्तार तेज कर सकता है और मानवता के पूर्ण विकास के लिए अपेक्षित अवधि को कम कर सकता है । यह विश्वास अरविन्द घोष की नई गवेषणाओं का आधार है, जो विवेकानन्द के कथन पर आधारित हैं । घोष ने The Synthesis of Yoga में लिखा "योग को व्यक्ति के विकास में एक जीवन या शरीर धारण में कुछ वर्षों या कुछ महीनों तक घटाने का एक साधन माना जा सकता है ।" मुझे इस पर बड़ा संदेह है । किंतु मेरा संशय वैज्ञानिक है, जिसमें इनकार नहीं है, अपितु तथ्यों की साक्षी की प्रतीक्षा है ।

जिसकी हमें परीक्षा करनी है और जो राजयोग से घनिष्टतः जुड़ी हुई है: ज्ञानयोग अर्थात् बुद्धिवादी दार्शनिक योग । क्योंकि राजयोग आंतरिक दशाओं के नियंत्रण का विज्ञान है, इसलिए दार्शनिक को भी विचारों के उपकरण के नियंत्रण के लिए उसके पास जाना पड़ता है । महान विवेकी, विवेकानन्द भी यह जानते थे कि ज्ञान मार्ग के (जो मूलतः उनका अपना पथ था) दार्शनिक विश्लेषण और परीक्षण के रूप में विवेक — ज्ञान "आत्मा" को व्यर्थ विवाद के जाल में फंसा सकता है । ऐसी स्थिति में (राजयोग के एकाग्र अभ्यास के अलावा उसे और कुछ इस जाल से नहीं बचा सकता । इसलिए यह तर्कसंगत ही है कि मन की उस उच्च पद्धति पर हमारा विवेचन अंत में हो । यह विवेकानन्द को सर्वाधिक प्रिय भी था । उन्होंने इसके अध्ययन और भाषणों में इतना समय लगाया कि वह शोध प्रबंध के रूप में उसका संक्षिप्तिकरण कर सके, जैसा कि राजयोग और कर्मयोग के साथ हुआ, दोनों ही बोल कर लिखाए गए ।[69]

इसके बारे में पहली मार्के की बात यह है कि अन्य योगों की भांति इसका लक्ष्य भी ईश्वर दर्शन है, इसका प्रारंभिक बिंदु और पद्धति भी वैज्ञानिक प्रकार की है, पाश्चात्य धार्मिक प्रकार की नहीं है । यह निश्चित शब्दों में विज्ञान और तर्क दोनों का आह्वान करता है ।

"अनुभव ही ज्ञान का एकमात्र स्रोत है।"[70]

इनमें से कोई भी योग तर्क को नहीं त्यागता उनमें से हर एक यह भी कहता है कि अपने तर्क को किसी प्रकार के पुरोहित के हाथ में नहीं सौंपना चाहिए, उसे संभाले रहो, कसकर पकड़े रहो ।"[71] और ज्ञान योग अपने सहायक तर्क को सबसे बढ़ाचढ़ा कर प्रस्तुत करता है । इससे यह निष्कर्ष निकलता है कि धर्म को भी उन्हीं नियमों से जांचना चाहिए जिनसे अन्य विज्ञानों को ।

क्या वही अन्वेषण पद्धतियां जो हम विज्ञानों और बाह्य ज्ञान में प्रयोग में लाते हैं, धर्म के विज्ञान पर भी लागू होंगी ? मैं कहता हूँ "हाँ" और जोड़ूंगा "जितनी जल्दी हो सके, उतना बेहतर है ।" यदि ऐसे अन्वेषण से धर्म नष्ट होता है, तो वह निरर्थक और

---

69. ज्ञानयोग का वृहत् संकलन पृथक भाषणों का बहुत कुछ कृत्रिम संग्रह है । ये अधिकतर लंदन में 1896 में दिये गये थे । Complete Works के Vol II pp. 57-396 में संगृहीत है । Complete Works के अन्यत्र बिखरे अंशों में जोड़ें : Introduction to Jnana-yoga Vol VI p.41 आगे Discourses on the yogas vol VI p. 89 के आगे ।

70. Religion and Science, VI, 81.

71. The Ideal of Universal Religion, II, 375

अयोग्य अंधविश्वास है ; जितनी जल्दी वह लुप्त हो उतना ही अच्छा है । मुझे भरोसा है कि उसका विनाश सर्वश्रेष्ठ घटना होगी ।[72] जो कूड़ा-करकट है निकल जायेगा । किंतु ऐसे अन्वेषण के बाद अनिवार्य अंश विजयी होगा ।''[73] धर्म को क्या अधिकार है कि वह अपने को तर्क के नियंत्रण से परे घोषित करे ?

''धर्म क्यों ऐसे वादे करते हैं कि वे तर्क के आधार को नहीं मानेंगे....यह बेहतर है कि मानवजाति तर्क का अनुसरण कर नास्तिक हो जाये बनिस्बत किसी के कहने पर दो करोड़ देवताओं में विश्वास करे । यह मनुष्य के स्वभाव को पतित कर उसे पशु के स्तर पर लाता है । हमें तर्क वितर्क करना चाहिए...कदाचित ऐसे पैगम्बर हैं जो इन्द्रियों की सीमा लांघकर पार की झलक देख चुके हैं । हम पर सभी यकीन करेंगे जब हम स्वयं ऐसा कर सकेंगे, इससे पहले नहीं'' ।[74]

''यह कहा गया है कि तर्क सदा पर्याप्त मजबूत नहीं होता, वह हमें सदा सत्य को पाने में सहायता नहीं करता, अनेक बार वह गलती करता है, परिणामतः हमें चर्च की सत्ता में विश्वास करना चाहिए । ऐसा मुझे एक रोमन कैथलिक ने बताया पर मैं उसका

---

72. मुझे भरोसा नहीं कि उनके सदगुरु रामकृष्ण जो सदा दुर्बलों के भाई थे अपने महान बौद्धिक और दबंग शिष्य की इस हठी धारणा का समर्थन करते । वह उसे पुनः याद दिलाते कि घर में घुसने के एक से ज्यादा दरवाजे हैं, और यह असंभव है कि हर एक सामने के दरवाजे से ही आये । इसमें विवेकानन्द की तुलना में गांधी को रामकृष्ण के सार्वभौम ''स्वागत'' के अधिक निकट पाता हूँ । किंतु यह प्रचंड शिष्य बाद में अत्यन्त विनम्रता से अपने को दोषी बताने वाला पहला व्यक्ति होगा ।

73. ज्ञान-योग ।

74. इससे पन्द्रह वर्ष पहले केशव चन्द्र सेन ने अपने Epistle to his Indian Brethren (1880) में यही बात कही थीः ''तुम विश्वास पर किसी बात को स्वीकार न करो, जैसा कि अंधविश्वासी करते हैं, जैसा कि हमारे भगवान ने कहा है विज्ञान तुम्हारा धर्म होगा । तुम सब चीजों से अधिक विज्ञान को सम्मान दोगे, वेद से ऊपर भौतिक विज्ञान और बाइबल से ऊपर आध्यात्मिक विज्ञान को । ज्योतिष विज्ञान, भूगर्भ विज्ञान, शरीर रचना और क्रिया शास्त्र, वनस्पति विज्ञान और रसायनशास्त्र प्रकृति भगवान के जीवंत शास्त्र हैं । दर्शनशास्त्र, तर्कशास्त्र, आचारशास्त्र, योग, प्रेरणा और प्रार्थना, आत्मा के, भगवान के शास्त्र हैं । ''नये मत में (अर्थात् जिसका वह उपदेश दे रहे थे) सब बातें वैज्ञानिक हैं । अपने मन को गुह्य रहस्यवाद से मत ढँको । स्वप्न देखने और मनोकल्पना में न पड़ो । किंतु स्पष्ट दृष्टि और स्वस्थ निश्चित निर्णय से सब बातें सिद्ध करो और जो सिद्ध हो चुका है, उसे दृढ़ता से पकड़े रहो । तुम्हारे समस्त विश्वास, प्रार्थनाएं, श्रद्धा और तर्क सच्चे विज्ञान से समन्वित होने चाहिए ।''

तर्क न समझ सका। दूसरी ओर मुझे कहना चाहिए कि, यदि तर्क इतना कमजोर है, पुरोहितों का वर्ग और भी अधिक कमजोर होगा, और मैं उनका फैसला सुनने को तैयार नहीं हूँ, क्योंकि समस्त दुर्बलताओं के बावजूद इसके द्वारा मेरे सत्य पर पहुँचने की कुछ संभावना है...इसलिए हमें तर्क का अनुसरण करना चाहिए, और उनसे भी सहानुभूति रखनी चाहिए जो तर्क का अनुसरण कर किसी विश्वास पर नहीं पहुँचे हैं। किसी के कहने पर लाखों देवताओं में विश्वास करे, इससे यह कहीं बेहतर है कि तर्क का अनुसरण कर मानवजाति नास्तिक हो जाये। हम प्रगति चाहते हैं...किन्हीं सिद्धांतों ने मनुष्य को ऊंचा नहीं उठाया है ..."

एकमात्र शक्ति स्व-अनुभव में और वह हमारे अन्दर है जो चिंतन से आता है। मनुष्यों को सोचने दो....मनुष्य की शान इसमें है कि वह चिंतनशील प्राणी है.. प्रामाणिकता की पर्याप्त बुराइयों की देखने के बाद, मैं तर्क में विश्वास करता हूँ और तर्क का अनुसरण करता हूं, क्योंकि मैं ऐसे देश में जन्मा जहां वह प्रामणिक सत्ता की अंतिम सीमा तक पहुँचे हैं।[75] विज्ञान और धर्म दोनों का आधार (जैसा विवेकानन्द ने समझा) एक है। प्रायोगिक विद्याओं को छोड़ कर ज्ञान या तर्क के बीच कोई मूल अंतर नही है। विवेकानन्द नें दोनों को समान रूप से स्वीकार किया। उन्होंने एक बार कहा "समस्त मानव ज्ञान धर्म का ही अंश है।"[76]

यहां उन्होंने धर्म को समस्त ज्ञान का पूर्ण योग बना दिया। किंतु उन्होंने अन्य समय पर गर्वीली स्वतंत्रता से धर्म की उन अभिव्यक्तियों की प्रशंसा की जिनका सिर मानो आकाश के रहस्य को भेद रहा हो तथा पैर पृथ्वी से बंधे हों, उनका तात्पर्य भौतिक विज्ञानों से था।[77] विज्ञान और धर्म दोनों ही हमें दासता से छुड़ाने के प्रयास हैं, केवल धर्म अधिक प्राचीन है ... और हमें अंधविश्वास है (एक उत्साही आस्तिक के मुंह से इन शब्दों पर ध्यान दें) कि यह अधिक पवित्र है ...।[78] तब इनमें क्या अंतर है ? सिर्फ अपने प्रयोग के क्षेत्र का।

---

75. Practical Vedanta, III, Vol II pp. 335-36

76. Complete Works, Vol. VII, p. 103.

77. वहीं, II p. 68-69.

78. वहीं VII p.103 यह सच है विवेकानन्द ने जोड़ा कि "एक अर्थ में यह है, क्योंकि यह नैतिकता का एक प्रमुख बिंदु बनाता है और विज्ञान इसकी उपेक्षा करता है।" किंतु यह विचार एक अर्थ में दूसरे दृष्टिकोण की स्वतंत्रता की रक्षा करता है।

धर्म का संबंध तत्वभीमांसा के सत्यों से है, जब कि रसायनशास्त्र और अन्य प्राकृतिक विज्ञानों का संबंध भौतिक जगत से है।[79] क्योंकि क्षेत्र भिन्न हैं इसलिए अन्वेषण की पद्धति भी भिन्न होनी चाहिए। विवेकानन्द द्वारा निर्धारित धर्म विज्ञान के लिए ज्ञान योग की पद्धति, पश्चिम में अध्ययन किए जा रहे धर्मों के तुलनात्मक अध्ययन से विपरीत है, इसे वह आधुनिक विज्ञान का दोष मानते हैं। पूर्वज धर्मों की उद्‌गम संबंधी ऐतिहासिक गवेषणाओं और विदग्ध सिद्धातों में रुचि रखते हुए भी विवेकानन्द उनकी पद्धतियों को आंतरिक तथ्यों के लिए अत्यंत स्थूल और सतही मानते थे। यह सच है कि अभ्यस्त आँख को मनुष्य का शरीर और चेहरा देख कर स्वास्थ्य की स्थिति का पता चल जाता है।

किंतु शरीर रचना एवं क्रिया विज्ञान के ज्ञान बिना जीवित प्राणी के स्वभाव को जानना असंभव है। इसी प्रकार एक धार्मिक तथ्य अन्तर्दर्शी अवलोकन के अर्जित अभ्यास से ही जाना जा सकता है। यह पद्धति मूलतः मनोवैज्ञानिक, या अति-मनोवैज्ञानिक है, आत्मा का रसायनशास्त्र है — इसका उद्देश्य प्रथम तत्व कोषाणु या अणु को खोजना है।

"यदि मैं मिट्टी के लोंदे के कण को जानता हूँ मुझे उसके सम्पूर्ण स्वभाव, जन्म, वृद्धि, पतन और उसके अंत को जानना चाहिए। अंश और सम्पूर्ण में समय को छोड़कर और कोई अंतर नहीं है। अल्पाधिक जल्दी यह चक्र पूरा हो जाता है।"

इस मामले में अध्यात्मिक परमाणु को खोजने के लिए आंतरिक विश्लेषण का अभ्यास जरूरी है। इसकी खोज एवं प्राथमिक तत्वों के विश्लेषण से उन्हें पुनर्गठित

---

79. वहीं VI 81. हमें पहले बनाए प्रमुख शब्द "द्वंद्व" (combat) को नहीं भूलना चाहिए। यह विवेकानन्द के योद्धा स्वभाव का लक्षण है। उनके लिए विज्ञान और धर्म दोनों का काम सत्य की शांत खोज नहीं है बल्कि गुत्थमगुत्था संघर्ष है।

"मनुष्य तब तक मनुष्य है जब तक कि वह बाह्य और आंतरिक दोनों प्रकृति से ऊपर उठने का प्रयास कर रहा है, इसमें हम से बाहर और हमारे शरीर में पदार्थ के कणों को नियंत्रित करने वाले नियम ही शामिल नहीं है, किंतु अंतर की सूक्ष्म प्रकृति भी, जो कि वस्तुतः बाह्य की प्रेरक शक्ति है। बाह्य प्रकृति को जीतना अच्छा और शानदार है किंतु आंतरिक प्रकृति को जीतना और भी अधिक शानदार है।

"तारों और ग्रहों को नियंत्रित करने वाले नियमों को जानना शानदार है, किंतु उन नियमों को जानना जो हमारी वासनाओं और भावनाओं, मानवजाति की इच्छा को नियंत्रित करते हैं और भी अत्यंत शानदार और बेहतर है ... आंतरिक मानव की यह विजय पूर्णतः धर्म की संपत्ति है।" Jnana Yoga : "The Necessity of Religion"।

किया जा सकता है । इसके बाद का कदम सिद्धांत निकालना है । "बुद्धि घर बनाती है, किंतु बिना ईंट के वह यह काम नहीं कर सकती, और न ईंट बिना बुद्धि के घर बना सकती है ।"[80] ज्ञान योग तथ्यों की तह तक जाने की सर्वोत्तम पद्धति है, और इस अवस्था में यह राजयोग की व्यावहारिक पद्धतियों का प्रयोग करता है ।

पहले मन की क्रियाओं, ऐंद्रिय संवेदनाओं, उनके प्रेरक अंगों, मस्तिष्क केन्द्रों का सूक्ष्म अध्ययन करना चाहिए, फिर मन के तत्व का विश्लेषण करना चाहिए जो सांख्य दर्शन के अनुसार आत्मा से पृथक है । इन्द्रिय बोध और उनकी बौद्धिक कार्य- प्रणाली की प्रक्रियाओं के अध्ययन के बाद इनका विश्लेषण करना चाहिए । यथार्थ बाह्य ब्रह्मांड अज्ञात है । जिस ब्रह्मांड से हमारा परिचय है वह ऐंद्रिय बोध अपने कार्य में या तो (क+) है या (क−) है जो उसे अपनी दशाओं की छाप देता है ।

मन अपने को मन के ही माध्यम से जान सकता है । यह मन की अज्ञात (ख+) या (ख−) दशाएं हैं । विवेकानन्द कांट के विश्लेषण से परिचित थे, किंतु विवेकानन्द की साक्षी के अनुसार सदियों पहले वेदांत दर्शन उसकी पूर्वोक्ति कर चुका था और उसको मी लांघ चुका था ।[81]

आध्यात्मिक कार्य अपने को दो भिन्न और पूरक अवस्थाओं में — प्रवृत्ति और निवृत्ति में मिलाता है — एक चक्राकर गति में आगे बढ़ना और पीछे हटना । विवेकपूर्ण तत्वमीमांसी और धार्मिक पद्धति द्वितीय विधा से शुरू होती हैः नकारना या परिसीमन ।[82] देकार्त की भांति ज्ञानी एक ऊंची उड़ान भरता है और पुनर्निर्माण प्रारंभ करने से पहले एक स्थिर बिंदु खोजता है । पहली अनिवार्य शर्त है बुनियाद की परीक्षा और भ्रांति तथा भूल के कारणों का उन्मूलन । इसलिए ज्ञानयोग ज्ञान की स्थितियों — दिक् काल, कार्य-कारण इत्यादि का गहरा समालोचक है और वह पार करने से पहले मन की सीमाओं की टोह लेता है ।

किंतु कौन उन्हें पार करने की अनुमति देता है ? वह क्या है जो उसे विश्वास दिलाता है कि मन की दशाओं के परे वास्तविक *क* या *ख* का ही एकमात्र यथार्थ रहता है ? यहाँ पर अब तक साथी की तरह चलने वाली धार्मिक और वैज्ञानिक भावना का

---

80. Introduction to Jnana Yoga, Vol VI, p.41.

81. Vedanta Philosophy पर मार्च 25, 1896 को हार्वर्ड में दिया गया भाषण एवं Introduction to Jnana Yoga.

82. लंदन में दिया गया भाषण Maya, 11 Oct- 1896 Maya and the Evolution of the Conception of God.

विभाजन बिंदु स्पष्ट है । यहां भी, अलग रास्ता पकड़ने पर भी वह एक दूसरे के बहुत करीब हैं । धर्म और विज्ञान के लक्ष्यों में क्या निहित है ? एकता की खोज — चाहे उसका कैसा ही स्वभाव हो, मन द्वारा वह अस्थाई रूप से अपने में अनकही श्रद्धा द्वारा एक ऐसी उर्वर परिकल्पना निर्धारित करने में सफल होगी जो तत्काल देखी जा सके, निश्चित रूप से स्वीकार हो सके । और ऐसी तीव्र अंतर्दृष्टि दे जो समस्त भावी खोज को आलोकित कर सके । क्या तुम नहीं देखते कि विज्ञान किधर जा रहा है? हिन्दू राष्ट्र मन तत्वमीमांसा और तर्कशास्त्र के अध्ययन द्वारा आगे बढ़ा । योरोपीय राष्ट्र बाह्य प्रकृति से शुरू करते हैं और अब भी उन्हीं परिणामों पर पहुँच रहे हैं । हम देखते हैं कि मन के माध्यम से खोजते हुए हम प्रत्येक वस्तु की अंतरात्मा, सब वस्तुओं की वास्तविकता, उस सार्वभौम एकता पर आ जाते हैं ... भौतिक विज्ञान द्वारा भी हम उसी एकता पर पँहुचते हैं ।[83]

विज्ञान एकता को खोजने के अलावा कुछ नहीं है । जैसे ही विज्ञान पूर्ण एकता पर पहुँचेगा, उसकी और प्रगति रुक जायेगी क्योंकि वह अपने लक्ष्य पर पहुँच गया होगा । इस प्रकार रसायनशास्त्र जब एक ऐसा तत्व खोज लेगा जिससे सब अन्य तत्व बनाए जा सकते हैं तो वह भी आगे नहीं बढ़ेगा ; भौतिक शास्त्र रुक जायेगा जब वह एक ऐसी ऊर्जा खोज लेगा, जिसकी अन्य सब ऊर्जाएं मात्र अभिव्यक्तियां होंगी और धर्म का विज्ञान भी पूर्णता प्राप्त कर लेगा जब वह उसे खोज लेगा जो मृत्यु के ब्रह्मांड में एकमात्र जीवन है । धर्म इससे आगे नहीं जा सकता । यह सब विज्ञान का लक्ष्य है ।[84]

एकता एक आवश्यक परिकल्पना है जिस पर विज्ञान की रचनाएं आधारित हैं । धर्म के विज्ञान में इस कल्पित मूल एकता का मूल्य निरपेक्ष (Absolute) है ।[85] ज्ञानयोग का कार्य सीमित का अनुसंधान कर और अंतर्ग्रथित क्षणभंगुर मकड़ी के परस्पर संग्रथित जालों के वृत्तांशों को अलग कर असीम से जोड़ना है ।

किंतु इस मन के जाल में भारत का धार्मिक पंडित योरोपीय बुद्धिवादियों द्वारा स्वीकृत एकमात्र पद्धति से अलग हो जाता है । अपनी इन्द्रियों और परम सत्ता के बीच के बंधनों को काटने के लिए वह अपनी काया को नए प्रकार के अनुभवों के लिए तैयार करता है । पाश्चात्य विज्ञान द्वारा इसे कभी प्रोत्साहन नहीं दिया गया । भारतीय के लिए यह सच्चे अर्थों में धार्मिक अनुभव है ।

---

83. Complete Works Vol II p.140
84. Complete Works Vol I p.14-15
85. Speeches on Maya : The Absolute and Manifestation.

अभी ईंटों की बात कही जिससे बुद्धि को घर बनाना है । भारत के योगी की ये ईंटें हमारी कार्यशालाओं में बेकार पड़ी हुई हैं । पाश्चात्य विज्ञान प्रयोग और तर्क से बढ़ता है । बाह्य स्वभाव या अपने मन संदर्भ में वह सापेक्षता के चक्र से बाहर आने का प्रयास नहीं करता । दृश्य प्रपंच के केंद्र की एकता संबंधी उसकी परिकल्पना शून्य में लटकी हुई है । जहाँ तक अस्थायी पूर्वस्थापना का प्रश्न है इसमें अधिक सार नहीं है, यद्यपि तर्क और तथ्य को जोड़ने वाली श्रृंखला के रूप में यह महत्वपूर्ण कड़ी है । किंतु जब तक कील टिकी रहती है तब तक कोई इसकी तरफ दृष्टि ही नहीं उठाता कि वह किस पर टिकी है ।

वेदांती ऋषि पाश्चात्य विज्ञान के भविष्य कथन के साहस और उसके कार्य के प्रति ईमानदारी की प्रशंसा करता है, किंतु वह इस कथन में विश्वास नहीं करता कि उसकी पद्धतियों से उस एकता को प्राप्त नहीं किया सकता जो उसके लिए अनिवार्य है ।[86] उसको लगता है कि पाश्चात्य धर्म अपने देवताओं की मानवतारोपित कल्पना से अपने को मुक्त नहीं कर सकते ।[87] विज्ञान मानवीय मन के सार की यथार्थता से ऊपर अपने को नहीं उठा सकता[88] किंतु वह ब्रह्मांड जो सब ब्रह्मांडों को अपने में समाविष्ट करता है, उसे

---

86. वह कदाचित गलत है । विज्ञान ने अपना अंतिम शब्द नहीं कहा है । आइंस्टीन विवेकानन्द के बाद आए । उन्होंने कभी "अनुभवातीत बहुलवाद" नहीं देखा, जिसके छिपे कण युद्धों और क्रांतियों से उभर कर आ रहे हैं । मिलाइए Boris Yokowensko : Vom Wesen des Pluralismus (1928) जिसने एच. रिकर्ट का "सम्पूर्ण केवल अपनी विविधता में ही समझा जा सकता है," इन शब्दों को उद्घोष के रूप में लिया है ।

87. यहाँ वह बिल्कुल गलत है । दुर्भाग्य से भारतीय वेदांत महान ईसाई रहस्यवाद के गहन अर्थों से अनभिज्ञ है, जो उच्चतम वेदांत की भांति लोकप्रिय मानवीकरण के प्रमुख चित्रों और रूपों की सीमाओं को अतिक्रांत कर जाता है । किंतु यह डर है कि दूसरे दर्जे के ईसाई उपदेशकों जिनसे उनका परिचय हुआ, वे प्रायः उससे अनभिज्ञ थे ।

88. ऐसा नहीं लगता कि विवेकानन्द आधुनिक विज्ञान की उच्च कल्पनाओं से, या अनेक आयामों के गणित, गैर-युक्लिडी ज्यामिति "अनन्त के तर्क" और ज्ञान की मीमांसा, केंटोरियनों के "विज्ञान का विज्ञान" से अवगत थे जो हमें बताता है कि "विज्ञान क्या होगा यदि विज्ञान न होता।" किंतु यह संभव है कि वे उन्हें किसी तरह धर्म के विज्ञान में बदलने का प्रयास करते । वास्तव में मैं उनमें अपने से अज्ञात धर्म के दीप्तिकण, आधुनिक पाश्चात्य श्रद्धा की जीवंत दीप शिखा देख सकता हूँ । यह स्मरण रखना चाहिए कि वैज्ञानिक चिंतन वास्तव में विज्ञान नहीं है, जिसे स्वीकार करने से पहले प्रयोग और अवलोकन के प्रत्येक सत्य को दर्शाना

पाना चाहिए । इस समस्या का समाधान nescio quid उस समान तत्व की खोज है जो सम्पूर्ण ब्रह्मांड, निम्न और उच्च जगतों की समान संपत्ति है । भारत के प्राचीन विचारकों ने घोषित किया कि केन्द्र से वे जितने दूर गये उतना अधिक विभेद बढ़ा और वे केन्द्र के जितने पास गये, उन्होंने एकता से समीपता पाई । "बाह्य जगत केन्द्र से बहुत दूर है, इसलिए इसमें कोई समान आधार नहीं है जहाँ अस्तित्व की समस्त घटनाएँ मिल सकें ।" बाह्य जगत के अलावा अन्य घटनाएँ भी हैं : मानसिक, नैतिक, बौद्धिक घटनाएं । अस्तित्व के अनेक स्तर हैं । यदि एक को खोजा जाये, तो सम्पूर्ण को नहीं बताया जा सकता । आवश्यक शर्त है कि केन्द्र को प्राप्त किया जाये, जहाँ से अस्तित्व के अन्य सब स्तर शुरू होते हैं । यह केन्द्र हमारे अन्दर है । अपनी खोजों के पथ पर प्राचीन वेदांतियों ने पाया कि आत्मा का अंतरतम केन्द्र बिंदु सम्पूर्ण ब्रह्मांड का केन्द्र है ।[89] इसलिए उस तक पहुँचना चाहिए । सब व्यवधानों एवं आवरणों को भेद कर इस स्रोत को खोजना, देखना, छूना चाहिए । हिन्दू धर्म में यही धर्म का सच्चा कार्य है और जैसा हम देख चुके हैं, यह यथार्थ का प्रश्न है । विवेकानन्द ने यहाँ तक लिखने का साहस किया , "बिना अनुभव किए न विश्वास करना ही बेहतर है," (अर्थात् बिना देखे और प्रयोग किए) । यहाँ उनके धर्म से विचित्र वैज्ञानिक आवश्यकता स्पष्ट उभर कर आती है ।

चाहिए । रोलाँ स्वयं कहते हैं कि वास्तविक वैज्ञानिक तथ्यों के बजाय, ये काल्पनिक उड़ानें हैं । अति-चेतन और अनुभवातीत सत्यों की वैज्ञानिक परीक्षा नहीं हो सकती । यही विज्ञान की निहित कमी है । — प्रकाशक ।

89. ज्ञान-योग "अनुभव" (अक्टूबर 29, 1896) विवेकानन्द ने यहाँ कठोपनिषद् का सामान्य विवेचन दिया है, विशेषकर सत्यान्वेषी नचिकेता की कथा जहाँ वह मृत्यु के सुंदर देवता यम से वार्तालाप कर रहा है ।

ईसाई रहस्यवाद ने भी ऐसी ही खोज की । यह आत्मा का गहनतम आधार है । महान टौलर ने बताया कि इसे कभी धरती, कभी आत्मा की चोटी कहते हैं, "आत्मा अपनी गंभीरता में ईश्वर से मिलती है और उसके निकट है ... आत्मा की इस गहनतम, अंतरतम, अत्यंत गोपनीय गहराई में मूलतः, वस्तुतः, पूर्णतः ईश्वर वास करता है ।"

और ईश्वर से सम्पूर्ण ब्रह्मांड का अभिप्राय है ।

"सैलेसियाई जे. पी. कामू लिखता है, "(आत्मा के) इस केन्द्र का विशेष गुण है शक्तियों के सब कर्म को शानदार तरीके से इकट्ठा करना और उन्हें वह प्रेरणा देना, जो प्रथम प्रेरक शक्ति ने अपने से निम्न को दी थी" ।

यह विशिष्ट विज्ञान विशेष अनुभवातीत प्रयोगों को करने का दावा भी करता है ।

विवेकानन्द कहते हैं, "धर्म इन्द्रियों की सीमितताओं को अतिक्रांत करने के संघर्ष से आगे बढ़ता है ।" इसे वहाँ अपने "असली बीज" को खोजना चाहिए ।"[90]

सब संगठित धर्मों के संस्थापक ... ऐसी मनः स्थितियों में गये हैं, जहाँ वे आध्यात्मिक जगत से संबंधित नये तथ्यों के नये क्रम के आमने-सामने आये ।[91] इस प्रकार सभी धर्मो द्वारा एक आश्चर्यजनक वक्तव्य दिया गया : कि मानव मन कुछ क्षणों में केवल इन्द्रियों की ही नहीं, तर्क शक्ति की सीमितताओं को भी लांघ जाता है । और तब उसके सामने ऐसे तथ्य आते हैं जो इन्द्रियों और तर्क के क्षेत्र से बाहर हैं ।[92]

---

90. Jnana-Yoga : The Necessity of Religion" (लंदन में दिया गया भाषण) विवेकानन्द ने कल्पना की कि इस गवेषणा की प्रथम प्रेरणा मनुष्य को स्वप्नों द्वारा मिली जिसने उसे अमरता की पहली अस्तव्यस्त धारणा संप्रेषित की । "मनुष्य ने पाया कि स्वप्नावस्था में मनुष्य का नया अस्तित्व नहीं रहता ... लेकिन इस समय तक खोज शुरू हो चुकी थी ... और उन्होंने गहराई से मन की विभिन्न अवस्थाओं की खोज जारी रखी तथा जागने या स्वप्न देखने से उच्चतर अवस्थाओं को खोजा ।"

91. वहीं विवेकानन्द ने जोड़ा, "बौद्धधर्मी इसके अपवाद हैं ... किंतु बौद्धों ने अटल नैतिक नियम पाया, और वह नैतिक नियम हमारे तर्क से नहीं निकला था, किंतु बुद्ध ने उसे अतीन्द्रिय अवस्था में पाया, खोजा ।"

92. यह दृष्टव्य है कि विवेकानन्द के बाद अरविन्द घोष एक कदम आगे गये और उन्होंने वैज्ञानिक मन की प्रक्रिया में अंतर्दृष्टि (Intuition) को रखा ।

"व्यवहारिक तर्क की कमी है प्रत्यक्ष तथ्य पर अत्यधिक आश्रितता जिसकी वास्तविकता वह तुरंत जाँच सकता है, और उसमें इस साहस की कमी है जो संभावनाओं के गहनतम तथ्यों को उनके तार्किक निष्कर्ष पर ले जा सके। यह उसी प्रकार पूर्ववर्ती संभावनाओं की अनुभूति है, जिस प्रकार वर्तमान संभावना परवर्ती अनुभूति की पहचान है ।" (The Life Divine) अंतर्दृष्टि हमारी मानसिक क्रियाओं के पीछे ढकी रहती है । अंतर्दृष्टि अज्ञात से उन शानदार संवादों को लाती है जो उच्चतर चेतना का मात्र प्रारंभ है । युक्तियुक्त तर्क, बाद में यह देखने आता है कि वह इस समृद्ध फसल से क्या लाभ उठा सकता है । हम जो कुछ जानते हैं और लगते हैं, उसके पीछे और आगे जो कुछ है, अंतर्दृष्टि उसका अंदाज हमें देती है ; यह हमें अपने अल्प विकासित तर्क और सामान्य अनुभव से विरोध में दीखती है, और यह हमें ईश्वर के सकारात्मक विचारों की अमरता इत्यादि के अपूर्व दृश्यों को सम्मिलित करने की ओर धकेलती है, तथा हम ईश्वर को मन में समझने के लिए उसका उपयोग करते हैं ।"

सहज ही इन तथ्यों को बिना देखे और सिद्ध किए हम उन पर विश्वास नहीं करते । यदि हम इस विषय में स्वस्थ संकोच रखें, तो हमारे हिन्दू मित्रों को आश्चर्य नहीं होगा । हम वैज्ञानिक संदेह के उनके ही नियम का पालन करेंगे "अगर तुमने नहीं छुआ है, तो विश्वास मत करो ।"

और विवेकानन्द ने वैज्ञानिक नियम प्रतिपादित किया कि यदि ज्ञान की किसी शाखा में एक अनुभव पहले हुआ, तो उसे बाद में दोहराना संभव होना चाहिए । ईश्वर प्रेरित व्यक्ति को यह दावा करने का विशेष अधिकार नहीं है कि उसे दोहराया नहीं जा सकता । इस तरह कुछ सत्य (उच्चतर स्तर के) कुछ चुने हुए लोगों के धार्मिक अनुभव का फल है, तो इन धार्मिक अनुभवों को अवश्य पुनर्घटित होना चाहिए । राज-योग के विज्ञान का लक्ष्य इसे प्रयोगात्मक क्षेत्र में ले जाना है ।[93] उसके लिए मैंने गवेषणा की

इस तरह अंतर्दृष्टि रसद प्रबंधक और मन के गुप्तचर का काम करती है, जबकि तर्क पीछे खड़ी सेना है । विवेकानन्द के दृष्टांत की भांति वे दो मंजिलों के बीच किसी छत से अलग नहीं हैं । एक तरंग या ज्ञान की नियंत्रित लहरों की निरंतरता है । विज्ञान की सीमाएं तिरोहित हो गयी हैं। ईश्वर अमरत्व इत्यादि के जिन विचारों को वास्तव में धर्म कहा जाता है वे अरविन्द की व्याख्या में साधन से अधिक कुछ नहीं हैं । इनके माध्यम से आत्मा वास्तविकता के सुदूर जीवन को अभिव्यक्त करती है, जो आज तो युक्तियुक्त तर्क से पहले है, पर जिसे तर्क कल पायेगा ।

"जीवंत" और "जीवंत सम्पूर्ण" की इस कल्पना में भारत का मन यहाँ तक पहुँचा है, जिसमें धार्मिक अंतर्दृष्टि को विज्ञान की कठोर सीमा में सम्मिलित कर लिया गया है ।

स्वामी विवेकानन्द अति-चेतन अवस्थाओं का जिक्र करते हैं जिनमें व्यक्ति उन सत्यों और वास्तविकताओं का अनुभव करता है, जिन्हें अपनी इन्द्रियों और न ही तर्क से वह देख तथा कल्पित कर सकता है । अरविन्द भी इससे इनकार नहीं करेंगे । इन अनुभवों के परवर्ती क्रमबद्ध प्रस्तुतीकरण में स्वामीजी ने बारम्बार कहा कि अति-चेतन अनुभव तर्क के विरुद्ध नहीं हैं । वास्तव में सम्पूर्ण वेदांत दर्शन अति-चेतन अनुभवों का युक्तिकरण है । किंतु कोई सामान्य जीवन से बंधे रहकर अति-चेतन के अपरोक्ष अनुभव की आशा नहीं कर सकता । यह बाधा बराबर बनी रहेगी जब तक मनुष्य सामान्य चेतन बोध की क्षमता लेकर न जन्मे । — प्रकाशक

93. हृदय कमल या मस्तिष्क के केन्द्र पर मन को एकाग्र करना धारणा कहाता है । एक स्थान पर सीमित, उस स्थान को आधार बना कर, एक विशिष्ट प्रकार की तरंगें उठती हैं, वे धीरे धीरे प्रमुख बन जाती हैं क्योंकि अन्य प्रकार की तरंगों द्वारा नहीं निगली जातीं । अन्य तरंगें पीछे हट जाती हैं, इन तरंगों की बहुलता एकता को जन्म देती है और केवल एक तरंग रह जाती है, यह ध्यान है । जब किसी आधार की जरूरत नहीं रहती, जब सम्पूर्ण मन एक तरंग बन जाता है,

उपरोक्त सारणी दी है । मैं मुक्त और दृढ़ तर्क की अपील करता हूँ । मेरा कोई कुटिल उद्देश्य नहीं कि योरोप पर "प्रबुद्धों" के नये पंथ को खुला छोडूं । किंतु जो अन्वेषण के पथ पर विश्वास रखते हैं उन्हें अज्ञान, उदासीनता, तिरस्कार, पूर्वाग्रह के कारण गवेषणा के इस मार्ग को बिना खोजे नहीं छोड़ना चाहिए । उत्सुकतावश मैंने बौद्धिक प्रक्रिया का पुरातन संक्षेप दिया है, किंतु मैं नहीं चाहूँगा कि कोई बिना सोचे-विचारे इन्हें माने, क्योंकि उच्च आंतरिक तनाव के ये अभ्यास खतरे से खाली नहीं हैं । भारतीय गुरुओं ने उश्रृंखल अभ्यासियों को सावधान किया है । मैं मानता हूँ युद्धोत्तर योरोप में तर्क बहुत कमजोर है, और जो कुछ बचा है उसे असामान्य विकृतियों से बचाना चाहिए — जब तक कि वैज्ञानिक इच्छा शक्ति उसके प्रभावों पर नियंत्रण नहीं करती । इस पंथ के अवलोकनकर्ताओं के प्रत्येक व्यक्ति के लिए इस आत्म-शिक्षा का मार्ग खुला हुआ है । किंतु यहाँ मैं इन टिप्पणियों को अंतिम निष्कर्ष देना चाहता हूँ कि उच्चतर स्तर के सभी संगठित धर्मों में, जब अमूर्त आध्यात्मिक तथ्य खोज और देख लिए जाते हैं, फिर उन्हें एक एकता में या ईश्वर कहाने वाले एक अमूर्त व्यक्तित्व में, एक नैतिक नियम की सर्वव्यापी सत्ता में या प्रत्येक अस्तित्व में अंतर्निहित अमूर्त सार की अमूर्त उपस्थिति के रूप में घनीभूत किया जाता है ।[94]

इस अंतिम रूप में जो अद्वैत वेदांत का है, हम अपने को विशुद्ध विज्ञान के लक्ष्य के इतने समीप पाते हैं कि उनमें भेद करना कठिन है । मुख्य अंतर है उस अंदाज का जिससे धावक मंजिल पर पहुँचते हैं । विज्ञान अपने चिंतन की अवस्थाओं के काल्पनिक नाम रूप में एकता को स्वीकार करता और देखता है, उन्हें सही आधार देता है और उन्हें समायोजित करता है । योग एकता का आलिंगन करता है और उससे बेल की तरह ढक जाता है । किंतु उसके आध्यात्मिक परिणाम व्यवहारतः एक समान हैं । आधुनिक विज्ञान और दार्शनिक अद्वैत इस निष्कर्ष पर पहुँचते हैं कि "वस्तुओं की व्याख्याएं उनकी अपनी प्रकृति में मिल जाती हैं, और ब्रह्मांड में जो कुछ हो रहा है उसे समझने के लिए किसी बाहरी प्राणि या सत्ता की जरूरत नहीं ।" इसी सिद्धांत का उप-परिणाम है कि "प्रत्येक

तब यही एकरूपता समाधि कहलाती है । उस स्थिति में सब स्थानों और केन्द्रों से पृथक केवल विचार का अर्थ रहता है (अर्थात् अवरोधन का, आंतरिक अंशकर्ता जिसका केवल परिणाम रहता है) यदि मन को बारह सेकेंड तक केंद्र पर एकाग्र किया जाये तो वह धारणा है । बारहं ऐसी धारणाएँ ध्यान हैं, और बारह ऐसे ध्यान समाधि होंगे ।" यह आत्मा का पूर्ण आनन्द है । (Raj Yoga Ch. VIII—कूर्म पुराण का संक्षेप)

94. Jnana Yoga : "The Necessity of Religion"

वस्तु अन्दर से आती है, यही विकासवाद का आधुनिक नियम है।" विकासवाद का सीधा सम्पूर्ण अर्थ है कि वस्तुओं का स्वभाव अपने विकास में दोहराया जाता है, कि कर्म कुछ नहीं है बल्कि वह एक दूसरे रूप में कारण है, कि कार्य की समस्त संभावनाएं कारण में विद्यमान थीं, कि समस्त सृष्टि न होकर मात्र उद्विकास है।[95]

विवेकानन्द प्रायः आधुनिक विकासवाद के सिद्धांत और प्राचीन तत्व-मीमांसा और वेदांती विश्वोत्पत्ति के सिद्धांतों के बीच घनिष्ट संबंध का आग्रह करते हैं।[96]

किंतु विकासवादी पूर्वकल्पना और हिन्दू पूर्वकल्पना में यह बुनियादी अंतर है : दूसरी की तुलना में पहली सम्पूर्ण इमारत का एक खंड है और प्रतिमूर्ति (या सहारे) के रूप में वेदांत में वही प्रत्यावर्तन (involution) है जो स्वयं वेदांत में है। सब हिन्दू सिद्धांत चक्रों के सिद्धांत पर आधारित हैं। प्रगति क्रमिक तरंगों के समूह के रूप में प्रकट होती है। प्रत्येक तरंग उठती और गिरती है, और एक तरंग के पीछे दूसरी तरंग होती है, जो अपनी बारी पर उठती-गिरती है,

"आधुनिक गवेषणाओं के आधार पर भी मनुष्य मात्र उद्विकास नहीं है। प्रत्येक विकासवाद में प्रत्यावर्तन पूर्व-कल्पित है। आधुनिक वैज्ञानिक मनुष्य तुम्हें बताएगा कि तुम एक मशीन से उतनी ही ऊर्जा प्राप्त कर सकते हो जितनी कि तुमने उसके अन्दर डाली है। "कुछ नहीं" से "कुछ" पैदा नहीं किया जा सकता। यदि मनुष्य मोलस्क (Mollusc) से विकसित हुआ है, तब पूर्ण मानव, बुद्ध मानव, ईसा मानव मोलस्क में विद्यमान था ... इस प्रकार आधुनिक प्रकाश से धर्मशास्त्रों की स्थिति के बीच समन्वय स्थापित कर सकते हैं।

"ऊर्जा जो धीरे धीरे विभिन्न अवस्थाओं में प्रकट होती है, जब तक पूर्ण मनुष्य नहीं बन जाती, 'कुछ नहीं' से नहीं आ सकती। यह कहीं विद्यमान थी और यदि ... जीव-द्रव्य वह पहला बिंदु है जहाँ तुम उसे पाते हो, तो इस जीव-द्रव्य में ऊर्जा रही होगी।"[97]

---

95. Complete Works, Vol I, p.372.

96. वेदांत पर अपने भाषण "Replies to Questions," में उन्होंने विकासवाद, और प्राचीन सृष्टि उत्पत्ति के सिद्धांत के बीच मेल स्थापित करने का प्रयास किया, या अधिक यथार्थ रूप में यह प्राण (आदि शक्ति) आकाश (आदि पदार्थ) पर क्रिया का आरोपण है, इसके परे महत् (अंतरिक्ष मन) है जिसमें दोनों पुनः मिल सकते हैं। उन्होंने पतंजलि की प्रसिद्ध टीकाओं को उद्धृत किया कि एक सत्ता दूसरे प्रकार की सत्ता में "प्रकृति को भर कर" परिवर्तित हो सकती है।

97. ज्ञानयोग के अपने एक भाषण ("अनुभूति", अक्तूबर (29, 1896) में उन्होंने इस विकासवाद और प्रत्यावर्तन को एक भयंकर रूप दिया जो वेल्स के विरोधात्मक विकासवाद

उनके बीच विवाद बेकार है जो यह दावा करते हैं कि उन तत्वों का योग जिसे हम शरीर कहते हैं, उस शक्ति की अभिव्यक्ति का कारण है जिसे हम आत्मा कहते हैं और वे जो कहते हैं कि आत्मा ही शरीर का कारण है, उनसे कुछ स्पष्ट नहीं होता । ''यह शक्ति कहाँ से आई जो इन मेलों का स्रोत है जिन्हें हम आत्मा या शरीर कहते हैं ? ... यह कहना अधिक तर्कसंगत है कि वह शक्ति जो पदार्थ को लेकर शरीर बनाती है, वही है जो शरीर द्वारा प्रकट होती है । ... यह प्रदर्शित करना संभव है कि जिसे हम पदार्थ कहते हैं, उसका अस्तित्व नहीं है । यह मात्र शक्ति की एक स्थिति है। वह कौन सी शक्ति है जो शरीर द्वारा प्रकट होती है ? ... प्राचीन समय में सब पुराने शास्त्रों में इस शक्ति को, इस शक्ति की अभिव्यक्ति को एक चमकदार तत्व माना जाता था जो इस शरीर के रूप में होती थी और जो इस शरीर के नष्ट हो जाने के बाद भी रहती थी। बाद में उच्चतर विचार को आते देखते हैं— कि यह चमकदार शरीर शक्ति का प्रतिनिधित्व नहीं करता। जो कुछ साकार है ... उसे कुछ और चाहिए ... इसलिए वह कुछ आत्मा कहलाया —एक सर्वव्यापी, अनंत ।''[98]

किंतु कैसे ससीम असीम बना ? महान तत्वमीमांसीय समस्या[99] जिसमें सदियों की प्रतिभाएँ बारम्बार गिरती हुई पाड़ लगाती रहीं ! क्योंकि असीम की कल्पना, और उसे छूना, मात्र शुरूआत है । इसे अंततः उससे जुड़ना है, जो इसकी परिभाषानुसार वह कभी नहीं कर सकता । इस दिशा में ईसाई तत्वमीमांसक[100] इस कार्य के लिये बुद्धि, व्यवस्था और स्वरसंगति की स्थापत्य प्रतिभा को काम में लाए जो उनके सहयोगियों के समान थी, जो हमारे कैथिडरलों के महान निर्माता थे । उनकी शानदार इमारतें मुझे हिन्दू

से मिलता है : ''यदि हम पशुओं से उद्विकसित हुए हैं, पशु भी पतित मनुष्य होने चाहिए । तुम कैसे जानते हो कि ऐसा नहीं है ? तुम कायाओं के क्रम को क्रमशः ऊपर उठते देखते हो । किंतु तुम कैसे आग्रहपूर्वक कह सकते हो कि यह नीचे से ऊपर ही होता है, ऊपर से नीचे की दिशा में नहीं ? ... मैं मानता हूँ ऊपर-नीचे जाने का क्रम चलता रहता है ।'' गेटे के कुछ शब्द इस नये विचार को रंग देते हैं, जिनकी गूंज उनमें सुनाई दी, जिनसे वे अवगत थे, पर जिन्हें उन्होंने क्रोध और भय से ठुकराया ।

98. Jnana Yoga II "The Real Nature of Man" (लंदन में दिया गया भाषण)

99. गणित की भी (मिलाइए H. Poincare Derniers Pensees)

100. यहाँ भी गोथिक मेहराब असीम और ससीम का फैलाव लगता है, पूर्व के अलेक्ज़ेंडरिया से प्लाटिनस और एरिपोजाइट द्वारा लिया गया ।

तत्वमीमांसीय कृतियों से अधिक श्रेष्ठ लगती हैं । (यद्यपि इस बात पर निश्चितता नहीं हो सकती) जैसे योरोप के शातरे और आमीन कैथिडरल । मदुरा के मन्दिर इनकी तुलना में पत्थर की मूर्तियों के पहाड़ लगते हैं, जिन्हें चींटियों के ढूह की तरह ढेर लगा दिया गया है।(किंतु प्रकृति के दो फलों में जो समान रूप से विशाल हैं, उच्च और निम्न का प्रश्न नहीं उठता क्योंकि दोनों भिन्न मानसिक जलवायु से उत्पन्न नियमों की अभिव्यक्ति हैं ।)

भारत का उत्तर एक हिन्दू रहस्यमय व्यक्ति का है — माया । आध्यात्म के नियमों को माया के परदे से संप्रेषित कर ''असीम'' ''ससीम'' बन गया । माया उसका परदा, उसके नियम और भावना एक प्रकार से दृश्य प्रपंच में घुली हुई ''परम सत्ता का पतन है ।'' इच्छा शक्ति इसमें एक अवस्था ऊपर है, यद्यपि उसे वह सम्मान का स्थान नहीं देते, जो शोपनहार ने उसे दिया ।[101] वह इसे परमसत्ता के किनारे रखते हैं । वह द्वार का रक्षक है। यह वास्तविक अहं का मिश्रण है, इस पार के कार्य-कारण और मन के परे है। कोई भी मिश्रण स्थाई नहीं है। जीवित रहने की इच्छा में मृत्यु निहित है। अतः "अमर-जीवन" शब्द परस्पर विरोधी शब्द हैं। वास्तविक अनादि, अनंत सत्ता और मृत्यु के परे है।

किंतु कैसे यह निरपेक्ष सत्ता इच्छा मन और सापेक्ष से मिल गई ? विवेकानन्द वेदांत से उत्तर देते हैं : ''यह कभी मिश्रित नहीं हुई है । तुम यह निरपेक्ष सत्ता हो । तुम कभी नहीं बदले हो । जो कुछ बदलता है माया है, मेरे और तुम्हारे बीच परदा पड़ा हुआ है ।'' और जीवन का, व्यक्तिगत जीवन का, पीढ़ीयों जीवन का, समस्त मानव विकास का, और प्रकृति के निम्नतम अस्तित्व के प्रारंभ से निरंतर उत्थान का एकमात्र उद्देश्य धीरे-धीरे परदे को हटाना है । मन का प्रथम आलोक एक छोटा छिद्र बनाता है जिसमें से निरपेक्ष सत्ता की झलक छनकर आती है । जैसे मन बढ़ता है, छिद्र बढ़ता है, यद्यपि यह कहना सच नहीं कि आज की तुलना में इससे जो कल दीखेगा वह अधिक सत्य या वास्तविक है । (यह सभी बराबर वास्तविक है) जब तक कि सारा परदा नहीं खो जाता और निरपेक्ष सत्ता के अलावा कुछ नहीं बच रहता तब तक प्रत्येक दिन अधिक चौड़ा पथ नापा जाता है ।

''हठीले शरीर के शोर शांत हो जाते हैं,
डींग हांकनेवाले मन की उथल-पुथल चुप होजाती है,
हृदय के बंधन ढीले हो मुक्त हो जाते हैं,
बाँधने वाले बंधन खुल जाते हैं,
आसक्ति और भ्रम अब नहीं ।

---

101. Introduction to Jnana-Yoga, Vol VI of Complete Works p.41 और बाद में ।

वहाँ से आती है मधुर ध्वनि
गूंज का शून्य सच में तेरी आवाज ।[102]
उस आह्वान पर आत्मा जाग उठती है ...

जब उन्हें यह बताया जाता है लोग डर जाते हैं । "यह एक असीम उन्हें डुबा देगा । वे बारम्बार तुमसे पूछेंगे कि क्या वे अपनी वैयक्तिकता को बचा कर नहीं रखेंगे । मैं यह देखना चाहूंगा ।" प्रत्येक वस्तु चलायमान है, प्रत्येक वस्तु बदलती है ... । मार्ग के आखिर के अलावा "कहीं वैयक्तिकता बाकी नहीं है । हम अभी तक व्यक्ति नहीं हैं । हम वैयक्तिकता के लिए संघर्ष कर रहे हैं : और वह असीम है, हमारा सच्चा स्वभाव है ।[103] वही रहता है जिसका जीवन सम्पूर्ण ब्रह्मांड है, जितना अधिक ससीम वस्तुओं पर अपने को केन्द्रित करते हैं, उतनी तेजी से मृत्यु की ओर जाते हैं । उन्हीं क्षणों में हम रहते हैं जब हमारा जीवन ब्रह्मांड में है, दूसरों में है । इस क्षुद्र जीवन में रहना मृत्यु है, मात्र मृत्यु है और इसलिए मृत्यु का भय आता है । मृत्यु के भय को तभी जीता जा सकता है, जब मनुष्य अनुभव करे कि जब तक ब्रह्मांड में एक भी जीवन है, वह जीवित है ... स्पष्ट है कि मनुष्य इस अभिव्यक्ति का संघर्ष है, इस वैयक्तिकता को प्रकट करना है, जो परे है ... ।"

यह संघर्ष प्रकृति के उद्विकास से प्राप्त होता है जो हमें कदम कदम पर निरपेक्ष सत्ता के प्रकटीकरण की ओर ले जाता है ।[104] किंतु विकासवाद के सिद्धांत में एक संशोधन जोड़ना जरूरी है ।

---

102. विवेकानन्द के बंगला भजन की पक्तियाँ : एक गान जो में गाता हूँ तेरे लिए, Complete Works Vol IV, p. 511

103. यही घोषणा ईसाई रहस्यवाद करता है, जब वह उन्हें आश्वस्त करता है जो अनस्तित्व वैयक्तिकता के विचार से भयाक्रांत होते हैं । अपनी सुन्दर शैली में डोमनिकन शार्डोन ने लिखा :

दिव्य प्रेम जीव को ईश्वर में इस प्रकार रूपांतरित करता है कि वह पूजित सत्ता में डूब जाता है, दिव्य पूर्णता की गहराई में, फिर भी जीव अपनी सत्ता को नहीं खो देता । किंतु वह अपना अस्तित्व खो देता है और पानी की बूँद की तरह समुद्र में मिलकर डूब जाता है, वह कम होने का भय त्याग देता है ... वह दिव्य सत्ता को ईश्वर की सत्ता में ले लेता है ... डूब जाता है । एक स्पंज की तरह जो पूरी तरह पानी से भर गया है, समुद्र के वक्ष पर तैर रहा है, जिसके सब आयाम, ऊंचाई, गहराई, लम्बाई, चौड़ाई असीम हैं ..." (La-croix de Jesus 1947) मिलाइए Bremond : Metaphysique des Saints, II p.46-47 ।

104. Jnana-Yoga II "The Real Nature of Man".

विवेकानन्द ने इसे पतंजलि के "प्रकृति के भरने" के सिद्धांत से लिया ।[105] जीने के लिए संघर्ष, अस्तित्व के लिए संघर्ष और प्राकृतिक चुनाव प्रकृति के निम्न स्तरों पर पूरी और कठोर तरह लागू होते हैं, जहाँ वे जीवों के उद्विकास में निर्णायक काम करते हैं । किंतु अगली अवस्था में जो मानवीय अवस्था है, संघर्ष और प्रतियोगिता प्रगति में योगदान देने के बजाय प्रतिगामी हैं । विशुद्ध वेदांत के अनुसार, प्रगति का लक्ष्य पूर्ण तृप्ति है, मनुष्य में निहित वास्तविक स्वभाव होने के कारण, कुछ बाधाओं को छोड़ कोई भी उसे वहाँ तक पहुँचने से नहीं रोक सकता । यदि वह सफलतापूर्वक उनसे बच सकता है, उसका उच्चतम स्वभाव तुरंत प्रकट होगा । और मनुष्य की यह विजय, शिक्षा से, आत्म संयम से, ध्यान और एकाग्रता से और सब से अधिक त्याग और बलिदान से प्राप्त होती है । जो उपलब्ध कर चुके हैं, वे ही महानतम ऋषि, ईश्वर-पुत्र हैं । इस प्रकार हिंदू सिद्धांत जो वैज्ञानिक विकासवाद के सामान्य नियम का सम्मान करता है, वह मानवीय आत्मा की हजारों वर्षों के धीमे उत्थान की संभावना से बचकर, बड़े पंख फैलाकर सीढ़ी के शिखर पर उड़ान भर कर भागने का मौका देता है ।[106] इसलिए इसका

---

105. डार्विनवाद पर चर्चा करते हुए विवेकानन्द ने ये विचार कलकत्ता में 1898 के अंत में रखे (The Life of Swami Vivekananda. ch XXXIV)

106. जिस शाम को विवेकानन्द ने कलकत्ता चिड़ियाघर के अधीक्षक के सामने यह वक्तव्य दिया वह इससे बहुत प्रभावित हुआ । उसने पुनः बलराम के घर अन्य मित्रों के सामने इसकी चर्चा की । उनसे पूछा गया कि क्या सच्चा डार्विनवाद केवल वनस्पतियों और पशु-पक्षियों पर ही लागू होता है और मानवों पर नहीं, और यदि ऐसा है तो उन्होंने अपने भाषणों के अभियान में क्यों भारतीयों की भौतिक अवस्था को सुधारने की मौलिक आवश्यकता का इतना आग्रह किया । तब वे गुस्सा होकर चिल्लाए, "क्या तुम आदमी हो ? तुम जानवरों से बेहतर नहीं जो खाकर, पीकर, बच्चे पैदा कर संतुष्ट हो जाते हैं और भय से आक्रांत रहते हैं । यदि तुम्हारे अन्दर थोड़ी बुद्धि बाकी न होती, तुम अभी तक चौपाए बन गये होते । अपनी बेकार डींग हाँकना छोड़ो अपने सिद्धांतों आदि की, और शांत होकर अपने दैनिक जीवन के कार्य-कलाप के बारे में सोचो । क्योंकि तुम पशु स्वभाव से नियंत्रित हो, इसलिए मैं पहले तुमसे जीवन-संघर्ष में सफलता और अपना स्वास्थ्य बनाने की अपेक्षा करता हूँ ताकि तुम बेहतर रीति से मन से लड़ सको । मैं पुनः दोहराता हूँ कि शरीर से दुर्बल आत्म-अनुभूति के अयोग्य हैं । जब एक बार मन नियंत्रित हो जाता है और मनुष्य अपने पर पूर्ण नियंत्रण कर लेता है, तब शरीर का मजबूत और कमजोर होना महत्व नहीं रखता, क्योंकि तब वह उससे शासित नहीं होता ।"

यहाँ पुनः यह स्पष्ट है कि विवेकानन्द के रहस्यवाद पर कोई भी आक्षेप क्यों न लगाया जाये, उनमें वीरता की कभी कमी न होगी ।

कोई महत्व नहीं कि हम सम्पूर्ण प्रणाली के सच होने की संभावना, जो माया की विचित्र उप-कल्पना पर आधारित है, विचार करें या न करें । यह व्याख्या निस्संदेह आकर्षक है और सार्वभौम संवेदनशीलता की कुछ विभ्रम सहज प्रवृत्तियों से मेल खाती है, किंतु इसे स्वयं व्याख्या चाहिए, और किसी ने यह नहीं की, न कोई इसे कर सका । प्रत्येक व्यक्ति अंततः यह युक्ति देता है : ''मैं अनुभव करता हूँ कि यह ऐसा है । क्या तुम ऐसा अनुभव नहीं करते ?''[107] हाँ, मैं करता हूँ । मैंने प्रायः मशाल की स्पष्टता की तरह इस दृश्य जगत की वास्तविकता को देखा है । धूप में प्रकाशित मकड़ी के जाले को जहाँ एरियल और लिलूली अपने को साधते हैं ।[108] लीला के खेल और हँसती माया को — मैंने बचपन से धड़कते दिल से परदे को उसके आरपार देखा है । मैंने छिपकर अपनी उंगलियों से प्रकाश के छिद्र को बड़ा कर दिया । पर मैं इसे सबूत के तौर पर नहीं रखना चाहता । यह एक दिव्य दर्शन है । और इससे पहले कि मैं उन्हें दूसरों तक पहुंचा सकूँ, इसके लिए अपनी आंखें उन्हें उधार देनी होंगी । माया या प्रकृति ने (नाम में क्या रखा है ?) प्रत्येक मनुष्य को आंखें दी हैं । और वे सब माया की हैं, चाहे हम उन्हें मेरी या तुम्हारी कहें, और ये सभी माया की किरणों से ढकी हुई हैं । मुझे अब यह श्रेय लेने में दिलचस्पी नहीं कि मुझे कोई विशेषाधिकार प्राप्त है । अपनी आंखों को प्यार करो और वे

---

107. यहाँ असीम और समीम की अनुभूति का सार है । और सब बाहरी खोल है । धर्म का विज्ञान गलत मोड़ लेता है, यदि वह अपने को विचारों और अनुष्ठानों के तुलनात्मक अध्ययन तक ही सीमित रखे । क्यों विचारों और धार्मिक प्रणालियों का प्रभाव एक मानव समूह से दूसरे तक फैलता है ? क्योंकि वे कुछ व्यक्तिगत अनुभवों पर आश्रित हैं । उदाहरण के लिए फिलो, प्लाटिनस और प्रथम ईसाइयों के सिद्धातों की समानता की जाँच की जा सकती है । किन्तु इस बात पर जोर नहीं दिया गया है कि फिलो, प्लाटिनस और प्रथम ईसाइयों ने एक से ''दिव्य दर्शन'' किए । अब दिलचस्पी का मुख्य बिंदु है कि धार्मिक अनुभव विभिन्न देशों और कालों के व्यक्तियों को एक रूप में हुए । ऐसे अनुभवों के महत्व को आंकना कैसे संभव है ? कदाचित मन के नए विज्ञान द्वारा, जो मनो-विश्लेषणशास्त्र और उसके फैशुनेबिल उत्तराधिकारियों की अपूर्ण और भोंड़ी रीतियों की तुलना में विश्लेषण के अधिक नमनीय और मुख्य उपकरणों से सम्पन्न हो ।

प्लाटिनस या डेनिस द्वारा रचित प्रणालियों का महत्व बौद्धिक स्थापत्य के रूप में है, जो विवाद के लिए खुला है, किंतु यह स्थापत्य अंततोगत्वा असीम के बोध और बुद्धि द्वारा उसके लिए उपयुक्त मन्दिर बनाने तक जाता है । वह बुनियाद और तहखाने को अछूता छोड़ देता है ।

108. रोमाँ रोलाँ के एक सुखांत नाटक का हवाला जिसमें लिलूली ''माया'' का प्रतीक .है ।

उतना ही देखती हैं जितना मैं उनसे प्यार करता हूँ। उन्हें मेरी तरह ही मुक्त रहने दो।

मेरे योरोपीय मित्रो इससे यह निष्कर्ष निकलता है कि तुम्हारे सामने एक ऐसी प्रणाली को सिद्ध करने का प्रयास नहीं कर रहा हूँ, जो अन्यों की भाँति मानवीय और मात्र परिकल्पना है। मैं आशा करता हूँ कि मैंने ब्रह्मांड की तत्वमीमांसीय व्याख्या के रूप में इस परिकल्पना की ऊँचाई दिखाई है। इसका जो कुछ भी महत्व हो, तथ्य के क्षेत्र में यह पाश्चात्य विज्ञान की हाल की खोजों के विरुद्ध नहीं है।

3
सार्वभौम-विज्ञान धर्म

जैसा विवेकानन्द ने समझा, सत्य धर्म के पंख इतने विराट थे कि वे मुक्त आत्मा के सभी अंडों को से सकते थे। उन्होंने किसी भी ज्ञान के सच्चे और स्वस्थ रूप के अंश को नहीं अस्वीकारा। उनके लिए धर्म प्रत्येक चिंतनशील मनुष्य का सहनागरिक था, और उसका एकमात्र शत्रु असहिष्णुता थी।

''धर्म के सब संकीर्ण, सीमित और लड़ाकू विचारों का परित्याग करना चाहिए ... भविष्य के धार्मिक आदर्शों में संसार में विद्यमान सब शुभ और महान का समावेश होना चाहिए, और साथ ही उसमें भावी विकास की अपरिमित संभावना होनी चाहिए। अतीत में जो भी अच्छा था, उसे संरक्षित करना चाहिए, और विद्यमान भंडार में भावी बातों को जोड़ने के लिए द्वार खुले रखने चाहिए। धर्म में (इस नाम में विज्ञान भी सम्मिलित है) सब को आत्मसात् करने की क्षमता चाहिए, उन्हें एक दूसरे को तिरस्कार से नहीं देखना चाहिए। मैंने अपने जीवन में अनेक आध्यात्मिक पुरुषों, अनेक बुद्धिमान व्यक्तियों को देखा है, जो ईश्वर के प्रचलित अर्थों में उसपर विश्वास नहीं करते थे, कदाचित वे ईश्वर को हमसे बेहतर समझते थे। ईश्वर का वैयक्तिक, निर्वैयक्तिक, असीम विचार, नैतिक नियम या आदर्श मानव—सब धर्म की परिभाषा के अंतर्गत आते हैं।''[1]

विवेकानन्द के लिए ''धर्म'' और आत्मा की ''सार्वभौमता'' समानार्थक हैं। यदि धार्मिक कल्पनाएं इस सार्वभौमता को प्राप्त न कर लें, धर्म पूर्णतः अनुभूत नहीं होता। उनके विश्वास के विरुद्ध जो इसे नहीं जानते, धर्म अतीत की तुलना में भविष्य का विषय है। यह अभी सिर्फ शुरू हुआ है।

... ''कभी-कभी यह कहा जाता है कि धर्म मर रहे हैं, संसार से आध्यात्मिक विचार नष्ट हो रहे हैं। मेरे ख्याल से वे अभी बढ़ने शुरू हुए हैं ... जब तक धर्म कुछ चुने हुए लोगों के या पुरोहित वर्ग के हाथ में था, वह मन्दिरों, गिरजों, शास्त्रों के कट्टर

---

1. The Necessity of Religion.

सिद्धांतों, अनुष्ठानों और कर्मकांड में था। पर जब हम वास्तविक, आध्यात्मिक, सार्वभौम अवधारणा पर आते हैं, तभी धर्म वास्तविक और जीवंत बनता है, वह हमारे स्वभाव का अंग बन गया है, हमारे प्रत्येक क्षण में रहता है, समाज के प्रत्येक रोमकूप में प्रवेश करता है, और शुभ की ऐसी असीम शक्ति बनता है, जैसा पहले कभी नहीं हुआ।''[2]

आज इस बात की प्रतीक्षा है कि दो भाई जो एक खेत के लिए मुकदमेबाजी कर रहे हैं, वे हाथ मिलाएं, धर्म और विज्ञान अपने सम्मिलित प्रयास से उसका समुचित उपयोग करें। ''यह अत्यंत आवश्यक है कि विभिन्न धर्मों के बीच ... और मानसिक घटनाओं के अध्ययन से उत्पन्न विभिन्न प्रकार की धार्मिक अभिव्यक्तियों के बीच भाईचारे की भावना पुनर्स्थापित हो। दुर्भाग्य से आज भी धर्म के नाम पर अकेले दावे हो रहे हैं, धर्म की उन अभिव्यक्तियों के भी जिनके अधिपति ... अंतरिक्ष के रहस्यों में प्रवेश कर रहे हैं ... तथाकथित भौतिक विज्ञान।''[3]

एक भाई को दूसरे के लाभ के लिए बाहर निकालना निराशाजनक है। तुम न तो विज्ञान, न धर्म के बिना रह सकते हो। ''भौतिकवाद आज योरोप में छाया हुआ है। तुम आधुनिक संदेहवादियों की मुक्ति की प्रार्थना कर सकते हो, पर वे नहीं झुकेंगे, वे तर्क चाहते हैं।''[4]

तब क्या समाधान है ? दोनों के बीच समझौता हो। मानव इतिहास ने यह खोज बहुत पहले की थी, पर भुलक्कड़ आदमी भूल जाता है और उसे बड़ी कीमत पर अपनी खोजों को पुनः ढूँढना पड़ता है।

''योरोप की मुक्ति बुद्धिवादी धर्म पर आश्रित है।''

और ऐसा धर्म विद्यमान है, यह भारत का अद्वैत है, एकत्व निरपेक्ष का विचार, निर्वैयक्तिक ईश्वर[5], एकमात्र धर्म जो बौद्धिक व्यक्तियों को बांध सकता है।

---

2. The Necessity of Religion.

3. The Necessity of Religion.

4. The Absolute and Manifestation, Vol. II of Complete Works, p. 139.

5. विवेकानन्द ने अन्य भारतीयों की तरह यह भूल की कि अद्वैत पर भारत का एकमात्र अधिकार है। निरपेक्ष सत्ता महान ईसाई तत्व मीमांसा और प्राचीन संसार के कई उच्च दर्शनों का मूलाधार रही है। आशा करता हूँ कि भारत दिव्य निरपेक्ष की इन अभिव्यक्तियों का स्वयं अध्ययन कर अपनी अवधारणाओं को समृद्ध करेगा। [स्वामीजी इससे अवगत थे कि कुछ ईसाई संत अद्वैत से मिलती अवस्था में पहुँचे थे। किंतु किसी तत्व मीमांसा में मात्र निरपेक्ष की

"अद्वैत ने दो बार भारत को भौतिकवाद से बचाया है । बुद्ध के आगमन से, जो उस समय आये जब भौतिकवाद अपने अति विकृत रूप में व्यापक था ... शंकर के आने से, जिन्होंने वेदांत में उस समय नई जान फूँकी जब शासकवर्ग के नैतिक पतन और निम्नवर्गों के अंध विश्वास के रूप में भौतिकवाद भारत को जीत चुका था, तब उन्होंने उसमें से बुद्धिवादी दर्शन निकाला ।" "आज हम बुद्धिवादिता के इस चमकते सूर्य को चाहते हैं जिसमें बुद्ध का हृदय हो, आश्चर्यजनक, असीम प्रेम और करुणा का हृदय । यह संगम हमें उच्चतम दर्शन प्रदान करेगा । विज्ञान और धर्म मिलेंगे और हाथ मिलाएंगे । कविता और दर्शन मित्र बनेंगे । यह भविष्य का धर्म होगा, और यदि हम उसे ढाल सकें, तो यह सभी कालों और सभी लोगों के लिए होगा । यह एक रास्ता है जो आधुनिक विज्ञान को स्वीकार होगा, क्योंकि यह स्थिति लगभग आ गई है। जब वैज्ञानिक अध्यापक घोषणा करता है कि सभी वस्तुएं एक ही शक्ति का प्रकटीकरण हैं, तो क्या यह तुम्हें उस ईश्वर की याद नहीं दिलाता जिसके बारे में तुम उपनिषद् में सुनते हो : जैसे विश्व में आने वाली एक अग्नि विभिन्न रूपों में अभिव्यक्त होती है, इसी तरह एक आत्मा प्रत्येक आत्मा में अभिव्यक्त हो रही है, फिर भी यह इससे कहीं अधिक है ?"[6]

विज्ञान में अद्वैत को बिना कुछ छोड़े, बिना यह चाहे कि वह अपनी शिक्षा को बदले, जोड़ना चाहिए । एक बार हम पुनः दोनों के समान सिद्धांतों को दोहराएं :

"तर्क का पहला सिद्धांत है कि विशेष को सामान्य से व्याख्यायित किया जाता है — जब तक कि हम सार्वभौम तक नहीं पहुँच जाते ... ज्ञान की दूसरी व्याख्या है कि वस्तु की व्याख्या अन्दर से आनी चाहिए, बाहर से नहीं ।"[7]

अद्वैत इन दोनों सिद्धांतों को सन्तुष्ट करता है, और अपने चुने क्षेत्र में इनका अनुसरण करता है । "यह इसे अंतिम सामान्यीकरण तक बलात ले जाता है ।" और एकत्व का दावा, केवल इसके विकिरण और प्रभाव में ही नहीं बल्कि अपने आपमें, अपने स्रोत में करता है । यह नियंत्रण से नहीं बचता, बल्कि उसे चाहता है । क्योंकि वह

स्वीकृति अद्वैत नहीं है । प्रश्न तो बिंदु का है — व्यक्ति की निरपेक्ष रूप में अवधारणा और इससे निस्सृत जीवन दृष्टि । क्या ईसाइयत यह मानती है कि व्यक्ति निरपेक्ष सत्ता है ? क्या यह मनुष्य को यह कहने की अनुमति देती है, "मैं स्वयं ब्रह्म हूँ ।" हमारे ख्याल से नहीं — प्रकाशक]

6. The Absolute and Manifestation, Vol. II Complete Works, p. 140.

7. Reason and Religion Vol. I Complete Works pp. 369-70.

अपने प्रकटीकरण के रहस्यों में अपने को छिपाने वाली धार्मिक जमातों में नहीं है । इसके दरवाजे और खिड़कियाँ पूरी खुली रहती हैं । आओ और देखो । यह संभव है कि यह गलत हो, वह तो तुम और हम सब ही हो सकते हैं । यह गलत या सही जो भी है, उसी बुनियाद पर वही घर बनाने में हमारे काम आता है ।

यद्यपि इसका उद्देश्य एकदम सतह में मिलता है। आपसी विश्वास में एक बाधा मानवजाति में "ईश्वर" शब्द का संयोग है, क्योंकि इस शब्द में विचारों की सर्वसंभव अस्पष्टताएं निहित हैं और इसे प्रयुक्त करते समय स्वतंत्रता की आँखों पर कस कर पट्टी बांधनी पड़ती है । विवेकानन्द इस तथ्य से पूरी तरह अवगत थे : मुझसे अनेक बार पूछा गया है, "क्यों तुम पुराने शब्द ईश्वर का प्रयोग करते हो ?" क्योंकि हमारे उद्देश्य के लिए यह सर्वोत्कृष्ट शब्द है[8] ... क्योंकि इस शब्द में मानवता की समस्त आकांक्षाएं, और सुख केंद्रित कर दिए गये हैं । अब इस शब्द को बदलना असंभव है । इस प्रकार के शब्द सर्व प्रथम महान संतों द्वारा सर्जित हुए थे, जो उनके महत्व और अर्थ को समझते थे । समाज में प्रचलित होने पर, मूढ़ लोग इन शब्दों को पकड़ लेते हैं और परिणाम होता है कि ये अपनी आत्मा और महत्ता खो बैठते हैं । अनन्तकाल से ईश्वर शब्द समष्टि बुद्धि और वह सब महान तथा पवित्र जो इनसे जुड़ा है, के लिए प्रयुक्त होता रहा है । यदि हम इसे त्यागते हैं, प्रत्येक मनुष्य पृथक शब्द देगा जिसका परिणाम होगा भाषा की भ्रांति और कोलाहल । "पुराने शब्द को प्रयोग में लाओ, सिर्फ इसे सच्ची भावना से प्रयोग में लाओ, इसे अंधविश्वास के विकार से सर्वदा शुद्ध रखो और पूर्णतः समझो कि इन प्राचीन शब्दों का क्या अर्थ है ... तुम जानोगे कि ये शब्द अपनी अर्थवत्ता में अत्यन्त भव्य और शक्तिशाली विचारों से जुड़े हुए हैं, वे लाखों मानवीय आत्माओं द्वारा प्रयुक्त और पूजित हुए हैं और उनके द्वारा, जो सर्वोच्च और सर्वश्रेष्ठ है, जो सब तर्कसंगत और प्रिय है, जो मानव स्वभाव में महान और भव्य है, उन सबके साथ जुड़े हैं ।"

विवेकानन्द हमारे लिए विशेष रूप से उल्लेख करते हैं कि "यह ब्रह्मांड में प्रकट हुई बुद्धि का सर्वयोग है" जो अपने ही केन्द्र में पुंजीभूत है । यह "सार्वभौम प्रज्ञा" है और ब्रह्मांडीय शक्ति के सब अन्य रूप जैसे पदार्थ, विचार, शक्ति, बुद्धि आदि, उसी ब्रह्मांडीय बुद्धि की अभिव्यक्ति मात्र हैं ।"[9]

---

8. Jnana-Yoga "The Cosmos" : The Macrocosm (New York Jan. 1896).

9. वहीं ।

वैज्ञानिक तर्कना में ब्रह्मांडीय बुद्धि को पहले से मान लिया जाता है । मुख्य अन्तर यह है कि विज्ञान में यह यंत्रप्रणाली का अंश है, जब कि विवेकानन्द इसमें प्राण फूँक देते हैं । पिग्मेलियन की मूर्ति जीवित हो उठती है । यद्यपि बुद्धिमान व्यक्ति धार्मिक लोगों पर वैज्ञानिक रूप से सिद्ध न हो सकने वाले आगमन प्रणाली का आरोप लगा सकते हैं, फिर तर्क की आगमन प्रणाली अनिवार्यतः विज्ञान विरोधी नहीं है । यह कहना आसान है कि जैसे पिग्मेलियन उसके द्वारा बनाया गया वैसी ही मूर्ति पिग्मेलियन ने बनाई । हर माने में वे दोनों एक ही कार्यशाला से आये, यह अवश्य आश्चर्यजनक होता कि एक में प्राण होता और दूसरा स्वचालित यंत्र । मानव बुद्धि में उच्चतर अंश तक, जिसे वह न तो नकार और न सिद्ध कर सकता है, सार्वभौम बुद्धि निहित है । और विवेकानन्द जैसे धार्मिक और विद्वान आदमी का तर्क मुझे "असीम के तर्क" से अपने वैज्ञानिक गुण में बहुत भिन्न नहीं लगता, जो विज्ञान के एक अंश को स्वीकार करता है, और जिसका हेनरी पौयनकेयर कैंटोरियनों के विरुद्ध समर्थन करता है ।

उसके शांत स्वाभिमान के लिए यह उदासीनता का विषय था, जो अपने को ताकतवर महसूस करता है, चाहे विज्ञान विवेकानन्द के अर्थ में मुक्त धर्म को माने या न माने : उसका धर्म विज्ञान को मानता है । वह इतना व्यापक है कि उसे उसकी मेज पर अन्य सब सत्यान्वेषियों की तरह स्थान मिलता है । उसके साम्राज्यवाद के स्वप्न हैं, पर यदि परस्पर सम्मान हो, तो वह सबकी स्वतंत्रता का सम्मान करता है । विवेकानन्द का सबसे सुन्दर स्वप्न जिसे उन्होंने ज्ञान योग के अंतिम निबंध में लिखा, वह था "सार्वभौम धर्म" का आह्वान ।[10]

अब जब कि पाठक उनके विषय में इतना अधिक जान गया है, वह विचारों के किसी टेलरवाद (Taylorism) से नहीं डरेगा जो संसार के इन्द्रधनुष पर अपने रंग आरोपित करता है, जो पूर्ण श्वेत भी नहीं, पर यह मानता है कि वही एक मात्र अन्य सब रंगों को हटा सकता है, चूँकि उसमें सब सम्मिलित हैं । विवेकानन्द के पास ब्रह्म संगीत के लिए अनेक आध्यात्मिक राग थे । एकरूपता उनके लिए मृत्यु थी । वह धर्मों और विचारों की अनन्त विविधता में रस लेते थे । उन्हें सदा बढ़ने दो ।

"मैं श्मशान जैसी भूमि में नहीं रहना चाहता : मैं मनुष्यों के संसार में मनुष्य होना चाहता हूँ । ... विविधता जीवन का चिह्न है । ... भिन्नता विचार का प्रथम चिह्न है । ...

---

10. The Way to the Realisation of a Universal Religion II, The Ideal of a Universal Religion (पसादेना कैलिफोर्निया में Jan, 1900 में दिया गया भाषण) ।

मैं प्रार्थना करता हूँ कि पंथ बढ़ें और अंत में इतने पंथ हो जायें जितने मानव प्राणी हैं ... भंवर और जलावर्त बहती और जीवित धारा में होते हैं ... विचारों की टकराहट विचार जागृत करती है ... हर एक को धर्म में अपनी विचार पद्धति बनाने दो ... यह चीज़ पहले से विद्यमान है । हर एक अपने प्रकार से सोच रहा है, किंतु इस सहज पथ में बार बार बाधाएं डाली गई हैं और अभी भी डाली जा रही हैं ।''

मनुष्य की आत्माओं की गाद साफ कर दो । फिर जैसा कि मेरे वैलेस के पड़ोसी कहते हैं, सबके खेत सींचने के लिए क्रमशः बहता पानी खोल दो । किंतु यह प्यासे वैलेस से भिन्न है, जहाँ पानी किफायत से इस्तेमाल करना पड़ता है, और जहाँ घड़ा एक हाथ से दूसरे हाथ में पकड़ना होता है ... आत्मा का जल कभी भी कम नहीं पड़ता । वह हर तरफ बहता है । संसार के प्रत्येक धर्म में जीवन का एक विशाल जलाशय है जो भरा हुआ है, चाहे हम अपने को सामान्य बुद्धि के धर्म से धोखा देने का कितना भी प्रयास क्यों न करें । विवेकानन्द ने कहा, कोई भी एक महान धर्म बीसवीं सदी में, जोरेस्टरवाद के संभव अपवाद को छोड़ कर, नहीं मरा ।

और क्या वह इसके बारे में निश्चित थे ? इसके विपरीत, वह इस मुद्दे पर गलत थे । बौद्ध धर्म, हिन्दू धर्म, इस्लाम और ईसाइयत अपनी संख्या और गुण में बराबर बढ़ रहे हैं । फिर विज्ञान का धर्म, स्वाधीनता और मानवीय एकता बढ़ रही है । मानवता में जो चीज कम बढ़ रही है, वह है आत्मा की मृत्यु, घोर अंधकार, विचारों का खंडन, प्रकाश का अभाव : सबसे कम प्रकाशित किरण है श्रद्धा की, यद्यपि वह इससे अनजान है । प्रत्येक महान विश्वास प्रणाली चाहे ''धार्मिक'' हो या ''अयाजकीय'', सार्वभौम धर्म के अंश को व्यक्त करती है और अपनी शक्ति को एक टाइप का रूप देने में खर्च होती है ।

इसलिए एक दूसरे से अलग होने के बजाय, प्रत्येक से दूसरे को मिलना चाहिए । किंतु क्षुद्र व्यक्तिगत अहंकार ने जो मुख्यतः पुरोहितवर्ग के दंभ और स्वार्थ और अज्ञान के कारण है, सब देशों और युगों में अंश को ही सम्पूर्ण के रूप में कहने का दावा किया है । ''मनुष्य संसार में, ईश्वर की पशुशाला में हाथ में पिंजड़ा लेकर जाता है ।'' और सोचता है कि वह हर चीज को इसके अन्दर बंद कर सकता है । कैसे वृद्ध-शिशु हैं ये ! इन्हें बकबक करने और एक दूसरे पर हंसने दो । अपनी बेवकूफियों के बावजूद, सम्पूर्ण स्वर-संगति में प्रत्येक समूह जीवंत धड़कता हृदय, लक्ष्य और राग है । हर एक ने अपना एक शानदार और अपूर्ण आदर्श बनाया है । ईसाइयत ने अपनी पवित्रता का, हिन्दू धर्म ने आध्यात्मिकता का, इस्लाम ने समानता का स्वप्न रचा है ... इत्यादि । हर समूह परिवारों में बंटा है, जिनके अलग अलग स्वभाव हैं : बुद्धिवाद, तापसवाद,

संदेहवाद, इन्द्रियों या मन की उपासना। सत्ता की दिव्य अर्थव्यवस्था में वे सब पृथक और श्रेणीबद्ध शक्तियां हैं जो निरंतर आगे बढ़ती हैं। विवेकानन्द ने यह गंभीर बात कही, जिसे पढ़ना, रेखांकित करना, याद रखना और पचाना हमारे लिए कल्याणकारी होगा :

"मनुष्य कभी असत्य से सत्य पर नहीं पहुँचता, किंतु सत्य से सत्य पर, निम्न सत्य से उच्चतर सत्य पर पहुँचता है।" अगर हमने उन्हें सही समझा है तो हमारा आदर्श-वाक्य होना चाहिए : "स्वीकृति" अलगाव नहीं — "मात्र सहिष्णुता नहीं जो अपमान और ईश-निन्दा है", क्योंकि प्रत्येक मनुष्य जितना सत्य को समझ सकता है, समझता है। तुम्हें उसे न बर्दाश्त करने का अधिकार नहीं है। और न ही उसे तुम्हें या मुझे बर्दाश्त करने का। हम सबके समान अधिकार हैं और सत्य में समान हिस्सा है। हम सहकर्मी हैं, हम भाईचारा स्थापित करें। "मैं अतीत के सब धर्मों को स्वीकार करता हूँ और सबके साथ पूजा करता हूँ, मैं उनमें से हर एक के साथ ईश्वर की पूजा करता हूँ ... क्या ईश्वर का ग्रंथ समाप्त हो गया है? अभी भी निरंतर रहस्योद्घाटन जारी है। यह एक महिमावान ग्रंथ है — संसार के आध्यात्मिक रहस्योद्घाटन का। बाइबल, वेद, कुरान पवित्र ग्रंथ हैं, और असंख्य पृष्ठ अभी भी अनखुले हैं ... हम वर्तमान में खड़े हैं किंतु असीम भविष्य के लिए खुले हैं। जो कुछ अतीत में है, उस सबको हम लेते हैं, वर्तमान के प्रकाश का आनन्द लेते हैं, भविष्य में जो कुछ आयेगा, उसके लिए अपने हृदय की हर खिड़की खुली रखते हैं। अतीत के सब पैगम्बरों को, वर्तमान के तथा भविष्य में आनेवाले सब महापुरुषों को हमारा प्रणाम।"[11]

---

11. The Way to the Realisation of Universal Religion. ये विचार रामकृष्ण और केशवचन्द्र सेन के समान थे जिन्होंने पूर्व धावक का काम किया। 1866 के लगभग केशव ने अपने भाषण Great Men में कहा : "हिन्दू भ्रातृगण आप जैसे अपने पैगम्बरों को सम्मान देते हैं, ऐसे ही आप ईसाइयत के महापुरुषों का सम्मान करें ... ईसाई भ्रातृगण से भी मैं यही विनम्रता से कहता हूँ कि जैसे आप अपने पैगम्बरों का सम्मान करते हैं, वैसे ही पूर्व के पैगम्बरों का भी सम्मान करें। सभी मनुष्यों द्वारा एक धर्म स्वीकार होगा — फिर भी प्रत्येक राष्ट्र की अपनी विशिष्ट और स्वतंत्र कार्य प्रणाली होगी ... इसी प्रकार विभिन्न जातियों और कबीलों की, जो अपनी विशिष्ट आवाज और संगीत में उसका गुणगान करते हैं, किंतु उनकी सब भिन्न आवाजें और कीर्तन एक मधुर और वृहत् समवेत गायन का रूप धारण कर सार्वभौम गान बनेंगे।"

इंगलैंड में उनके भाषणों (1870) का यही विशिष्ट स्वर था — एक बिरादरी में सब राष्ट्रों और नस्लों को लाना — प्रत्येक धर्म में जो शुभ है, वह उसे दूसरों को दे — ताकि भविष्य में संसार का एक समान धर्म संघ बने।

सार्वभौमवाद और आध्यात्मिक भ्रातृत्व के ये विचार आज हवा में हैं । किंतु हर मनुष्य जाने-अनजाने उन्हें अपने लाभ के लिए इस्तेमाल करना चाहता है । विवेकानन्द को आदर्शवाद के शोषण और विराट पाखंड की भर्त्सना करने के लिए ''अधिकार और स्वाधीनता के युद्ध'' के स्मरणीय युग में रहने की जरूरत नहीं थी, जिसकी चरम परिणति आज मित्र या शत्रु राष्ट्रों के रूप में आधुनिक युग में जिनेवा, पेरिस, लंदन, बर्लिन, वाशिंगटन और उसके पिछलगुओं में हुई है । उन्होंने कहा कि ''राष्ट्रवाद अर्ध-धार्मिक विश्वास की एक अवस्था की उद्घोषणा है ।'' पर यह प्रायः स्वार्थपरता का मुखौटा है । ''प्रेम, शांति, भाईचारा, इत्यादि हमारे लिए मात्र शब्द रह गये हैं ... हर एक चिल्लाता है सार्वभौम भ्रातृत्व ! हम सब बराबर हैं ...'' और फिर तुरंत उसके बाद, 'आओ पंथ बनाएं ।' अलगाववाद की आवश्यकता छिपी मदांधता पुनः प्रकट होती है जो मनुष्य की समस्त दुष्टता को आकृष्ट करती है : यह एक रोग है ।''[12]

शब्दों के धोखे में मत आओ ''संसार धमकी भरी बातों से भरपूर है ।'' जो मनुष्य सब में मानव भ्रातृत्व अनुभव करते हैं, वे उसके बारे में अधिक नहीं बोलते, वे ''राष्ट्रों की संस्था'' में भाषण नहीं देते, वे लोगों को नहीं मानते : वे काम करते हैं और रहते हैं । अनुष्ठानों, पुराणों और सिद्धांतों (पुरोहिताई और अयाजकीय दोनों) की विविधता उन्हें परेशान नहीं करती । वे सबमें समाये सूत्र को महसूस करते हैं जो मोतियों को एक माला में जोड़ता है ।[13] औरों की भाँति अपने घड़े एवं बर्तन को लेकर वे कुएं से पानी भरने जाते हैं, जहाँ पानी उस पात्र का रूप ले लेता है । किंतु वे रूप के बारे में नहीं झगड़ते । सब बस पानी ही है ।[14]

कुएं के चारों ओर लड़-झगड़ रहे उन लोगों में किस व्यवहारिक उपाय से शांति स्थापित की जा सकती है ? हर एक को अपना पानी पीने दो, हर एक के लिए अपना

अंततः Epistle to My Indian Brethren (1890) में यह शब्द आते हैं जो विवेकानन्द, या रामकृष्ण की आत्मा से ही निकल सकते थे : ''तुम्हारा आदेश हो आत्मा की उन्नति : तुम्हारा धर्म सर्वनिष्ठ हो, पृथक नहीं ! तुम्हारा प्रेम सार्वभौम करुणा हो ... नया पंथ मत बनाओ ... सब पंथों को मानो ... सब विश्वासों में समन्वय स्थापित करो ।''

12. सब पिछले और अगले अंश के लिए देखें "The Ideal of a Universal Religion."

13. मैं वह धागा हूँ जो सब भिन्न विचारों से संग्रथित हूँ और प्रत्येक मोती एक है, भगवान कृष्ण ने कहा ।

14. विवेकानन्द ने यह सुन्दर चित्र अपने गुरु रामकृष्ण से लिया, जिसने उसे और अधिक आकर्षक रंग दिया । (देखें Vol. I p. 80).

पानी बहुत है। यह चाहना मूर्खता है कि सब एक घड़े से पानी पियें।

विवेकानन्द होहल्ले के बीच आ टपकते हैं और झगड़ने वालों को दो कहावतें, दो कामचलाऊ नियम सुनाते हैं :—

पहला : "तोड़ो मत", अगर तुम बना सकते हो तो बनाओ और अगर नहीं, तो दखल मत दो। बुरा करने से बेहतर है, कुछ न करो। किसी सच्चे विश्वास के विरुद्ध एक शब्द न कहो। यदि तुम्हारे पास कुछ है, तो विभिन्न विश्वासों के सेवकों को बिना हानि पहुँचाए सेवा करो। यदि तुम्हारे पास कुछ नहीं है तो देखते रहो। दर्शक की भूमिका से संतुष्ट रहो।

दूसरा : "मनुष्य जैसी स्थिति में हो उसे स्वीकार करो और तब उसे उसके मार्ग पर ले चलो।" तुम्हें डरने की जरूरत नहीं कि सड़क तुम्हें तुम्हारे मार्ग से बाहर ले जायेगी। ईश्वर सब त्रिज्याओं का केंद्र है, और उनमें से एक के सहारे उसकी ओर बढ़ रहे हैं। जैसा टालस्टाय कहता है "हम सब पुनः मिलेंगे जब हम पहुँच जायेंगे।" केंद्र में भिन्नताएं लुप्त हो जाती हैं—केवल केंद्र में। विविधता प्रकृति की आवश्यकता है : इसके बिना कोई जीवन नहीं। इसलिए उसकी सहायता करो। किंतु यह मत समझो कि तुम उसे पैदा कर सकते हो, उसका नेतृत्व कर सकते हो ! तुम इतना ही कर सकते हो कि कोमल पौधे के चारों ओर बाड़ लगा दो। उसकी वृद्धि में आने वाली बाधाएं हटा दो, उसे पर्याप्त हवा और जगह दो जिससे वह विकसित हो सके, और कुछ नहीं। इसकी वृद्धि अन्दर से होनी चाहिए। इस विचार को त्यागो कि तुम दूसरों को आध्यात्मिकता दे सकते हो।[15] प्रत्येक मनुष्य का स्वामी उसकी आत्मा है। हर एक को स्वयं सीखना है, अपने को स्वयं बनाना है। दूसरा व्यक्ति ऐसा करने में मदद कर सकता है।

मानवीय व्यक्तित्व और उसकी स्वतंत्रता प्रशंसनीय है। इस मात्रा तक यह किसी धर्म के पास नहीं है और विवेकानन्द के लिए यह धर्म के सार का अंग थी। उनका ईश्वर

---

15. मैं इस वाक्यांश में निम्न संशोधन करना चाहूंगा जो विवेकानन्द के आंतरिक विचारों से मिलता है :

प्रत्येक मनुष्य में न्यूनाधिक प्रच्छन्न, दमित या मुक्त बाहर ढलती हुई आध्यात्मिकता है। वह जो इसका फव्वारा है, अपनी उपस्थिति मात्र से, अपने दौड़ते पानी के संगीत से मानो एक पुकार है जो छिपे स्रोतों को जगाती है जिन्हें अपने अस्तित्व का भी पता न था, या जो उसे स्वीकार करने से डरते थे। इस अर्थ में यह एक वरदान है वस्तुतः—आध्यात्मिकता का जीवंत संप्रेषण है।

समस्त जीवित प्राणियों से कम न था, इसलिए प्रत्येक जीवित प्राणी को विकसित होने के लिए स्वतंत्र होना चाहिए। उपनिषद् कहता है, ''जो कुछ ब्रह्मांड में है उसे ईश्वर से अच्छादित किया जाता है।'' इस कथन को विवेकानन्द ने इस प्रकार समझाया, ''हमें सब चीजों को स्वयं ईश्वर से ढँकना है, बुराई से आँख बंद कर नहीं, बल्कि सब चीजों में ईश्वर को देख कर : अच्छाई और बुराई में, पाप में, पापी में, सुख और दुख में, जीवन और मृत्यु में।'' यदि तुम्हारी पत्नी है, तो उसका अर्थ नहीं कि तुम उसे त्याग दो, किंतु उसी में ईश्वर को देखो।'' वह उसमें, तुममें, तुम्हारे बच्चे में है। वह सर्वत्र है।

''ऐसी भावना जीवन की समृद्धि को नहीं छीनती, किंतु यह उसकी सम्पत्ति और दुखों को एक बना देती है।

''इच्छा और पाप के भी अपने लाभ हैं। सुख में शान है, दुख में शान है ... जहाँ तक मेरा प्रश्न है, मैंने कुछ अच्छे काम किए, बहुत से बुरे। मुझे प्रसन्नता है कि मैंने कुछ सही किया, बहुत सी गलतियाँ की, क्योंकि वे सभी एक बड़ी सबक थीं ... ऐसा नहीं कि तुम सम्पत्ति न रखो, जो चाहते हो वह सब रखो ... सिर्फ सत्य को जानो और उसे अनुभव करो ... सब कुछ ईश्वर का है, अपने प्रत्येक क्षण में ईश्वर को रखो ... सारा दृश्य बदल जाता है, और संसार दुख और कष्ट का दीखने के बजाय स्वर्ग बन जायेगा।''

''स्वर्ग का साम्राज्य तुम्हारे भीतर है।'' ईसा की इस महान उक्ति का यही अर्थ है कि ईश्वर परे नहीं है। वह यहीं पर अभी है। प्रत्येक चीज स्वर्ग है। सिर्फ तुम्हें आँखें खोलने की जरूरत है।[16]

> ''जागो, उठो और अधिक स्वप्न देखो मत !
> ...दृढ़ बनो और देखो सत्य को,
> उसके साथ एकाकार होओ ! स्वप्न थमने दो,
> या ऐसा नहीं कर सकते, तो देखो अधिक सच्चे स्वप्न
> जो शाश्वत प्रेम और मुक्त सेवा है।''[17]

पुनः उन्होंने टिप्पणी की,[18] ''प्रत्येक आत्मा में दिव्य क्षमता है। लक्ष्य है बाह्य

---

16. पिछला अंश Jnana-Yoga के सातवें भाषण "God is Everything (लंदन अक्तूबर 27, 1896 से है)।

17. इस बिना तारीख की कविता की पाँच पंक्तियों में सब प्रमुख योग समाविष्ट हैं : अमूर्त अद्वैत, और अंतिम दो पदों में भक्ति और कर्म योग।

18. Raja-Yoga (Complete Works, Vol. I).

और आंतरिक प्रकृति को नियंत्रित कर इस दिव्य को प्रकट करना । इसे कर्म या पूजा या मानसिक नियंत्रण से या दर्शन से करो ।[19] एक तरह से या अधिक से या सब से — और मुक्त होओ । यही धर्म का सर्वस्व है । सिद्धांत, मत या अनुष्ठान या ग्रंथ, या मन्दिर या रूप गौण विवरण हैं ।''

और अन्तरतल से वे कलाकार थे ।[20] उन्होंने ब्रह्मांड की तुलना एक चित्र से की जिसने बिना उसे खरीदने या बेचने की चाह के, उसका जी भर आनंद लिया ।

''मैं ईश्वर की निम्न सुन्दर कल्पना के अलावा कुछ नहीं पढ़ता : वह महान कवि है, प्राचीन कवि । सम्पूर्ण विश्व उसकी कविता है, जो द्वंद्वों, तालों में असीम आनन्द से लिखी गई है ।''[21] इस बात की आशंका है कि यह अवधारणा पाँडु धुंए से ढँके सूरज में रहने वालों को उन कलात्मक बंगालवासियों की आत्माओं की तुलना में जो शिव की अजस्त्र धाराओं से सिंचित हैं अंत्यन्त सौन्दर्यात्मक और उनकी पहुँच से बाहर लगेगी । और एक दूसरा खतरा भी है — इससे ठीक उल्टा — कि सौंदर्यात्मक आनन्द के इस आदर्श से प्रभावित जातियां इसकी निष्क्रिय दर्शक रहेंगी, क्लांत और दास, उसी प्रकार जैसे रोमन सम्राट नीरो ने अपनी प्रजा को सर्कस क्रीड़ाओं में उलझाकर क्लांत और दास बना लिया था ।[22]

जो यहाँ तक मेरी बात समझे हैं, विवेकानन्द के स्वभाव से काफी परिचित हो चुके हैं । उनकी दुःखद करुणा और कर्म की उग्रता उन्हें विश्व के कष्टों से जोड़ती है । वे कभी इस बात की आज्ञा नहीं देंगे, न बर्दाश्त करेंगे कि मनुष्य को यह अधिकार है कि वह कला और चिंतन की सुखानुभूति में अपने को खो दे । क्योंकि उन्हें अपने और अपने साथियों के बारे में इस सर्वोच्च खेल — लीला का आकर्षण मालूम था, इसलिए वे उन्हें बराबर इसके लिए मना करते जो उनका मार्गदर्शन चाहते थे, और वे उनकी

---

19. चार में से एक या सब योगों से — कर्म, भक्ति, राज, ज्ञान ।

20. उन्होंने मिस मेकलाउड से कहा, ''तुम नहीं देखती, मैं सर्व प्रथम कवि हूँ — इस शब्द का योरोपियन गलत अर्थ लगा सकते हैं, क्योंकि वे सच्ची कविता का अर्थ खो चुके हैं — धर्म की उड़ान जिसके बिना चिड़िया मात्र यंत्रचलित खिलौना बन जाती है । 1895 में उन्होंने लंदन में कहा, कलाकार सुन्दर का साक्षी है । कला संसार में अल्पतम स्वार्थी आनन्द है । और फिर, यदि तुम प्रकृति के संगति-सौन्दर्य को नहीं सराह सकते, तो ईश्वर को कैसे सराहोगे जो संगति-सौन्दर्य का पूर्ण योग है ।

21. God in Everything.

22. यह स्मरणीय है नीरो अपने को परम कलाकार कहता था और रोम की प्रजा उसके सब अत्याचारों को रोटी और सर्कस के बदले सहने को तैयार थी ।

स्वप्रदृष्टा आँखों को, जिसे वे "व्यावहारिक वेदांत" कहते थे, की ओर फेरना चाहते थे ।[23]

उनके साथ यह सच था कि "ब्रह्म का ज्ञान मनुष्य का अंतिम लक्ष्य और उच्चतम नियति है ।"[24] यह तन्मयता सिर्फ असाधारण क्षणों के लिए है । "जब वह विश्रांति और अनाम समुद्र से बाहर निकलता है," उसे पुनः तैरते तख्ते पर जाना होगा । और यह ईसाई उक्ति याद रखो, "तुम मात्र धूल हो" और सुरक्षा का ख्याल जो उसे तैरते रहने को

---

23. लीला — ईश्वर की क्रीड़ा ।

उन्होंने भगिनी निवेदिता से कहा, "हमारा एक सिद्धांत है कि ब्रह्मांड ईश्वर का केवल खेल के लिए प्रकटीकरण है, कि अवतार आये और रहे, मात्र खेल के लिए ; यह सब क्रीड़ा थी । ईसा को क्यों सूली पर चढ़ाया गया ? यह मात्र क्रीड़ा थी ... ईश्वर के साथ मात्र क्रीड़ा । कहो जीवन सब क्रीड़ा है, सब क्रीड़ा है । यह गंभीर और भयंकर सिद्धांत सब महान हिन्दुओं के चिंतन की तह में है — जैसे कि अनेक देशों और जातियों के रहस्यवादियों का है । क्या यही विचार प्लेटिनस में नहीं मिलता, जिसने जीवन को नाट्यशाला कहा, "जहाँ अभिनेता निरंतर वेशभूषा बदलता है," जहाँ साम्राज्यों और सभ्यताओं का विघटन "पात्रों के परिवर्तन और अभिनेताओं की चीखें और आँसू हैं ... ।" ?"

विवेकानन्द पर विचार करते हुए हमें समय और स्थान नहीं भूलना चाहिए कि कब और कहाँ उन्होंने यह सब कहा । प्रायः यह सब उनके श्रोताओं की उस प्रवृत्ति पर प्रतिक्रिया है जिसे वे रोगी समझते थे और अतिशयोक्ति के विरुद्ध अतिशयोक्ति का प्रयोग करते थे, यद्यपि संगति उनका आदर्श थी । इस समय वे उस भावुकता से क्षुब्ध थे जो श्रेष्ठ निवेदिता ने उनसे विदा लेते समय दिखाई । उन्होंने उससे कहा "क्यों नहीं मुस्कराकर विदा लेती । तुम दुःख की पूजा करती हो ..." और अपने अंग्रेज दोस्त को जो सब बातें गंभीरता से लेता था, उन्होंने लीला का सिद्धांत दर्शाया । उदास भक्ति, आत्म पीड़न के दुःख की भावना उन्हें नापसंद थी, जिसे उन्होंने नारद की नीति कथा से समझाया :

देवताओं में एक महान योगी नारद थे । एक दिन वे जंगल से गुजर रहे थे, वहाँ उन्होंने एक मनुष्य को ध्यान करते देखा । चींटियों ने उसके उपर अपना बड़ा ढूह बना लिया था । और दूर उन्होंने देखा कि एक मनुष्य पेड़ के नीचे आनन्द से उछल रहा है । उन्होंने स्वर्ग में नारद से पूछा कि उन्हें कब मुक्ति मिलेगी । चीटियों के ढूह से ढके हुए मनुष्य को चार जन्मों के बाद मुक्ति मिलेगी, यह सुन कर वह मनुष्य रोने लगा । नर्तक को उतने जन्मों के बाद जितने पेड़ में पत्ते हैं । ऐसा सुन, यह जानते हुए कि मुक्ति इतनी जल्द आ रही है, नर्तक खुशी से कूदने लगा ... वह तत्काल मुक्त हो गया । (देखिये Raja-Yoga का निष्कर्ष) ।

24. God in Everything.

मजबूर करता है — उसकी तुलना में भोगवादी कथन "मौज उड़ाओ," से कम अहंकारी है।

"अगर संसार के सत्य को जाने बिना मनुष्य सिर के बल मूर्खतापूर्ण विलास में कूदता है, उसका पैर फिसलेगा ... यदि मनुष्य संसार को कोसता है, जंगल में जाकर अपने शरीर को कष्ट देता और धीरे धीरे अपने को भूखा मारता है, उसका हृदय बंजरभूमि बन जायेगा, भावनाएं मर जायेंगी, वह कटु, कठोर और शुष्क बन जायेगा और वह मनुष्य भी भटक जायेगा।"[25]

उन प्रकाशमय प्रबोधनों से जिन्होंने हमें क्षण भर के लिए परम सत्ता के सागर को पूर्णतः बाइबिल के अर्थों में प्रकट किया, एक महान आदर्श के रूप में संसार में ले जाना चाहिए — यह शब्द जो हमें जल्द या देर से अपने लक्ष्य पर ले जायेगा, यही उच्चतम आचार नियम का भी आदर्श है : "मैं नहीं, तू।"

यह "मैं" अपने बाह्य प्रकटन की प्रक्रिया में छिपा असीम है। हमें उल्टे मार्ग से अपनी मौलिक असीम की स्थिति पर जाने का पथ बनाना चाहिए। और प्रत्येक बार जब हम कहते हैं, "मैं नहीं तू," हम एक कदम आगे बढ़ते हैं।

किंतु वह स्वार्थी शिष्य जिसकी आपत्तियों का उत्तर विवेकानन्द धैर्य से एक देवदूत की तरह दे रहे थे (यह बात जो उनके स्वभाव के विरुद्ध थी) कहता है : "कि यदि मैं सदा दूसरों की सोचूंगा, तब मैं आत्मा का चिंतन कैसे करूंगा ?" "यदि मैं सदा विशिष्ट या सापेक्ष के ध्यान में व्यस्त रहूंगा, तो मैं निरपेक्ष ब्रह्म को कैसे अनुभव करूंगा ?" प्यार से स्वामीजी ने उत्तर दिया, "मैं तुम्हें बता चुका हूँ कि दूसरों के कल्याण

---

25. "धार्मिक अनुभव संसार की भलाई करते हैं। लोग डरते हैं कि जब वे उसे पाते हैं, यह अनुभव करते हैं कि वह मात्र एक है तब प्रेम के फव्वारे सूख जायेंगे, जीवन से हर चीज चली जायेगी, और जिस सबको वह प्यार करते हैं वह लुप्त हो जायेगा ... । लोग यह सोचने के लिए नहीं रुकते कि जिन्होंने अपनी वैयक्तिकता पर कमसे कम ध्यान दिया, वे संसार के सबसे महान कर्मी थे। मनुष्य तभी प्यार करता है जब वह देखता है कि उसके प्रेम का पात्र मिट्टी का लोंदा नहीं ... स्वयं सच्चा ईश्वर है। पति पत्नी से प्रेम करेगा ... माँ बच्चों से उस समय अधिक प्यार करेगी जब बच्चों को स्वयं भगवान समझेगी ... वह मनुष्य अपने सबसे प्रबल शत्रु से प्रेम करेगा ... ऐसा मनुष्य संसार पलटनेवाला बन जाता है जिसके लिए उसका क्षुद्र अहं मर गया है और उसकी जगह ईश्वर खड़ा है ... यदि स्त्री पुरुषों का लाखवाँ अंश कुछ मिनटों के लिए बैठ कर कहे, "हे मनुष्यो, पशुओ और जीवित प्राणियो तुम सब ईश्वर हो, तुम सब एक जीवंत देवता की अभिव्यक्ति हो।" आधे घंटे में सारा संसार बदल जायेगा।" (The Real and Apparent Man)

के लिए सोचते हुए, उनकी सेवा करते हुए, तुम इस कार्य से अपना हृदय शुद्ध करोगे, इससे तुम्हें आत्म दर्शन होगा जो समस्त जीवित प्राणियों में प्रविष्ट है। फिर तुम्हारे लिए और अधिक क्या पाना रह जायेगा ? क्या तुम समझते हो कि आत्मानुभव का अर्थ एक दीवार या काठ के टुकड़े की तरह निष्क्रिय रहना है ?''[26]

पुनः शिष्य ने आग्रह किया, ''फिर भी जैसा शास्त्रों ने कहा है कि अहं को अपने अन्दर समेटने का अर्थ है मन के कार्यों और सब काम को रोकना।'' स्वामीजी ने कहा, ''ओह ! वह बहुत विरल अवस्था है, जिसे पाना मुश्किल है और वह ज्यादा देर नहीं टिकती। फिर तुम अपना बाकी समय कैसे बिताओगे ? इसलिए इस अवस्था को प्राप्त करने के बाद संत अपनी ही आत्मा को अन्य सब प्राणियों में देखता है, और इस ज्ञान से सम्पन्न वह अपने को उनकी सेवा में लगाता है। इस प्रकार वह सब कर्म करता है जिसे उसके शरीर को करना बाकी है। इस अवस्था को शास्त्र जीवन-मुक्ति बताते हैं।''[27]

एक पुरानी पारसी कहानी बड़े सुन्दर ढंग से उस आनन्द की स्थिति को बताती है जिसमें ज्ञान द्वारा मुक्त मनुष्य अपने तथा औरों को इतनी सहजता से देता है कि वह सब कुछ भूल जाता है।

एक प्रेमी अपनी प्रेमिका के द्वार पर आया। उसने पूछा, ''बाहर कौन है ?'' प्रेमी ने कहा, ''यह मैं हूँ।'' द्वार नहीं खुला। वह दुबारा आया और बोला, ''मैं यहाँ हूँ।'' द्वार बंद रहा। तीसरी बार अन्दर की आवाज ने पूछा, ''ठहर कौन है ?'' उसने उत्तर दिया, ''प्रिये मैं तुम हूँ।'' और द्वार खुल गया।[28] किंतु यह सुन्दर कथा जिसका सौन्दर्य विवेकानन्द ने औरों से अधिक सराहा, प्रेम का निष्क्रिय आदर्श है जो जन नेता की वीर ऊर्जा को थामने में समर्थ नहीं है। हम देख चुके हैं कि उन्होंने भक्तों के लोभी आनन्द की कितनी निर्दयता से बारंबार निन्दा की है। उनके लिए प्रेम करने का अर्थ था सक्रिय होकर प्रेम करना, सेवा और सहायता करना। और प्रिय पात्र को चुनना नहीं है, किंतु जो कोई भी पास है, चाहे वह कोई भी, शत्रु तक भी, जो तुम्हारी पिटाई कर रहा है, या दुष्ट या अभागा, ऐसे विशेष व्यक्तियों को उनकी आवश्यकता सर्वोपरि है।[29]

---

26. मैंने वार्तालाप को संक्षिप्त कर दिया है।

27. Vol. VII of Complete Works p. III और आगे।

28. विवेकानन्द द्वारा उद्धृत Practical Vedanta पर दूसरा भाषण।

29. तुम्हें याद नहीं कि बाइबिल क्या कहती है, ''यदि तुम अपने भाई को जिसे तुमने देखा है, प्यार नहीं कर सकते हो तो तुम भगवान को कैसे प्यार करोगे जिसे तुमने नहीं देखा है ? मैं उस दिन तुम्हें धार्मिक कहूंगा जिस दिन से स्त्री-पुरुषों में भगवान देखने लगोगे, और तब तुम इसका अर्थ समझ सकोगे कि जब तुम्हारे दांये गाल पर कोई मारे तो तुम उसकी तरफ बांया

उन्होंने मध्यमवर्ग के एक ऐसे युवा से जो अपने को घर में बंद कर शांति पाना चाहता था, कहा, "मेरे बच्चे, पहले तुम अपने कमरे के द्वार खोलो और तुम्हें देखने को मिलेंगे तुम्हारे घर के पड़ोस में दुःखी लोग। तुम उनकी यथाशक्ति सेवा करो। एक बीमार है, तुम उसकी सेवा करोगे। दूसरा भूखा मर रहा है, तुम उसे खिलाओगे। तीसरा अज्ञानी है, तुम उसे सिखाओगे। अगर तुम शांति चाहते हो, दूसरों की सेवा करो। मुझे सिर्फ यही कहना है।"[30]

हम उनकी शिक्षा के इस पक्ष पर पर्याप्त बल दे चुके हैं और अब इस पर अधिक नहीं कहेंगे।

किंतु एक अन्य पक्ष है, जिसे नहीं भूलना चाहिए। प्रायः योरोपीय विचार में "सेवा करने" का अर्थ स्वैच्छिक आत्म-अवमानना और दीनता है।" यह पर्सिफल में कुंड्री का "डाइनन, डाइनन" है। विवेकानन्द के वेदांत में यह बिल्कुल नहीं है। सेवा करना, प्यार करना, जिसकी सेवा की जाये और जिससे प्यार किया जाये उसके बराबर होना है। यह आत्म हनन से कहीं दूर है। विवेकानन्द ने उसे सदा जीवन की पूर्णता माना। "मैं नहीं तू" ये शब्द आत्महत्या न दर्शाकर, विस्तृत साम्राज्य की विजय के द्योतक हैं। और यदि हम अपने पड़ोसी में भगवान को देखते हैं, वह इसलिए कि हम जानते हैं कि भगवान हमारे में है। वेदांत की ऐसी प्रथम शिक्षा है। वह यह नहीं कहता, "जमीन पर नाक रगड़ो।" यह कहता है, "अपना सिर ऊँचा उठाओ, क्योंकि तुममें से प्रत्येक अपने भीतर ईश्वर को ले जा रहा है। उसके योग्य बनो ! उस पर गर्व करो !" वेदांत बलवान की रोटी है। यह दुर्बल से कहता है, "कोई दुर्बल नहीं है, तुम दुर्बल हो, क्योंकि तुम दुर्बल होना चाहते हो।"[31] पहले अपने पर विश्वास करो। तुम

गाल बढ़ा दो।" (Practical Vedanta, Complete Works Vol. II) टालस्टाय के अंतिम दिनों के Journal में भी यही विचार व्यक्त हुए।

30. पश्चिम से 1897 में लौटने पर। "समस्त कल्याण का आदर्श-वाक्य मैं नहीं है, बल्कि तू, कौन परवाह करता है कि स्वर्ग या नरक है। कौन परवाह करता है आत्मा है या नहीं, कौन परवाह करता है अपरिवर्तनीय ईश्वर है या नहीं ? यहाँ संसार है, दुखों से भरपूर। बुद्ध की तरह उसके बाहर निकलो, इसे कम करने के लिए संघर्ष करो या मरो। अपने को भूल जाओ, यह पहला सबक सीखना है, चाहे तुम नास्तिक हो या आस्तिक, अज्ञेयवादी हो या वेदांती, ईसाई या मुसलमान।" (Practical Vedanta IV)

31. "जैसे ही तुम कहते हो, मैं शुद्ध मरणशील प्राणी हूँ, तुम ऐसी बात कह रहे हो जो सच नहीं है, तुम अपने को झूठा बना रहे हो, तुम अपने को एक दुष्ट, दुर्बल और दरिद्र प्राणी के रूप में सम्मोहित कर रहे हो।" (Practical Vedanta I) देखिए शरत्चन्द्र के साथ

स्वयं ईश्वर का प्रमाण हो ।[32]

"तुम वही हो ।" तुम्हारे रक्त की प्रत्येक धड़कन इसे गाती है । और विश्व अपने असंख्य सूर्यों सहित एक आवाज से यह शब्द दोहराता है, "तुम वही हो ।" विवेकानन्द गर्व से घोषणा करते हैं, "वह जो अपने पर विश्वास नहीं करता वह नास्तिक है ।"[33]

किंतु फिर आगे जोड़ देते हैं, "किंतु यह स्वार्थमय विश्वास नहीं होना चाहिए ... इसका अर्थ है सबमें विश्वास, क्योंकि तुम ही सब हो । अपने से प्यार करने का अर्थ है, सब से प्यार, क्योंकि तुम सब एक हो ।"[34]

यह विचार ही उनके आचारशास्त्र की बुनियाद है । "एकता ही सच्चाई की कसौटी है । प्रेम सत्य है और घृणा मिथ्या है, क्योंकि घृणा से बहुलता उत्पन्न होती है । यह विश्रृंखलात्मक शक्ति है ।"

प्रेम तब सामने आता है ।[35] किंतु यहाँ पर हृदय का धड़कना है, रक्त प्रवाह है, बिना इसके शरीर के अंग निकम्मे हो जायेंगे । प्रेम में अभी भी शक्ति निहित है ।

इस तरह हर एक चीज का आधार है, दिव्य शक्ति । यह सब चीजों में हैं, और

अंतिम साक्षात्कार, "अपने से कहो, मैं शक्ति से पूर्ण हूँ, मैं आनन्द ब्रह्म हूँ" ... ब्रह्म उनमें जागृत नहीं होता जिन्हें स्वाभिमान नहीं है ।"

32. "तुम यह कैसे जानते हो कि अमुक पुस्तक सत्य सिखाती है ? क्योंकि तुम सत्य हो और उसे अनुभव करते हो ... तुम्हारा ईश्वरत्व ही स्वयं ईश्वर की साक्षी है ।" (Practical Vedanta I)

33. बोशी सेन ने मुझे ये वीरतापूर्ण शब्द उद्धृत किए जो विवेकानन्द के धर्म की व्याख्या करते हैं — जो ईसाइयत की इस अवधारणा कि हमें अगले जन्म में स्वर्ग पाने के लिए यहाँ नरक भोगना चाहिए के विरोध में कहे गये थे ।

"मैं ऐसे ईश्वर पर विश्वास नहीं करता जो स्वर्ग में मुझे अनंत सुख देगा, पर जो यहाँ मुझे रोटी नहीं दे सकता !"

ईश्वर के संबध में महान भारतीय धर्म की यह निर्भयता नहीं भुलाई जा सकती । पश्चिम जो पूर्व को निष्क्रिय बताता है, देवत्व के विषय में वह उससे कहीं ज्यादा निष्क्रिय है । यदि भारतीय वेदांती की भाँति ईश्वर मेरे में है तो मैं संसार का अपमान क्यों सहूँ ? नहीं, तब मेरा काम है मैं उसका अंत करूँ ।

34. Practical Vadanta—I

35. बुद्धि को यहाँ दूसरा स्थान दिया गया है । "बुद्धि आवश्यक है, किंतु यह सड़क सफाई करने वाली पुलिसमैन है," और यदि इस पर प्रेम की वर्षा नहीं होगी, सड़क खाली पड़ी रहेगी । और फिर वेदांती ने शंकर और Imitation of Christ को उद्धृत किया ।

सब मनुष्यों में है । यह वृत के केंद्रों में है और परिधि के सब बिन्दुओं पर है । और दोनों के बीच प्रत्येक त्रिज्या उसे फैलाती है । जो ड्योढ़ी में घुसता और फंस जाता है, वह आग की लपटों में फेंक दिया जाता है, किंतु जो केंद्र तक पहुँच जाता है, वह सौ गुणी शक्ति लेकर लौटता है, और वह जो ध्यान में इसे अनुभव करता है, वह फिर इसे कर्म में भी अनुभव करेगा ।[36] देवता इसके अंश हैं । ईश्वर ही सब कुछ है । जिसने ईश्वर का दर्शन कर लिया है, वह सबके लिए जीता है ।[37] ध्यान के हृदय में हम प्रेम और कार्य

---

36. यहाँ पुनः ईसाई रहस्यवाद इन्हीं परिणामों पर पहुँचता है । ईश्वर से साक्षात्कार के बाद, जीवन की अपनी अन्य क्रियाओं के संचालन में आत्मा कभी इतना मुक्त नहीं होती कि वह उनमें से किसी का भी उल्लंघन न करे। इस प्रवीणता का सबसे पूर्ण उदाहरण सत्रहवीं शती की तुरांगेल, फ्रांस की संत थरेजा, मैडम मार्तिन — मेरी आफ दि इनकार्नेशन हैं, जिन पर एबे ब्रिमोंद ने अपनी स्मरणीय रचना "फ्रांस में धार्मिक भावना के इतिहास", खंड ५-में, विशेषकर अध्याय 5 La Vie intense des Mystiques में (लगभग आधे खंड में) सुन्दर पृष्ठ लिखे हैं । यह महान आत्मा, मूलतः ईसाई वातावरण में रामकृष्ण की भाँति ईश्वर-प्राप्ति की समस्त अवस्थाओं में से गुजरी : भाव, प्रेम, बुद्धि (बौद्धिक अंतर्दृष्टि की उच्चतम अवस्था) से, ईश्वरीय सम्पर्क को बिना एक क्षण खोये उतरकर व्यवहारिक कर्म तक आई । उन्होंने अपने से कहा :

"आत्मा और ईश्वर में अत्यंत अंतरंग मिलन द्वारा दिव्य साक्षात्कार हुआ ... यदि व्यक्ति को जरूरी काम है तो वह जो ईश्वर उसके भीतर कार्यरत था, उसे निरंतर प्रगाढ़ता से संजोयेगा । वही उसे आराम देगा, क्योंकि इन्द्रियाँ व्यस्त और दूसरी तरफ लगी थीं, आत्मा मुक्त थी ... निष्क्रिय प्रार्थना की तीसरी अवस्था सर्वोच्च है ... तब इन्द्रियाँ इतनी स्वतंत्र हो जाती हैं कि आत्मा जो इस तक पहुँच गई है, बिना किसी काम से जो उसके लिए जरूरी है ध्यान बंटाये, उसे कर सकता है ... आत्मा की गहराई में ईश्वर चमकता है ।"...

उसके पुत्र डान क्लाड ने जो स्वयं संत था लिखा :

"चूँकि बाहरी कर्म उसके आंतरिक साक्षात्कार में तनिक भी बाधा नहीं डालता, इस प्रकार आंतरिक मिलन उसके बाहरी कर्मों को नहीं रोकता । मार्था और मेरी अपने कार्यों में पूरी संगति रखती थीं, एक का ध्यान दूसरे के कार्य में बाधक न था ।"

मैं अपने भारतीय मित्रों (तथा उन योरोपियनों से जो इस खजाने से अपरिचित हैं) से आग्रह करूंगा कि वे इन ग्रंथों का सावधानी से अध्ययन करें । मेरे विचार से मनोवैज्ञानिक विश्लेषण की प्रतिभा और रहस्यवाद से संयुक्त गहन अंतर्दृष्टि का ऐसा संगम, जैसा कि लौयर की घाटी के लूई १३ वें के समय के मध्यमवित्त संत में मिलता है, सर्वथा असाधारण है ।

37. रामकृष्ण मिशन के वर्तमान अध्यक्ष स्वामी शिवानन्द ने अपने अध्यक्षीय भाषण में यह कहा (अप्रैल, 1926) ।

करने के लिये कर्म में श्रद्धा और सुख, अपने दैनिक जीवन की व्यवस्था के लिए आवश्यक ऊर्जा पाते हैं। किंतु प्रत्येक कर्म असीम तान से स्थानांतरित हो जाता है। अतिशय कर्म के मूल में अनंत शांति विराजती है[38] और आत्मा साथ-साथ जीवन संघर्ष का आस्वाद लेती है, और फिर जीवन संघर्षों से ऊपर तिरती है। सर्वोच्च संगति, गीता और हेराक्लिटस का आदर्श उपलब्ध हो जाता है।

"विसंगतियाँ बुनती हैं सुन्दर स्वर-संगति को।"

38. यदि उच्चतम प्रकाश का उद्देश्य व्यक्ति की आत्मा और सार्वभौम आत्मा के भेद को समाप्त करने से कम कुछ नहीं है तब ब्रह्म सर्वत्र व्याप्त है। इसका सहज निष्कर्ष है कि साधक का उच्चतम आध्यात्मिक अनुभव सबके कल्याण के लिए उसेका उदात्त आत्म-समर्पण है। वह अपनी बाधाओं को पार कर, जो अज्ञान का परिणाम हैं, अंतिम दिव्य बलिदान कर अपने को विश्व में आविष्ट कर लेता है।

4

मानवता का नगर

विवेकानन्द की रचनात्मक प्रतिभा को दो शब्दों — संतुलन और समन्वय में संजोया जा सकता है । उन्होंने आत्मा के सब पथों, अपनी पूर्ण समग्रता में चार योगों को, त्याग और सेवा, कला और विज्ञान, धर्म और कर्म को, सर्वाधिक आध्यात्मिकता से सर्वाधिक व्यावहारिकता तक को ग्रहण किया। प्रत्येक पथ जो उन्होंने सिखाया, उसकी अपनी सीमाएं थीं, किंतु वे उन सबसे गुजर चुके थे और सबको ग्रहण कर चुके थे । चार घोड़े वाले रथ की तरह वे सत्य की चार लगामों को साधे, सबके साथ एकता[1] की ओर अग्रसर थे । वे समस्त मानवीय ऊर्जा के समन्वय के मूर्तिमान आदर्श थे । किंतु यह सूत्र विवेकी की असाधारण बुद्धि भी न ढूंढ़ पाती, यदि उन्होंने स्वयं इसे अपनी आंखों से रामकृष्ण के शांतिमय व्यक्तित्व में न देखा होता। देवसम गुरु ने जीवन की सब विसंगतियों को मोजार्त की स्वर-संगति के समान, समृद्ध, मधुर दैवी संगीत का रूप दे दिया था । इसलिए महान शिष्य का कार्य और विचार रामकृष्ण के ही चिह्न से आगे बढ़ा।

"ऐसे व्यक्ति के जन्म का अनुकूल समय था, जिसके एक शरीर में शंकर जैसी प्रतिभाशाली बुद्धि तथा चैतन्य जैसा विस्तृत असीम हृदय था । जो हर पंथ में एक ही भावना और हर प्राणी में एक ही ईश्वर को देखते थे, जिनका हृदय दीन दुर्बल के लिए भारत के भीतर, बाहर संसार के प्रत्येक व्यक्ति के लिए क्रंदन करता था, और साथ ही जिनकी प्रतिभाशाली बुद्धि ऐसे विचारों की कल्पना करती थी, सिर्फ भारत को ही नहीं भारत

---

1. उनके इस स्पष्ट गुण ने रामकृष्ण को प्रभावित किया और बाद में गिरीश घोष ने उनके बारे में शिष्यों से कहा "तुम्हारा स्वामी जितना ज्ञानी और पंडित है उतना ही ईश्वर और मानवता का प्रेमी है ।" उसने योग के चार प्रकारों को— भक्ति, कर्म, ज्ञान और राज को सिद्ध किया और उनके बीच संतुलन स्थापित किया है ।

के बाहर के विरोधी सम्प्रदायों को भी समन्वित करती थी और उनमें अद्‌भुत सामंजस्य स्थापित करती थी ... समय अनुकूल था, यह आवश्यक था कि ऐसा मनुष्य जन्मे ... और मेरा सौभाग्य था कि मैं उनके चरणों में बैठा। वे उपनिषद् की जीवित आत्मा थे भारतीय ऋषियों की उपलब्धि थे, आज के युग के ऋषि थे ... समन्वय थे।"[2]

विवेकानन्द चाहते थे कि यह समन्वय जो कि एक विशेषाधिकारी प्राणी में फलीभूत हुआ और जिसका आनन्द कुछ चुनी हुए आत्माओं ने लिया, समस्त भारत और विश्व तक विस्तीर्ण हो। वहीं पर उनका साहस और मौलिकता है। हो सकता है उन्होंने कोई एक भी नया विचार पैदा न किया हो : वह मूलतः भारत के गर्भ की संतान थे, अनेकों में एक अंडा थे जिसे अथक रानी चींटी ने युगों में छोड़ा था...किंतु उसकी विभिन्न चींटियों ने मिल कर कभी बाँबी नहीं बनाई। उनके पृथक विचार बेमेल दीखते थे, जो रामकृष्ण के अवतरण के बाद स्वरसंगति में प्रकट हुए। इस प्रकार उनकी दिव्यता विवेकानन्द के रूप में उद्‌घाटित हुई।[3] और वे स्वर्ण कंक्रीट की बुनियाद पर मानवता नगर के निर्माण के लिए रवाना हुए।

किंतु उन्हें केवल नगर ही नहीं बनाना था, बल्कि उसके निवासियों की आत्मा का भी निर्माण करना था।

भारतीय प्रतिनिधि जो उनके विचारों के अधिकारी विद्वान हैं, उन्होंने स्वीकार किया है कि वे इस संरचना में पश्चिम* के आधुनिक अनुशासन और संगठन तथा साथ ही प्राचीन भारत के बौद्ध संगठन से प्रभावित थे।[4] उन्होंने एक धर्म संघ की योजना

---

2. Sages of India पर भाषण। मिलाइए Vedanta in its Application to Indian life (अमरीका से लौट कर) भाषण तथा Vedanta in all its Phases (कलकत्ता) जिससे मैंने कुछ वाक्य लिए हैं और उन्हें मूल पाठ में जोड़ा है।

3. "मुझे ऐसे मनुष्य के साथ रहने का अवसर मिला जो प्रबल द्वैतवादी, अद्वैतवादी, प्रबल भक्त और प्रबल ज्ञानी था। इस मनुष्य के साथ रहने से मेरे मन में उपनिषद और शास्त्रों को स्वतंत्रता और बेहतर आधार पर, न कि टीकाओं का अन्धानुकरण कर, समझने का विचार दिया ... मैं इस निष्कर्ष पर पहुंचा कि ये सब पाठ परस्पर विरोधी नहीं हैं ... और ये अद्वैत विचारों के अलंकरण से समाप्त होते हैं। मैंने उस समन्वय को देखा है जो भारतीय धर्मों के पीछे है और दो व्याख्याओं की आवश्यकता को समझता है — जैसे कि ज्योतिष के भू-केन्द्रित और सूर्य-केन्द्रित सिद्धांत।" (The Vedanta in Its Application to Indian Life मिलाइए The Vedanta in all Its Phases)

* केवल रूप, वह भी कुछ हद तक — प्रकाशक

4. वेद का भी यही आदर्श हैः "सत्य एक है, उसे लोग भिन्न नाम देते हैं।"

कल्पित की जिसका केन्द्रीय मठ, मातृ-गृह सदियों तक "रामकृष्ण के भौतिक शरीर" का प्रतिनिधित्व करेगा ।[5] इस मठ का लक्ष्य दोहरे उद्देश्य को पूरा करना था, मनुष्यों के लिए वह साधन जुटाना जिससे वे अपनी मुक्ति प्राप्त कर सकें, जिससे वे संसार की प्रगति और दशा को सुधारने के लिए अपने को तैयार कर सकें । दूसरा मठ स्त्रियों के लिए इसी उद्देश्य को पूरा करने के लिये था । इन दोनों का समस्त विश्व में प्रचार करना था, क्योंकि स्वामीजी की यात्राओं और उनकी सार्वभौम शिक्षा ने उनमें यह विश्वास पैदा किया था कि आज के समय में मानवता की आकांक्षाएं सार्वभौम रूप से एक हैं । प्राचीन भारत के लिए वह दिन आ गया जब वह अपने प्राचीन मिशन को पूरा करे । किंतु अतीत के ईश्वर के चुने हुए लोगों से भिन्न, जिन्होंने अपने कर्तव्य को संकीर्ण साम्राज्यवाद के अर्थों में समझा जिसमें यह निहित था कि वे अपनी एकरूप कसी टोपी क्यों दूसरों पर थोपें । पर वेदांती मिशनरी अपने नियमों के अनुसार, प्रत्येक व्यक्ति के सहज धर्म का आदर करता है । वे मनुष्य में आध्यात्मिकता जगाना चाहते थे, उनके अपने तरीकों से जो उनके लिए सर्वोपयुक्त हैं, जो उनकी आवश्यकताओं के सर्वाधिक अनुरूप हैं, व्यक्तियों और राष्ट्रों का मार्गदर्शन करते हैं । इसमें कोई ऐसी बात नहीं जिस पर किसी गर्वीले राष्ट्रवाद को आपत्ति हो । किसी राष्ट्र से यह नहीं कहा गया कि वह अपने मार्ग को त्यागे ।[6] उससे कहा गया है कि वह अपने में विद्यमान ईश्वर को पूर्णतः और उच्चतम अंश तक विकसित करे ।

लेकिन टालस्टाय की भाँति विवेकानन्द ने भी देखा कि मनुष्य का प्रथम कर्तव्य उसके पड़ोसी, अपने लोगों के प्रति है । टालस्टाय के विचार उसकी सहज समझ और दयालु स्वभाव की उपज थे और विवेकानन्द उनसे अनभिज्ञ थे । इस पुस्तक के पृष्ठों में उनमें अवतरित भारत का कम्पन बारंबार व्यक्त है । उनकी सार्वभौम आत्मा मानव आत्मा में प्रतिष्ठित थी : और उसमें मूक शरीर को हुआ तनिक सा भी कष्ट सारे पेड़ को प्रभावित करता था ।

वे स्वयं राष्ट्र की एकता के मूर्त रूप थे जिसमें सैकड़ों पृथक राष्ट्र समाए हैं, प्रत्येक राष्ट्र जो जातियों और उपजातियों में बंटा है, वह एक ऐसे रोगी व्यक्ति जैसा है जिसका रक्त जमने के लिए बहुत पतला है — और उनका आदर्श था विचार और कर्म की

---

5. स्वामी शिवानन्द के अनुसार, ये वही विचार हैं जिन्हें मठ के वर्तमान अध्यक्ष शिवानन्द ने उद्धृत किया है और क्राइस्ट के चर्च से उनकी कल्पना की समानता स्पष्ट है ।

6. हमें राष्ट्र के गुणों को कभी अलग करने की नहीं सोचना चाहिये, चाहे यह भी सिद्ध किया जा सकता हो कि उसके चरित्र में कुछ दोष थे । (विवेकानन्द 1889-90)

एकता । उनकी महानता इस तथ्य में निहित नहीं है कि उन्होंने उसकी एकता को तर्क से सिद्ध किया, बल्कि प्रबोधन के क्षणों में भारत के हृदय पर उसकी छाप छोड़ी । उन्होंने हृदयग्राही शब्दों और ज्वलित वाक्यों को पकड़ कर उन्हें अपनी आत्मा की भट्ठी में जला और पीट कर ऐसी शक्ति दी कि उसने हजारों को बींधा । वह प्रसिद्ध वाक्यांश जिसने सबसे गहरा प्रभाव छोड़ा था — दरिद्रनारायण "... अकेला ईश्वर जो जीवित है, अकेला ईश्वर जिस पर मैं विश्वास करता हूँ ... मेरा ईश्वर दीन हीन, मेरा ईश्वर सब जातियों के दरिद्रगण हैं ।" यह कहना उचित होगा कि उन्होंने भारत की नियति को बदला और उनकी शिक्षा सम्पूर्ण मानवता में गूँजी । पिछले दो दशकों में भारत में घटित उल्लेखनीय घटनाओं में इसका जलता निशान उस भाले के वार की तरह है जिसने सूली पर मानव पुत्र को बेधा था, देखा जा सकता है ।

भारतीय राष्ट्रीय कांग्रेस की स्वराज पार्टी ने जब कलकत्ता म्युनिसपैलिटी का चुनाव जीता उसने सामुदायिक विकास का एक कार्यक्रम बनाया जिसे उन्होंने "दरिद्रनारायण" नाम दिया । इन प्रभावशाली शब्दों को गाँधी ने लिया और उनका बार बार प्रयोग किया । एक ही समय पर धार्मिक चिंतन और निम्न वर्ग की सेवा के बीच गठबंधन हुआ । उन्होंने सेवा को दिव्य प्रभामंडल से मंडित किया और उसे धर्म की गरिमा प्रदान की । इस विचार ने भारत की कल्पना शक्ति को बाँध लिया ; और अकाल, बाढ़, अग्नि-कांड और महामारियों के लिए सेवा आश्रम, सेवा समितियां सारे देश में बड़ी संख्या में बनीं जो आज से तीस साल पहले अज्ञात थीं । विशुद्ध ध्यानपरक धर्म पर गहरी चोट की गई । दयालु रामकृष्ण के शब्द जिन्हें मैंने उद्धृत किया, "धर्म खाली पेट के लिए नहीं है ..." में यह शिक्षा निहित है कि लोगों के हृदय में आध्यात्मिकता जगाने की इच्छा को तब तक स्थगित रखना चाहिए जब तक कि उनके पेट न भर जायें । फिर केवल भोजन जुटाना ही काफी नहीं है, उन्हें यह भी सिखाना चाहिए कि वे उसे कैसे पायें और स्वयं उसके लिए कार्य करें । यद्यपि उसने विवेकानन्द की इच्छा के अनुकूल अपने को राजनैतिक दलों से अलग रखा, फिर भी उसमें सामाजिक सुधार का पूरा कार्यक्रम सम्मिलित था । सक्रिय जीवन के बीच भारत के पुरातन संघर्ष का समाधान था । गरीबों की सेवा केवल गरीबों की मदद नहीं करती किंतु वह प्रभावशाली ढंग से उनके मददगारों की भी मदद करती है । पुरानी कहावत के अनुसार, "जो देता है, वह पाता है ।" यदि सेवा को पूजा की सच्ची भावना से किया जाये तो यह आध्यात्मिक प्रगति के लिए प्रभावी साधन है । चूँकि "मनुष्य निस्संदेह ईश्वर का उच्चतम प्रतीक है, और उसकी पूजा पृथ्वी पर सबसे उच्च प्रकार की पूजा है ।"[7]

---

7. मठ के अध्यक्ष शिवानन्द ने 1926 के भाषण में स्मरण कराया ।

"मरने वाले की जान बचाने के लिए, अपना जीवन देना शुरू करो, यही धर्म का सार है।"[8]

इस तरह सदियों के वीरान चिंतन के खिसकते रेत में डूबे भारत का उद्धार वहीं के एक संन्यासी ने किया। परिणाम हुआ कि नीचे दबे रहस्यवाद के सम्पूर्ण सरोवर ने अपने बंधन तोड़ दिए और वह बड़ी लहरों सा फैलने लगा। इस स्रोत से प्रवाहित निर्बंध ऊर्जा के बारे में पश्चिम को जानकारी होनी चाहिए।

विश्व का जागृत भारत से आमना सामना होता है। उसका विश्व शरीर विशाल प्रायद्वीप पर पड़ा हुआ अपने अंगों को फैलाकर अपनी बिखरी शक्तियों को इकट्ठा कर रहा है। पिछली सदी में तीन पीढ़ियों के सूत्रधरों ने इस पुनर्जागरण में जो कुछ भी योगदान दिया हो (इनमें महानतम, प्रसन्नचित्त राममोहन राय को हम प्रणाम करते हैं) निर्णयात्मक तूर्यनाद था उन भाषणों का जो कोलम्बो और मद्रास में दिए गये।

इसका जादुई नारा था एकता। प्रत्येक भारतीय स्त्री पुरुष की एकता (सम्पूर्ण विश्व की भी) आत्मा की समस्त शक्तियों — स्वप्न और क्रिया, तर्क, प्रेम, धर्म, कर्म की एकता। भारत की सौ जातियों, सौ बोलियों, हजारों देवताओं की एकता जिसका स्रोत एक धार्मिक केन्द्र था, वही वर्तमान और भविष्य के पुनर्निर्माण की आधारशिला है।[9] हिन्दुओं के हजारों पंथों की एकता।[10] समस्त धार्मिक चिन्तन के विशाल समुद्र में अतीत और वर्तमान की सब नदियों की, पश्चिम और पूर्व की एकता। यहीं पर रामकृष्ण और विवेकानन्द की और राममोहन राय एवं ब्रह्म समाज की जागृति की भिन्नता है। आज भारत अहंकारी पाश्चात्य सभ्यता की श्रेष्ठता से इनकार करता है, वह अपने विचारों की रक्षा के लिए तैयार है, वह अपनी प्राचीन विरासत को दृढ़ता से अपना चुका है, वह उसके किसी अंश को त्यागना नहीं चाहता, बल्कि चाहता है कि बाकी दुनिया उससे

---

8. 1899 की महामारी में विवेकानन्द द्वारा पंडित से कहे शब्द जिसने यह शिकायत की थी जब वह उनसे मिलने आया तब उन्होंने उससे धर्मचर्चा नहीं की। उन्होंने उत्तर दिया, "जब तक मेरे देश में एक कुत्ता भी मरता है, मेरा सारा धर्म है कि मैं उसे खिलाऊं।"

9. अपने अंतिम क्षण में उन्होंने दोहराया, "यदि वह ईश्वर की खोज के अपने कार्य में लगा रहे तो भारत अमर है। यदि वह राजनीति के लिए इसे छोड़ देता है, वह मर जाएगा।" **प्रथम भारतीय राष्ट्रीय आंदोलन, स्वदेशी आंदोलन ने अपने कार्य को आध्यात्मिक आधार पर प्रतिष्ठित किया और इसके एक नेता अवविन्द घोष ने विवेकानन्द के विचारों के औचित्य को सिद्ध किया।**

10. हिन्दुत्व की एकता की खोज और घोषणा विवेकानन्द के कार्य का प्रमुख और सर्वाधिक मौलिक लक्षण थी।

लाभ उठाए। और बदले में वह पाश्चात्य की बौद्धिक विजयों का आस्वाद ले। अपूर्ण और आंशिक सभ्यता का युग गुजर चुका है। एशिया और योरोप के दो दानव आज आमने सामने बराबरी पर खड़े हैं। यदि वे बुद्धिमान हैं तो वे साथ-साथ काम करेंगे और उनके श्रम का फल सबको उपलब्ध होगा।

यह बृहत्तर भारत, यह नया भारत जिसकी वृद्धि को विद्वानों ने हमसे शुतुरमुर्ग की तरह छिपाया है, जिसके विस्मयकारी परिणाम आज स्पष्ट हैं — रामकृष्ण की आत्मा से सर्जित हुआ है। दो प्रकाशित तारे परमहंस और नायक विवेकानन्द जिन्होंने उनके विचारों को क्रियान्वित किया, भारत की वर्तमान नियति के मार्गदर्शक और नियामक हैं। उसकी उष्ण आभा वह खमीर है जो भारत भूमि के भीतर कार्य कर उसे उर्वर बना रहा है। भारत के वर्तमान नेता : विचारकों के सम्राट, कवियों के सम्राट, और महात्मा — अरविन्द घोष, टैगौर और गाँधी — हंस और गरुड़ के दोहरे संयोग से बढ़े, पुष्पित और फलप्रद हुए हैं। इस तथ्य को अरविन्द और गाँधी ने सार्वजनिक रूप से स्वीकार किया है।[11]

मुझे लगता है कुछ ऐंग्लो-सैक्सन समूहों को छोड़ कर बाकी विश्व जो इससे अनभिज्ञ है इस आश्चर्यजनक आंदोलन से लाभ उठाए। जिन्होंने मेरी इस पुस्तक को ध्यान से पढ़ा है, उन्होंने यह लक्ष्य किया होगा कि भारतीय स्वामी और उनके गुरु के तथा हमारे गुह्य विचारों में कितना घनिष्ट साम्य है। मैं इसका साक्षी हूँ, केवल अपने

---

11. गाँधी ने सार्वजनिक रूप से कहा कि स्वामीजी की पुस्तकों का अध्ययन उनके लिए बड़ा सहायक हुआ। उसने भारत के प्रति उनके प्रेम और समझ को बढ़ाया। उन्होंने रामकृष्ण की जीवनी के अंग्रेजी संस्करण की भूमिका लिखी और वे रामकृष्ण मिशन द्वारा मनाए गये रामकृष्ण-विवेकानन्द के कई वार्षिक उत्सवों में भी शामिल हुए। स्वामी अशोकानन्द ने मुझे लिखा, ''अरविन्द घोष का आध्यात्मिक जीवन रामकृष्ण और विवेकानन्द की शिक्षाओं से बहुत प्रभावित हुआ था। वे विवेकानन्द के विचारों के महत्व को दर्शाने में कभी थकते नहीं थे।''

जहाँ तक टैगोर का संबंध है, उनकी गेटे-सम प्रतिभा भारत की सब नदियों के संगम पर खड़ी है, यह मानना उचित होगा कि उनमें ब्रह्म समाज की दो धाराएँ — उनके पिता महर्षि देवेन्द्र नाथ द्वारा संप्रेषित तथा रामकृष्ण और विवेकानन्द के नये वेदांत का समन्वय हुआ है। दोनों से समृद्ध, दोनों में मुक्त, उन्होंने शांतभाव से अपनी आत्मा में पश्चिम और पूर्व का मेल किया है। यदि मैं गलती नहीं कर रहा हूँ तो 1906 के करीब स्वदेशी आंदोलन के शुरू में और विवेकानन्द की मृत्यु के चार वर्ष बाद उनकी एकमात्र सामाजिक एवं राष्ट्रीय घोषणा इसी समय हुई थी! इसमें संदेह नहीं कि ऐसे अग्रदूत के विचारों ने अवश्य उनके विकास में कुछ योगदान किया होगा।

भरोसे ही नहीं, बल्कि योरोप और अमरीका की उन सैकड़ों आत्माओं के भरोसे जिनका पिछले दो दशकों में मैं बौद्धिक ऋणी रहा हूँ, जिन्होंने मुझे अपना विश्वास दिया है । यह इसलिए नहीं कि हम अनजाने में भारतीय-भावना की छूत ग्रहण करने के लिए पहले से ही तैयार थे, जैसा कि रामकृष्ण मिशन के बहुत से प्रतिनिधि समझते हैं । इस विषय पर स्वामी अशोकानन्द से मेरा मैत्रीपूर्ण विचार-विमर्श हुआ । वे ऐसा मानते थे कि वेदांती विचार विश्व में पहले से ही फैले हुए हैं, बाद में इस निष्कर्ष पर पहुँचे कि आंशिक रूप में इसका श्रेय विवेकानन्द को है । मेरा विचार इससे बिल्कुल उल्टा है । विवेकानन्द का कार्य, विचार, यहाँ तक कि नाम भी सामान्यतः संसार के लिए अज्ञात है (यह कमी जिसे मैं पूरा करने का प्रयास कर रहा हूँ) । और विचारों के प्लावन जो योरोप और अमरीका की जलती धरती से टकराते हैं, उनमें सर्वाधिक जीवनदायी और उर्वर धारा वेदांत की है, वह भी इस प्रकार जैसे मौलियर के पात्र मोशिये जूरदैन की भाषा, जो वे स्पष्ट रूप से बोल रहे थे, वह उनकी जानकारी के बिना ही "गद्य" थी, क्योंकि यही मानव-जाति के विचारों का सहज माध्यम है ।*

तथाकथित मूलतः वेदांती विचार क्या है ? आधुनिक रामकृष्ण वेदांत के सर्वाधिक अधिकृत प्रवक्ता की परिभाषा के अनुसार, इन्हें दो सिद्धांतों में कहा जा सकता हैं : 1. मनुष्य की दिव्यता और 2. जीवन की आधारभूत आध्यात्मिकता । इनसे निम्न तात्कालिक परिणाम निकलते हैं :

1. कि प्रत्येक समाज, प्रत्येक राज्य, प्रत्येक धर्म मनुष्य में छिपी इस सर्वशक्तिमान सत्ता की स्वीकृति पर आधारित है ।

2. फलप्रद होने के लिए समस्त मानव के कार्यकलाप जीवन की आध्यात्मिकता के अंतिम विचार से संचालित और नियंत्रित होने चाहिए ।[12]

इनमें से कोई भी विचार और आकांक्षाएं पश्चिम के लिए अपरिचित नहीं हैं । हमारे एशियाई मित्र हमारे जिन दिवालिया लोगों को देख कर हमारे बारे में राय बनाते है, ये हैं हमारे राजनीतिज्ञ, हमारे व्यापारी, हमारे संकीर्णमना अधिकारी "हमारे भूखे भेड़िये

---

* रोलां की इन और बाद की टिप्पणियों के लिए देखिए The Influence of Indian Thought on the Thought of the West by Swami Ashokananda — प्रकाशक

12. यहाँ मैं स्वामी अशोकानन्द द्वारा मुझे लिखे (सित० 11, 1927) पत्र का सहारा ले रहा हूँ जिसका रामकृष्ण मिशन के घोषणापत्र के रूप में महत्व है । यह मेरे उत्तरों के साथ मिशन की समीक्षा पत्रिका में छपा था ।

जिनका धर्म उनका पेट है," हमारे समस्त औपनिवेशिक कर्मी व्यक्ति और उनके विचार। इससे हमारी आध्यात्मिकता पर संदेह स्वाभाविक है। फिर भी यह आध्यात्मिकता गहरी और असली है और वह महान पाश्चात्य राष्ट्रों की निचली मिट्टी और जड़ों को सींचने से कभी नहीं थमी। यदि उसका शक्तिशाली आध्यात्मिक रस अपने मौन स्रोत से उसे बराबर न सींचता तो योरोप रूपी ओक वृक्ष कभी का तूफानों से गिर गया होता। वे हमें कर्म करने का कौशल देते हैं। किंतु यह अथवा दीर्घकालीन उत्ताप बिना आंतरिक अग्नि के असंभव था — ये आरती के दीप न थे, बल्कि बड़े गढ्ढे थे जिनमें बराबर प्रचंड आग जलती थी। इस पुस्तक के लेखक ने योरोप के "बाजार", ज्वालामुखी की राख और धुंए की कड़ी निन्दा की और परित्याग किया ताकि वह अशेष आध्यात्मिकता के स्रोतों के सम्मान की रक्षा कर सके। (वह कभी बाहरवालों को उनकी उपस्थिति और "बेहतर योरोप" की याद दिलाना नहीं भूला, जो उसे गलत समझे, जो आज मौन बैठी है, 'वह चुप है पर बोलती है।') किंतु उसका मौन धूर्तों के कोलाहल से अधिक मुखर है। भोग और शक्ति का उच्छृंखल उन्माद जो उन्हें सतही भंवरों में नचा रहा है, उसके नीचे एक स्थायी और अचल खजाना है जो त्याग, बलिदान और आत्मा में आस्था से बना है।

जहाँ तक मनुष्य की दिव्यता है, यदि उन पर हम अलग अलग विचार करें तो यह कल्पना संभवतः ईसाइयत या ग्रीक-रोमन संस्कृति की उपज नहीं है।[13] किंतु यह उस ग्रीक-रोमन वीरता की कलम का फल है जो उस बेल पर लगाई गई है जिसका स्वर्ण रस

---

13. स्वामी अशोकानन्द ने मुझे लिखा, "पश्चिम में ऐसे विचार कैसे आए ?"

किंतु स्वामी अशोकानन्द को इस प्रकार उत्तर देना संभव है कि योरोप मात्र ग्रीक-रोमन की ईसाइयत संस्कृति से ही नहीं बना। यह मेडिटरेनियन स्कूल का छल है, जिसे हम नहीं स्वीकारते। उन महान हमलों की जो फ्रांस और मितेल योरोप पर हुए, जिन्होंने वहाँ की भूमि को उर्वर बनाया और पश्चिम की आदि मूलजातियों की उपेक्षा की गई है। मीस्टर ऐकहार्ट की हाखेफुल और महान गोथिकों को भुला दिया गया है।

"ईश्वर ने सब चीजें मेरे माध्यम से बनाई हैं, जब मैं ईश्वर के अतल सागर में खड़ा होता हूँ।" क्या यह घटना पश्चिम की आत्मा में निवास करने वाली इन कौंधनेवाली अंतर्दृष्टियों की अंतर्यामिता को सिद्ध नहीं करती ? ये फिस्टे के साथ पुनः उन्नीसवीं सदी से प्रारंभ होती है, जिसे हिन्दू विचारधारा का तनिक भी ज्ञान न था (Die Anweisung Zum seeligen Leben, 1806) फिस्टे और शंकर के सम्पूर्ण अंशों को साथ साथ रख कर उसकी पूर्ण एकता दिखाई जा सकती है। (देखिए Rudolf Otto की Fichte and the Advaita)।

मानव पुत्र ईसा का रक्त था ।[14] चाहे वह ईसाई अंगूर की बेल और उसके मदिरा बनाने के यंत्र को भूला हो या नहीं, हमारे लोकतंत्रों के वीरतापूर्ण आदर्शवाद ने अपने महान क्षणों में और उनके महान नेताओं ने — इसके स्वाद और सुगंध को बरकरार रखा है ।[15] वह धर्म जिसका ईश्वर योरोप के लोगों को उन्नीस शताब्दियों तक "मानव-पुत्र" के नाम से परिचित रहा, उसके लिए यह कोई आश्चर्य की बात नहीं कि मनुष्य उसके शब्दों पर विश्वास कर स्वयं अपने में दिव्यता का दावा कर बैठे । उसकी शक्ति का नया अहसास और तरुण स्वाधीनता का नशा विज्ञान की आश्चर्यजनक विजयों से और अधिक बढ़ गया, जिसने आधी शताब्दी में पृथ्वी की काया ही पलट दी । बिना भारत की मदद के मनुष्य अपने को ईश्वर समझने लगा ।[16] वह अपनी पूजा करने के लिए नीचे झुकने को तैयार था । अपनी शक्ति को अत्यधिक आंकने की यह स्थिति 1914 तक चली, जिसने इसकी जड़ हिला दी और उसी क्षण से उसके ऊपर भारतीय चिंतन का आकर्षण और प्रभुता खोजी जा सकती है । इसे कैसे समझाया जाये ?

बहुत आसानी से पाश्चात्य मनुष्य को उसके अपने पथों, उसके तर्क, उसके विज्ञान, उसके विपुल संकल्प ने उस चौराहे पर पहुँचा दिया जहाँ उसकी भेंट वेदांत से हुई । वह हमारे समान पूर्वजों, आर्य अर्धदेवताओं का विषय था । और जिस प्रकार बोनापार्ट ने इटली को विजित करने के बाद सारे संसार को अपने पैरों पर पड़ा पाया, उसी प्रकार उन्होंने भी अपनी तरुणाई में ही हिमालय के पठारों से इस जय पथ को देखा था । किंतु उस नाजुक क्षण पर, या जब बलशाली की परीक्षा उनकी प्रतीक्षा में थी (जैसा कि सब देशों के पुराणों में विभिन्न नामों के अन्दर प्रकट हुआ जिसे हमारी गॉस्पल पर्वत पर

---

14. अपने महान धार्मिक विचार के प्रारंभ में मैं पहले ही बता चुका हूँ कि उसके दोहरे स्रोत ग्रीस और यहूदी-ईसाइयत थे — पश्चिम और वेदांत एक समान आधार पर टिके हैं और मेरा विचार महान ग्रीक पद्धतियों और अलेकजेंडरिया की ईसाइयत : टलैटिनस और डेनिस योरोपेजाइट के बीच निकटता दर्शाना है ।

15. सेंट जस्ट जैसे क्रांतिकारियों के महान वचनों पर गास्पल और प्लुटार्क की दोहरी छाप आश्चर्यजनक है ।

16. इस बात की पर्याप्त साक्षी है कि मिशलेट जैसे आदर्शवादी विचारकों को कितना रोमांचक सुख हुआ जब उन्हें भारत में Gospel of Humanity — मानवता के धर्म का विस्मृत पूर्वज मिला, जिसे उन्होंने स्वयं पैदा किया था । मेरे ऊपर भी यही सत्य चरितार्थ होता है ।

मिशलेट ने Gospel of Humanity पुस्तक लिखी, जिससे मैंने रामकृष्ण जीवनी की प्रस्तावना ली है ।

ईसा का प्रलोभन कहती है), पाश्चात्यों ने गलत चुनाव किया। उसने प्रलोभक को सुना, जिसने उसे नीचे के संसार का लालच दिया। उस दिव्यता से जो उसने अपने में मानी, उसने उस भौतिक शक्ति को चाहा जिसे भारत का विवेकशील, जो उसे लक्ष्य तक ले जाने का एकमात्र पथ है, आंतरिक शक्ति का गौण और खतरनाक गुण मानता है।[17] परिणाम यह है कि आज योरोपियन "शागिर्द व जादूगर"[18] अपने को उन प्राकृतिक शक्तियों से दबोचा हुआ पाता है जिन्हें उसने आंख मूंदकर ढीला छोड़ दिया था। उसके पास उसे नियंत्रित करने के मंत्र के अक्षर के अलावा कुछ नहीं है। उसका आत्मा से सरोकार नहीं रहा। अपने भीषण संकट में व्यर्थ ही महान शब्दों के इस मंत्र का उच्चार किया : अधिकार, स्वतंत्रता, सहयोग — जिनेवा या वाशिंगटन की शांति — किंतु ये शब्द खोखले हैं या जहरीली गैस से भरे हैं। उन पर कोई यकीन नहीं करता। जनता विस्फोटकों पर अविश्वास करती है। शब्द अपने साथ बुराइयाँ लाते हैं, और उन्होंने भ्रम को बहुत बढ़ा दिया है। इस समय उस घातक रोग के बारे में गहरी गलतफहमी है जिससे पश्चिम की पूरी पीढ़ी ग्रस्त है, जो इससे लाभ उठाने वाले दुष्टों, धूर्तों को यह बड़बड़ाते सुनती है : "हमारे बाद प्रलय।" किंतु लाखों असंतुष्ट प्राणी अपने को उन चौराहों तक पहुँचा पाते हैं जहाँ उन्हें अपनी बची-खुची स्वतंत्रता और उसके परित्याग के बीच चुनाव करना है। उसमें निहित है कि निरुत्साहित आत्मा मृत व्यवस्था के उपवन में लौट आई है, जहाँ वह कैद होते हुए भी झुंड की गर्मी और चिकनाई से सुरक्षित रहती है — और रात्रि की घनीभूत शून्यता बंदी आत्मा के दुर्ग के बीच उसे ले जाती है, जहाँ वह अभी तक जीवित शक्ति से मिल सके और स्वयं को दुर्ग में दृढ़ता से स्थापित कर सके। यहाँ हम अपने मित्रों, भारत के चिंतकों का हाथ बढ़ा पाते हैं जो हमसे मिलना चाहता है, क्योंकि वे सदियों से यह जानते रहे हैं कि दुर्ग में कैसे जमा जाये और कैसे उसकी रक्षा

---

17. मैं पाठकों को याद दिला दूँ कि इन गुणों और शक्तियों से विवेकानन्द ने इनकार नहीं किया। उन्होंने ईसाई तापसवादियों की तरह इसे छोटा नहीं माना। वस्तुतः उनकी दृष्टि में वह क्षुद्र शांति, दुर्बल शरीर और आत्मा, जिसकी निन्दा करते वे कभी न थकते थे, से श्रेष्ठतर स्थिति है, किंतु वह उस छत से निचली स्थिति है, जहाँ से सारा घर और विस्तृत क्षितिज दीखता है। यह बिना रुके चढ़ने से ही प्राप्त होगा। मैंने जो कुछ राजयोग के विषय में कहा है, उसका हवाला दे रहा हूँ।

18. गेटे की प्रायः उद्धृत प्रसिद्ध कविता का शीर्षक "शागिर्द जादूगर" जो अपने स्वामी की अनुपस्थिति में जादुई शक्तियाँ दिखाना चाहता है, किंतु वह उनका नियंत्रण नहीं कर पाता और स्वयं उनका शिकार बन जाता है।

की जाये, जबकि हम, उनके भाई ने महान आक्रमणों में अपनी शक्ति दुनिया को विजित करने में व्यर्थ ही गंवा दी। हमें रुककर सांस लेने दो, हमें अपने घाव चाटने दो । हमें अपने हिमालय के नीलकंठ के घोंसले में लौटने दो । वह हमारी प्रतीक्षा में है, क्योंकि वह हमारा है । योरोप के पक्षियो, हमें अपने असली स्वभाव को त्यागने की जरूरत नहीं । हमारा असली स्वभाव घोंसले में है, जहाँ से हमने एक बार उड़ान भरी थी । यह उनके भीतर है जो अपनी परम आत्मा की कुंजी को सुरक्षित रखना जानते हैं । हमें महान आंतरिक सरोवर में अपने अंगों को आराम देना है । इसके बाद मेरे साथी यदि तुम चाहोगे तो ज्वार उतर जाने पर तुम्हारी मांस-पेशियों में शक्ति आने पर, तुम पुनः अपने आक्रमण शुरू कर दोगे । नये चक्र को शुरू होने दो, यही नियम है । किंतु नई उड़ान शुरू करने से पहले यह ऐंटीअस की तरह धरती को छूने का क्षण है । इसका आलिंगन करो । अपने मन को अपनी माँ को लौटाओ ! उसका दूध पीओ । उसके स्तन अभी भी संसार की सब जातियों को पोषण दे सकते हैं ।

समस्त योरोप में बिखरे आध्यात्मिकता के खंडहरों में हमारी भारत माता तुम्हें अपनी राजधानी की नीवों की खुदाई की शिक्षा देगी । उसके पास "शिल्पी गुरु"[19] की आकलन और योजनाएँ हैं । आओ हम अपनी सामग्री से अपने घर का पुनर्निमाण करें ।

19. मास्टर क्रैफ्टमैन शब्द गोथिक कैथिडरल के वास्तुविदों के लिए प्रयोग हुआ था ।

5

केनम गुफा

मेरा यह छिपाने का इरादा नहीं है कि भारत द्वारा दी गई महान शिक्षा खतरों से खाली नहीं है । इस तथ्य को जानना जरूरी है । आत्मा का विचार ऐसी तेज शराब है जिससे दुर्बल मस्तिष्क वालों की बुद्धि ही भ्रष्ट हो सकती है। मैं निश्चित रूप से नहीं कह सकता कि विवेकानन्द तरुणाई के क्षणों में इस विस्फोट के नशे में न थे। उदाहरण के लिए, अपनी किशोरावस्था में हाँकी गई डींगों में, जिसे दुर्गाचरण ने लिपिबद्ध किया और जिन्हें रामकृष्ण ने दुलार से अपने होठों पर व्यंग्यात्मक हास्य के साथ सुना । भक्त नाग महाशय ने ईसाइयत के विनम्र भाव से एक बार कहा, "हर चीज माता की इच्छा से होती है ! वह सार्वभौम इच्छा शक्ति है । वह चलाती है, मनुष्य समझते हैं कि वे चला रहे हैं ।"

किंतु उतावले नरेन ने उत्तर दिया, "मैं तुमसे, तुम्हारी माँ या पिता से सहमत नहीं हूँ । मैं आत्मा हूँ । मेरे अंदर ब्रह्मांड है । मेरे अन्दर वह जन्मा है, तैर रहा है और लुप्त होता है ।"

नाग : "तुम्हारे अन्दर इतनी शक्ति नहीं कि तुम एक काले केश को सफेद कर सको फिर भी तुम ब्रह्मांड की बात करते हो । बिना ईश्वर की इच्छा के घास का एक तिनका नहीं मरता ।"

नरेन : "मेरी इच्छा के बिना सूर्य और चन्द्रमा नहीं घूम सकते । मेरी इच्छा से ब्रह्मांड मशीन की तरह चलता है ।"[1]

---

1. उनके युवा-सुलभ अभिमान पर मुस्कराते हुए रामकृष्ण ने नाग से कहा, "सचमुच नरेन ऐसा कह सकता है, क्योंकि वह नंगी तलवार की तरह है ।" और भक्त नाग माँ के इस तरुण निर्वाचित के सम्मुख नतमस्तक हुए (देखिए The Saint Durga Charan Nag : The Life of an Ideal Householder, 1920) ।

गिरीशचन्द्र घोष ने अपने सहज व्यंग्य से इन दो पहलवानों का विवरण दिया है। महामाया के लिए इन दोनों को रोक पाना बड़ा मुश्किल था । यदि वह नरेन को पकड़ने की

ऐसे अभिमान में मैटामोर[2] की डींगों से बाल भर का फर्क है, फिर भी इसमें जमीन आसमान का फर्क है — क्योंकि ये शब्द जिसने कहे वह विवेकानन्द था, एक बुद्धिवादी नायक जो अपने दुस्साहसी वक्तव्यों को सावधानी से तौलता था। यहाँ कोई मूर्खतापूर्ण आत्मप्रशंसा या एक सिरफिरे अतिमानव का यवनिका उठने से पहले का प्रलाप नहीं है। यह आत्मा वह नहीं है जो मेरे शरीर के क्षणभंगुर जीवन वाले खोल में बंधी है। यह आत्मा मेरे अन्दर है, तुम्हारे अन्दर है, सबमें है, सारे विश्व में है, पहले भी थी और परे भी है। इसे अहं से अलग कर ही पाया जा सकता है। "सब कुछ आत्मा है, यही एकमात्र वास्तविकता है।" इन शब्दों का अर्थ यह नहीं कि तुम, एक मनुष्य सब कुछ हो, बल्कि यह तुम्हारे ऊपर निर्भर है कि तुम अपने बासी पानी के पात्र को बर्फ के स्रोत पर डाल दो जहाँ से जल की सब धाराएं प्रवाहित होती हैं।[3] यह तुम्हारे अंदर है, यदि तुम जानते हो कि पात्र को कैसे त्यागा जाये तो तुम ही स्रोत हो। और इस प्रकार यह परम निःस्वार्थ की शिक्षा है न कि अभिमान की।

निस्संदेह यह सच है कि इसमें आह्लादक शिक्षा है और आत्मा को ऊपर उठाने की प्रेरणा में वह अपने विनम्र प्रारंभ को भूल जाता है, अंतिम उपलब्धि के अलावा कुछ

कोशिश करती तो वह स्वयं को बड़ा और इतना बड़ा बना देता कि उसे बांधने के लिए कोई जंजीर पूरी न पड़ती ... और यदि वह नाग पर अपना कौशल दिखाती, वह अपने को लघु और लघुतर बनाता जाता कि वह जाली में से भी भाग निकलता।"

2. प्राचीन स्पेनी और फ्रेंच सुखांत नाटक का पात्र बिगुलवादक जो काल्पनिक विजयों की डींगें हाँकता है। इसका उस तरुण डींग हाँकनेवाले से भी विचित्र साम्य है जिसने Second Faust में मेफिस्टोफिलीज की रोटी खाई। अभिव्यक्तियाँ प्रायः एक सी हैं जब तक यह याद न रखा जाये कि गेटे संभवतः फिश्टे के gigantische Gefuhl का मजाक बना रहा था, जो घनिष्ट तथा अज्ञात रूप से भारतीय आत्मा के नशे से मिलता-जुलता है।

"इससे पहले संसार नहीं था जब मैंने उसे रचा। यह मैं था जिसने सूर्य को सागर से उगाया। मेरे साथ चन्द्रमा ने अपने बदलते पक्ष शुरू किए। तब मेरे पैरों के नीचे दिन कूदा। पृथ्वी हरित हुई और मेरे सम्मुख खिली। मेरे इशारे पर तारों की भव्यता प्रथम रात्रि को प्रस्फुटित हुई।"

3. मेरे पीछे जो शक्ति है वह विवेकानन्द नहीं, बल्कि वह (ईश्वर) है। वह ईश्वर! (विवेकानन्द का पत्र जुलाई 9, 1897, Life of Swami Vivekananda p. 518)

इस निश्चित सीमा के बावजूद भारत के ब्रह्म समाजियों ने विवेकानन्द के इस दिव्यता के दावे को ईश-निन्दा के रूप में रखा है। देखिए Chap. V, B. Mazoomdar: Vivekananda, The Informer of Max-Muller).

याद नहीं रख पाता और अपने ईश्वरतुल्य पंखों की डींग मारता है।[4]

ऊँची उड़ान की हवा को सावधानी से परखना चाहिए। जब सब देवता पदच्युत हो जाते हैं और आत्मा के अलावा कुछ नहीं बचा रहता, उस स्थिति में चक्कर खाकर गिर जाने की संभावना से सावधान रहो।[5] इसने विवेकानन्द को अपनी चढ़ाई में सावधान किया कि वह जीवात्माओं के उस झुंड को जल्दी में साथ न लें जो अभी अभी खाइयों और दरारों की हवाओं के अभ्यस्त नहीं हैं। वे छोटी छोटी मंजिलों, अपने धर्म की लाठी या अपने युग या देश के आध्यात्मिक सिद्धांत के सहारे उन्हें ऊपर चढ़ने देते थे। पर प्रायः उनके अनुचरों में धैर्य नहीं था और बिना उचित विश्राम और तैयारी के वे चोटी पर पहुँचना चाहते थे। इसलिए इसमें कोई ताज्जुब नहीं कि उनमें से कुछ गिरे, और उनका गिरना स्वयं उनके तथा उनसे नीची अवस्था वाले साधकों — दोनों के लिए खतरनाक था। आंतरिक शक्ति की हठात् अनुभूति से उत्पन्न आनन्दातिरेक ऐसी सामाजिक उथलपुथल पैदा कर सकता है, जिसका प्रभाव और विस्तार पहले से आंकना कठिन है। इसलिए शायद यह अच्छा ही है कि विवेकानन्द और उनके संन्यासी मठ ने अपने को दृढ़तापूर्वक सदा राजनीति से अलग रखा है, यद्यपि भारतीय क्रांतिकारियों ने अनेक बार उनकी शिक्षाओं का आह्वान किया और उनके शब्दों में, आत्मा की सर्वशक्तिमत्ता की शिक्षा दी। सभी महान सिद्धांत सांघातिक रूप से विकृत हो जाते हैं। हर मनुष्य उसे अपने लाभ के लिए तोड़ता-मरोड़ता है, यहाँ तक कि चर्च जो सूदखोरों और परिवर्तन से रक्षा के लिए स्थापित किया गया था, उसे अपने स्वामित्व की दीवारों में बंद कर उस सिद्धांत का गला घोट देता है। किंतु यदि उसकी अपरिवर्तित महानता में उस पर विचार किया जाये तो यह नैतिक शक्ति का भव्य सरोवर है। चूँकि हर चीज हमारे भीतर है, कुछ भी बाहर नहीं, हम अपने विचारों और कर्मों के लिए पूरी जिम्मेदारी लेते हैं, फिर कोई ईश्वर या नियति नहीं रहती जिस पर हम अपनी जिम्मेदारी नीचता से डाल दें। न "भूत

---

4. लोकप्रिय फ्रेंच मुहावरा जो ला फोनटेन की कथा में आता है कि "जे ने अपने मोर के पंख संवारे।"

5. विवेकानन्द की तुलना में रामकृष्ण ने आध्यात्मिक अभिमान के खतरे के बारे में अधिक गंभीर चेतावनियाँ दीं। उन्होंने कहा "यह कहना कि मैं वह ब्रह्म हूँ ... यह समझदारी नहीं। जो भौतिक आत्मा की चेतना को बिना जीते, पहले से यह आदर्श रखता है, उससे इसे बहुत हानि होगी, वह उसकी प्रगति में बाधक होगा और धीरे धीरे वह नीचे गिरेगा। अपनी वास्तविक शोचनीय अवस्था के पूर्ण अज्ञान के कारण वह दूसरों को और अपने को धोखा देता है...।" (The Gospel of Sri Ramakrishna II, Ch. IV p. 67 (1928)

प्रेत'' चाहिए । हममें से हर एक को सिर्फ अपने से भुगतना पड़ता है । उस समय न जहेवा, न यूमेण्डिस और न भूत प्रेत की आवश्यकता रहती है । हर एक अपनी नियति का निर्माता है । वह उसी के कंधों पर टिकी है । वे उसे उठाने में समर्थ हैं । ''मनुष्य ने कभी अपना साम्राज्य नहीं खोया । आत्मा कभी बंधी नहीं रही । यह स्वभाव से स्वतंत्र है । यह कारण से परे है । कोई चीज इस पर बाहर से काम नहीं कर सकती । ... विश्वास रखो कि तुम स्वतंत्र हो और रहोगे ... ।''[6]

जिन नौकाओं की पाल खुली हुई हैं उन्हें चलने वाली मलयानिल पकड़ लेती है और वे अपने मार्ग पर आगे बढ़ती हैं, किंतु जिनके पाल बंद हैं, वे अपने मार्ग पर आगे नहीं जातीं । तो क्या वह हवा का कसूर है ? न मनुष्य, न ईश्वर, न अन्य किसी को संसार में दोष दो ... अपने को दोष दो और बेहतर बनने का प्रयास करो ... सब शक्ति और सहायता जिसकी तुम्हें जरूरत है, तुम्हारे अंदर है । इसलिए अपना भविष्य बनाओ ।[7]

तुम अपने को असहाय, साधनहीन, परित्यक्त और लुटा हुआ समझते हो ? कायरो ! तुम्हारे अपने भीतर ही शक्ति है, आनन्द है, स्वतंत्रता है — सम्पूर्ण असीम सत्ता । तुम्हें सिर्फ उसे पाना है ।[8] तुम इससे ऊर्जा का अजस्र प्रवाह ग्रहण करोगे, जो संसार को सींचने के लिए काफी होगा, पर साथ ही इस प्रवाह के लिए प्यासे संसार की आकांक्षाएं भी ग्रहण करोगे और उन्हें सींचोगे । क्योंकि जो तुम्हारे भीतर है सबके हाथों से काम करता है, सबके पैरों से चलता है । वह ''शक्तिशाली और दीन है, संत है और पापी है, ईश्वर है और केंचुआ है ।'' वह सब कुछ है, वह सबसे ऊपर है, ''सब प्रकार और सब जातियों के दीन दुःखी[9] गरीबों ने ही संसार के सब विशाल कार्य किए हैं।''[10]

यदि हम विस्तृत कल्पना के एक लघु अंश को भी अनुभव करें, यदि संसार के दस लाख स्त्री-पुरुषों में एक व्यक्ति भी बैठकर कुछ मिनट कहें, ''तुम सब ईश्वर हो ... हे

---

6. The Freedom of the Soul, Nov. 1896, Vol II of Complete Works.

7. Jnana-Yoga : "Cosmos" (II Microcosm)

8. सिर्फ एक असीम सत्ता है जो एक साथ सत् चित् आनन्द है और वह मनुष्य का आंतरिक स्वभाव है । यह आंतरिक स्वभाव अपने आप में सदा स्वतंत्र और और दिव्य है (लंदन का भाषण अक्तूबर 1896) और विवेकानन्द ने जोड़ा ''इस बुद्धिवादी धर्म पर योरोप की सुरक्षा निर्भर है ।''

9. जुलाई 9, 1897 का पत्र ।

10. मार्च 11, 1897 कलकत्ता ।

मनुष्यो और जीवित प्राणियो, तुम सब एक जीवित देवता की अभिव्यक्ति हो !'' सारा संसार आधे घंटे में बदल जायेगा । प्रत्येक कोने में घृणा के भयंकर बम फेंकने के बजाय, ईर्ष्या और बुरे विचारों की धाराओं को फैलाने के बजाय, प्रत्येक देश में लोग सोचेंगे कि वही ईश्वर सब कुछ है ।[11]

☆

क्या यह दोहराना जरूरी है कि यह कोई नया विचार नहीं है? इसी में इसकी शक्ति निहित है । विवेकानन्द पहले व्यक्ति न थे (यह विश्वास बचकाना होगा) जिन्होंने मानवीय आत्मा की सार्वभौमता और उसके अनुभव की इच्छा की कल्पना की । किंतु वे पहले व्यक्ति थे जिन्होंने बिना अपवाद या सीमा के इसकी कल्पना की । और उनके लिए यह कहना असंभव था, यदि उनकी आँखों के सामने रामकृष्ण का असाधारण उदाहरण न होता । आज इसकी कमी नहीं जब कभी कभी सम्मेलनों और समितियों तथा महान धर्मों के कुछ अच्छे प्रतिनिधि विभिन्न शाखाओं को मिलाकर एकता की बात करते हैं । इसी के समानांतर साधारण विचारक हैं जिन्होंने इस सूत्र को खोजने का प्रयास किया, जो अनेक बार टूटा और जुड़ा, अंध विकासवाद में चलता हुआ, पृथक प्रयासों को जोड़ता हुआ — तर्क में सफल और असफल — और जिसने बारम्बार शक्ति और आशा की एकता की पुष्टि की जो मानवता की सत्ता में विद्यमान है ।[12]

किंतु इनमें से कोई भी प्रयास, चूँकि ये पृथक-पृथक किए गये (कदाचित यही इनकी असफलता का कारण है) अभी तक उस बिन्दु तक नहीं पहुँचे थे जहाँ वे लौकिक विचार में सर्वाधिक धार्मिक और धार्मिक विचार में सर्वाधिक लौकिक की खाई को पाट सकते । सर्वाधिक उदारमना व्यक्ति भी अपने को पूर्णतः उस मानसिक पक्षपात से पृथक न कर सके जो उन्हें अपने धार्मिक परिवार की श्रेष्ठता का विश्वास दिलाता है — चाहे वह धर्म कितना ही व्यापक और विशाल हृदय क्यों न हो — दूसरों को संदेह की दृष्टि से देखने को बाध्य करता है, क्योंकि वे भी अग्रजाधिकार का दावा करते हैं । मिशिलेट का विशाल हृदय भी यह दावा नहीं कर सकता कि उसने ''न तो झगड़ा किया, न आलोचना की '' : यहाँ तक कि उसने अपनी मानवता की बाइबिल में दो वर्गों का भेद किया : प्रकाश के जन और अंधकार के जन । स्वभावतः उसे अपने पोखर के, अपनी मैडिटरेनियन जाति के लोग अधिक पसंद थे । खुशमिजाज राममोहन राय जब 1928 के

11. Jnana-Yoga : "The Real and the Apparent Man".

12. मिशलेट से अधिक सहृदय व्यक्ति न हुआ होगा ... सार्वभौम समवेत गायन ... मानवजाति की अनन्त एकता ... ।''

लगभग अपने उच्च ''सार्वभौमवाद'' की स्थापना इस उद्देश्य से करने लगे कि वे हिन्दू, मुसलमानों और ईसाइयों को मिला सकें, तो उन्होंने भी आस्तिकता की दीवार खड़ी कर ली — ''एक, एकमात्र परम ईश्वर'' बहुदेववाद का शत्रु । यह पक्षपात अभी भी ब्रह्म समाज में गहरा बैठा है अतः मैं पुनः उसे ढँके रूप में देखता हूँ । टैगोर मंडली के अपने स्वतंत्र विचारकों में तथा धार्मिक सम्मेलन के प्रबल समर्थकों में भी यह स्पष्टतः दिखाई देता है । उदाहरण के लिए, सम्मानित फेडरेशन आप इंटरनेशनल फेलोशिप जो मद्रास में चार-पाँच वर्ष पूर्व स्थापित हुआ जिसमें प्रोटेस्टेंट क्रिश्चियनिटी के निःस्वार्थ एंग्लो इंडियन, शुद्ध हिन्दू धर्म, जैन धर्म और थियोसफी के प्रतिनिधि शामिल हैं : भारत के लोकप्रिय धर्म इससे बहिष्कृत हैं (उल्लेखनीय भूल) और इसकी कई वर्ष की कार्रवाईयों में विवेकानन्द और रामकृष्ण का कहीं जिक्र नहीं है । उसकी यह चुप्पी परेशानी पैदा कर सकती है । मैं इसे समझ सकता हूँ । हमारे तर्क के भक्त योरोपीय भी ऐसा ही करेंगे । तर्क और एक ईश्वर, बाईबिल और कुरान के ईश्वर के लिए एक दूसरे को समझना आसान है, बनिस्बत उन्हें जो अनेक देवताओं को मानते हैं, उन्हें अपने मन्दिर में प्रवेश देना कठिन है । एकतावादी जो लौकिक और धार्मिक व्यक्तिगत एकता में आस्था रखते हैं सिर्फ एकतावादियों को ईश्वर भक्त मानेंगे, किंतु वे एक में बढ़ोतरी बर्दाश्त नहीं करेंगे, क्योंकि यह दुष्कर्म और संकट है । मैं अपने प्रियतम भारतीय मित्रों में भी इस प्रकार का दुखमय विद्रोह पाता हूँ जो महान राममोहन राय की तरह शुद्ध वेदांत और उच्चतम योरोपीय तर्क में पले हैं । उनका विश्वास था कि आखिरकार दीर्घ पीड़ा और विरोध के बाद वे उन्नीसवीं सदी के अंत में पाश्चात्य तर्क के साथ सर्वश्रेष्ठ भारतीय चिंतन को एकीकृत करने में सफल हुए — तत्पश्चात् रामकृष्ण और उनके बिगुलवादक विवेकानन्द मंच पर आये और उन्होंने विशेषाधिकार प्राप्त वर्ग और जनसाधारण से कहा कि वे सब प्रकार के आदर्शों को, यहाँ तक कि उन लाखों चेहरों को जिन्हें वे समझते हैं कि वे विस्मृति के गर्त में डाल चुके हैं, पूजें और प्यार करें ... उनकी निगाहों में यह मानसिक पिछड़ापन था ।

किंतु मेरी निगाह में यह एक प्रगतिशील कदम है, महाद्वीपों को पृथक करने वाले जलडमरुमध्य के ऊपर हनुमान की जबर्दस्त छलांग है ।[13]

---

13. साथ ही मैं नहीं चाहता कि मेरे भारतीय मित्र आध्यात्मिक भावना के समस्त रूपों के व्यापक परिज्ञान की ऐसी व्यवस्था न करें जिसमें निम्नतर से उच्चतम तक, जिसमें निम्न और अल्पविकसित को अधिक अच्छा समझा जाता है । इसमें विपरीत प्रतिक्रिया का खतरा है, जो आस्तिकों और बुद्धिवादियों की शत्रुतापूर्ण और तिरस्कार भावना से भड़की झगड़ालू वृत्ति से

मैंने सब युगों की धार्मिक भावना में इससे अधिक ताजी और ताकतवर चीज नहीं देखी जैसी कि परमहंस के महान प्रेम और विवेकानन्द की बलवान भुजाओं में जिसमें मानवता में विद्यमान सब देवता, सत्य के सब चेहरे, मानव के समस्त स्वप्न आबद्ध हैं। उन्होंने सब विश्वासियों को भ्रातृत्व का महान संदेश पहुँचाया है — सब स्वप्नद्रष्टाओं को, जिनके पास न मत है न स्पष्ट दर्शन, किंतु जो पूरी ईमानदारी से उसकी खोज में हैं, सब सदाशयी लोगों, तर्कवादी, और धार्मिक मनुष्यों को जो महान ग्रंथों या मूर्तियों में विश्वास करते हैं, वे जो कोयला फूँकने वालों की तरह सरल विश्वासी हैं, नास्तिकों और अनुप्रेरित व्यक्तियों, बुद्धिवादियों और निरक्षरों को। यह भ्रातृत्व का अधिकार सिर्फ पहली संतान का नहीं है जिसमें ज्येष्ठाधिकार छोटे भाइयों को वंचित कर देता है, बल्कि वह सबको समान अधिकार और विशेष सुविधाएं देता है।

मैं ऊपर बता चुका हूँ कि "सहिष्णुता" शब्द जो पश्चिम की दृष्टि में (जैसे बूढ़े और कंजूस किसान की) अति भव्य उदारता है, विवेकानन्द की न्याय बुद्धि, गर्वीली कोमलता को आहत करता था, क्योंकि यह अपमानजनक और संरक्षणात्मक रियायत लगती थी, जो बड़ा भाई छोटे को दे जिसे फटकारने का अधिकार है। वे चाहते थे कि लोगों को समानता के आधार पर स्वीकार किया जाये, और सिर्फ "बर्दाश्त" न किया

और भड़कता है। मनुष्य सदा से ही अतियों का जीव है। जब नौका एक तरफ ज्यादा झुक जाती है, वह दूसरी तरफ झपटता है। हमें संतुलन चाहिए। हमें जैसा विवेकानन्द चाहते थे, धार्मिक समन्वय का सच्चा अर्थ स्मरण करना चाहिए। उनकी भावना निश्चय ही प्रगतिशील थी।

"मैं उन सबसे असहमत हूँ जो अपने अंधविश्वासों को मेरे लोगों को दे रहे हैं। मिश्र की सभ्यता के विशेषज्ञ के लिए जैसी दिलचस्पी मिश्र में है, इसी तरह भारत में दिलचस्पी लेना विशुद्ध स्वार्थ है। कुछ लोग अपने ग्रंथों, अपने अध्ययनों और अपने स्वप्नों के भारत को पुनर्जीवित देखना चाहते हैं। मेरी इच्छा है कि उस भारत के सबल पक्षों को ही देखूँ और उन्हें आज के युग के सहज रूप से ही सुदृढ़ बनाऊँ, नई वस्तुस्थिति अन्दर से विकसित होनी चाहिए।" (भगिनी निवेदिता से भारत से योरोप की अंतिम यात्रा में 1899 का साक्षात्कार)

यहाँ अतीत में लौटने का विचार नहीं है। और यदि गुरु के कुछ अंध और अतिशय अनुचर इस विषय पर भ्रम में हैं, तो रामकृष्ण मठ के अधिकृत प्रतिनिधि जो विवेकानन्द की भावना के सच्चे उत्तराधिकारी हैं, कट्टर प्रतिक्रिया की दोनों चट्टानों से बचते हैं। पुराने विचार कंकालों को नया जीवन देने वाली और बुद्धिवादी छद्म-प्रगति है जो भिन्न मनोवृत्ति की जातियों के साम्राज्यवादी औपनिवशीकरण का एक रूप है। वास्तविक प्रगति उस रस की तरह है जो जड़ की तली से ऊपर चढ़कर सम्पूर्ण वृक्ष में जाता है।

जाये । जल भरा बर्तन, चाहे किसी भी शक्ल का हो, उसका जल सदा एक वही ईश्वर रहता है । एक बूँद पूरे समुद्र की भाँति पवित्र होती है । वास्तव में दीनतम और उच्चतम के बीच समानता की घोषणा की और भी अधिक गुरुता है क्योंकि वह उच्चतम, बौद्धिक, कुलीन ने की, जिसका विश्वास था कि अद्वैत धर्म की जिस चोटी पर वह चढ़ा था, वह संसार के सब पर्वतों में सबसे ऊँची थी । वह अधिकारपूर्वक कह सकता था, क्योंकि वह अपने गुरु रामकृष्ण की तरह रास्ते की सब मंजिलों को पार कर चुका था । जबकि रामकृष्ण अपनी इच्छा शक्ति के तप से तल से चोटी तक चढ़े थे, विवेकानन्द ने रामकृष्ण की सहायता से ऊपर से नीचे उतरना और उन सबको एक की आँखों के समान जो इन्द्रधनुष की भाँति उनकी पुतलियों में झलकती हैं, जानना, पहचानना सीखा था ।

किंतु तुम्हें यह नहीं समझना चाहिए कि अनन्त विविधता अराजकता और भ्रम पैदा करेगी । यदि तुमने विवेकानन्द की योग की शिक्षाओं को पूरी तरह आत्मसात कर लिया है, तब तुम सब तरफ से अध्यारोपित अभिकल्पनाओं, सुन्दर परिदृश्य, उसके सोपानक्रम से प्रभावित होते हो — स्वामी और सेवक के संबंध के अर्थ में नहीं, प्रत्युत पत्थर के खंडों और स्थापत्य या संगीत के आरोह की तरह : महान स्वर-संगति जो उस्ताद आर्गनवादक कुंजी-फलक से निकालता है । स्वर-संगति में प्रत्येक सुर की अपनी भूमिका होती है । सुरों के क्रम को इस बहाने दबाना नहीं चाहिए कि तुम्हारी भूमिका सबसे सुन्दर है अपितु बहु सुरों को एक सुर में ढालना चाहिए । अपनी भूमिका एवं परि-पूर्णता समय से खोलो किंतु अपने से जुड़े हुए वृंदगान के अन्य वाद्यों को भी सुनकर उनका अनुसरण करो । जो कमजोर वादक अपनी भूमिका पढ़ने के बदले अपने पड़ोसी की भूमिका को दुबारा पढ़ देता है, स्वयं गलती करता है, कृति और समवेत गान को भी बिगाड़ देता है । हम द्विगणित-मन्द को क्या कहें, यदि वह प्रथम वायलिन बजाने की भूमिका करे ? या उस वाद्य को क्या कहें जिसने घोषणा की, "बाकी सब शांत ! जिन्होंने मेरा पार्ट सुना, मेरा अनुसरण करें" ? सिम्फनी प्राथमिक स्कूल के बच्चों की कक्षा नहीं जिसमें एक ही सुर में सब हिज्जे बोले जाते हैं । यह शिक्षा प्रचार की भावना की निन्दा करती है, चाहे वह पुरोहितों द्वारा हो या साधारण लोगों द्वारा, जो अपने सांचे में औरों के दिमाग को ढालने का प्रयास करते हैं (अपने ईश्वर, या अपने अनीश्वर का नमूना, जो छद्म वेश में ईश्वर ही है) । यह ऐसा सिद्धांत है, जो हमारे सब पूर्व-कल्पित और गहरे बैठे विचारों को, हमारी पुरानी विरासत को उलट-पलट कर देता है । चाहे चर्च वाले हों या स्नातक, जो हमें आमंत्रित नहीं करते उनकी सेवा करने का सदा कारण खोज लेते हैं — वह सेवा उसी प्रकार होती है जैसे वह जमीन जो उन्हें भोजन देती है, उससे अनाज के साथ जंगली घास को भी उखाड़कर ? क्या मनुष्य का यह पुनीत

कर्तव्य नहीं है कि वह अपने और विशेषकर पड़ोसी के हृदय से झाड़झंकाड़ को उखाड़ फेंके ? और भूल निश्चय ही वह है, जो हमारे लिए सत्य नहीं है ? बहुत थोड़े ही मनुष्य हैं जो बचकाना, आत्मकेंद्रित परोपकारिता से ऊपर उठ सकते हैं। मैं अपने बुद्धिवादी और वैज्ञानिक, लौकिक, अत्यधिक वीर्यवान, बलवान, और उदार दीखने वाले गुरुओं और साथियों में से मुश्किल से एक भी ऐसे व्यक्ति से नहीं मिला हूँ : क्योंकि उनके हाथ उनके द्वारा संचित फसल से भरे होने के कारण, उनका एक ही विचार रहता है कि उसे चाहे अनचाहे मानवता पर थोपो ... "ले जाओ, खाओ, चाहो मन से या बेमन से ! जो मेरे लिए अच्छा है, वह तुम्हारे लिए भी होना चाहिए।" और यदि तुम मेरा नुसखा आजमाने से नष्ट हो जाओ तो यह तुम्हारा दोष है, नुसखे का नहीं। मोलियर की तर्ज पर, चिकित्सा विभाग सदा सही है। चर्च का विरोधी खेमा तो और भी गया-बीता है, क्योंकि यहाँ सदा के लिए आत्माओं को बचाने का प्रश्न है। प्रत्येक प्रकार की धार्मिक हिंसा मनुष्य की वास्तविक भलाई के लिए वैध है।

इसलिए मुझे हाल में गांधी की आवाज सुनकर खुशी हुई — बावजूद इसके कि उनका स्वभाव रामकृष्ण और विवेकानन्द से भिन्न है। उन्होंने अपने भाइयों को अंतर्राष्ट्रीय भ्रातृत्व संगठन की याद दिलायी जिसका धार्मिक जोश विवेकानन्द द्वारा सिखाई गई शिक्षा के अनुरूप अपने धर्म में धार्मिक स्वीकृति के अपने सार्वभौम सिद्धांत में दीक्षित करने को कहता है।[14] उन्होंने कहा, दीर्घ अध्ययन और अनुभव के बाद मैं इन निष्कर्षों पर पहुँचा :

(1) सब धर्म (इससे मैं, लेखक यही समझता हूँ वे सब जो तर्क और विश्वास दोनों पर आधारित हैं) सच्चे हैं।

(2) सब धर्मों में कुछ भूलें हैं।

(3) मुझे सब धर्म प्रायः उतने ही प्रिय हैं जितना हिन्दू धर्म। अन्य धर्मों के प्रति मेरा सम्मान उतना ही है जितना अपने धर्म के लिए। अतः धर्म परिवर्तन का प्रश्न नहीं आता। भ्रातृत्व संगठन का उद्देश्य होना चाहिए जो हिन्दू को एक बेहतर हिन्दू, एक मुसलमान को एक बेहतर मुसलमान और एक ईसाई को एक बेहतर ईसाई बनने में मदद करे। सुरक्षात्मक सहिष्णुता की धारणा अंतर्राष्ट्रीय बंधुत्व की भावना के विरुद्ध है।

यदि मेरे अंतःकरण में यह संदेह है कि मेरा धर्म सबसे सच्चा है और अन्य धर्म कम सच्चे हैं, तब मेरा अन्य धर्मों के साथ एक प्रकार का बंधुत्व हो सकता है, किंतु

---

14. सत्याग्रह आश्रम, साबरमती में हुई कौंसिल आफ दि फेडरेशन आफ इंटरनेशनल फेलोशिप की वार्षिक बैठक के नोट्स, 13-15 जनवरी, 1928।

अंतर्राष्ट्रीय बंधुत्व के लिए अपेक्षित बंधुत्व से वह बहुत भिन्न है ।

दूसरों के प्रति हमारी धारणा पूर्णतः सत्य और स्पष्ट होनी चाहिए । दूसरों के लिए हमारी प्रार्थना ऐसी नहीं होनी चाहिए कि "ईश्वर तुम उन्हें वह प्रकाश दो जो तुमने मुझे दिया है ।" बल्कि, "वह सब प्रकाश दो जिसकी उन्हें अपने उच्चतम विकास के लिए जरूरत है ।"

और जब जड़ात्मवादी और बहुदेववादी अंध-विश्वासों की निकृष्टता जो महान ईश्वरवादी धर्मों की कुलीनता को मानव सोपान में सबसे निचला कदम लगता है, पर आग्रह किया गया, तो गांधी ने मृदुता से उत्तर दिया, "जिनका उनसे सरोकार है, उसके प्रति मुझे विनम्र होना चाहिए और इससे सावधान रहना चाहिए कि कहीं अभिमान ही सबसे विनम्र भाषा में अपने को न व्यक्त करे । एक मनुष्य को एक अच्छा हिन्दू, एक अच्छा ईसाई या एक अच्छा मुसलमान बनने में ही सारा समय लगता है । एक अच्छा हिन्दू बनने में मेरा सारा समय लगता है, और मेरे पास कुछ नहीं बच रहता कि जड़ात्मवादी का धर्म-परिवर्तन करूं, मैं विश्वास नहीं करता कि वह मुझसे निकृष्ट है।"[15]

तह में गांधी सिर्फ खुले या छिपे धार्मिक प्रचार की ही नहीं, सब धर्म-परिवर्तन की निन्दा करते हैं, चाहे वह स्वेच्छा से ही क्यों न हो, एक धर्म से दूसरे धर्म में जाना उन्हें नापसंद है । "यदि कुछ व्यक्ति सोचते हैं कि उन्हें अपना धार्मिक शिष्टाचार बदलना चाहिए, मैं इससे इनकार नहीं करता, वह ऐसा करने के लिए आजाद हैं — पर मुझे यह देखकर अच्छा नहीं लगता ।"

हमारे पश्चिमी प्रकार के धार्मिक और लौकिक विचार के लिए इससे उल्टी चीज

---

15. एक सहयोगी ने पूछा, "क्या मैं ईश्वर के अपने अनुभव को अपने मित्र को देने की आशा कर सकता हूँ ?" गांधी ने उत्तर दिया, "क्या एक चींटी अपने ज्ञान और अनुभव को हाथी को दे सकती है ? या इससे उल्टे ? इससे बेहतर है, प्रार्थना करो ईश्वर तुम्हारे मित्र को पूर्ण प्रकाश और ज्ञान दे — अनिवार्यतः वही नहीं, जो उसने तुम्हें दिया है ।"

दूसरे ने पूछा, "क्या हम अपने अनुभव को नहीं बांट सकते ?" गांधी ने उत्तर दिया, "हमारे धार्मिक अनुभव अपने जीवन से (अपने उदाहरण से) न कि अपने शब्दों से (जो अत्यंत दोषपूर्ण माध्यम हैं) बांटे जाते (या संप्रेषित होते) हैं, चाहे हम मानें या न मानें । आध्यात्मिक अनुभव विचार से अधिक गहरे होते हैं ... (इस तथ्य से कि हम जीवित हैं) हमारा आध्यात्मिक अनुभव बढ़कर बहेगा । किंतु जहाँ बांटने की चेतना है (आध्यात्मिक रूप से काम करने की इच्छा) वहाँ स्वार्थ है । यदि तुम ईसाई अपना ईसाई अनुभव बांटना चाहते हो, तुम एक बौद्धिक बाधा खड़ी कर लोगे । सीधी-सादी प्रार्थना करो कि तुम्हारे मित्र बेहतर मनुष्य बनें, चाहे उनका कोई भी धर्म हो ।"

कल्पित नहीं की जा सकती । साथ ही पश्चिम और बाकी संसार इससे कहीं अधिक लाभ उठा सकता है । मानव विकास की इस अवस्था में यहाँ अंध और चेतन शक्तियां सब प्रकृतिवालों को "सहयोग या मृत्यु" की ओर खींच रही हैं, यह अत्यंत आवश्यक है कि मानवीय चेतना में यह बीज पड़े, जब तक कि यह अपरिहार्य सिद्धांत एक व्यावहारिक सत्य न बन जाये : कि प्रत्येक धर्म को जीवित रहने का समान अधिकार है, और प्रत्येक मनुष्य का यह समान कर्तव्य है कि वह उसका सम्मान करे जिसका सम्मान उसका पड़ोसी करता है । मेरी राय में जब गांधी ने निस्संकोच ऐसा कहा, तब उसने अपने को रामकृष्ण का उत्तराधिकारी दर्शाया ।[16]

इसमें से कोई ऐसा नहीं जो इस सबको दिल से नहीं सीखेगा । इन पंक्तियों के लेखक ने अपने जीवन में अस्पष्टतया ऐसे ही व्यापक परिज्ञान की आकांक्षा की है — इस क्षण वह महसूस करता है कि अपनी आकांक्षाओं के बावजूद उसकी कितनी कमियाँ हैं, और वह गांधी की महान शिक्षा के लिए कृतज्ञ है — वही सबक जो विवेकानन्द ने सिखाया, और उससे भी अधिक रामकृष्ण ने — उसे प्राप्त करने में मदद की ।

16. मेरे विचार से रामकृष्ण के शिष्यों का उचित मिशन मुझे यही लगता है — यह देखना कि विशाल हृदय जो संसार के सब सच्चे हृदयों, उनके सब प्रकार के प्रेम और धर्म के लिए खुला था कभी भी अन्य पवित्र हृदयों की तरह एक वेदी या चर्च में बंद न हो जाये, जहाँ केवल वही प्रवेश न पायें जो एक सिद्धांत की दुहाई दें । रामकृष्ण सबके लिए होने चाहिए । सब उनके हैं । उन्हे *लेना* नहीं है । उन्हें *देना* है । चूँकि जो *लेता* है, वह उनकी नियति भोगेगा जिन्होंने लिया। अलेक्ज़ेंडर, विजेताओं : उनकी विजयें कब्र में लुप्त हो जायेंगी। वही दिक् काल का विजेता है जो *देता* है, जो अपना सम्पूर्ण, बिना प्रतिफल की प्रत्याशा के देता है ।

उपसंहार

गांधी और विवेकानन्द के विचारों के बीच यह भेद सदा रहेगा, क्योंकि दूसरा महान बुद्धिवादी होने के कारण, जो गांधी न था, गांधी की तरह विचार पद्धतियों से अपने को अलग न कर सका। दोनों ने सब धर्मों की सत्यता को स्वीकार किया और इस स्वीकृति को अपने सिद्धांत का अंग और अपनी शिक्षा का विषय बनाया। यही उनके द्वारा स्थापित संघ के अस्तित्व का एक कारण था। वे पूरी ईमानदारी से किसी भी प्रकार के आध्यात्मिक आधिपत्य से बचना चाहते थे।[1] किंतु सूर्य अपनी किरणों को मंद नहीं कर सकता।

---

1. वे सब जो उन्हें जानते थे, वे इस बात के साक्षी हैं कि वे अपने निकटस्थ व्यक्तियों की बौद्धिक स्वतंत्रता का सम्मान करते थे — कम से कम तब तक जब तक कि वे औपचारिक रूप से उनके संघ में दीक्षित न हुए हों। निम्न सुन्दर उद्धरण उनकी समन्वित स्वतंत्रता के आदर्श से अनुप्राणित है :

निष्ठा अनुभूति का प्रारंभ है। सब फूलों का मधु लो, सब के साथ बैठो और मैत्री रखो, सबका सम्मान करो, सब से कहो : हाँ भाई, हाँ भाई, किंतु अपने मार्ग पर दृढ़ रहो। वास्तव में उच्चतर अवस्था पहली का स्थान लेगी। यदि मैं सब हूँ, तब मैं क्यों सक्रिय रूप से अपने भाई से सहानुभूति नहीं कर सकता, उसकी आँखों से नहीं देख सकता ? जब मैं कमजोर हूँ, मुझे एक निष्ठा से बंधना पड़ता है, किंतु जब मैं बलवान हूँ, मैं हर एक के साथ महसूस कर सकता हूँ, और पूर्णतः उसके विचारों से सहानुभूति रख सकता हूँ। पुराना विचार था : "एक विचार को दूसरे की कीमत पर विकसित करो"। आधुनिक मार्ग है : "समन्वित विकास।" तीसरा मार्ग है "मन को विकसित कर नियंत्रित करो," तब जहाँ चाहे उसे रखो, शीघ्र फल मिलेगा। एकाग्रता सीखो और एक दिशा में इसका प्रयोग करो। इस तरह तुम कुछ नहीं खोओगे। जिसे सब मिल जाता है, उसे अंश तो मिलेंगे ही।" (देखिए Prabuddha Bharata, March 1929)

उनके ज्वलंत विचार इस तथ्य से क्रियाशील थे कि वह विद्यमान थे। यद्यपि विवेकानन्द का अद्वैतवाद धर्म के हड़पनेवाले प्रचार का विरोध करता था, उनके लिए यही काफी था कि वह भटकती आत्माओं के लिए जलती मशाल का काम करे। यह सब के बस में नहीं है कि वह नेतृत्व त्याग दें। जब वे अपने से ही बात करते हैं, विवेकानन्द मानवता को संबोधित करते हैं। वे चाहते हुए भी फुसफुसाते नहीं, और उन्होंने तो ऐसा प्रयास भी नहीं किया। बुलंद आवाज आकाश को भरने के लिए होती है। समस्त पृथ्वी उसका ध्वनि-यंत्र है।[2] इसलिए गांधी से भिन्न जिनका सहज आदर्श उनके स्वभाव के अनुरूप है, मुक्त, न्यायसंगत, औसत, नपातुला, धर्म और राजनीति में भी सद्‌भावनायुक्त मनुष्यों के संघ की भाँति : इसके विपरीत, विवेकानन्द न चाहते हुए भी एक राजा की भाँति हैं : जिनका लक्ष्य स्वतंत्र और सहयोगी आत्माओं के साम्राज्यों को एक परमसत्ता के राजदंड के नीचे अनुशासित करना था। और जो कार्य उन्होंने स्थापित किया, वह योजनानुसार आगे बढ़ रहा है।

उनका सपना था बेलूर के केंद्रीय महान मठ को "ज्ञान का मन्दिर" बनाना। उनके लिए "जानना" और "करना" समानार्थक थे।[3] ज्ञान का मंत्रालय तीन विभागों में बंटा था : 1. अन्नदान, अर्थात् भोजन और अन्य भौतिक वस्तुओं का दान ; 2. विद्यादान अर्थात् बौद्धिक ज्ञान ; 3. ज्ञान-दान अर्थात आध्यात्मिक ज्ञान। मनुष्य के निर्माण में तीनों शिक्षाओं का समन्वय अपरिहार्य है।

क्रमिक शुद्धिकरण और अपेक्षित प्रगति मानवता के शरीर की प्रथम आवश्यकताओं जिन्हें पोषण और सहाय्य चाहिए[4] से शुरू कर एकता में डूबी अनासक्त आत्मा की सर्वोच्च विजय तक होनी चाहिए।

विवेकानन्द के लिए प्रकाश किसी निकुंज में छिपाये जाने वाली चीज नहीं है ;

---

2. अद्वैत का ज्ञान दीर्घ काल तक वनों और गुफाओं में छिपा रहा। "यह मेरे जिम्मे पड़ा कि मैं उसे एकांत से निकालकर परिवार और समाज तक ले जाऊँ और उन्हें उसमें प्रविष्ट करा दूँ। हम अद्वैत के ढोल को बाजारों, पर्वतों और मैदानों में बजाएंगे।" (Book of Vivekananda's Dialogues, उनके शिष्य शरत् चन्द्र चक्रवर्ती द्वारा संकलित, भाग I)

3. "मुझे वेदांत के विषय में पढ़ने से क्या लाभ ? हमें उसे व्यवहारिक जीवन में उतारना है" (वहीं)

4. विवेकानन्द पुनर्वास गृहों, दवाखानों, सदाव्रत आदि समाज सेवा विभाग में पाँच वर्ष शिष्यत्व की अवधि रखना चाहते थे, इससे पहले कि वे विज्ञान-मंदिर में प्रवेश करें और तब उन्हें तथाकथित आध्यात्मिक दीक्षा मिले।

अतः उनकी मान्यता थी कि आत्म विकास का प्रत्येक साधन सबको सुलभ होना चाहिए। किसी मनुष्य को कोई भी चीज सिर्फ अपने लिए नहीं रखनी चाहिए। "यदि तुम और मैं मुक्ति प्राप्त कर लें तो इससे विश्व का क्या होगा ? समस्त प्राणियों में और विश्व के प्रत्येक अणु से अपनी आत्मा की एकानुभूति कर अपने साथ समस्त विश्व को मुक्ति की ओर, अद्वितीय आनंद की ओर ले चलना होगा।"

मई 1897 में रामकृष्ण मिशन की स्थापना के लिए बनाये गये नियमों में स्पष्ट उल्लेख था कि "इस समिति का उद्देश्य उन सत्यों की शिक्षा देना है जिन्हें श्री रामकृष्ण ने मानवता के लिए दिया और अपने जीवन में व्यवहार द्वारा दर्शाया। उन्हीं सत्यों को अन्य व्यक्तियों के जीवन में उनकी लौकिक, मानसिक और आध्यात्मिक प्रगति में सहायता देने के लिए व्यावहारिक बनाया जाये।"

इस प्रकार सिद्धांत में प्रचार की भावना स्थापित हुई जिसका सार है "विभिन्न धर्मावलम्बियों के बीच "भ्रातृत्व की स्थापना", यह जानना कि वे सब अमर शाश्वत धर्म के विविध प्रकार मात्र हैं।"

मानव आत्मा से यह घोषित करने की आवश्यकताओं को पृथक करना मुश्किल है कि उसका सत्य और उसका शुभ अन्यों का भी सत्य और शुभ होना चाहिए। और यह पूछा जा सकता है कि इसका उच्छेद कर दिया जाये, तो क्या तब यह "मानवीय" रह जायेगा।

गांधी की आध्यात्मिक अनासक्ति प्रायः अवतारशून्य है, जैसी कि प्रेमी रामकृष्ण की सार्वभौम ममता सब मनों के लिए थी, यद्यपि वे इस पर उल्टी प्रक्रिया से पहुँचे थे। विवेकानन्द को यह कभी नहीं मिली।* वे मांस और हड्डी के बने रहे। उनकी आकृति से ही जाना जा सकता था कि, यद्यपि उनका मन पूर्ण अनासक्ति से स्नात था, उनका

* हमारे ख्याल से यह मानना सही नहीं है कि धार्मिक शिक्षा के बारे में रामकृष्ण की धारणा "अन-अवतारी" और निष्क्रिय है। श्री रामकृष्ण स्पष्ट रूप से धार्मिक शिक्षा में विश्वास रखते थे और वे बारम्बार अपने शिष्यों से, विशेषकर अपने प्रधान शिष्य से कहते थे कि वे माँ का काम करें जो आध्यात्मिक शिक्षा देना है, और हम जानते हैं कि उन्होंने कितनी कुशलता से यह किया और कर रहे हैं। ठाकुर की लिपिबद्ध शिक्षाओं और बातचीत में अनेक उद्धरण हमारे वक्तव्य की पुष्टि करते हैं। अतः हमारा निष्कर्ष है, कि इससे महात्मा गांधी की धारणा, जैसा रोलाँ ने कहा, श्री रामकृष्ण से बहुत भिन्न है। सब धर्मों के सत्य की स्वीकृति और धर्म शिक्षाएं देने में कोई विरोध नहीं है (संदर्भ Expansion of Hinduism : A Defence, Prabuddha Bharata, April 1929 — प्रकाशक)

बाकी शरीर जीवन और कर्म में डूबा हुआ था। उनकी इमारत पर दोहरी छाप है : तहखाना सत्य के अनुचरों और समाज सेवा की शिशुशाला है जो जन साधारण के जीवन और समकालीन आंदोलनों से घुलते मिलते हैं। किंतु चोटी, गुम्बद का दीप, मन्दिर का शिखर, सब आश्रमों का आश्रम, हिमालय पर स्थित अद्वैत है, जहाँ पश्चिम और पूर्व के दो गोलार्ध मानवता के संगम पर पूर्ण एकता में मिलते हैं।

शिल्पी ने अपना कार्य पूरा कर लिया। उनकी उम्र थोड़ी थी, फिर भी मरने से पहले वे देख सके, जैसा उन्होंने कहा कि उनकी "मशीन मजबूती से चल रही है।" उन्होंने भारत के महा खंड में मानवता के कल्याण के लिए "एक लीवर लगा दिया जिसे कोई ताकत नहीं हटा सकती।"[5]

अपने भाइयों के साथ हमारा कर्तव्य है कि हम उसे वहन करें। और यदि हम अपने को झुठलायें कि मानव आलस्य का भारी बोझ, जो पाप का पहला और अंतिम कारण है, सदियों तक खड़ा रहेगा, तो एक शताब्दी होती ही क्या है ? फिर भी हम उसे झकझोरेंगे।[6] गैलिलियो के शब्दों में, जब उससे पृथ्वी घूमती है, इससे इनकार करने को कहा गया, उसने कहा था, "यह अभी भी घूमती है।" थके हुए श्रमिकों का स्थान नये श्रमिक लेंगे। दो भारतीय गुरुओं द्वारा शुरू किया गया कार्य आत्मिक कार्यकर्त्ताओं द्वारा विश्व के अन्य भागों में उत्साह से किया जायेगा। किसी भी सुरंग में मनुष्य खुदाई करे, वह बराबर सुनता रहता है कि पर्वत का दूसरा छोर भिद रहा है।...

मेरे योरोपीय साथियो मैंने दीवार की ओर से आपको पड़ने वाली चोट की एशिया की आवाज सुनवाई ... जाओ उसका अभिनन्दन करो। वह हमारे लिए कार्य कर रही है। योरोप और एशिया आत्मा के दो अर्धांश है। मनुष्य *अभी नहीं,* वह *होगा*। ईश्वर आराम कर रहा है और उसने हमें अपनी सातवें दिन की सुन्दर सृष्टि दे रखी है ... कि हम गुलाम आत्मा की प्रसुप्त शक्तियों को मुक्त करें : मनुष्य में ईश्वर को जगाएँ, स्वयं परमात्मा को पुनर्जन्म दें।

रो० रो०

अक्टूबर 9, 1928

---

5. July 9, 1897 का पत्र।
6. बाइबिल में छह दिन में सृष्टि बनने का हवाला।

परिशिष्ट

रामकृष्ण मठ और मिशन

रामकृष्ण और विवेकानन्द की आध्यात्मिक फसल हवा में यूँ ही नहीं बिखर गई। उसे विवेकानन्द ने बुद्धिमान और मेहनती किसानों की मदद से अपने हाथों से संगृहीत किया। वे जानते थे उसे कैसे शुद्ध रखा जाय और उससे कैसे नई पैदावार ली जाय।

विवेकानन्द के जीवन चरित्र में मैं ने बताया है कि मई, 1897 में उन्होंने एक महान धार्मिक संघ स्थापित किया, जिसके जिम्मे ठाकुर की आत्मा, रामकृष्ण मिशन की रक्षा और प्रशासन था। वहाँ हमने धर्मसंघ के उन प्रथम प्रयासों को देखा जो दोतरफा थे – धर्मप्रचार और सामाजिक कार्य – जो शुरुआत से विवेकानन्द के महाप्रयाण तक जारी रहे।

उनकी मृत्यु ने इस भवन को नष्ट नहीं होने दिया। रामकृष्ण मिशन ने अपनी जड़ें जमा लीं और वह बराबर आगे बढ़ता गया।[1] उसके प्रथम संचालक उसके लिए एक नियमित संविधान बनवाने में जुट गये। विवेकानन्द द्वारा तैयार किए हुए एक दानपत्र द्वारा कलकत्ता के निकट बेलूर मठ में रहनेवाले संन्यासियों को 1899 में उस स्थान पर कानूनी अधिकार मिल गया। यह सुनिश्चित करने के लिए कि परोपकारी सेवा कार्यों के लिए धर्मसंघ दान प्राप्त कर सके, कुछ कानूनी व्यवस्था ज़रूरी थी – वह थी मूल संस्था को दो भागों – मठ और मिशन में विभक्त करना। इस तरह ४ मई, 1909 को "1860 के इक्कीसवें अधिनियम" के अंतर्गत मिशन का पंजीकरण हुआ। मठ और मिशन वस्तुतः एक ही संस्था के दो पक्ष हैं – मठवासीय और परोपकारी सेवा कार्य। ये दोनों ही धर्मसंघ की सामान्य परिषद् से नियंत्रित होते हैं। सर्वसाधारण भूल से इन दोनों को रामकृष्ण मिशन के नाम से ही पुकारते हैं।

---

1. यह विवरण रामकृष्ण मिशन की सामान्य सभा की 1913 से 1926 की वार्षिक रिपोर्टों पर आधारित है। पिछले अड़सठ वर्षों में मिशन के कार्यकलापों का असाधारण विस्तार हुआ है जिसके लिए पाठकों को अद्यतन वार्षिक विवरण देखने होंगे।

1909 में पंजीकृत स्मृतिपत्र में मिशन के उद्देश्यों को तीन वर्गों में बाँटा गया है :

१. परोपकारी कार्य

२. मिशनरी कार्य (संगठन एवं प्रकाशन)

३. शैक्षणिक कार्य

इनमें से प्रत्येक कार्य स्थाई संस्थाओं में उप-विभाजित हैं (मठ, आश्रम, समितियां, सेवागृह, अनाथालय, स्कूल इत्यादि) आकस्मिक सहायता के अल्पकालीन कार्यकलाप – जो तुरंत और अस्थाई आवश्यकताओं को पूरा करने के लिए बनानी पड़ती हैं।[2] मठों में नियमित संन्यासी रहते हैं जिन्होंने नव शिष्यकाल के बाद विधिवत दीक्षा प्राप्त कर संसार त्याग दिया है। उन्हें कार्य की आवश्यकतानुसार एक केंद्र से दूसरे केंद्र में भेजा जाता है। वे बेलूर की सामान्य समा के नियंत्रण में रहते हैं। वे लगभग पाँच सौ हैं।

दूसरी सेना गृहस्थों की है जो एक प्रकार का मध्यम वर्ग है। ये घनिष्ठ शिष्य हैं जो अध्यात्म शिक्षा के लिए मठ में आते हैं और कभी कभी मठ में कुछ समय विश्राम-ध्यान में बिताते हैं। इनकी संख्या पचीस हजार से कम नहीं है।

एक अन्य अतिरिक्त वर्ग है ; वे लाखों – करोड़ों जिन्होंने अंशतः या पूर्णतः मिशन के आदर्शों को स्वीकार किया है और जो बिना शिष्य का ठप्पा लगाए बाहर से उसकी सेवा करते हैं।

अप्रैल 1926 के प्रथमांश में बेलूर मठ में मिशन ने एक असाधारण सभा बुलाई जिसका उद्देश्य अपने सम्पूर्ण कार्यक्षेत्र की एक रूपरेखा बनाना था। लगभग 120 संस्थाओं के प्रतिनिधि भाग लेने आये, जिनमें से आधे बंगाल के, एक दर्जन बिहार और उड़ीसा के, चौदह उत्तर प्रदेश के, तेरह मद्रास प्रांत (वर्तमान तामिलनाडु), और एक बम्बई के थे। प्रायद्वीप के बाहर श्रीलंका में तीन केंद्र थे जो नौ स्कूल चला रहे थे जहाँ तेरह सौ छात्र शिक्षा पा रहे थे, जाफना में एक विद्यार्थी केंद्र था और कोलम्बो में एक विवेकानन्द सोसाइटी थी। बर्मा में एक मठ और बड़ा निःशुल्क अस्पताल था। एक केंद्र सिंगापुर में था और छह सयुंक्त राज्य अमरीका में : सैन

---

2. 1913 की सामान्य रिपोर्ट में ऐसी बीस गिनाई गईः– दस जिलों में दुर्भिक्ष के लिए (1897, 1899, 1900, 1906, 1907, 1908) तीन जिलों में बाढ़ के लिए (1899, 1900, 1909) – महामारियों के लिए तीन जिलों में (1899, 1900, 1904, 1905, 1912, 1913) – अग्निकांड के लिए (1910) – भूकंप के लिए (1899, 1905)

फ्रांसिस्को, ला क्रेसेंटा (लासेंजलीस के निकट), सैन एंटोन वैली, पोर्टलैंड, बोस्टन और न्युयार्क। इसके अलावा सेंट लुई, सिनसिनेटि, फिलाडेलफिया, टैकोमा आदि में वेदांत सोसायटियाँ थीं । ब्राजील के साओ पाअलो में एक मंडली 1900 से विवेकानन्द की शिक्षाओं के अध्ययन में व्यस्त थी। *रामकृष्ण वचनामृत* और विवेकानन्द के *राजयोग* का पुर्तगाली भाषा में अनुवाद हो चुका है। *सार्किलो इजोतरिको द कम्यूनहा पेंसामेंटो* संस्था जिसके 43,000 सदस्य हैं अपनी मुखपत्रिका, *आ पेंसामेंटो* में वेदांत संबंधी लेख प्रकाशित करती है ।

मठ दर्जन भर पत्रिकाएं प्रकाशित करता है : कलकत्ता से तीन मासिक पत्रिकाएं (दो बंगला में): *उद्‌बोधन* और *विश्ववाणी* तथा एक हिन्दी में *समन्वय* ; एक तामिल में मद्रास से : *श्रीरामकृष्ण विजयम्* ; त्रिवांकुर से मलयालम में *प्रबुद्ध केरलं* ; अंग्रेजी में दो मासिक और एक साप्ताहिक : मायावती हिमालय से *प्रबुद्ध भारत* और मद्रास से *वेदांत केसरी* ; पटना से *दि मार्निंग स्टार* ; कन्नड और गुजराती में भी पत्रिकाएँ हैं ; मलेशिया में *वायस आफ ट्रुथ* मासिक पत्रिका प्रकाशित होती हैं । अमरीका में ला क्रेसेंटा केंद्र *दि मैसेज आफ ईस्ट* अंग्रेजी पत्रिका निकालता है ।[3]

मठों में दी जाने वाली शिक्षा विवेकानन्द द्वारा प्रतिपादित सिद्धांतों का अनुसरण करती है।[4] उन्होंने कहा था, "मठ का लक्ष्य मनुष्य का निर्माण है" एक पूर्ण मनुष्य जिसके "जीवन में अक्षय आदर्शवाद और पूर्ण सहज बुद्धि का मेल हो" परिणामतः दीक्षित शिष्य बिना व्यतिक्रम के धार्मिक अभ्यास, गहन ध्यान, धार्मिक और दार्शनिक ग्रंथों का अध्ययन और शारीरिक श्रम, घरेलू कामकाज, रोटी पकाने, बागवानी करने, खाद बनाने, पुल और सड़कें बनाने, खेती करने, पशु पालने, धार्मिक कर्म और चिकित्सा के बहुविध कार्य करते हैं ।

---

3. मुझे ये सूचनाएं प्रबुद्ध भारत के प्रधान संपादक स्वामी अशोकानन्द से प्राप्त हुई ।

विश्ववाणी वस्तुतः मठ की पत्रिका नहीं है, यद्यपि वह मठ के एक सदस्य द्वारा निकाली जाती है । *समन्वय* और *Voice of Truth* बाद में बंद हो गए और *The Morning Star* मासिक में बदल गया – प्रकाशक (1931).

4. शिक्षा और धर्म दोनों में ही विवेकानन्द की भावना यथार्थपरक थी। उन्होंने कहा, "सच्चा शिक्षक वह है जो अपने शिष्य की रुचि के अनुसार उसमें अपनी समस्त शक्ति भरता है...जो जैसा है उसे स्वीकार कर, उसे आगे बढ़ने में सहायता देता है । (1896) अमरीका में अपनी प्रथम यात्रा से पूर्व महाराजा खेतड़ी से हुए अपने साक्षात्कारों में उन्होंने एक विचित्र परिभाषा दीः "शिक्षा क्या है ? शिक्षा कुछ विचारों का ओजस्वी साहचर्य है ।"

मठ के महान वर्तमान अध्यक्ष स्वामी शिवानन्द के शब्दों में,[5] "मस्तिष्क, हृदय और हाथों की त्रिविध संस्कृति को समान महत्त्व देना चाहिए। यदि एक को छोड़ दूसरे पर ही ध्यान दिया जाय तो यह बुरा और हानिकर होगा।"

संगठन की आवश्यकताएँ धर्मसंघ में धर्माधिकारी वर्ग को जन्म देती हैं। सामान्य नियमों के प्रति निष्ठा की दृष्टि से सब बराबर हैं। स्वामी शिवानन्द ने उन्हें स्मरण कराया, "प्रमुखों को सबका सेवक होना चाहिए। उनका 1926 का अध्यक्षीय भाषण, उस प्रत्येक व्यक्ति को चाहे उसका कोई भी पद क्यों न हो, समान सार्वभौम सुख का अधिकारी घोषित करता है :

"तीर के समान बनो जो धनुष से छूटता है। एक हथौड़े के समान बनो जो निहाई पर पड़ता है। उस तलवार के समान बनो जो वस्तु को बेधती है। लक्ष्य के चूक जाने पर तीर नहीं बड़बड़ाता। गलत जगह पड़ने पर हथौड़ा नहीं कुढ़ता। तलवार दुःख नहीं करती, यदि वह योद्धा के हाथ से टूट जाए। फिर भी बनने, इस्तेमाल होने और टूटने का आनन्द है, और अंत में एक ओर रख दिए जाने का भी आनन्द है... ।"

*

फिर उन्होंने समझाया कि यह उन विचारों की सहज प्रवृत्ति में विकसित करने का प्रश्न है जब तक वह इस अवस्था तक नहीं पहुँचते उन्हें सच्चे और सजीव ज्ञान का अधिकारी नहीं कहा जा सकता। एक "पूर्ण शिक्षक" के रूप में उन्होंने रामकृष्ण का उदाहरण दिया, जिनका स्वर्ण का त्याग इतना सजीव था कि वह उस धातु का स्पर्श भी सहन न कर सकते थे।

उनका कहना था कि यही बात धर्म पर लागू होती है : "धर्म न तो शब्द है, न सिद्धान्त... यह कर्म है। यह होना और बनना है : सुनना और मानना नहीं। वह जिसमें विश्वास करता है, उसमें अपनी सम्पूर्ण आत्मा को ढाल देना है। वही वास्तव में धर्म है" (A Study of Religion)।

यहाँ मैं यह जोड़ने की अनुमति चाहूँगा कि यद्यपि मैं ऐसी शिक्षा की प्रभावक्षमता मानता हूँ, फिर भी मेरी मुक्त आत्मा किसी व्यक्ति के सम्पूर्ण स्वाभाव पर विशिष्ट विचारों की प्रभुता को स्वीकार नहीं करती। मैं चाहूँगा कि वह इस संक्रामक ऊर्जा को स्वतंत्रता की अनिवार्य प्यास से अपनी हस्ती को भरे – नियंत्रण से मुक्ति और अपने विचारों से सतत जागरूकता।

5. रामकृष्ण मठ और मिशन के प्रथम सम्मेलन का अध्यक्षीय भाषण, अप्रैल १, १९२६.

यह जानना दिलचस्प होगा कि किस प्रकार पिछले बीस वर्षों में इस शक्तिशाली संगठन ने जागृत भारत के शरीर में दौड़ने वाली विभिन्न राजनैतिक और सामाजिक धाराओं को प्रभावित किया।

यह राजनीति का परित्याग करता है। इसमें यह अपने गुरु विवेकानन्द के प्रति निष्ठावान है जिन्होंने, अत्यंत कठोर शब्दों में राजनीति से किसी भी प्रकार के गठबंधन के प्रति घृणा व्यक्त की। मिशन के लिए कदाचित यह सर्वाधिक बुद्धिमानी का मार्ग रहा। उसके भारत-समर्थक धार्मिक, बौद्धिक और सामाजिक कार्यों ने, ब्रिटिश सत्ता को बिना भड़काए, सम्पूर्ण राष्ट्र की शांत गहराइयों पर गंभीर प्रभाव डाला।

फिर भी उसे सतर्क रखवालों के संदेहों को दूर करने के लिए निरंतर बुद्धिमानी बरतनी पड़ी। अनेक बार भारतीय क्रांतिकारियों ने विवेकानन्द का नाम ले और उनके शब्दों का प्रयोग कर उसे बड़ी उलझन में डाल दिया था। दूसरी ओर राष्ट्रीय संकट के दौरान इसकी इन औपचारिक घोषणाओं ने कि इसका राजनीति से कोई सरोकार नहीं है, कई बार देशभक्तों को यह आक्षेप लगाने को उकसाया कि यह भारत की स्वाधीनता के प्रति उदासीन है। मई 1919 की मिशन की द्वितीय सामान्य रिपोर्ट में इन कठिनाइयों का उल्लेख है और इसने स्पष्ट रूप से मठ की गैर-राजनैतिक नीति प्रस्तुत की।

1905 में बंगाल प्रांत का विभाजन किया गया और उसी के साथ स्वदेशी आंदोलन और राजनैतिक विद्रोह की शुरूआत हुई। मिशन ने उसमें भाग लेने से इनकार कर दिया। उसने कलकत्ता, ढाका और पश्चिमी बंगाल में अपने प्रचार कार्य को स्थगित रखने की बुद्धिमानी दिखाई, यद्यपि उसके परोपकारी सेवा कार्य चलते रहे। 1908 में उसने रात में अनजान लोगों को अपने यहाँ ठहरने के विरुद्ध नियम बनाया, क्योंकि उन्हें इस बात की आशंका हुई कि कुछ लोग राजनैतिक आक्रमण की तैयारी के लिए उसके आतिथ्य का दुरुपयोग कर सकते हैं। राजनैतिक कैदियों के प्रश्नोत्तर से मालूम हुआ कि कुछ व्यक्तियों ने संन्यासी के वेश में अपने कार्य और धर्म की आड़ में अपनी योजनाओं को ढँकने का प्रयास किया था। उनमें से कइयों के पास गीता और विवेकानन्द साहित्य मिला। सरकार ने मिशन के ऊपर कड़ी नज़र रखी, किंतु वह अपने सेवा के आदर्श को प्रचारित करता रहा ; उसने सार्वजनिक रूप से सांप्रदायिक और बदले की भावना की भर्त्सना की ; संकीर्ण राष्ट्रवाद की निन्दा की, यह दर्शाते हुए कि इससे अंततोगत्वा पतन और विनाश होता है। उसने राष्ट्रवादियों के आक्षेपों और सरकार के संदेहों का उत्तर विवेकानन्द के निम्न शब्दों में दिया जो उसके प्रकाशनों के पटल पर छपा रहता था :

"भारत के राष्ट्रीय आदर्श त्याग और सेवा हैं। इन्हें इन धाराओं में बढ़ाओ, बाकी सब कुछ अपने आप संभल जायेगा।"

फिर भी संघर्ष कटुतर होता गया। सब स्वाधीन आत्माओं को संकट में डालने की आम युद्धनीति के कारण क्रांतिकारी आंदोलनकर्त्ताओं ने मिशन के धार्मिक और दार्शनिक प्रकाशनों के अंशों को तोड़मरोड़ कर प्रस्तुत किया। अप्रैल 1914 की इसकी सार्वजनिक घोषणा के बाबजूद 1915 की बंगाल सरकार की प्रशासन रिपोर्ट ने मिशन और उसके संस्थापकों पर भारतीय राष्ट्रवाद को उभाड़ने का आरोप लगाया।

*

यह स्पष्ट है नि गाँधी की भांति रामकृष्ण मिशन भी हिंसा का पूर्णतः परित्याग करता है। किंतु यह महत्वपूर्ण है कि हिंसा समर्थकों ने, बाबजूद इसके प्रतिवाद के, एकाधिक बार इसका आह्वान किया, जबकी गाँधी के विषय में वह ऐसा करने की सपने में भी न सोचते। गाँधी की तुलना में रामकृष्ण के अनुयायी राजनीति में सब रूपों मे किसी भी प्रकार के समझौते को अस्वीकार करते हैं।

मैं ऐसा कह सकता हूँ कि यह प्रकट विरोधाभास उनके गुरु विवेकानन्द के ही व्यक्तित्व और स्वाभाव से आता है। उनकी लड़ाकू और तीव्र क्षत्रिय प्रकृति उनके त्याग और अहिंसा तक में अभिव्यक्त होती है।

वह कहा करते थे कि वेदांत को कायर भी स्वीकार कर सकता है, किंतु अत्यंत वीर ही उसे आचरण में ला सकता है। कमज़ोर मेदे के लिए वेदांत गरिष्ठ मांस जैसा है। प्रतिरोध न करने के सिद्धांत में प्रतिरोध करने की क्षमता और योग्यता और जानबूझकर प्रतिरोध से बचना निहित है। वह कहते थे कि यदि बलवान मनुष्य अपने उतावले और दुर्बल विरोधी के सामने जानबूझकर अपनी शक्ति के प्रयोग से बचता है, तभी वह अपने कर्म के लिए उच्चतर उद्देश्य की दुहाई दे सकता है। दूसरी ओर यदि स्वयं श्रेष्ठ शक्ति नहीं है, या विरोधी अधिक शक्तिशाली है, तब शक्ति के प्रयोग का अभाव कायरता का संदेह पैदा करेगा। वह कहा करते थे कि अर्जुन को श्रीकृष्ण के परामर्श का यही सार है।[6]

1898 में भगिनी निवेदिता से बात करते हुए उन्होंने कहा, "मैं सिर्फ उपनिषद् की शिक्षा देता हूँ। उपनिषद् में सिर्फ एक विचार है – *शक्ति*। वेद और वेदान्त का सब सार इसी एक शब्द में निहित है। बुद्ध की शिक्षा अ-प्रतिरोध या अहिंसा है। किंतु मेरी समझ में उसी बात की शिक्षा देने का यह बेहतर तरीका है। अहिंसा के

6. Prabuddha Bharata में जी. एस. भाटे के संस्मरण।

पीछे भीषण कायरता छिपी थी । मैं समुद्र की फुहार से सजा देने या बचने की नहीं सोचता । यह मेरे लिए कुछ नहीं है, किंतु एक मच्छर के लिए तो यह चिंताजनक है । मैं इसी तरह की चोट पहुँचाऊँगा । शक्ति और निर्भयता । मेरा आदर्श वह महाबली संत है जिसकी गदर में हत्या की गई । जब उसकी छाती में छुरा आरपार हुआ, तब उसने मौन तोड़ा और कहा, "तुम भी वही हो ।"

यहाँ हम गाँधी की धारणा को समझ सकते हैं : नाम को अ-प्रतिरोध, जो वास्तव में सबसे शक्तिशाली प्रतिरोध है, अस्वीकार है, जो आध्यात्मिक नायकों के ही योग्य है । इसमें कायरों के लिए कोई स्थान नहीं है...[7] किन्तु यदि व्यवहार में गाँधी का आदर्श विवेकानन्द से मिलता है, तो किस भावप्रवण ऊँचाई तक विवेकानन्द उसे ले गए ! गाँधी के साथ सब चीज़ें मृदु, शांत और एकतार हैं । विवेकानन्द के साथ सब चीजें अभिमान, श्रद्धा या प्रेम का आवेश हैं । उनके प्रत्येक शब्द में ज्वलंत आत्मा – आत्म-ब्रह्म की आग महसूस की जा सकती है । इस तरह यह समझना सरल है कि कैसे प्रतिष्ठित क्रांतिकारियों ने सामाजिक विद्रोह को भड़काने में इन लपटों का प्रयोग किया । इसलिए महान स्वामी की विरासत के बुद्धिमान उत्तराधिकारियों ने इस खतरे से बचने का प्रयास किया ।

---

7. विवेकानन्द जैसे जन्मजात योद्धा की प्रकृति ही अस्वीकार के ऐसे वीर आदर्श पर अपनी प्रकृति को बिना आघात दिए पहुँच सकती थी । और वह भी बिना दीर्घ संघर्ष के इस पर नहीं पहुँच सके थे ।

1898 में भी खीरभवानी के मन्दिर की यात्रा से पूर्व जिसने उनमें नैतिक विद्रोह को जन्म दिया था, जब उनसे पूछा गया, "जब हम ताकतवर को कमजोर को सताते देखें, तो क्या करें?" उन्होंने उत्तर दिया, "ताकतवर की खूब ठुकाई करो ।"

एक अन्य अवसर पर उन्होंने कहा, "दुर्बल निष्क्रिय क्षमा भी अच्छी नहीं : लड़ना बेहतर है । क्षमा करो, जब तुम देवताओं की सेना को सरलता से विजयी बना सकते हो" । (अर्थात क्षमा करो जब तुम ताकतवर हो)

अन्य व्यक्ति ने पूछा, " स्वामीजी, क्या हम सत्य की रक्षा में प्राण देना सीखें, या कभी भी प्रतिरोध न करें ?"

"मैं प्रतिरोध न करने के पक्ष में हूँ" स्वामी ने धीरे से, बहुत देर रुक कर कहा "संन्यासियों के लिए । गृहस्थ को आत्म-रक्षा करनी चाहिए ।" (मिलाइए The Life of Vivekananda, p. 594.)

और फिर गाँधी के कार्य की दृढ़ और अटल नरमी राजनीतिमिश्रित है जो उसे शोभा देती है, किंतु विवेकानन्द का वीरोचित मनोभाव (जैसे युद्ध में श्रीकृष्ण का) सब प्रकार की राजनीति का परित्याग करता है, इसीलिए रामकृष्ण के अनुयायी गांधी के आंदोलन से अलग रहे ।

यह खेद की बात है कि गांधी और उनके शिष्यों के असंख्य लेखों में, जैसा कि मेरी इच्छा थी, विवेकानन्द की वाणी का बहुत कम आह्वान किया गया है ।[8] दोनों आंदोलन, यद्यपि एक दूसरे से स्वतंत्र हैं, फिर भी उनका लक्ष्य समान है। वे लोककल्याण के कार्य में साथ साथ सक्रिय देखे जाते हैं और दोनों ही भिन्न नीति से सम्पूर्ण भारतीय राष्ट्र की सेवा में लगे हैं । एक असहयोग के संघर्ष द्वारा महान दिवस की ओर बढ़ रहा है (1928 में गत वर्ष उसे सफलता मिली) – दूसरा शांतिपूर्ण सम्मोहक सार्वभौम सहयोग द्वारा । उदाहरण के लिए अस्पृश्यता के दुखद प्रश्न को ही लें । रामकृष्ण मिशन गाँधी की तरह इसके विरुद्ध जिहाद नहीं करता, फिर भी वह विवेकानन्द के उन शब्दों में जो मैंने अभी उद्धृत किये, उसे अस्वीकार करता है : "कमजोरी में ही प्रतिरोध का विचार जन्म लेता है ।"

स्वामी आशोकानन्द ने मुझे लिखा, "सामने के बजाय पीछे से हमला करना बेहतर है । हम अपने उत्सवों में वर्ग, धर्म एवं जाति के भेद के बिना सबको – ईसाइयों को भी आमंत्रित करते हैं । हम अपने आश्रमों में स्थाई आवासियों या

---

8. किंतु 30 जनवरी, 1921 को गांधी अपनी पत्नी और अनेक सहयोगियों – पंडित मोतीलाल नेहरु, मौलाना मुहम्मद अली आदि के साथ विवेकानन्द के जन्मोत्सव पर बेलूर गए । वहाँ उनके कमरे के छज्जे से उन्होंने इस महान हिन्दू के प्रति अपनी श्रद्धाँजलि अर्पित की कि किस प्रकार उनके शब्दों ने देश प्रेम की ज्योति जगाई ।

14 मई, 1929 को रामकृष्ण की चौरानवीं जन्म तिथि पर रंगून के रामकृष्ण सेवाश्रम में हुए उत्सव की गांधी ने अध्यक्षता की जहां रामकृष्ण के अनुयायियों ने गांधी में रामकृष्ण के कर्म के आदर्श को सराहा, वहां गांधी ने रामकृष्ण मिशन को सुन्दर श्रद्धांजली दी :

"जहाँ कहीं मैं जाता हूँ रामकृष्ण के अनुयायी मुझे मिलने के लिए बुलाते हैं । मैं अनुभव करता हूँ उनका आशीर्वाद मेरे साथ है । उनके राहत कार्य सारे देश में फैले हैं । कोई ऐसा क्षेत्र नहीं जहां वे छोटे या बड़े पैमाने पर काम न कर रहे हों । ईश्वर से प्रार्थना करता हूँ, वह और बढ़ें और सभी शुद्ध चरित्रयुक्त जन जो भारत से प्रेम करते हैं उनके साथ मिलकर कार्य करें ।

उनके बाद उनके सहयोगी मौलाना मुहम्मद अली ने विवेकानन्द का अभिनन्दन किया ।

अतिथियों के साथ किसी भी तरह का जातिभेद नहीं बरतते । अभी हाल में केरल की राजधानी त्रिवेन्द्रम में, जो अपनी कट्टरता और अस्पृश्यता की रक्षा के लिए कुख्यात है, हमारे नये मठ के खुलने पर ब्राह्मणों और गैर-ब्राह्मणों ने साथ बैठ कर भोजन किया । इसके विरुद्ध कोई आवाज़ नहीं उठी । हम इस बुराई का अंत परोक्ष रूप से करना चाहते हैं । हम समझते हैं कि इस प्रकार हम बहुत सी चिढ़न और विरोध से बच जाते हैं ।''

ब्रह्म समाज, प्रार्थना समाज प्रभृति जैसे महान उदार हिन्दू समुदाय कट्टरता पर सीधा आक्रमण कर, उनके और अपने बीच के पुल को तोड़ देते हैं । इस प्रकार वह अपनी जनता के वृहद् समाज से पृथक हो जाते हैं, और धर्म की मूल धारा से अशंतः तिरस्कृत हो जाते हैं और उनके सुधार लुप्त से हो जाते हैं । रामकृष्ण मिशन सामान्य हिन्दू जनता से अपना सम्पर्क बनाए रखने में विश्वास रखता है ; इसीलिए वह हिन्दूधर्म और समाज के हृदय में बना रहता है और वहीं से वह समस्त समुदाय के सुधार के कार्य करता है । उसमें कुछ भी आक्रामक और मूर्तिभंजक नहीं है ; कोई ऐसी बात नहीं जो आघात पहुँचाए ; न ऐसी सुधारवादी कठोरता जिसने तर्क पर आधारित होते हुए भी विश्व में धार्मिक फूट पैदा की है । सार्वभौम दायरे में रहते हुए धैर्यवान और मानवीयतायुक्त तर्क को संजोये रखो, जिससे तुम भीतर से, बाहर से नहीं, सुधार कर सको ।

एक अन्य स्थान पर अशोकानन्द ने लिखा, ''हमारा विचार हिन्दुत्व की उच्चतर अन्तरात्मा को जगाना है । वह हो जाए, तो अन्य सब सुधार स्वतः हो जाएंगे ।''

इस रणनीति के परिणाम स्वयं बोल रहे हैं । उदाहरण के लिए स्त्रियों की स्थिति को सुधारने के कार्य को ब्रह्म समाज के स्व-नियुक्त उदारचेता समर्थकों ने बड़े जोरशोर से चलाया । उनके सुधार प्रायः अति-क्रांतिकारी थे और उनके साधन शास्त्रविरुद्ध । विवेकानन्द ने कहा कि ''पुरातन की निन्दा और अस्वीकृति के बजाय, नवीन एक विकास होना चाहिए... रामकृष्ण मिशन की नारी संस्थाओं में आज हिन्दुत्व और पाश्चात्य के श्रेष्ठतम तत्वों का समन्वय है और वह आज शिक्षा का आदर्श मानी जाती हैं'' । दलित वर्गों की सेवा के संबंध में भी यही बात लागू होती है । इस श्रेष्ठ भावना का प्रभाव जो नवीन को प्रचीन से संयुक्त करती है, भारतीय संस्कृति के पुनर्जागरण में अनुभव किया गया है ; इसमें अन्य तत्वों का भी योगदान है, जैसे कि टैगोर परिवार और उनके शांतिनिकेतन स्कूल का शानदार प्रभाव । पर यह कभी नहीं भूलना चादिए कि विवेकानन्द और उनकी पाश्चात्य शिष्या, भगिनी

निवेदिता इनके पूर्वाधिकारी थे और लोक शिक्षा की महान हिन्दू धारा विवेकानन्द की कोलम्बो वापसी से शुरु हुई। विवेकानन्द को इसका रोष था कि उपनिषद्, गीता, वेदांत आदि हिन्दूशास्त्रों से सामान्य जनता प्रायः अनभिज्ञ थी और इनका ज्ञान कुछ ही विद्वानों तक सीमित था। आज बंगाल में देशी भाषाओं में धार्मिक साहित्य के अनुवादों और टीकाओं की भरमार है। रामकृष्ण की शिक्षण संस्थाओं ने इस ज्ञान को सारे भारत में फैलाया है।

इसके बावजूद, और यह इस अंदोलन की सुन्दर विशिष्टता है कि भारतीय राष्ट्रीय पुनर्जागरण में, जैसा कि प्रायः होता है, इसमें विदेशियों के प्रति शत्रुता या श्रेष्ठता का भाव नहीं है। इसके विपरीत, यह पाश्चात्य की ओर मित्रता का हाथ बढ़ाता है। श्री रामकृष्ण के अनुयायी सिर्फ अपने आश्रमों में ही नहीं, अपने संन्यासी संघ में भी विदेशियों को प्रवेश देते हैं ; उन्हें कट्टर संन्यासियों से भी समानता का व्यवहार मिलता है, जो भारत में एक अनहोनी सी बात है। इसके अलावा सैकड़ों लाखों कट्टर संन्यासी जो हिन्दू जनता पर सतत प्रभाव डालते हैं, धीरे धीरे रामकृष्ण के अनुयायियों के तौर-तरीके और विचार अपना रहे हैं, जबकि वह पहले उनका विरोध करते थे और उन्हें शास्त्रविरुद्ध कहते थे। अन्ततः रामकृष्ण और विवेकानन्द के धर्मसंघ ने यह नियम बनाया है कि संसार में कोई ऐसी चीज़ न लो जिससे फूट पड़े ; वही लो जिससे एकता हो।

1926 की मिशन के असाधारण सामान्य सम्मेलन की जनसभा में यह कहा गया, इसका एकमात्र उद्देश्य समस्त मानवता के विश्वासों और सिद्धांतों में मेल और सहयोग स्थापित करना है – धर्मों के बीच सौहार्द, तर्क को मुक्त कर वर्गों और राष्ट्रों के बीच सौहार्द, सब मनुष्यों और जन सम्प्रदायों के बीच भ्रातृत्व स्थापित करना है।

और फिर चूँकि रामकृष्ण मिशन में विपुल ब्रह्मांड और पिंड सार्वभौम आत्मा और व्यक्तिगत आत्मा की अर्ध-एकात्माकता का विश्वास है, और चूँकि वह जानता है कि कोई भी सुधार समाज में तब तक गहरा और स्थाई नहीं हो सकता जब तक कि वह व्यक्ति की आत्मा के आंतरिक सुधार में मूलबद्ध न हो। वह सार्वभौम मानव के निर्माण पर सब से अधिक ध्यान देता है। वह एक नये मानव प्ररूप को सृजित करना चाहता है जिसमें इस समय बिखरी और विभक्त शक्तियाँ, मनुष्य की पृथक और पूरक ऊँर्जाएं मिलकर प्रज्ञा की उस ऊँचाई तक पहुँचेगी जो बादलों, प्रेम के वन-कानन और कर्म की नदियों के ऊपर होगी। आत्मा की महान लय एक ध्रुव से दूसरे ध्रुव तक, सघन एकाग्रता से बीथोवन की नवीं सिम्फनी आनन्द सम्बोध-गीति के सार्वभौम सम्मोहन में बज उठती है।

कठिनाइयों के बावजूद, एक मनुष्य के लिए जिस प्रकार आदर्श को चरितार्थ करना संभव होता है, रामकृष्ण मिशन भी उसी आदर्श को सार्वभौम धर्मसंघ में जो उसके गुरु का प्रतीक है – उसका मठ, जो रामकृष्ण के भौतिक शरीर का प्रतिरूप है, कार्यान्वित करने का प्रयास कर रहा है ।

यहाँ हम इतिहास की लय को दोहराते हैं । योरपीय ईसाइयों को यह स्वप्न चर्च आफ क्राइस्ट का स्मरण कराता है । दोनों दी बहनें हैं । यदि मनुष्य इस उन्नीस शताब्दी पुराने स्वप्न का अध्ययन करना चाहता है तो विनष्टशील पुस्तकों के बजाय उसे दूसरे की छाती पर कान लगाकर उसकी तरुण धड़कन सुननी चाहिए । इन मानव-देवताओं की तुलना करने का कोई प्रश्न नहीं उठता । ज्येष्ठ की कनिष्ठ पर विशेषाधिकार प्राप्त होगा, क्योंकि उसने कांटों का ताज पहना और क्रूस पर भालों के वार सहे ; जबकि छोटे के प्रति, अपार दुःख में भी मुस्कराते चेहरे के सम्मोहक आकर्षण के कारण । कोई भी कृपा और शक्ति में, हृदय की दिव्यता और सार्वभौमता में किसी से कम नहीं । किंतु क्या यह सत्य नहीं कि शाश्वत संदेश जो सच्चे इतिहासकार उसकी प्रेरणा से लिखते हैं, उन्हें उसके प्रत्येक नए संस्करण में सदा यह मिलता है कि मानवता के साथ दिव्य संदेश में वृद्धि हुई है ।